KB214549

그리고 우리는 거기에 있었다

그리고 우리는 거기에 있었다

지은이: 크리스치안 퓌러
옮긴이: 최용준
펴낸이: 원성삼
펴낸곳: 예영커뮤니케이션
책임편집: 김지혜

초판 1쇄 발행: 2015년 8월 10일

출판신고 1992년 3월 1일 제2-1349호
136-825 서울시 성북구 성북로6가길 31
Tel (02)766-8931 Fax (02)766-8934

ISBN 978-89-8350-922-2(03230)

저자와 출판사의 허락 없이 내용의 일부를
인용하거나 발췌하는 것을 금합니다.
잘못 만들어진 책은 구입처에서 교환해 드립니다.

정가 19,500원
www.jeyoung.com

Und wir sind dabei gewesen
by Christian Führer
Copyrights ⓒ by Ullstein Buchverlage Gmbh, Berlin
Published in 2009 by Ullstein Verlag

No Part of this publication may be used or reproduced
in any manner whatever without the written permission except in the case of brief
quotation embodied in critical articles or reviews.

Korean Translation Copyrights ⓒ 2015 by Jeyoung Communications
Korean edition is published by arrangement with Ullstein Buchverlage Gmbh, Berlin
through BC Agency, Seoul

이 책의 한국어판 저작권은 BC에이전시를 통한 저작권사와의 독점 계약으로 '예영
커뮤니케이션'에 있습니다.
저작권법에 의해 보호를 받는 저작물이므로 무단 전제와 복제를 금합니다.

모든 인간은 하나님의 형상을 닮은 존엄한 존재입니다. 전 세계의 모
든 사람들은 인종, 민족, 피부색, 문화, 언어에 관계없이 존귀합니다.
예영커뮤니케이션은 이러한 정신에 근거해 모든 인간이 존귀한 삶을 사는 데
필요한 지식과 문화를 예수 그리스도의 사랑으로 보급함으로써 우리가 속한 사
회에 기여하고자 합니다.

Und wir sind dabei gewesen

그리고 우리는 거기에 있었다

교회에서 일어난
뜨거웠던 무혈혁명

크리스치안 퓌러 지음
최용준 옮김

예영커뮤니케이션

일러두기

1. 본서에 사용된 사진은 저작권에 문제가 없고, 저자와 역자가 제공한 사진을 사용했습니다. 저작권자가 자유롭게 사용하도록 한 사진에는 저작권자의 이름과 출처가 표기되어 있습니다.

2. 본서에 사용된 성경은 표준새번역입니다.

3. 본서의 독일어 인명이나 지명이 외래어 표기법과 다른 부분은 되도록이면 원어에 가깝게 표기하려고 하는 역자의 의도에 따른 것입니다.

부모님과 두 누나,
　　　　우르줄라와 바바라

아내 모니카와 자녀들,
　　　　카타리나와 세바스치안,
　　　　마틴과 게오르그에게

한국의 독자들에게

그것은 겨자씨만큼이나 작게 시작되었다. 동독과 서독에 중거리 핵미사일을 배치하는 것에 반대하면서 정의, 평화 그리고 창조 세계의 보존을 위한 평화 기도회로 시작된 것이다.

하나님을 향한 전적인 신뢰와 정기적인 기도로 헌신한 이 작은 사역을 하나님께서 이토록 크게 사용하실지는 그 누구도 몰랐다. 피 한 방울 흘리지 않고 강력한 공산주의 체제를 붕괴시킨 평화 혁명이며, 성경적 방법이 낳은 기적이었다.

하나님의 능력이 약한 자를 통해 나타날 때, 세상이 알 수도 없고 줄 수도 없는 길이 열리고 해결책이 보인다.

우리는 평화 혁명을 통해 이 진리를 체험했다. 분단된 조국은 다시 하나가 되었고 소련 군대는 철수했다. 그리하여 동·서독은 통일되었으며 2차 세계대전도 종결되었다. 우리는 진정 이 말씀을 체험했다.

"하나님께는 불가능한 일이 없습니다 눅 1장 37절."

나는 진심으로 기원한다. 끝까지 포기하지 않는 공적인 기도와 하나님의 전능하심에 대한 하나 된 신뢰로 한반도의 분단 상황이 평화적으로 극복되며 폭력을 사용하지 않고 통일되기를 바란다.

2014년 3월 7일

크리스치안 퓌러 목사

Inhaltsverzeichnis

Inhaltsverzeichnis

제2부 1968-1989년

Inhaltsverzeichnis

제3부 1990-2008년

머리말

1989년 10월 9일은 라이프치히의 평화 혁명에서 시작되어서 결국 독일의 통일을 가능케 한 **결정적인** 날이라고 할 수 있다. 그러나 아직까지도 이날은 올바른 평가를 받지 못하고 있다.

니콜라이교회의 목회자로서 이 일에 직접 관여했던 나는, 이 평화 혁명이 교회에서 수년간 설교한 산상수훈에 있는 예수님의 비폭력 정신에서 나온 것임을 단언한다. 교회에서부터 비롯된 비폭력적 행동 강령이 대중의 마음을 사로잡았고, 이것이 바로 거리에서 행동으로 옮겨진 것이다. "비폭력!"이라는 강력한 외침이 그때까지 국민의 지지를 받지 못하고 또 국민을 억압하던 시스템을 쓸어버린 것이다.

독일인들은 그때까지 한번도 혁명에서 성공해 본 적이 없었다. 이 평화 혁명은 피 한 방울 흘리지 않고 거둔 첫 성공이었다. 독일 정치사에서 유일하게 성공한 사례이다. 그야말로 성경적인 메시지가 낳은 기적인 것이다!

[사진 1] 라이프치히 니콜라이교회 전경.
[출처] http://upload.wikimedia.org/wikipedia/commons/o/of/Die_Nikolaikirche_Leipzig.
JPG?uselang=ko

　금세기 마지막에, 전례 없는 1, 2차 세계 대전을 통해 국민들이 무
자비하게 파멸된 상황에 이어, 예수님에 의한 귀한 열매가 나타난 것
이다!

　나는 이것을 오직 은혜라고 설명할 수밖에 없다. 이것은 우리 교
회와 함께 참여한 모든 교회들을 향하신 은혜였다. 우리 도시와 다른
도시들 그리고 마을을 향한 은혜였다. 우리 민족 전체를 향한 그분의
은혜였다.

　나는 이 결정적이고 유일무이한 시간카이로스에 다른 힘들도 작용하

[사진 2] 라이프치히에서 일어난 월요 시위 1989년 10월 16일
[출처] http://upload.wikimedia.org/wikipedia/commons/2/27/Bundesarchiv_Bild_183-1990-0922-
002%2C_Leipzig%2C_Montagsdemonstration.jpg?uselang=ko
[저작권] Bundesarchiv, Bild 183-1990-0922-002 / CC-BY-SA

고 있었음을 알고 있다. 하지만 시대의 증인으로, 라이프치히의 평화
기도회를 시작하고 인도한 사람으로서 나는 이것을 증거 할 책임을
느낀다.

이 책은 다큐멘터리도 아니고 전반적인 시대적 개요를 설명한 것
도 아니다. 오히려 동독에서 일어난 이 사건을 나의 경험과 일상의
관찰을 통해 예시적으로 설명하고 싶다.

이것은 결코 성공 신화가 아니라 고향, 가족, 교회 그리고 힘들었
지만 아름다운 길로 나를 인도하는 데 불가분리적으로 함께 했던 모
든 사람들의 신앙 이야기이다. 내가 기적들을 통해 더욱 성숙하게 된
것에 대해서는 성경에 감사하고 싶다. 이렇게 나는 가능한 것보다 더

많은 것들이 가능함을 알게 되었다. 그리고 실제로 평화 혁명의 기적을 경험했다. 벤 구리온이 말한 것처럼 "기적을 믿지 않는 사람은 현실주의자가 아니다."

따라서 앞으로 가자. 그리고 그 **어떤 것**도 결코 잊지 말자!

2009년 주현절.
라이프치히에서.

프롤로그: 결승점

그날도 여느 때와 다름없는 평범한 주일 아침이었다. 여느 때처럼 나는 토요일 저녁에 구두를 닦아 놓고, 예배를 위한 가운을 준비한 후 제 시간에 잠자리에 들었다. 주일 아침 나는 설명하기 어려운 평안함과 기쁨으로 잠에서 깼다. 앞으로 내게 다가올 일을 생각해 본다면 이러한 마음은 매우 부적절한 것이었다. 결국 언제든 어떤 일이 발생할 수 있기 때문이었다.

나는 발코니로 나가, 사람이 없어 썰렁한 니콜라이교회 앞마당을 내려다보며 이렇게 나 자신에게 말했다. "이제 이번이 마지막이다." 나는 혹시나 지난 몇 주 동안 모두가 말하던 그 비애가 찾아온 것은 아닌지 자신에게 물어보았다. 그때 나는 한 신학자와의 대화가 떠올랐다. 그는 내가 학창 시절부터 알던 사람인데 며칠 전 우연히 길에서 만났다.

"퓌러 씨, 잘 지내십니까?" 그는 내게 물었다, "마지막이 코앞에

다가왔는데 기분이 어떻습니까?"

"아직 마지막이라는 생각이 전혀 없습니다." 나는 솔직히 대답했다. "지금 너무 바쁩니다. 하지만 지금 말할 수 있는 것은 내가 이미 결승점으로 접어든 것 같습니다."

그러자 그는 이렇게 말했다. "이제 당신을 따라잡을 수 있는 사람은 아무도 없겠군요."

여기서 우리는 갑자기 웃음을 터뜨리지 않을 수 없었다. 왜냐하면 그 표현이 바로 나의 기분을 그대로 나타냈기 때문이었다. 나는 전혀 슬프지 않았고 오히려 거의 다 이루었다는 사실이 기뻤다. 목회자로서 은퇴할 때가 다가오면서, 아내와 나는 자주 목회를 시작할 그때를 회고하곤 했다. 1968년 나는 동독 작센 주의 한 마을 라슈타우Lastau에서 부목사Pfarrvikar 생활을 시작했다. 호기심과 동시에 소망 그리고 물론 두려움도 느끼면서 나는 퇴락한 교회 옆에 붙어 있는 허름한 사택으로 들어왔다. 나는 두 가지, 사랑하는 아내와 함께 살면서 사역을 병행하며 살 수 있음에 행복했다. 목회자로서 내가 겪었던 일들은, 이 세상에서 가장 상상력이 풍부한 사람도 감히 생각해 낼 수 없는 것들이었다. 매일 큰 기쁨으로 가득했지만 동시에 끊임없이 두려움과 심각한 위기가 찾아왔다. 지금 뒤돌아보면 하나님께서 내게 이 모든 것을 허락해 주심에 깊은 감사를 드린다. 내가 경험했던 감동적인 사건들을 통해 얻을 수 있었던 엄청난 기쁨은 그 어떤 슬픔보다도 더 강했다.

니콜라이교회 앞마당에 사람들이 점점 모여들기 시작했고, 그제야 나는 은퇴 예배를 드려야 한다는 것이 다시금 생각났다. 이 예배가 부활절 다음 주일인 "쿠아시모도게니티Quasimodogeniti" 주일, 즉 번역하면 '갓 태어난 아기 같은' 주일이라는 것도 매우 마음에 들었다. 나는 미래를 제시하는 이 비유가 이날 가장 빛나기를 희망했으며, 나의 은퇴 예배가 축제의 장이 되길 소원했다. 그래서 우리는 여느 주일과 똑같이 온전한 예배와 성례, 즉 성찬으로 드렸다. 순서에서 빠질 수 없는 고별 연설은 예배 후, 당회에서 주관하여 구 시청에서 열리는 연회에서 하기로 했다. 그래서 나는 온전히 예배에만 집중할 수 있었고 또 그것이 매 주일 가장 중요한 일이었다.

친교실에는 노회장 마틴 헹커Martin Henker 목사와 이웃 교회 목회자들이 기다리고 있었으며 우리는 함께 무리를 지어 교회 앞뜰을 지나 본당으로 향했다. 우리 주변에는 기자들과 사진사들 그리고 카메라맨들이 있었는데 이들이 우리를 멈추게 하지는 않았다. 어떤 사람이 교회 앞에서 고함을 질렀으나 우리는 언제나 어려운 사람들—사회적 관점에서 '어려운'—을 대했기에 나는 단지 "저분을 그냥 두세요!"라고 말했다.

그 남자는 실제로 잠시 후 진정했다.

교회에 들어서서 예배당에 사람들이 가득 찬 모습을 보고 순간 나는 넋이 나갈 정도였다. 즉시 그날의 기억이 되살아났기 때문이다. 1989년 10월 9일, 니콜라이교회는 사람들로 넘쳤다. 그날은 두려움과 불확실성이 가득 찬 날이었다. 하지만 오늘, 나는 확신으로 가득 차 있다. 성도들은 자리에서 일어났으며 나는 한 젊은 형제가 종려주일에 사용하는 십자가를 들고 입장 행렬의 선두에 서서 걸어가는 모습을 보며 기뻤다. 그래서 나는 이 많은 성도들이 십자가로 인해 부활하는 모습을 상상하며 침착한 마음으로 행렬을 따라갔다.

날아갈 것 같은 홀가분함 덕분에 예배는 멋지게 마쳤다. 유머스러운 악센트를 약간 섞어서 준비한 원고에 크게 벗어남이 없이 나는 주어진 본문인 이사야 40장 26-31절을 설교했다. 그러면서 나는 과거의 일들을 잊지 않고 언급했다.

나는 이임과 취임은 항상 함께 한다고 말했다. 뭔가 마치는 것이 있으면, 새로운 무엇을 시작한다. 만약 새로운 시작이 약속으로 가득하다면, 지금까지의 일에서 자유롭게 되는 것은 더 가볍게 느껴진다. 설교를 위해 나는 찬양을 선택했는데 **"하나님을 신뢰하는 사람을 하나님은 결코 버리지 않으신다."**는 가사로 끝난다.[1] 이 예배의 가장 아름다웠던 것은 가족이 모두 참여했다는 것이다. 아내는 이 예배가 퓌러 가족이 시위하는 것처럼 보일 것 같다고 염려했지만, 내게는 우리 모두 함께 예배를 드렸다는 기쁨을 누리는 것이 더 중요했다. 우리 자녀들은 모두 믿음 안에서 자랐다. 그러나 믿음은 물려받는 것이 아니며 따라서 이것을 당연하다고 생각할 수 없기에 이 사실이 너무

---

1 독일 개신교 찬송가 369장(Evangelisches Gesangbuch, EG 369).

감사하다. 또한 감사했던 것은 아내가 두려워하던 일이 현실로 되지 않았다는 것이다. 나중에 들은 이야기지만 사람들도 우리 가족 모두가 함께 제단 위에 서 있는 모습이 너무 아름답다고 생각했다고 한다. 우리 교회의 관리 집사인 데틀레프 클라우스, 마티아스 뮐러 그리고 루돌프 베르트홀트는 모든 것을 신중하게 준비했고, 순서가 원활하게 진행되도록 신경을 많이 썼다.

강사였던 아내는 말할 것도 없고 이미 목회자가 된 자녀들, 카타리나와 세바스치안은 나와 함께 성찬식의 분잔을 도왔다. 아들 마틴은 성배를 우리의 오랜 친구 지그프리드 그뢰치와 함께 나누었는데 그뢰치는 우리가 라이프치히에 도착하는 날부터 교회 임원으로 함께 섬겼다. 막내 아들 게오르그는 성찬식을 하는 동안 발코니에서 바흐 칸타타 BWV 147 중 "마음과 입과 행동과 생명"을 불렀는데 그는 우리 교회 성가대인 "바흐 합창단"의 일원으로 테너 파트를 맡았다. 그는 구약의 여호수아처럼 가나안의 우상에 절하려는 연약한 사람들에게 말했다. **"당신들이 우상을 섬기면 하나님은 더 이상 당신들의 편이 되지 않을 것입니다. 당신들이 어떤 신들을 섬길 것인지를 선택하십시오. 나와 나의 집안은 주님을 섬길 것입니다."** [2]

이 말씀은 예배에 나를 위한 말씀이었고, 내게 한 가지 분명한 사실은 우리가 이 길을 걸어올 수 있었던 것은 결코 당연한 일이 아니

---

2 여호수아 24장 15절c.

었다는 것이다. 또한 노회장은 이 모든 일이 아내가 없이는 불가능했다고 그 가치를 인정해 주며 우리 두 사람 모두를 앞으로 나오라고 해서 축복해 주었다.

우리가 예배를 마치고 교회당을 떠날 때 니콜라이교회 오르간 연주자인 위르겐 볼프는 내가 좋아하는 요한 세바스찬 바흐의 "F-토카타"를 연주했으며 나는 이 즐겁고도 믿음을 더하는 예배를 통해 놀라운 기쁨으로 가득 찼다. 많은 사람들이 예배에서 함께 찬양하며, 신앙을 고백하고, 주님의 기도를 드리면서 새 힘을 얻는 것을 느낄 수 있었다.

어느 순간부터 나는 이런 생각만 들었다.

'이제 다 끝났구나. 구 시청 홀에서의 연회는 아무 문제없이 해낼 수 있어. 그곳에서는 그냥 서 있기만 하면 되고, 악수를 나누고, 친절한 성도들이 내게 하는 말을 듣기만 하면 된다고….'

제 1 부

1943년 - 1967년

Und wir sind dabei gewesen

아버지께서는 직접 내게 세례를 주고 싶어 하셨다. 아버지는 내가 태어난 직후 일주일간 집으로 휴가를 나오셨고 그때 내게 세례를 베푸셨다. 그때는 3월 말이어서 교회 안이 매우 추웠기 때문에, 아버지의 '연구실'에서 세례식을 거행했으며 아버지의 형제인 막스가 나의 대부가 되어 주셨다. 당시 아버지는 감격에 겨워 나의 세례식을 끝까지 집례할 수 없었다고 나중에 어머니가 말씀해 주셨다. 아버지는 작디 작은 아이를 눈 앞에 두고, 전쟁에서 다시 돌아오지 못하는 것은 아닌지, 아이들과 부인을 다시 보지 못하는 것은 아닌지 하는 두려운 생각도 들었다고 한다. 당시 나운도르프 지역 목사였던 막스 삼촌이 나머지 세례식을 끝까지 집례했다. 아버지와 나의 특별한 관계는 그때부터 시작되었다고 확신한다.

그가 돌아왔어요!

나는 깜짝 놀랐다.

어떤 사람이 우리 집 문을 큰 소리로 두드리면서 말했다. "사모님, 사모님, 문 좀 열어 보세요! 빨리요!"

나는 침실 문을 통해 흥분된 목소리를 들었고 동네 우체국에 중요한 전화가 와 있다고만 생각했다.

"그분이 돌아왔어요! 지금 알텐부르크에서 기다리고 있어요."

모두는 서로 정신없이 이야기를 나누었다. 나는 어머니가 매우 흥분하여 집안을 왔다 갔다 하는 소리를 들을 수 있었다. 내 방 침대에 똑바로 앉아 부산스러운 소리를 들었으나 무슨 일인지 알아보려고 나올 생각은 하지도 못하고 있었다.

마침내 어머니가 침실로 들어와서 "크리스치안, 다시 눕거라. 엄마 잠시 나갔다 올게." 라고만 했다. 그리고 나서 어머니는 이불을 덮어 주고, 내 머리를 쓰다듬어 주면서 작은 소리로 말했다. "깜짝 놀

[사진 3] 어린 시절(좌: 1946년, 우: 1953년) 크리스치안 퓌러 목사의 모습
[저작권] Christian Führer

랄 일이 있단다. 엄마는 함스 의사 선생님과 알텐부르크 역에 가서
손님 한 분을 모시고 올께."

그 후 집안은 너무나 조용해졌다. 나의 첫째 누나인 우르줄라는
발덴부르크의 기숙학교에 있었고, 열한 살 된 둘째 누나 바바라는 엄
마와 함께 알텐부르크로 갔다. 랑엔로이바-니더하인Langenleuba-Niederhain
에서 온 함스 씨는 우리 가족과 친분이 있는 사람인데, 그는 전쟁이
끝난 후에도 의사라는 신분 때문에 자동차를 소유하는 것이 허락되
었고, 이 근처에서는 유일하게 그분만 차를 가지고 있었다. 알텐부르
크까지는 자동차로 약 20분 정도 걸리지만, 그날만큼은 너무나 긴 시
간처럼 느껴졌다. 집안에서 소리가 날 때마다 잠에서 깨어 귀를 쫑긋

세우게 되었고, 불안해서 다시 잠이 들기가 어려웠다. 난방이 되지 않던 나의 침실에 첫 서리가 스며드는 밤, 나는 이불을 뒤집어쓰고는 어머니가 말하는 '깜짝 놀랄 일'이 무엇일까 깊이 생각하고 있었다.

마침내 자동차 엔진 소리가 들렸고 헤드라이트 불빛이 커튼 안으로 들어와 천장에 비추는 것을 보았다. 다시 큰 소리가 났다. 이번에는 더 많은 목소리가 들려왔다. 내가 열린 문을 통해 무슨 일인가 보려 하는 순간, 한 사람이 들어왔다. 나는 지금도 그가 침대에서 나를 안아 올리면서 부모님 침대로 데리고 갔던 것을 기억한다. 나는 의아한 마음으로 그의 무릎에 앉아, 먼저 그의 갈색 바지의 무늬를 바라본 다음 천천히 시선을 올려 보았다. 내가 그의 얼굴을 보자, 그는 사랑스러운 표정으로 내게 물었다. "내가 누구인지 알겠니?"

"아빠인 것 같아요." 나는 당시 네 살이었지만 추측은 날카롭게 적중했다.

이것이 내 기억 속에 남아 있는 아버지와의 첫 만남이었다.

그때까지 나는 아버지가 집에 없다는 것에 대해 특별히 의식하지 못했다. 나는 어머니와 그리고 나를 잘 보살펴 주는 누나들과 아주 친밀한 관계를 가지고 있었다. 그래서 누군가가 없어서 아쉽다는 생각을 해 본 적이 없었다. 내가 태어날 당시 우르줄라는 14살이었고 바바라는 일곱 살이었는데, 그들은 당시 남동생을 갖게 된다는 사실에 얼마나 기뻐했었는지, 지금까지도 이야기하곤 한다. 나는 언제나 그들의 사랑을 느낄 수 있었다. 아버지가 집에 계시지 않았어도 어머니와 두 누나가 지극한 정성으로 돌보아 주었기에 나는 항상 아버지가 있는 것처럼 생각했다.

아버지의 집무실은 5년 전에 아버지가 떠날 때의 모습 그대로였다. 나는 가끔 의자에 살짝 기어 올라가 책상 위에 놓여 있는 사진들을 보곤 했다. 맨 먼저 본 것은 1929년에 찍은 부모님의 결혼사진인데 랑엔로이바-오버하인Langenleuba-Oberhain에 도착한 직후에 찍은 것이었다. 그 다음에는 조부모, 즉 아버지의 부모님 사진이었는데 오래 전에 돌아가셔서 나는 그분들을 직접 볼 기회가 없었다. 마지막 사진은 맨 앞에 놓여 있는 사진은 내가 제일 좋아하는 것으로, 군복을 입은 아버지가 아기였던 나를 안고 찍은 사진이었다. 이 사진은 1943년 가을에 아버지가 전방에서 잠시 휴가를 나왔을 때 찍은 사진이었다. 이 사진을 마지막으로 아버지는 나를 더 이상 보지 못했고 오늘에서야 고향에 돌아온 것이다 이렇게 우리는 사진처럼 서로를 마음에 품고 있었다. 나는 아버지를 사진에 있는 남자의 모습으로 기억하고 있었고 아버지는 나를 이제 겨우 6개월이 지난 아기로 기억하고 있었던 것이다. 이 사진은 아버지가 책상에 놓아 둔 것이 아니라 어머니가 1944년 6월 6일 연합군이 노르망디상륙작전을 하면서, 아버지가 체포된 후 오랫동안 전혀 연락이 없었을 때 그렇게 한 것이다. 어머니는 아버지가 살아 있다는 사실만 알고 있었을 뿐이었지만, 어떤 순간에도 아버지가 돌아올 것을 의심하지 않았다. 결국 그 믿음처럼 아버지는 1947년 11월 19일, 마침내 집으로 돌아온 것이다.

아버지가 입대한 1942년 이후부터 어머니는 모든 일들을 혼자 감당했다. 그러나 다행히도 어머니는 매우 자의식이 강하고 전투적인 여성이었다. 아버지가 없는 동안에도 사람들 특히, 어려운 사람들의 본거지가 되었던 목사관을 5년간이나 어머니 혼자 맡아 오셨다. 그리고 아버지는 휴가를 받으실 때마다 본 교회에 돌아와 설교하시곤 했다. 퓌러 목사관은 결코 고아처럼 버려진 곳이 되어서는 안 되었기 때문이었다.

아버지께서는 직접 내게 세례를 주고 싶어 하셨다. 아버지는 내가 태어난 직후 일주일간 집으로 휴가를 나오셨고 그때 내게 세례를 베푸셨다. 그때는 3월 말이어서 교회 안이 매우 추웠기 때문에, 아버지의 '연구실'에서 세례식을 거행했으며 아버지의 형제인 막스가 나의 대부가 되어 주셨다. 당시 아버지는 감격에 겨워 나의 세례식을 끝까지 집례할 수 없었다고 나중에 어머니가 말씀해 주셨다. 아버지는 작디 작은 아이를 눈 앞에 두고, 전쟁에서 다시 돌아오지 못하는 것은 아닌지, 아이들과 부인을 다시 보지 못하는 것은 아닌지 하는 두려운 생각도 들었다고 한다. 당시 나운도르프Naundorf 지역 목사였던 막스 삼촌이 나머지 세례식을 끝까지 집례했다. 아버지와 나의 특별한 관계는 그때부터 시작되었다고 확신한다.

아버지는 휴가를 나와 내게 세례를 준 후, 바로 다시 전방으로 돌아가야만 했다. 6개월 뒤 아버지는 다시 집으로 휴가를 나왔고, 그날—지금까지도 내가 소중하게 생각하는—나와 아버지가 같이 찍은 그 사진이 만들어진 것이다.

그러나 아버지가 체포된 후, 휴가는커녕 연락조차도 전혀 되지 않자 어머니는 매우 힘들어 하셨다. 일단 아버지는 실종된 것으로 처리되었고, 한참이 지난 후에야 어머니는 아버지가 영국 연합군에게 체포되었다는 소식을 듣게 되었다. 그러나 아버지가 실종된 것으로 처리되었기 때문에 아버지의 봉급 지급이 중단되었고, 이로 인해 우리 가족은 수입도 없이 지내야만 했다. 이런 상황에서 가장 큰 피해를 본 사람은 큰 누나였다. 어머니가 더 이상 학비를 댈 수가 없었기 때문에 우르줄라 누나는 김나지움[3]을 그만두어야 했다.

여러 사람들의 설명들을 통해, 당시 어머니가 아버지도 없는 상황에서 경제적으로 얼마나 어렵게 지내셨는지 알게 되었다. 이외에도 어머니는 병약한 아기였던 내 목숨을 살리기 위해 늘 노심초사했다. 나는 당시 기억에 남는 것이 없다. 내 기억 속에 남아 있는 것은 전쟁이 끝난 후부터이다. 내가 가장 처음으로 기억하는 것은 지금까지도 참기 어려운 소리인데 그것은 장갑차의 체인에서 나는 무시무시한 소음이었다. 1945년 봄, 미군 장갑차는 어마어마한 소음을 내며 우리 마을로 밀려 들어왔으며, 나는 더 이상 혼자 문 앞에 서 있지 않았다. 그리고 몇 주 후 또 장갑차가 우레 같은 소리를 내며 우리 집을 지나간 때부터는—이번에는 점령군이 바뀌어 소련군 장갑차였

---

3 대학을 가기 위해 준비하는 독일의 중·고등학교(역자 주).

다.—마을 거리로 한 발자국도 나가지 않았다. 어머니가 나를 조용히 시장에 데려가기 위해서는 많은 인내가 필요했다. 나는 장갑차가 마을에 또 나타날까 두려워서 큰 길로 지나가기를 꺼려 했으며, 오랫동안 마을 뒤편 잔디 길로 가자고 우겼다. 장갑차의 소름 끼치는 소음에 대한 나의 과민 반응은, 내 속에 깊이 남아 있는, 군에 대한 유아기적 혐오라고 볼 수 있을 것이다. 나는 지금까지 석탄 차의 삐걱거리는 체인 소리도 참기 어렵다.

마침내 미군이 우리 목사관으로 왔을 때 어머니에게 놀라움을 금치 못할 일이 생겼다. 나치 통치 하에서도 어머니는 의식적으로 반기독교적인 인사, 소위 '독일식 경례'를 철저하게 배격했었다. 그러나 이루 말할 수 없는 힘든 시간이 다 지난 지금, 어머니는 그동안 철저히 거부해 왔던 그 인사, "히틀러 만세_{Heil Hitler}"를 어리둥절해 하는 미군에게 처음으로 한 것이다. 미국인들은 아주 싫어했을 것이다!

전쟁이 끝난 직후 어머니는 당시 새로 창설되었던 기독교민주당 CDU[4]에 입당했다. 어머니는 이 나라를 더 이상 세상과 비기독교인에게 맡겨 둘 수 없다는 확고한 의지를 가지고 입당한 것이다. 어머니는 긍정적이고 늘 노래를 즐겨 부르는 쾌활한 여성이었다. 어머니는 어렸을 때 성악 레슨을 받았고 그 이후 기회만 있으면 노래를 불렀

---

4 Christlich-Demokratische Union의 약자로 2차 대전이 끝난 후 1945년 6월 26일 창당된 독일의 대표적인 중도보수정당이다(역자 주).

다. 나는 어머니가 슬퍼하는 모습을 거의 보지 못하고 자랐다. 그래서인지 아버지가 집으로 돌아오시기 얼마 전부터 어머니는 때때로 우셨는데, 그 모습이 내 기억 속에 뚜렷이 남아 있다. 어머니는 종종 나를 씻기시며 우셨는데, 물기를 닦아 주고 나서 나를 꼭 안아 주시면서 "다섯 살만 되었어도 좋았을 텐데…." 라고 말했다. 나는 그 어머니의 목소리에서 어머니가 울고 있다는 것을 느낄 수 있었고, 나도 따라 울게 되었다. 그러면 결국 어머니는 눈물을 닦고 나를 위로해 주었다.

　나의 부모님은 두 분 모두 에르츠게비르게 Erzgebirge 의 제마 Sehma 라는 마을에서 태어났다. 아버지는 목회자 가정에서 그리고 어머니는 제재소 가정에서 자라났다. 친할아버지인 막스 퓌러는 세기가 바뀌기 직전에 교회와 목사관을 건축하셨다. 할아버지의 아버지인 고트립 퓌러 Gottlieb Führer 도 라이프치히-바렌 Leipzig-Wahren 에서 목회자로 일했다. 사람들은 그가 노래를 매우 잘했다고 말했다. 증조할아버지의 아들들, 할아버지 막스와 그의 형제인 에른스트는 10살 때 라이프치히 토마스 합창단에 들어갔다. 그리고 이후 할아버지도 자기의 아들들을—두 아들의 이름도 막스와 에른스트였다.—라이프치히 토마스 합창단으로 보냈다. 내 삼촌과 아버지가 성탄절에 제마로 올 때면 되넬 Döhnel 씨의 방앗간으로 가서 어머니 집 창가에서 세레나데를 노래했다. 그들의 합창은 어머니뿐 아니라 어머니 부모님의 마음까지도 사로잡았기 때문에 그 합창단 소년들을 집안으로까지 들어오게 했던 것이다.

방학이 끝나고 어머니 샬로테 되넬은 두 소년 중 한 소년을 잊지 못했고, 그에게 편지를 써서 현재까지 토마스 합창단 기숙사가 있는 곳인, 라이프치히 힐러가Hillerstasse 8번지로 그 한 소년에게 편지를 써서 부치기 시작했다. 그러면서 어머니는 안나베르그Annaberg에서 성악 레슨을 받았고 1년 동안 바이마르에 있는 학교에 다니면서 여학생 기숙사에서 생활했다. 목사 아들과의 친분은 날로 두터워졌고, 할아버지 막스는 되넬 제재소로 오셔서, 자기 아들에게 샬로테를 달라고 청혼했다.

할아버지는 어머니를 매우 좋아했다. 특히 할아버지는 어머니가 교회 성가대에서 노래하는 것을 보았기 때문에 그녀의 재능에 매우 감탄했던 것이다. 그래서 성경공부를 마친 후에 할아버지는 어머니를 항상 집으로 데려다 주었다. 아버지가 학업을 마친 후에야, 부모님은 결혼식을 올릴 수 있었기 때문에 어머니는 수년 동안 라이프치히에서 신학을 공부하시는 미래의 내 아버지가 될 남자를 찾아가야 했었다. 그러면서 어머니는 어머니 인생의 마지막 시간에 다시 돌아가게 될 이 도시를 매우 사랑하게 되었다. 어머니는 나를 낳을 때도 이곳으로 왔다. 그래서 나는 라이프치히 태생이 되었다.

나의 삶에는 전통의 흔적이 많이 남아 있지만 또한 내가 운명이라고 믿게 만드는 우연한 일들도 많이 있었다. 이렇게 라이프치히와 토마스 합창단은 우리 가족과는 떼려야 뗄 수 없는 관계이다. 나의 두

아들도 토마스 합창단원이고 현재는 나의 손자 안스가Ansgar가 퓌러 가족 중에서 9번째로 이 합창단 단원으로 활동하고 있다. 토마스 합창단원 중 아버지 세대와 아들 세대 사이 한 세대가 빠져 있는데, 그게 바로 나 때문이다. 나는 건강상 그 자리를 메울 수가 없었다.

매년 봄, 토마스 합창단—곧 800주년을 맞게 된다.—단원모집 오디션이 있는데, 나는 그때마다 매번 심한 건초성 알레르기를 앓았고, 지금도 계속 그렇다. 입단 시험 때마다 나는 항상 목이 붓고 컨디션이 좋지 않은 상태로 라이프치히에 도착했기 때문에 실력 발휘를 제대로 할 수 없었다. 겨울이라면 내게 좀 유리했을 수도 있었지만, 봄에는 내 컨디션으로 시험에 합격한다는 것은 불가능했다.

후에 나는 목회자가 되었다. 우리 가족의 역사에서 목회자 직분은 음악 외에 거의 300년 역사를 거슬러 올라갈 수 있다.

1732년 약 2만 2천여 명의 신교도들은 가톨릭 대주교였던 피르미안Firmian의 추방 명령으로 그들의 고향인 잘쯔부르그를 떠나야만 했다. 그들 중 몇 사람은 라이프치히로 도망하게 되었고 그곳 니콜라이교회에서는 그들을 위해 예배가 드려졌다.—내가 약 250년이 지난 후 목회자가 될 바로 그 교회에서. 아우구스트 대제는 폴란드 왕이 되기 위하여 가톨릭으로 개종했기 때문에, 그들은 작센 지역에 더 이상 머무를 수가 없었고 프로이센으로 도망하게 되었다. 그곳에서 몇몇 사람들은 슐레지엔 지역을 지나 라우지츠Lausitz 지역까지 오게 되었는데, 이들 중 하나가 바로 1732년 제1대 퓌러 목사인 세바스치안 퓌러였다. 이 신교도 망명자가 바로 우리 가족의 한 사람이었다. 이렇게 우리 가족은 목회자나 교회 지휘자 또는 직물을 짜는 직업을 가지고 있었다.

아버지가 1928년 3번째 대강절에 첫 번째 부임지인 랑엔로이바-오버하인으로 부임한 후에야 아버지는 어머니와 결혼할 수 있었다. 그리고 몇 주 후인 1929년 1월 21일, 아버지의 생신에 결혼식 축하연을 베풀었다. 그리고 그해 말, 첫 아기인 누나 우르줄라가 태어났으며, 7년 뒤 둘째 누나 바바라가 태어났다.

어머니는 매우 헌신적인 사모였으므로, 얼마 되지 않아 마을 전체가 어머니를 좋아하고 존경하게 되었다. 이렇게 된 데는 어머니의 노래 솜씨도 한몫했을 것이다. 어머니는 아주 빨리 이곳 랑엔로이바-오버하인 생활에 적응했다. 이후 50년 이상 이곳은 어머니의 고향이 되었다. 전형적인 이 독일 마을은 라이프치히와 켐니츠 중간에 위치해 있으며, 마을 중앙에는 교회가 있었고, 제마처럼 굽이굽이 작은 개울이 마을을 관통해 흐르고 있었다. 마을 주민의 대부분은 농사를 짓는 사람들이었으며, 몇몇은 제지 공장이나 맥주 양조장에서 일했고 또 다른 사람들은 옆 도시인 페니히 기계 공장에 다녔다.

1942년 아버지는 해병대 군목으로 차출되었다. 아버지는 사형선고를 받은 군인들을 돌보아 주는 일도 해야 했다. 사형 전날 밤을 같이 지내 주고, 사형장까지 함께 동행해 주었다. 이때 빈 관도 자동차에 함께 싣고 가게 되어 있었다. 새파랗게 젊은 남자들 대부분은 전시 상황에 두려움을 느끼고, 그것 때문에 탈영을 시도했는데, 이 때문에 사형 선고를 받게 된 것이다. 아버지는 이런 힘겨운 업무와 군인들의 영혼을 돌보는 것을 매우 중요하게 생각했다. 그랬기 때문에 아버지는 상급자가 억류 상태에서 탈출하라는 제안을 거절했다. 아버지는 목사로서 어깨에 계급장을 붙이거나 명령권은 가지고 있지 않았지만 소령의 지위를 가지고 있었다. 그러므로 아버지는 다른 군인들이 하는 것처럼 마지막 비행기를 타고 그곳을 빠져나갈 수도 있었던 것이다. 그러나 아버지는 아무 희망도 없는 상황에 처해 있는 병사들과 함께 남았다. 결국 아버지는 영국군 포로로 아일 오브 맨 isle of Man 의 웰링고어 홀 Wellingore Hall 로 가게 되었다. 아버지뿐 아니라 이 일을 겪은 사람들의 대부분이 그때 상황에 대해 거의 이야기를 하지 않았기 때문에 나는 그 당시에 대해 알고 있는 것이 거의 없다. 바로 이러한 사실 때문에 나는 늘 호기심을 갖고 있었고, 수년이 지난 후 아주 특별한 만남을 갖게 되었다.

1999년 나는 한 남성으로부터 전화를 받았는데, 그는 나를 텔레비전에서 보았다고 말했다.

"우리가 당시 포로로 있을 때, 우리 진영에 목사님이 한 분 계셨는데 그분 이름이 퀴러였습니다. 혹시 그분과 어떤 관계가 있으신지요?" 그분은 간단히 자기소개를 한 후 내게 이렇게 단도직입적으로 물었다.

"그분이 바로 저의 부친이었을 것입니다." 나는 매우 놀라며 이렇게 대답했다.

"정말 잘 됐군요!" 그는 매우 기뻐하며, 나를 이전에 포로가 되었던 참전 용사들의 모임에 초대해 주었다.

그 후 나는 아내와 함께 그 모임에 참석했고, 포로들 중 아버지가 가장 마지막으로 풀려났다는 사실을 알게 되었다. 포로 진영 내에는 초기에 자살률이 매우 높았기에 급히 포로들을 돌보아 줄 사람이 필요했다고 한다. 영국은 제네바조약을 엄격하게 준수했으므로, 아버지가 도서를 조달해 달라고 부탁했을 때, 그들은 즉시 그 부탁을 들어주었다는 것이다. 포로들은 곧 클래식 연극들을 공연하게 되었고, 이에 필요한 의상이나 소품들을 스스로 제작했다고 한다.

내가 초대된 이 참전 용사들 모임에서 그들은 옛날 무대에 올렸던 작품 중 하나를 공연했는데, 이 공연을 통해 나는 당시 상황을 매우 인상 깊게 경험할 수 있었다. 참전 용사 중 한 분은 아버지의 묵상 말씀 중 아직까지 기억에 남는 것이 있다고 설명해 주었다. 가령 성탄절이나 부활절에 전해 주셨던 것들, 기타 토마스 합창단 시절에 대해 말씀하신 것도 기억하고 있다고 이야기했다. 당시 참전 용사들의 나이는 18세였다고 한다. 그들보다 나이가 두 배나 많은 군목은 그들에게 아버지와 같은 존재였던 것이다. 아버지는 병사들의 영적 지도자였을 뿐 아니라 병사들과 장교들의 중개 역할도 했다. 이렇게 연극 공연이나 신문 발행 등, 문화 활동을 통해 그리고 예배를 통해서 포로들과 영국 장교들과의 관계가 호전되었는데, 한번은 포로들이 장교들과 모인 자리에서 가시 철조망에 대해 불만을 표시한 일도 있었다고 한다. 이에 한 장교는 "그렇다면 그 철조망을 제거하겠소." 라고 답했고 정말 그 철조망이 제거되었다고 한다. 그때부터 포로들은 자유롭게 움직일 수 있었지만, 탈영한 사람들은 한 사람도 없었다고 한다. 흥미 있는 것은 그들이 모두 자유의 몸이 된 후에도 포로들의 3분의 1만 고향으로 돌아왔으며 나머지 사람들은 포로 생활 당시 영국에 잘 적응했거나 또 영국을 좋아하게 되어 그곳에 머물렀다고 한다.

나는 이분들을 알게 된 것이 너무 기뻤다. 왜냐하면 이 만남을 통해 그때까지 아무것도 알지 못했던 세계를 알 수 있는 기회를 얻었기 때문이다. 아버지는 자신도 전쟁 포로의 처지로 가족과 헤어져 어려움을 겪고 있었음에도, 병사들에게 얼마나 열심히 사역하셨는지를 들으며 큰 감동을 받았다.

나는 그분들과 헤어진 후, 그들 중 대부분이 무장 친위대 Waffen-SS 에 있었다는 사실을 미리 알았더라면 어땠을까, 오랫동안 생각했다. 나는 당연히 그들을 만나러 가지 않았을 것이고 그러면 그들을 알지도 못했을 것이며, 그들의 포로 생활에 대해, 또 아버지의 사역에 대해 아무것도 모른 채로 지냈을 것이다. 1944년 그들 대다수는 젊은이였기 때문에 즉시 무장 친위대로 차출되어 대서양 방벽에서 체포될 때까지 그곳에 투입되었다. 이분들과의 만남을 통해 나는 아버지가 집에 있을 수 없었던 기간 동안 한 일에 대해 몇 가지를 알게 되었다.

내게 가장 인상적이었던 사실은 아버지가 믿음의 힘으로 동료 포로들에게 신뢰와 정직을 전할 수 있었다는 점이다. 거의 반백 년이나 지난 이 시점에서, 이들이 아버지에 대해 좋게 평가를 해 준다는 사실이 내게 매우 큰 기쁨을 가져다주었다.

Und wir sind dabei gewesen

나는 작은 마을에서 살았기 때문에 자연과 가까이 지낼 수 있었고, 각 계절을 충분히 느낄 수 있었다. 어머니는 정원에 나만의 화단을 만들어 주었고, 그곳에 내가 원하는 채소를 심을 수 있도록 허락해 주셨다. 나는 화단에 붉은 순무와 무 하나 그리고 묘목 몇 그루를 심었다. 나무가 자라면, 우리는 그것을 선물했다. 그러나 그중 단풍나무 한 그루는 남겨 두고, 그 나무가 어떻게 자라는지 계속 관찰했다.

단풍나무로 가득 찬 화단

아버지가 집으로 돌아온 후, 우리 집에서는 더 자주 음악이 연주되었다. 아버지는 시간이 날 때마다 피아노 앞에 앉으셔서, 어머니가 부르는 노래에 맞춰 반주해 주셨다. 전쟁이 끝난 후 생활이 어려웠고, 아버지는 전쟁과 포로 생활에서 겪은 어려움들을 천천히 그리고 하나씩 극복해 나가면서, 우리들은 전혀 심각하게 지내지 않았다. 우리는 때로 예전보다 훨씬 더 즐겁고 평안한 마음으로 지내기도 했다. 아버지도 나를 극진히 사랑해 주셨기 때문에, 세 여성에 둘러싸인 나의 왕자님 역할도 지속될 수 있었다. 부모님은 내가 원할 때면 언제든지, 부모님 침대에서 자는 것을 허락해 주었다. 내 방이 따로 있었지만, 그 방에서 혼자 지내는 시간은 거의 없었으며, 겨울에는 더욱 그러했다. 그 방은 난방을 하지 않았기 때문에 방안 온도와 바깥 온도가 별 차이가 없었다. 내가 잠자러 가기 전, 어머니는 매일 밤마다 따뜻한 물주머니를 만들어 주셨고, 편안히 잠들 수 있도록 부모님의 침대에서 자는 것도 허락해 주셨다. 그래도 잠이 들지 않으면, 아버지가 들어오셨다.

"아빠에게 세 가지 질문을 해 보거라. 그러면 눈이 감기게 될 거야."라고 아버지는 말했고, 나는 고개를 끄덕이며 아버지에게 질문을 했다. 동물원이나 세상에 존재하지만 내가 아직 잘 알지 못하던 중요한 일들에 대해 질문했다. 그러면 아버지는 그와 관련된 이야기들을 만들어 냈다. 나는 아버지에게 아주 어려운 질문을 하는 것이 좋겠다고 생각했다. 그러면 아버지는 특별히 더 긴 이야기를 답으로 주시기 때문이었다.

그래도 내가 자려고 하지 않으면 이번에는 어머니가 기지를 발휘했다. "지금 당장 자지 않아도 돼."라면서 나를 안심시키시고 "그래도 먼저 가서 눕거라."고 말하셨다.

내 침실의 열린 문 틈새로 빛이 희미하게 들어왔고, 나는 침대에 누워서 집안의 소리를 들었다. 부모님이 조용히 대화하시는 소리, 아버지가 집무실에서 탁자 주변을 왔다 갔다 하며 설교를 정리하시는 소리 등을 들었다. 폐쇄된 어두운 방에 혼자 있었던 적은 한 번도 없었다. 나는 이런 상황을 매우 불안해했다. 아내와 나는 우리 아이들에게도 이러한 편안함을 주기 원했기 때문에 잠자기 전 반드시 기도한 후, 아이들을 침대로 보내곤 했다.

나는 이렇게 집에서 완전한 평안을 느낄 수 있었고 또 신앙도 자라게 되었다. 부모님의 집과 신앙은 하나로 녹아져 있었다. 저녁 문

틈으로 비치는 불빛, 부모님의 발자국 소리, 목소리들은 내가 온전히 보호받고 있다는 느낌을 주었다.

나는 어려서부터 늘 병약했지만, 그것이 나의 기쁨을 앗아가지는 못했다. 훗날 어머니와 누나들은 나를 얼마나 잘 돌보아주었는지 종종 이야기해 주곤 했다. 내가 숨을 쉬지 못하고 파랗게 질려갈 때, 다들 얼마나 걱정했었는지 말해 주었다. 그러면 어머니는 나를 똑바로 뉘어 베개에 싸 놓고 풀모틴Pulmotin 연고를 발라 주었다. 그래서 나는 이 휘발성 기름의 특수한 냄새를 맡으면 안정감을 느끼고 기분이 좋아진다. 지금도 그 약이 있다는 것은 참 다행한 일이다. 내가 목회자로 지내는 동안 감기가 걸렸다거나 목이 쉬면, 나는 언제나 그 연고를 사용했으며, 그때마다 나는 그 향기에서 집과 같은 편안함을 느끼곤 했다.

어린 시절 나에게 일 년 중 최고의 날은 성탄절이었다. 이날 우리 가족은 항상 성대하게 잔치를 벌였다. 교회의 아름다운 불빛, 촛불들, 현수막들, 구유, 천사들과 집안의 촛대들, 벽난로 안의 장작이 타는 냄새와 초콜릿 냄새…. 당시 이 모든 것들은 내 마음에 큰 감동을 가져다주었다. 우리 집에서는 일 년 중 유일하게 성탄절에만 초콜릿을 먹을 수 있었다. 아버지와 함께 포로 생활을 했던 분 중 뉘른베르그에서 사는 분은 매년 우리에게 오렌지, 초콜릿, 렙쿠헨Lebkuchen [5]이

---

5 성탄절 때 먹는 쿠키로 뉘른베르그의 특산품(역자 주).

든 상자를 선물로 보내 주었다. 어머니는 이 맛난 선물을 꽃 장식이 된 철제통에 넣어 두었으며, 아주 특별한 순간에만 이 통을 여셨다. 오늘까지도 나는 눈과 얼음으로 뒤덮인 춥고 어두운 계절을 좋아하는데, 그 이유는 그 한 가운데 성탄절이 있기 때문이다.

어린 시절의 이러한 추억이 강렬한 인상으로 남아 있었기 때문에, 나는 영원, 즉 하나님의 나라를 죽음과 연결시키지 않고 예수님과 성탄절로 연결시킨다. 예수님도 하나님의 나라를 혼인 잔치로 비유했다. 따라서 나는 오늘날까지도 죽음에 대한 공포를 가져 본 적이 없다.

아버지가 집으로 돌아왔다는 소식은 순식간에 퍼져 나갔다. 전쟁이 끝난 후 떼를 지어 이 동네 저 동네를 떠돌아다니던 많은 상이군인들, 손풍금을 돌리는 사람들 등, 소위 '방랑자들'은 예전보다 훨씬 더 자주 우리 동네에 들렀다. 어머니는 이들에게 항상 먹을 것을 주었다. 그들은 음식을 먹은 후에도 난로 옆 따뜻한 불을 쬐기 위해 잠시 머물다 돌아가곤 했다. 그러면서 그들은 이야기를 시작했는데, 어머니는 시간이 많지 않았기 때문에, 그들의 이야기를 들으면서 어머니의 일을 계속했다. 그때 나는 우리 집 신발장 옆의 작은 의자에 앉아 정신없이 그들의 이야기를 듣곤 했다. 그들의 이야기는 대부분 유랑하면서 경험한 것들이었다. 한 사람은 어떻게 다리를 잃어버리게 되었는지, 다른 사람은 왜 팔이 하나밖에 없는지 등과 같은 것이었다. 그분들 중 몇몇은 정말 이상한 사람들이었는데, 가령 한 여인은 여호와의 증인으로 정말 알 수 없는 일들을 이야기했다. 그 여인은 가끔 갑자기 의자 위로 올라가 두 팔을 벌린 채 노래하기 시작했다. 어머니는 불안해 하지 않았고, 그런 일들을 잘 처리할 수 있었다. 아버지가 우연히 부엌으로 들어오다가 그 여인을 한 번 보고는 즉시 돌아서 부엌을 나갔다. 이러한 돌발 상황에 대해 아버지는 참을성이 별로 없었다. 특히 아버지는 목회자로 많은 시간을 돌아다니며 하루 종일 이야기를 해야 하기 때문에 집안만큼은 피난처로 여겼다.

나는 어머니가 어려움에 처한 사람들을 인내와 열린 마음으로 대하는 것에 감동을 받았다. 야고보서에 나오는 말씀과 같이 **"어떤 형제나 자매가 헐벗고, 그날 먹을 것조차 없는데, 여러분 가운데서 누가 그들에게 말하기를 "평안히 가서, 몸을 따뜻하게 하고, 배부르게 먹으십시오" 하면서, 말만 하고 몸에 필요한 것들을 주지 않는다고 하면, 무슨 소용이 있겠습니까?"** [6] 아버지는 그리 많지 않은 목회자 봉급에서 일정 금액을 여러 단체에 후원했기 때문에, 우리 가족을 위해서는 돈이 얼마 남지 않았다. 그러므로 부모님은 항상 정확하게 계산해서 돈을 사용해야 했다. 한번은 어머니가 정원에 심을 화초를 사려고 하자, 아버지는 "그것이 우리에게 정말 필요해?"라고 물었던 기억이 난다. 그럼에도 우리 집에는 그림 같이 아름다운 정원이 있었던 것으로 기억한다.

---

6 야고보서 2장 15-16절.

"오늘 점심에는 무엇을 만들까?" 어머니는 종종 이렇게 묻곤 했다.

"지금 나가서 콩하고 오이를 좀 따 오는 게 좋겠구나."

그러면 나는 정원으로 나가서 채소를 따 오고 30분 후면 김이 모락모락 나는 채소가 식탁 위에 올라왔다.

나는 작은 마을에서 살았기 때문에 자연과 가까이 지낼 수 있었고, 각 계절을 충분히 느낄 수 있었다. 어머니는 정원에 나만의 화단을 만들어 주었고, 그곳에 내가 원하는 채소를 심을 수 있도록 허락해 주셨다. 나는 화단에 붉은 순무와 무 하나 그리고 묘목 몇 그루를 심었다. 나무가 자라면, 우리는 그것을 선물했다. 그러나 그중 단풍나무 한 그루는 남겨 두고, 그 나무가 어떻게 자라는지 계속 관찰했다. 그러나 나무는 점점 더 자라, 내 화단에 두기에는 너무 커졌다. 나무뿌리가 담장 밑으로 파고 들어가 담이 거의 넘어갈 지경이 되었기 때문에, 결국 나무를 잘라 내어야 했다.

나는 어려서부터 나무의 성질에 더 많은 관심을 갖고 있었다. 나무의 아름다움에 대해서는 세월이 흐른 후 아내 덕분에 더 많이 알게 되었다.

전쟁이 끝난 후 모든 것이 부족했던 시절이었지만, 우리 집에 먹을 것이 모자랐다는 기억은 없다. 고기는 물론 일요일에만 먹을 수 있었다. 토요일 저녁에는 늘 집에 간 고기나 소시지가 있었다. 토요일 저녁 고기 굽는 냄새가 집안에 가득할 때면 아버지는 언제나 소스를 먼저 맛보시려고 작은 숟가락을 들고 부엌으로 사라져 버리곤 하셨다. 그러면 어머니는 아버지를 나무랐지만 나는 곧 그것이 장난이라는 것을 알아차렸다. 훗날 나는 아버지의 이 역할을 이어받았다. 언젠가 주일에 먹을 고기 요리 준비가 끝난 후, 아이들도 내가 몰래 부엌으로 들어가는 것을 보았다.

우리 집에는 정원이 있었고, 그 외에도 목사관에 딸린 작은 텃밭이 있었기 때문에, 우리 집 식탁은 전혀 단조롭지 않았다. 무엇보다 나는 감자를 여러 가지 방법으로 먹을 수 있다는 것을 알게 되었다. 나는 생감자도 즐겨 먹었다. 어머니가 바깥 계단에 앉아 감자 껍질을 벗기실 때면, 냄비에서 생감자를 하나씩 꺼내 주시곤 했다. 더욱이 감자 껍질을 화덕에 얹어 구워 먹는 것은 내게 큰 즐거움이었다. 그럼에도 몇몇 맛난 음식들은 특별한 계기가 있어야만 먹을 수 있었기 때문에 특정 음식을 먹고 싶다는 마음은 여전히 남아 있었다. 전후 세대의 특징은 가령, 버터를 좋아하는 것이다. 우리 때는 학교 도시락인 빵에 여러 가지 것들을 발라 먹었다. 프라이팬에 기름을 조금 두르고 밀가루를 구워 빵에 올려 먹기도 했다. 이와 반대로 농사짓는 집의 아이들은 속을 넉넉히 넣은 빵을 싸 가지고 다녔다. 당시 우리는 우유를 푸른 우유blaumilch 라고 불렀는데, 그때는 유지방을 제거한 저지방 우유를 마셨고, 그 우유가 알루미늄 냄비에서 푸른색을 띠었기 때문이었다. 그래서 나는 어렸을 때 그 우유를 마시고 싶어 하지 않았다. 어머니가 우유를 사 오라고 마을 상점에 보냈을 때, 나는 버터 덩어리를 동경하는 마음으로 쳐다보았다. 뚱뚱한 여자 점원은 두툼하고 빛이 나는 덩어리가 마치 자기 것인 양, 조심스럽게 여러 조각으로 얇게 썰었다. 썰어 놓은 버터의 무게가 1그램이라도 더 나가면 그 점원은 얼른 잘라 내었다. 모든 사람들에게 허용된 양만큼만 배당을 주었다. 그러므로 당시 나의 가장 큰 소원은 산더미 같이 쌓인 음식물을 가져 보는 것이었고, 다른 하나는 내 일생 한번쯤 원하는 만큼 버터를 실컷 먹어 보는 것이었다. 어머니는 이런 나의 생각을 알아차렸던 것이 분명했다. 언젠가 어머니는 내게 이렇게 약속하셨다. "생활이 좀 나아지면 돈을 조금 모아서 너에게 제대로 된 버터크림 케이크를 사 줄게."

나는 그것이 정확히 무엇인지 몰랐다. 생일이 되면 어머니께서는 나이 숫자가 달린 둥근 빵을 구워 주셨다. 드디어 어느 생일에 내 일생 처음으로 버터크림 케이크를 선물로 받았는데 그야말로 잔치 음식이었다. 그 이후 나는 생일 때마다 버터크림 케이크를 원했다. 비록 아주 작은 것이라도….

나는 어려서부터 음식에 주의를 기울이는 것을 배웠기 때문에 오늘날까지도 어떻게든 낭비하는 것을 싫어한다. 어떤 사람이 부주의하게 음식물을 쓰레기통에 버리는 것을 보게 되면 나는 평소 때와는 달리 진짜로 화가 난다. 음식물을 버리는 것은 내게 죄였다. 나는 사람이 배부르다는 사실은 결코 당연한 것이 아니라 놀라운 하나님의 은혜와 평화의 표시라고 생각한다.

나는 지난 세월 동안 빵을 직접 만드는 일이 얼마나 수고로운지 잊은 적이 없다. 여름 수확기가 되면 어머니는 누나들과 함께 나를 이삭 줍는 곳으로 보냈다. 곡식들은 이미 수확한 상태이고 농부 아저씨는 이미 몇 번씩 큰 갈고리로 논밭 위를 훑고 지나간 다음이었다. 우리는 다른 사람들과 함께 밭가에 서서 아저씨의 신호를 기다렸다. 우리가 이제는 들어갔으면 하고 바랄 때면 아저씨는 다시금 큰 갈고리를 가지고 밭을 쓸어 이삭을 모았다. 마지막에는 우리가 주울 것이 거의 남지 않게 된다. 기다리는 시간이 끝나면, 우리는 남아 있는 이삭을 줍기 위하여 가시가 돋친 밭으로 뛰어서 들어갔다. 누나들과 나는 자루에 이삭을 모아 장작을 패는 나무 받침대 위에 올려놓고 막대기로 두드렸다. 그러고 나서 바람에 겨가 날리게 하고 밀알은 다시 자루 속에 넣었다. 구약시대처럼 말이다. 우리는 밀알을 방앗간으로 가져가 가루로 빻아 달라고 했다. 그러면 결국에는 어머니가 작은 빵 하나를 구워 낼 수 있을 정도로 적은 양의 밀가루가 나오는 것이다. 우리 밭에서 나는 곡식으로도 우리 식구가 먹기에 충분한 빵을 만들 수 있었지만, 어머니는 빵이 만들어지기까지 어떤 과정이 필요한지 우리가 몸소 체험하기를 바랐다. 곡식 몇 알을 얻기 위해 몇 번이나 구부려야 하는지, 타작을 하고 나면 얼마나 적은 알곡만이 남게 되는지, 빵 하나를 만들기 위해서는 얼마만큼의 곡식이 필요한지 등, 정말로 우리가 생각하는 것보다 훨씬 더 많은 과정을 거쳐야 하는 것이다.

Und wir sind dabei gewesen

이와 마찬가지로 나는 자연스럽게 그리고 자발적으로
믿음을 갖게 되었고 교회 안에서 자라났다. 내가 혼
자서 내디딘 인생의 첫 번째 발자국이 바로 랑엔로
이바-오버하인 교회의 세례석상에서 성경 강독단으
로 가는 것이었다. 교회 안에서 나는 걸음마를 배웠고
글자를 배웠다. 내가 글자를 제대로 읽기 전 나는 교
회 강단 벽에 쓰여 있던 비밀스러운 글자를 해독하게
되었다.

세례석과 성경 강독단 사이

내가 어렸을 때 살던 랑엔로이바-오버하인 지역에는 유치원이 없었기 때문에 초등학교에 입학할 때까지 나는 집에 있어야 했다. 1949년 내가 마을에 있는 학교에 입학할 때, 바바라 누나는 그 학교를 졸업했기 때문에, 나는 매일 혼자 학교에 가야 했다. 매일 아침 집 앞 작은 동산에 올라서면, 나는 다시 한 번 뒤로 돌아서서 어머니가 부엌 창에서 내게 손을 흔들 때까지 기다리곤 했다. 그리고 나서야 나는 만족한 마음으로 학교에 갈 수 있었다. 하루는 아무리 기다려도 어머니가 나오지 않았다. 그때 나는 어머니와 인사하지 않고는 학교에 가고 싶지 않았다. 그러다 지각한 적도 있다. 어머니가 나를 알아볼 때까지 언덕에 서서 기다리곤 했다. 어머니를 본 후에야 학교로 향했기 때문에 나는 거의 매일 학교에 늦게 도착했다. 그 후 나는 언덕 위에서 인사하는 것을 하나의 의식처럼 지키기로 어머니와 약속했고 그 후부터 나는 따로 기다릴 필요가 없게 되었다.

[사진 4] 현재 랑엔로이바–오버하인의 교회 모습
[출처] http://upload.wikimedia.org/wikipedia/commons/f/fb/Kirche–LO.jpg?uselang=ko
[저작권] Tnemtsoni

　방과 후에는 공동묘지를 지나 집으로 돌아왔는데 나는 가족의 무
덤 옆에 세워져 있는 동상들을 살펴보곤 했다. 마을에 있는 작은 묘
지였기에 무덤들이 그리 많지는 않았다. 그래서 더 깊은 인상을 받
았던 것 같다. 그중 두 팔을 벌려 축복하고 서 있던 예수님의 동상을
나는 가장 좋아했다. 온화한 표정으로 두 팔을 벌리고 서 있는 그 모
습이 마음에 큰 감동을 주었기에, 나는 거의 매일 그 동상 앞에 서
있었다. 나중에 알게 된 일이지만 누나들도 학교에서 집으로 돌아올
때는 바로 이 자리에 멈추어 서 있었다고 한다. 덴마크의 조각가 베

[사진 5] 랑엔로이바–오버하인의 교회 내부(좌)와 랑엔로이바–오버하인의 교회 사택
[저작권] 역자

르텔 토르발드센Bertel Thorvaldsen의 "축복하는 예수 상"은 유럽 공동묘지
에서 가장 많이 사용되는 동상 중 하나이며 세대를 넘어 나와 같은
사람들에게도 사랑을 받고 있다.

나는 학교생활에 매우 만족했기에 모든 활동에 참여하기 원하여
파이오니어 개척단 활동에도 함께했다. 같은 반 아이들과 마찬가지로
나도 얼마 전 창단된 개척단에 입단했으며, 조직의 대표 자문으로 선
출되기도 했다. 부모님은 내가 이런 활동을 하는 것을 허용했다. 또
한 부모님은 내게 예배 참석을 강요한 적이 한번도 없었다. 나는 그
저 자발적으로 기꺼운 마음으로 예배드렸다. 오늘날까지 부모님에게
감사하는 것은, 부모님이 일찍부터 내가 나의 길을 찾아 가도록 놓아
두었다는 것이다. 부모님은 가정과 마을에서 당신들의 사역을 통해

[사진 6] 랑엔로이바 초등학교
[저작권] 역자

복음을 보여 주었다. 나는 부모님을 통해 하나님을 **사랑의 하나님**[7]으로 경험했고, 이것이 나의 일생 동안 지속적으로 긍정적인 영향을 주었다. 부모님은 "사랑의 하나님은 모든 것을 지켜보고 계신단다. 그러니 항상 조심하거라."는 말로 하나님을 교육을 위해 남용하지 않으셨다.

다만 아버지는 내 행동 평가 점수에 대해서는 신경을 쓰는 것 같았다. 아마도 내가 행동 평가에서 최고점을 한 번이라도 받았다면 아버지는 매우 기뻐했을 것이다. 그러나 나는 결코 그 소원을 이루어

---

7 요한일서 4장 8절.

드리지 못했다. 아버지를 기쁘게 해 드려야겠다고 결심하지만, 오래 가지 못해 나는 다시 선생님의 마음에 들지 않는 행동을 해서 이름을 적히곤 했다. 나는 성격이 매우 활달하고 이야기를 많이 하는 편이었는데, 부모님이 내가 하고 싶은 일을 할 수 있도록 허락해 주었기 때문이다. 아마도 나의 행동 평가 점수 때문에 아버지도 나와 똑같이 곤란을 겪었을 것이다. 사람들은 모두 목회자의 아들에게 모범적인 행실을 기대하기 때문이다. 나는 그 기대에 부응하는 것이 매우 어려웠다.

가령 한번은 불량스러움이 있는 키가 큰 3학년생 프리다와 내가 창가에 서서 큰 원을 그리며 침을 뱉고 있었다. 우리는 위층에 서서 침을 힘껏 뱉었기 때문에 밑에 지나가는 사람에게 맞을 수도 있었다. 불행하게도 그때 마침 그 창문 아래로 교장 선생님이 지나가고 있었다. 당연히 날벼락이 떨어졌다. 휴식 시간에 학생들을 감독하는 학생들이 뛰어 올라왔고, 우리 둘은 마치 명령을 받은 것처럼, 동시에 엄청나게 큰 소리로 울기 시작했다. 감독하는 학생들은 "분명 프리다가 그랬을 거야. 저 작은 목사 <small>아이들은 나를 이렇게 불렀다.</small> 는 그런 일을 할 리가 없어."라고 소리쳤다. 나는 프리다가 어떤 벌을 받았는지 알지 못한다. 그러나 오늘까지도 그때 그 말을 부정하지 않았다는 사실을 부끄럽게 여기고 있다. 내 학급 친구만 범인으로 내세워 두는 것이, 얼마나 불의한 일인지 정확하게 느끼고 있었음에도, 나의 잘못을 인정할 엄두를 내지 못했다. 이 이야기는 오랫동안 나를 따라다녔다.

나는 학교에 다니면서 배우는 것이 그리 어렵지는 않았지만, 자주 아팠기 때문에 일부 과목은 따라갈 수가 없었다. 그리고 나는 축구를 매우 좋아했지만, 축구 시합을 마치고 나면 얼굴이 사과같이 빨개졌기 때문에, 어머니는 축구를 못하게 했다. 나는 어머니가 모르게 하기 위하여, 축구가 끝난 후, 얼굴색이 다시 정상으로 돌아올 때까지 기다렸다가 집으로 돌아오기도 했으나 어머니는 그것을 즉시 알아차렸다. 나는 천식을 앓고 있었기 때문에 달리기를 하면 숨을 못 쉬게 되고, 축구를 한 후에는 완전히 기진맥진하게 되었다.

아버지는 내가 피아노 배우기를 원했다. 나를 포함해 우리 가족들은 모두 내가 언젠가는 토마스 합창단에 들어가게 될 것으로 생각하고 있었다. 그러므로 피아노 레슨은 당연한 것이었다. 그러나 아버지는 시간을 많이 내어 줄 수 없었을 뿐 아니라, 나에게 피아노를 설명해 주는 것으로 충분하다고 생각했다. 하지만 나는 아버지가 원하는 만큼 그리 빨리 이해하지 못했다. 그렇기 때문에 피아노 레슨 시간은 유일한 고통의 시간이었다. 아버지의 높은 기대치로 매우 짧은 시간에 피아노를 배웠지만 그럼에도 아버지가 나에게 우리 교회 지휘자에게 피아노 레슨을 받는 것이 낫지 않겠냐고 제안했을 때, 어머니와 나는 마음이 매우 홀가분해졌다. 그 후 나는 아버지가 가르칠 때만큼 많은 시간을 투자하지 않게 되었다. 음악 선생님들은 모두 매우 친절한 사람들이었으며 내 마음대로 할 수 있게 해 주었다. 우리 오버하인 교회 지휘자는 누나들과 나에게 음악을 가르쳐 주었으며, 우리를 매우 좋아했다. 음악 수업은 먼저 내가 원하는 곡을 고르면, 선생님이 시범적으로 연주해 주었다. 우리가 가장 좋아하는 것은 계단식 선율을 듣는 것이었는데, 우리 지휘자는 우리를 즐겁게 해 주기 위해 매번 우스꽝스런 선율을 연주하곤 했다. 이렇게 아주 흥겨운 오후 시간을 보냈지만 그 선생님에게 배운 것은 그리 많지 않았다.

우리 집에는 언제나 음악이 있었다. 매 주일, 예배와 예배 중간 시간에 부모님은 거실에 앉으셔서 동독DDR 라디오에서 흘러나오는 바흐의 칸타타를 들었다. 막스 삼촌은 종종 우리 집을 방문했는데 삼촌이 집을 방문할 때마다 아버지와 삼촌은 가정 음악회를 열었다. 어느 주일 저녁 아버지는 피아노 앞에 앉아서 박자 연습을 하고 있었고 어머니는 마왕을 노래하고 있었다. 어머니가 이 발라드풍 노래를 부르는 동안, 나는 넋이 나간 사람처럼 소파 한쪽에 앉아 있었다. 어머니가 마지막 소절—그의 품에 아이는 이미 죽어 있었네.—을 노래할 때는 모두 조용해졌다. 깊은 감동에 빠져 그 멜로디를 듣고 있던 나의 가슴은 두근거리고 있었다. 유혹하는 듯한 멜로디, 스타카토에 맞춘 아이의 도움을 요청하는 소리 등, 나는 그때까지 노래 한 곡이 얼마나 엄청난 힘을 발휘할 수 있는지 알지 못했었다. 슈베르트의 마왕은 나에게 음악의 또 다른 세계를 열어 주었다. 이것이 바로 우리 집 분위기를 잘 나타내 주는 예이다. 나는 아버지의 엄격한 음악 수업을 통해 음악의 아름다움을 발견한 것이 아니라 부모님이 자연스럽게 음악을 하는 것을 통해 음악 세계의 아름다움을 경험했던 것이다.

이와 마찬가지로 나는 자연스럽게 그리고 자발적으로 믿음을 갖게 되었고 교회 안에서 자라났다. 내가 혼자서 내디딘 인생의 첫 번째 발자국이 바로 랑엔로이바-오버하인 교회의 세례석상에서 성경 강독단으로 가는 것이었다. 교회 안에서 나는 걸음마를 배웠고 글자를 배웠다. 내가 글자를 제대로 읽기 전 나는 교회 강단 벽에 쓰여 있던 비밀스러운 글자를 해독하게 되었다. "···**거룩하시다, 거룩하시다, 거룩하시다. 만군의 주님!···.**"[8] 목사관에 쓰여 있는 "**주님께서는, 네가 나갈 때나 들어올 때나, 이제부터 영원까지 지켜 주실 것이다.**"[9]라는 말씀을 깨달았으며 친교실과 교육관에 적혀 있는 "**내가 너희에게 명령한 모든 것을 그들에게 가르쳐 지키게 하여라. 보아라, 내가 세상 끝 날까지 항상 너희와 함께 있을 것이다.**"[10]라는 말씀도 읽었다. 나는 이렇게 성경 말씀을 부모님과 누나들의 강요 없이, 사랑으로, 편안하고 신뢰할 만한 장소에서 스스로 발견하게 된 것이다.

겨울이 되면 내가 맡은 일 중 하나는 난방을 위해 밖에 나가서 불쏘시개로 쓸 마른 가지들을 모아 오는 것이었다. 어느 날 나는 교회 친교실에 난방을 하러 들어갔다가 커다란 그림 성경책을 발견했다. 그림에 이끌려 나는 책장을 한 장, 두 장 넘기기 시작했다. 정신없이 그림을 보다가 방에 난로를 켜는 일도 잊고, 주변의 모든 일들을 잊

---

8 이사야 6장 3절.
9 시편 121편 8절.
10 마태복음 28장 20절.

어버렸다. 부모님이 나중에 이야기해 줬는데 나는 몇 시간이나 얼음 같이 찬 방에 서서 그림 성경책을 읽고 있었다고 한다. 아버지는 나에게 호기심이 생긴 것을 발견하고는 그림이 많이 들어 있는 가정 성경책을 식탁에서 보여 주었다. 내가 감기에 걸리지 않고 언제든지 보고 싶을 때 볼 수 있도록 식탁에 그 책을 놓아두었다.

이렇게 나는 아버지와 어머니의 책장에 있는 책들을 읽기 시작했다. 내 나이에 맞는 책들로—쿠퍼의 『**가죽 스타킹 이야기**』 *Lederstrumpf, Leatherstocking Tales* , 인디언 이야기인 『**파랑새**』 *Blauvogel* , 한스 짭페 Hans Zappe 의 소설 『**사랑의 하나님을 찾아다니는 크리스티네**』 *Christine sucht den lieben Gott* —외에도 나는 도스토예프스키의 『**죽음의 집의 기록**』 *Aufzeichnungen aus einem Totenhaus* 과 같은 어려운 책들도 파고들었다. 무엇보다도 아파서 집밖을 나가지 못했기 때문에 그때마다 나는 책을 읽으며 시간을 보내곤 했다. 정의에 대한 의식은 그때까지 직관적으로만 가지고 있었으나, 점차 나는 논증을 가지고 정의를 구현할 수 있게 되었다. 나는 내 주변을 분석하기 시작했고 '**우리 앞에 놓인 달음질**' [11] 을 시작했다.

나는 학교에서 정의 구현을 위한 첫 번째 기회를 갖게 되었다. 우리 담임 선생님은 원래 종교 과목 선생님이었는데 나치가 정권을 잡은 이후 그는 철저한 나치주의자가 되었다. 전쟁이 끝난 후 그 선생님은 1년간 모래 채취장에서 노역하며 교화 훈련을 받았고 그 후 재

---

11 히브리서 12장 1절.

임용되었다. 그런데 그 선생님이 교회에 대해 비판적인 이야기를 할 때마다, 내가 원하든 원하지 않던 간에 친구들은 동시에 모두 나를 쳐다보았다. 이런 상황에서 나는 목회자의 아들로 침묵한다는 것이 불가능했다.

아마도 내가 4학년 때였던 것 같다. 나는 골리앗과 맞서 싸워 이긴 다윗과 같이 첫 번째 승리를 거두었다. 그 선생님은 성경의 이야기는 모두 동화와 같이 꾸며 낸 이야기라고 말했고, 이 말에 나는 도저히 참을 수가 없어 이의를 제기했다. 선생님이 성경을 동화책으로 낙인찍어 하나님과 예수님을 모독하는 것을 참을 수 없었다. 어린 마음이지만 정의를 위한 나의 직감은 그렇게 주장하는 것을 그대로 둘 수 없다고 생각하게 되었고, 잠시 생각한 후에 나는 손을 들고 말했다.

"질문 있습니다. 혹시 『백설공주』나 『헨젤과 그레텔』을 믿는 사람을 보신 적이 있으신가요?"

선생님은 당황스러운 눈빛으로 나를 바라보았다. "물론 없지. 적어도 어른 중에는 없다고 생각해. 그것은 동화에 불과하기 때문이지."

"그러니까요." 나는 대답했다. "그런데 전 세계 사람들이 예수님과 하나님을 믿고 있어요. 그렇다면 성경은 동화책이 될 수 없지요."

모든 학급 친구들은 선생님이 말문이 막혀 당황하는 기색을 느끼고는 숨을 죽여 키득거렸다. 선생님은 히터 옆에 서서 안절부절 못하며 손가락으로 히터의 관을 계속 두드리고 있었다. 답을 찾으려고 노력하는 모습이 역력했고 끝내 선생님은 아무 대답도 하지 못했다. 이번에는 내가 이겼다는 것을 느낄 수 있었다.

이 선생님은 후에도 나 때문에 여러 번 불편을 겪었지만, 내게 많은 도움을 주신 분이다. 내가 천식이나 폐렴으로 학교를 결석했을 때 선생님은 나중에 집으로 초대하여 산수를 가르쳐 주셨고 연습문제를 하도록 도와주셨다. 선생님은 왠지 모르게 나를 좋아하는 것처럼 느껴졌다. 나는 선생님을 통해 한 상황만을 가지고 인간을 판단해서는 안 된다는 것을 배웠다. 왜냐하면 사람은 상황에 따라 변할 수 있기 때문이다.

나이가 어렸기 때문에 나는 인생에서 배워야 할 것이 매우 많았다. 아이들이 학교 운동장에서 서열을 정하기 위해서 어떻게까지 할 수 있는지 같은 것들 말이다. 이것과 관련해서 내가 실제로 경험한 것은 성경의 산상수훈과 관련된 것이었다. 휴식 시간에 운동장에서 나는 친구들과 함께 서 있었고 그때, 고학년생 중 큰 아이가 다가왔다. 그는 내 앞에 와 서더니 아무 말 없이 다짜고짜로 뺨을 때렸다. 예고치 않은 공격에 대해 그는 "예수가 말하기를 어떤 사람이 너의 한 쪽 뺨을 치거든 다른 쪽 뺨을 돌려대라고 했지?"라고 말했다. 내가 어떻게 할지를 결심하기도 전에 그는 유유히 "자 여기 한 대 더 있다."라고 하며 이번에는 나의 다른 편 뺨을 때렸다. 당시 나는 예수님을 위해 참고 그냥 당하는 특별한 사람이라는 생각을 했다. 그러나 나는 훗날 자신의 잘못 때문에 당하는 벌과 예수님 때문에 당하는 고난은 완전히 다른 것이라는 것을 알게 되었다. 그 나이든 학생은 아버지의 입교Konfirmation [12] 공부반에서 말씀에 매우 주의를 기울였다. 왜냐하면 예수님은 보복에 대한 주제에 대해 **"'눈은 눈으로, 이는 이로 갚아라' 하고 말한 것을 너희는 들었다.[13] 그러나 나는 너희에게 말한다. 악한 사람에게 맞서지 말아라. 누가 네 오른쪽 뺨을 치거든, 왼쪽 뺨마저 돌려 대어라."[14]**고 말씀하셨는데 복수의 법칙은 어떠한 경우에도 상처를 받는 사람, 불구자만을 남기게 되고 갈등을 심화시키게 되어 있다.

담임 선생님과 성경에 대한 논쟁은 시작에 불과했다. 나이가 들수록 나는 복음에 대해 더 많이 알게 되었고 그러면 그럴수록 이 길이 내가 가야 할 길이라는 것을 분명하게 알게 되었다. 9살이 되는 해, 나는 여러 직업을 마음에 두었다. 자동차 경주자, 대중가요 가수, 선교사 등이 되고 싶었다. 그러나 12살이 되었을 때 나는 목회자가 되어야겠다고 결심했다. 부모님이 자신들의 삶 속에서 각자의 방식대로 복음을 사는 것을 보여 줌으로 모범을 보여 주었기 때문이다. 나는 자발적으로 부모님을 따르고 싶어 했다. 혁명적이고 저항 정신이

---

12 독일 개신교 가정의 아기들은 대부분 유아 세례를 받으며 따라서 14세 정도가 되면 자신이 속한 교구 교회에서 2년간 매주 두 시간 정도 입교 공부를 한다(역자주).
13 마태복음 5장 38절.
14 마태복음 5장 39절.

[사진 7] 크리스치안 퓌러 목사의 초등학교 시절 사진으로 퓌러 목사는 맨 앞줄 왼쪽에서 네 번째에 있다.
[저작권] Christian Führer

있는 어머니를 배우게 되었고 아버지로부터는 신뢰와 지구력을 배웠으며, 한번 시작한 것은 끝맺는 것을 배웠다. 내가 스스로 길을 찾을 것이라고 믿어 주는 부모님의 신뢰가 내게 힘이 되었다. 이렇게 나는 부모님의 사랑 어린 보호 가운데 바르게 결정하는 법을 배울 수 있었다. 여러 가지 병치레로 토마스 합창단에 들어가지 못했지만, 그래도 그것조차 섭리로 생각하게 되었다. 예수님도 약한 자를 위해, 병자를 위해, 사회적으로 압박 받는 자들을 위해 일하셨기 때문이다.

강한 자, 성공한 자, 자기주장을 관철시키는 자들이 인정받는 세상과는 달리 예수님은 오히려 병든 자들을 택하셔서 그들을 고치시고 강하게 하신다. 병 때문에 소외된 상황에 처해 있던 내게는 낮은 자와 모욕당하는 자들을 위해 일하시는 예수님의 모습이 목회자가 되겠다고 결정하는 데 큰 역할을 했다. 공평하게 하시는 공의의 하나님이 나를 사로잡았다. 예수님은 땅 바닥에 누워 있는 자에게 손을 내밀어 일어나도록 도와주었다. 예수님은 어떠한 것도, 어느 누구도 이 일을 방해하지 못하도록 했다. 종교적인 관습도, 정치적인 체제도 예수를 막지 못했다. 이 모든 것이 나를 사로잡았다.

이것을 인식하면서 나는 6학년이 되었을 때 개척단에서 탈퇴했다. 이 조직은 점점 더 기독교를 적대시하는 것처럼 변했기 때문이었다. 개척단의 방과 후 활동은 그렇게 선동적이지 않았다. 적어도 내가 조직의 자문 대표로 활동했을 때에는 그랬다. 그러나 이 조직은 단지 축구 시합을 같이 하고 즐겁게 함께 지내는 것이 전부가 아니라는 것을 나는 깨닫게 되었다. 선생님들은 처음에는 감추고 있던 교회에 대한 적대적인 경향이 시간이 흐를수록 점점 더 분명히 드러나면서 학교에서의 분위기도 달라졌다.

19세기부터 청소년 서약식 Jugendweihe 이라는 성년식 전통이 있었다. 1955년 3월 동베를린에서 처음으로 이 성년식이 거행되었으며, 이 예식은 동독에서 사회주의 고취를 위해 입교 예식을 대체하는 의식으로 자리 잡게 되었다. 기독 청소년들도 이 예식에 참석하도록 강요당했다. 나는 개척단의 이념 뒤에 숨겨져 있는 세계관의 의미를 깨닫게 되었다.

[사진 8] 크리스치안 퓌러의 입교 기념 사진으로 목사는 그의 부친이며, 뒷배경은 부친이 담임하던 교회당이다. 크리스치안의 부친은 왼쪽에 서 있다.
[저작권] Christian Führer

　나는 결심하고 담임 선생님을 찾아가 말했다. "제가 지금까지 해오던 모든 직책을 내려놓겠습니다." 그야말로 6학년 학생으로는 참 독특한 표현이었다. 그렇게 개척단에서 탈퇴하게 되었으나 이상하게도 나의 탈퇴로 문제가 생기지는 않았다. 아마도 선생님들은 번거로운 논쟁을 피하기 위해 나의 문제를 더 이상 윗선에 보고하지 않았던 것 같다. 나는 이 문제에 대해 부모님에게는 나중에 설명했고 예전과 같이 부모님은 나의 결정을 기꺼이 존중해 주었다. 우리 반에는 나의 결정을 이해하지 못하는 친구가 한 사람도 없었다. 아마도 부모님의 신망 때문인 것 같다. 어쨌든 친구들은 거의 전부가 아버지에게 교리 문답을 받았고 나중에 입교 교육에 참여했다. 사람들은 모두 젊은 교회에서 시간을 보내는 것을 좋아했다. 어머니께서는 모든 사람을 위해 곰보빵을 내오셨고 아버지께서는 성경을 설명해 주신 다음에는 책을 읽어 주셨다. 이 시간이 끝나면 우리는 서로 대화를 나누었다. 이렇게 부모님께서는 진심으로 어린이들과 청소년들을 복음으로 이끌어 주셨다. 그러므로 우리 반 전체가 입교식에 나온 것은 학교에 대한 반항의 표현이 아니라 신앙고백이었다. 그러나 당시 나라의 분위기는 그와 정반대였다. 압력을 통해 청소년 서약식 도입이 관철되었고, 신앙고백의 표현인 입교식은 점점 줄어들었다. 그러나 우리 반 전체는 이러한 현상에 대해 완전히 역행했던 것이다. 선생님들은 당연히 반 친구들의 부모님을 통해 설득하려고 했으나 헛수고였다. 아버지가 거의 모든 부모들을 이미 어릴 때부터 입교 또는 세례를 주었기 때문에 아무리 서약식을 선전해도 소용이 없었던 것이다. 공산주의 출신 아이들이 몇 명 있었으나, 그들만 청소년 서약식에 참석하고 싶어 하지 않았기 때문에 그들도 어렵지 않게 다수에 흡수되었다. 결국 아버지는 우리 반 전체에게 입교식을 베풀어 주었다.

나중에 알게 된 일인데 맨 처음 '종교 전쟁'을 한 그 선생님은 지역위원회에 송환되었다고 한다. 그곳에서 그 선생님은 어떻게 한 명의 학생도 청소년 서약식에 참석시키지 못했는지 그 이유를 설명해야만 했다고 한다. 그가 할 수 있는 말은 별로 없었다. 그는 동료들과 최선을 다했다는 말만을 강조했다고 한다. 유감스럽게도 목회자의 아들이 학급에 있었기 때문에 할 수 있는 일이 별로 없었을 것이다.

고대 그리스어와 좋은 교사에 대해

8학년이 되면 모든 학생들은 자신이 아비투어~Abitur~ [15]를 할 것인지에 대해 결정했다. 나는 우수한 학생에 속했으나, 당시 선례를 보면 목회자 가정의 아이들은 고등학교~EOS: Erweiterten Oberschule~ 진학이 어렵다고 했다. 그러므로 부모님은 내가 계속 교육을 받을 수 있도록 적절한 시기에 기독교 교육기관에 문의했다. 그러나 이 기관들은 졸업해도 국가에서 인정해 주지 않았다. 1957년 8월 학기가 시작하기 바로 전 전혀 기대하지 않았는데 아이제나흐~Eisenach~ [16] 학교에서 자리가 났다고 연락이 왔다.

---

15 독일에서 대학 진학을 준비하는 시험(역자 주).
16 독일 중부 튀링엔 주에 있는 유서 깊은 도시로 마틴 루터가 성경을 독일어로 번역한 바르트부르그(Wartburg) 성이 있고 요한 세바스치안 바흐의 출생지이기도 하다(역자 주).

독일 사회주의통일당SED: Sozialistische Einheitspartei Deutschlands [17]은 그곳의 미첸하임Mitzenheim 주교회 감독에게 아첨하고 있었고 이로써 이 주교는 동독의 다른 주교들로부터 고립되게 되었다. 아이제나흐에 있는 에른스트-아베 학교Ernst-Abbé-Schule에서 고대 언어 수업을 하는 학급을 설치할 수 있었던 것은 모두 이 주교 덕분이었다. 내가 다니고 싶어 했던 학교가 바로 이런 학교였다. 신학을 공부하기 위해서는 라틴어와 그리스어를 배우는 것이 좋았기 때문이다. 그리고 아이제나흐에는 우르줄라-코타-하임Ursula-Cotta-Heim이라는 교회에서 운영하는 학생 기숙사가 있었다. 나는 그곳에서 목회자나 의사 가정에서 온 아이들과 함께 생활했다. 몇몇은 아주 먼 곳에서 온 아이들도 있었다. 우리 반 아이들의 대부분은 기독교 가정에서 자라난 아이들이었다. 그들 중 반 이상이 11학년까지 자유독일청년단FDJ: Freie Deutsche Jugend [18]에 가입하지 않았다. 우리 반 구성원들은 다른 반과는 좀 달랐다. 그래서인지 우리는 아직도 서로 매우 친밀한 관계를 가지고 있으며, 2년에 한 번씩 단체로 여행을 떠난다.

아이제나흐로 진학을 하면서 방학에만 집에 갈 수 있었다. 이것은 나에게 큰 변화를 의미했다. 내게는 새롭고 독립적인 인생의 장이 열렸던 것이다.

17 1946년에 결성된 동독의 지배 정당(역자 주).
18 동독의 대표적인 사회주의 청소년 운동(역자 주).

사춘기로 접어들면서 이상하게도 내 몸의 질병들은 한꺼번에 없어졌다. 교회에서 제안한 엘베 강 근처 바드 잘첼멘Bad Salzelmen 에 있는 요양소에서 천식도 사라졌다. 이제 매년 찾아오는 건초성 알레르기만 남아 있었지만 그 알레르기는 약으로 조절이 가능해졌다. 나는 다시 스포츠를 즐길 수 있었으며 탁구도 치고, 자전거도 타며, 저녁에는 다른 사람들과 함께 숲을 가로질러 약 2킬로미터 정도 달리기도 했다. 음악적으로도 계속 발전하여서 피아노 외에 호른도 연주할 수 있게 되었다. 또 나는 게오르겐교회의 바흐 합창단Bachchor 에서 노래도 했고 포자우넨 코어 Posaunenchor 에서 연주도 했다. 당시 나는 많은 새로운 문제들에 직면하게 되었지만, 참 놀랍게도 엄청난 압력에서 벗어난 것 같은 느낌이었다. 시골 마을에서 나의 삶은 이제 끝난 것이다. 무의식적으로 나는 목회자의 자녀로 늘 다른 이들에게 모범이 되어야 한다는 무언의 요구가 짓누르고 있었던 것이다. 주변에서는 가정이 파괴되고, 사람들이 범죄를 저지르며 전통적인 가치들이 의미를 잃어가고 있더라도 사람들은 최소한 목회자 가정은 그렇지 않아야 한다고 생각하는 것이다.

나는 집에서 떨어진 아이제나흐에서 혼자 살면서 이전보다 더 독립적이 되었고 자립하는 생활을 했다. 나는 여러 가지 변화를 시도해 보았고, 머리 스타일도 새롭게 해 보았다. 지금 같은 짧은 헤어스타일을 하기까지 가르마를 타 보기도 하고, 짧은 머리, 긴 머리 등 스타일을 바꿔 보았다. 어느 날 집에 가니 아버지는 이러한 변화에 대해

"미장원에는 갔었니?"라고 짧게 한마디 묻고는 아무 말도 하지 않았다. 그러나 나의 새로운 청바지에 대해서는 이해를 못했다. "철공소 바지가 너는 맘에 드니?"라고 평가하셨다. 그리고 초등학교 때부터 몰래 친구들과 한두 대 피워 보던 담배는 아이제나흐에 살면서 완전히 습관적으로 피우게 되었다.

우리에게 아이제나흐 학교와 기숙사 생활에 대해 알려 준 사람은 큰 누나 우르줄라였다. 누나의 남편인 디트리히 포겔 폰 프롬만스하우젠Dietrich Vogel von Frommannshausen은 당시 튀링겐 주의 청소년 목회자였다. 나는 처음 몇 달 동안 누나 집에 자주 가서 조카들과 함께 오랜 시간을 보냈다. 입학하고 처음 얼마 동안은 학교 성적이 좋지 않았기 때문에 나는 매우 불안해했다. 그러나 나는 누나에게는 무슨 이야기든지 할 수 있었다. 우르줄라 누나는 내가 아이제나흐에서 공부하는 동안 가장 신뢰할 수 있는 사람이었기에 매우 친밀한 관계를 유지했다. 또한 공산당 소속이었던 수학 선생님과도 나는 좋은 관계를 갖고 있었다. 학기 초 나의 보잘것없는 시작에도 수학 선생님은 나에게 신학보다는 수학을 전공하라고 권유했다. 그러나 나는 수학 과목에서 종종 4점ᵃ을 받았고 점점 더 자신을 잃어버렸다.

"네 동네에서는 네가 최고였지만 여기는 각 동네에서 최고 학생들이 모여서 그렇단다."라고 수학 선생님은 나를 위로해 주었다. "이제 곧 적응될 거다. 앞으로 일 년 정도면 따라갈 수 있을 거야."

그 선생님의 말은 나의 성적이 다시 올라갈 수 있을 것이라는 희망을 갖는데 큰 도움을 주었다. 그러나 내가 처음 집으로 돌아갈 때에는 성적이 매우 안 좋았기 때문에 마음이 편치 않았다. 그러나 아버지는 손을 내저으며 "곧 잘 될 거야."라고 자신 있게 말했다. 그러자 내 마음도 매우 가벼워졌다. 그리고 모두가 말했던 것처럼 일 년이 지난 후 모든 상황은 다시 정상을 되찾았다. 졸업 시험을 볼 때 나는 학년에서 최우수 학생 그룹에 들게 되었다.

아이제나흐에서 나는 각별한 친구들을 만나게 되었을 뿐 아니라 선생님 운도 좋았다. 선생님들과 나는 아주 많은 토론을 했으며 언제나 서로를 진심으로 대했다. 그러나 한번도 한 쪽의 의견이 불리한 상황이 되는 적은 없었다. 선생님들 대부분이 군인으로 전쟁에 참전했거나, 포로가 되었던 분들 또 일부는 전쟁에서 부상을 입은 분들이었으며 이들은 모두 새로운 사회에 새롭게 적응해야만 하는 분들이었다. 선생님들 중 한 명은 참전으로 중상을 입었는데 가끔씩 찾아오는 통증으로 분노를 분출했고, 우리들도 정기적으로 그것을 느낄 수 있었다. 어느 날 그 선생님은 외투와 모자를 쓰고 교실로 들어와 인사하는 대신 지팡이로 책상을 치며 "오늘 아침 우리 집 세면대의 수도가 얼었다."며 고함을 질렀다. "이 모든 것이 공산주의가 우리에게 준 선물이지." 그의 표현은 매우 위험한 것이었으나 우리 반에서는 괜찮았다. 우리는 그 선생님을 이해할 수 있었고 그를 좋아했다. 그 선생님은 도서관 담당 교사였는데, 쉬는 시간에 우리가 그 선생님에게 가면, 담배 한두 모금_{반 개피} 피우는 것을 허용해 주었다. 방과 후에도 우리는 가끔씩 그 선생님과 레스토랑에 앉아 같이 담배를 피우고 커피를 마셨다. 나의 자의식은 성장했으며, 9학년 때 인생에서 처음으로 같은 반 여학생을 좋아하게 되었다. 내가 좋아하는 여학생은 음악적 소양이 깊고 재능이 있었으며 예뻤고 기독교인이었다. 내가 뭘 더 바랄게 있겠는가? 그러나 유감스럽게도 그 아이와의 관계는 몽상에 그치고 말았다. 얼마 되지 않아 그 아이는 부모를 따라 서독으로 이사를 가 버렸기 때문이다.

나는 여학생들에게도 관심이 많았지만 그래도 남학생 기숙사 생활이 먼저였다. 곧 나는 그곳이 아주 편하게 느껴졌고 좋은 친구들도 사귀게 되었다. 무엇보다 한스-게오르그, 요으헨, 만프레드 그리고 뤼디거와는 지속적으로 친구 관계를 유지하게 되었다. 훗날 뤼디거는 베르니거로데Wernigerode에서 주임 의사Chefarzt가 되었으며, 한스-게오르그는 드레스덴에서, 요으헨은 라이프치히에서 각각 담당과 선임 의사Oberarzt가 되었다. 반면 만프레드는 나와 같이 신학을 공부했다. 우리는 그를 박사라고 불렀는데 그는 늘 박식하게 행동하고 자신의 새로운 지식을 뽐내기 때문이었다. 그는 모든 문장을 "너 이거 알아?"로 시작했다. 그는 심장병 때문에 더 이상 기숙사 생활을 할 수 없었지만 다시 라이프치히대학에서 만나 우정을 돈독하게 하자고 약속했다.

우리 친구들은 당시 잡음이 없는 깨끗한 음을 찾고 있었는데 우리는 전축으로 완전히 깨끗한 음을 전달하기 원했기 때문이다. 우리가 가지고 있는 값싼 전축으로 깨끗한 음악을 듣기 위해서 정전기 방지용 수건과 벨벳 수건으로 판을 계속 닦았다. 우리는 클래식 음악을 매우 좋아했지만 학교가 끝나자마자 라디오 프랑크푸르트와 라디오 룩셈부르크를 들었다. 이렇게 우리는 엘비스 프레슬리의 음반을 하나도 갖고 있지 않았지만, 그의 음악을 알게 되었다. 엘비스는 동독의 당시 문화 정치 측근들에게 '울부짖는 가수'로 치부되었는데 그가 이렇게 폄하되는 것이 우리들에게는 더욱 관심을 끌게 하는 계기가 되었다. 그래서 우리는 그의 노래 가사를 받아 적었고 기타를 치며 따라 연주하기도 했다.

9학년부터는 생산 현장에서 수업하는 날UTP: Unterrichtstag in der Produktion 이 있었다. 모든 학생들은 일주일에 한번 공장에서 일해야만 했다. 나는 가구 회사로 가게 되었고 그곳에서 가구에 대해서 배우기보다 삶에 대해 많은 것을 배우게 되었다. 나의 희망 직업 때문에 현장에서 일하는 사람들과 매우 빠른 시간 내에 대화를 시작할 수 있었다.

"이렇게 젊은 남자가 목회자가 된다고—오늘과 같은 시대에?" 이런 말을 흔하게 들었다. 노동자들은 내게 이 직업뿐 아니라 모든 직업이 나에게 맞을 텐데 왜 목회자가 되고 싶어 하는지 당혹스러워했다. 이후에도 나는 방학 동안 자동차 공장에서 일하면서 이러한 반응을 다시 경험하게 되었다. 나는 온갖 종류의 전동기를 좋아했는데 이를 통해 적은 돈을 벌 수 있는 기회를 얻게 되었다. 아이제나흐에서는 자동차 바르트부르크Wartburg 가—트라반트Tranbant 와 비교해 보면 고

고대 그리스어와 좋은 교사에 대해 **71**

급 자동차에 속했다.—생산되고 있었다. 이 일을 하면서 제일 좋았던 것은 휴식 시간이 되면 아직 의자도 장착되지 않은 자동차들을 실내에서 몰래 몇 바퀴 운전해 볼 수 있는 것이었다.

문학과 클래식 음악을 좋아하는 것 외에 나는 고속 주행 자동차와 공기총들을 좋아했다. 내가 16살이 되었을 때 98마르크를 주고 총을 하나 구입했다. 나는 바바라 누나의 남편인 매형과 조카들과 함께, 집 지붕에서 그리고 목사관의 정원에서 사격 연습을 했다. 우리는 대부분 토마토 버팀목 위에 올려놓은 성냥갑이나 양초를 목표로 했다.

나는 어느 날 기분에 취해 새를 조준하여 맞췄다. 날아가던 새는 내가 쏜 총에 맞아 땅바닥으로 떨어지게 되었다. 내가 동물을 죽인 그 상황과 광경을 결코 잊을 수가 없다. 이로써 나의 자만심에 고통스러운 경종을 울리게 되었다. 나의 믿음과 지성은 그때부터 무기와 군부를 철저하게 거부하게 되었다. 아내는 전쟁과 관련된 장난감조차도 싫어했지만, 사격을 좋아하는 나의 태도를 후일에 나의 아이들에게서도 관찰할 수 있었다. 권위주의에 반대하는 교육을 주창한 섬머힐의 니일A. S. Neill도 이러한 종류의 장난감을 금지하는 것에 실패했다. 그러므로 나는 인간이 가진 사격에 대한 자연적인 욕구와 아동기에 총 놀이를 좋아하는 마음을 해소하기 위해 성탄절 시장에 있는 오락 사격장을 이용하고자 했다. 오락 사격장에 가는 것은 나에게 마치 카노사의 굴욕과 같은 것이었지만, 아이들에게는 반드시 필요한 것이라 생각되었다. 군비 경쟁의 시기가 되자 교회 내에서는 평화 움직임이 점점 강력해졌으며, 아이들이 자란 후 우리는 더 이상 오락 사격장에 가지 않기로 결정했다.

그러나 고속 주행 자동차만 보면 마음이 약해지는 것은 지속되었다. 학생 때부터 나는 오토바이를 정말 갖고 싶었다. 그러나 이 소원은 그냥 꿈으로만 간직해야 했다. 당시 나는 운전면허도 따지 않은 상태였기 때문이다. 그럼에도 매형은 종종 내게 소형 오토바이Moped를 빌려 주었고, 이것으로 나는 운전하는 법을 배웠다. 그리고 즉시, 운전면허는 없었지만 이 오토바이를 타고 바이마르에 사는 바바라 누나를 방문했다. 나는 우르줄라 누나와 마찬가지로 바바라 누나와도 잘 지냈으며 정기적으로 누나와 매형 그리고 조카를 방문했다. 그리고 나는 무전 여행을 하며 나라 구석구석을 돌아다녔는데, 대부분 화물차를 얻어 타고 다녔다. 나는 공장에서 일할 때와 마찬가지로 여행하는 동안에도 종종 하나님과 세상에 대해서 사람들과 대화를 나누었다. 내가 운전석에 앉자마자 운전사는 바로 "너는 나중에 뭐가 되고 싶니?"라는 질문으로 시작되었다.

"신학을 공부하려고 합니다. 목회자가 되려고요." 라고 나는 사실대로 대답했다.

내가 답을 하기가 무섭게 화물차 운전사들은 "아니 왜? 너는 똑똑해 보이는데." 라고 되물었다.

이렇게 종종 내가 배운 교회와 믿음에 대하여 명확하고 분명한 언어로 말하는 것을 통해 나와 운전자 사이에 서먹함이 풀리게 되었다. 처음에는 내가 너무 이론적으로 그리고 애매모호하게 표현하여 사람들이 잘 알아듣지 못했다. 그러나 그럴 때마다 나는 더욱 자극을 받아, 더 자세한 정보를 찾게 되었고 적절한 논증거리를 발견하게 되었다. 무엇보다 사람들과 대화를 나누고 그들이 제기한 반론들이 나로 하여금 성경을 더욱 집중적으로 공부하게 만들어 주었고, 이를 통해 예수님은 나의 생각 속에서 더욱 명확해지게 되었다. 예수님은 사람들에게 말할 때 예배당에서 세상에 대해 말씀하신 것이 아니라, 길거리와 광장에 있는 사람들과 대화했다. 사람들이 삶 속에서 고통 받고 있는 바로 그 현장에서 말씀하셨으며, 예배의 언어를 사용하지 않고 그들의 언어를 사용하셨다. 한때 주제넘은 아이로 시작된 선생님과의 성경에 대한 논쟁은 커서도 계속되었다. 루터의 저서를 읽는 것 외에 나는 당시 처음으로 디트리히 본회퍼Detrich Bonhoeffer의 책을 읽었으며 그 저서로 결정적인 자극을 받게 되었다.

하나님에 대해 종교적인 이해가 없는 길거리의 보통 사람들과 어떻게 대화해야 하는가? 믿음에 대한 경험이 없는 사람들의 질문에 어떻게 대답해야 하는가? 단순하면서도 알기 쉽게 논증하는 방법은 무엇인가?

내가 이 길을 선택한 것이 아니며, 또한 이러한 싸움이 처음에는 결코 그렇게 쉽지만 않았다. 결국은 예수님이 말씀하신 대로였다. **"그때에 예수께서는 제자들에게 말씀하셨다. "누구든지 나를 따라오려**

거든, 자기를 부인하고, 제 십자가를 지고, 나를 따라 오너라."" [19]

이러한 대화들은 내 존재의 일부가 되었다. 르네 데카르트의 **나는 생각한다. 고로 나는 존재한다**$_{cogito\ ergo\ sum}$.라는 기본 명제는 언젠가 나에게 **나는 이야기한다. 고로 나는 존재한다**$_{dico\ ergo\ sum}$.로 변화되어 적용되었다. 나는 곧 논쟁의 여지가 있는 문제들을 토론하는 것을 매우 좋아하게 되었다. 그리고 대화가 거듭될수록 나는 더 숙련되고 신뢰와 이해를 더하게 되었다. 결국 내 장래 직업인 목회자로 입문하는 좋은 시작이 되었던 것이다. 고향 집을 방문할 때마다 나는 부모님과 이러한 문제에 대해 또한 개인적인 문제에 대해 이야기를 나누었다. 나의 새로운 상황에 대해 먼저 어머니와 이야기를 나누면, 어머니는 아버지에게 이야기를 했다. 그리고 저녁이 되면 우리 세 명은 같이 앉게 되었다. 부모님은 학교생활이 어떤지에 대해 대단히 관심을 갖고 계셨지만, 나의 관심이 무엇인지도 무척 알고 싶어 했다. 그렇다고 해서 내게 꼬치꼬치 캐묻지는 않았고 또 그럴 필요도 없었다. 나는 모든 것을 부모님에게 말하고 싶다는 생각이 들었고, 모든 것들을 부모님과 상의하고 싶었다. 또 여자 친구를 사귈 때에도 어머니에게 이야기했다. 어머니는 언제나 가벼운 미소를 띠고 나의 친구 관계와 연애 이야기를 들어 주었으며 늘 내 편이 되어 주었다.

내가 정말 사랑에 빠지게 된 것은 11학년 때, 나와 같은 학년이지

---

19 마태복음 16장 24절.

만 다른 반 여학생이었다. 우리는 같이 자전거도 타고, 많은 시간 대화를 나누었으며, 연극이나 교회 음악회에도 같이 갔다. 그러나 불행하게도 그 아이의 부모는 서독으로 이주하기로 계획했다. 그 아이는 이곳에 머물기 위해 병을 핑계로 댔으나 헛수고였다. 당시 나는 이별의 아픔을 견디기가 어려웠다. 당시 동독 주민들은 공화국 탈주 계획을 알았을 경우 의무적으로 이를 신고해야만 했다. 그러나 나는 이것은 말도 안 되는 것이라고 생각했다. 다른 아이들도 내가 처음부터 이 사실을 알고 있었다는 것을 알았다. 그러나 나는 어느 누구에게도 이것을 말하지 않았다. 당시 우르줄라 누나가 가까이 있다는 것이 참으로 다행이라고 생각되었다. 누나는 나와 마찬가지로 어머니로부터 기쁨과 신뢰를 주는 것을 유전적으로 물려받았다. 그러나 나는 이별의 고통으로 잠시 좋은 점들을 잊게 되었다. 고등학교 졸업 Abitur 을 앞두고 나는 다시 한 번 긴장하게 되었다. 나는 하루에 한 번 이상씩 "이 많은 시험들을 과연 해낼 수 있을까?"라고 스스로 질문하곤 했다. 이런 나에게 수학 선생님은 이번에도 동기를 부여해 주었다.

"네가 졸업 시험을 잘 끝내면 오후 내내 오토바이를 타도록 해 줄게."라고 선생님은 약속했다. 선생님은 내가 운전면허가 없다는 것을 잘 알면서도 모험을 감행했다. 이 약속이 선생님에게는 얼마나 큰 위험을 감수하는 것인지 나는 잘 알고 있었다. 내 시험 성적은 최고로 좋았으며, 선생님은 약속대로 기름을 가득 채워 나에게 오토바이를 내주었다. 나는 아이제나흐 근처를 몇 시간이나 달렸다. 정말 기분이 좋았다. 선생님이 나를 믿어 준다는 증거가 감동을 주었다.

내가 어른이 되어 아이제나흐에 머무는 동안, 선생님의 집을 방문해 초인종을 눌렀다. 부인이 문을 열며 나에게 "내 남편은 지금 병원에 있어요. 남편 병문안을 가 줄 수 있다면 참 좋을 것 같군요."라고 말했다.

나는 병원으로 가서 창백한 얼굴로 누워 있는 옛 선생님을 문안했다. 그는 말을 할 수 없었으나 나를 알아보는 것을 느낄 수 있었다. 나는 침대 가에 앉아 그의 손을 잡았다. 신념에 가득 찬 공산주의자였던 선생님의 인생이—내가 알고 있는 모든 순간이—영화의 필름처럼 내 눈 앞에 펼쳐졌다. 그의 인생 여정이 얼마나 얼기설기 얽혀 있는지 또 지금은 목회자가 된 옛 제자가 그의 침상에 앉아 마지막 여정에 동행하고 있는 것 등을 생각해 보았다. 그리고 그는 다음날 이 세상을 하직했다.

1991년 평화 혁명이 있은 후 처음으로 동창회를 가졌다. 모든 사람들은 나에게 1989년 가을 이후 어떻게 되었는지에 대해 물었다. 동창들과 선생님들은 내게 몰려들었고 모든 것에 대해 자세히 듣고 싶어 했다.

우리에게 독어, 역사, 국민 윤리Staatsbürgerkunde를 가르쳐 주었던 선생님만이 그 시간 내내 조용히 앉아 있었다. 그 선생님은 어린 시절부터 열렬한 나치 추종자였다는 것을 모두 알고 있었다. 그는 전방에 투입되자마자 다리 하나를 잃었음에도, 히틀러가 전방을 방문해 모

[사진 9] 아이제나흐에 있는 에른스트-아베 김나지움
[출처] http://upload.wikimedia.org/wikipedia/commons/6/6a/
Eisenach_Germany_Ernst-Abbe-Gymnasium-01.jpg
[저작권] CEphoto, Uwe Aranas

든 군인들에게 손을 내밀자 고통도 물리치고 악수에 참여했다고 했
다.

그러나 '최후의 승리'에 따라온 것은 그에게는 비극적인 결말이
되었다. 그의 세계는 완전히 붕괴되었다. 그는 우리에게 자신이 얼마
나 속은 것같이 느꼈는지에 대해 여러 차례 설명해 주었다. 그는 단
시간 내에 자신을 완전히 개조해야 했다. 그 후 그는 독일 사회주의
통일당에 입당했으며 교사가 되었다. 그는 학생들이 언제나 허심탄
회하게 대할 수 있는 선생님들 중 한 분이었으며 자신이 발표한 의
견 때문에 해를 당하는 일은 없었다. 바로 그 선생님이 우리 동창 모
임에 자신을 드러내었다.

"여러분들도 알다시피 나는 청소년 시기에 나치와 전쟁을 겪었으
며 그 이후 나 자신을 완전히 새로운 환경에 적응하기 위해 노력해
야만 했다."라고 설명하며 "이제 너희들의 평화 혁명으로 인해 사회

주의도 무너졌다. 솔직히 말해 나는 이러한 모든 과정, 즉 내가 지금까지 목표로 삼고 살아왔던 것이 모두 무너지는 것을 또 한 번 경험해야 한다. 다시금 나를 완전히 바꿔야 하는데 이것을 할 여력이 남아 있지 않구나."

친구들은 적당한 말을 찾지 못해 매우 당황하고 있음을 나는 분명히 느낄 수 있었다. 이때 나는 지난 일들과 또 남은 일들은 설명하기 시작했고, 우리가 선생님을 얼마나 잘 이해할 수 있는지 또 선생님이 열린 마음으로 학생들을 대해 주었던 것이 얼마나 큰 도움이 되었는지를 강조했다.

나는 청소년들의 입교 교육에서 선생님이 경험한 것을 참고하여 아이들을 교육했다. 어떠한 세계관이든지 새롭게 생겨났다가 잠시 머물고는 어느 날 시간의 바다 속으로, 즉 역사의 먼지 속으로 영원한 작별을 고하며 사라져 버린다. 지난 20세기가 뚜렷이 보여 주듯 남아 있는 것들은 지속적으로 수차례 와해되고 변혁을 겪게 되는 것이다. 하지만 **"예수 그리스도께서는 어제나 오늘이나 영원히 한결같은 분이십니다."** [20] 사실 내가 언젠가 목회자로 옛날 국민 윤리 선생님을 위로할 수 있을 것이라고는 전혀 생각지 못했다.

1957년부터 1961년까지 아이제나흐에서 보낸 시간은 나에게 새로운 정신세계를 열어 주었다. 당시 나는 처음으로 신학 서적을 읽기

---

20 히브리서 13장 8절.

시작했을 뿐 아니라 고서들을 집중적으로 연구하기 시작했다. 특히 플라톤과 호머를 읽었고 또 소포클레스와 아이스킬레스Aischylos의 저서들도 깊은 관심을 가지고 읽었다. 내게 그리스어와 라틴어를 가르쳐 주셨던 선생님인 안톤 오트Anton Ott는 교육학자였으며 학생들의 관심을 불러일으키는 방법을 알고 있었을 뿐 아니라 또 계속 증가하는 지식에 대한 학생들의 갈증을 채우는 방법도 알고 있었다. 우리에게 이러한 세계를 열어 주었고, 반 전체 학생들의 지적 성장을 도와준 것에 대해 나는 매우 감사하게 생각한다. 그는 말 그대로 교육자였으며, 기독교 정신을 내세우지는 않았으나 그의 내면을 통해 기독교의 기본 정신을 느낄 수 있었다. 나는 지금도 11학년 마지막 그리스어 시간을 기억한다. 그분은 교실로 들어와 아무 설명도 없이 그리스어 신약성경을 펼쳤다. 그리고는 우리에게 누가복음 2장 성탄의 복음을 천천히 읽어 주었다. 우리는 단어 하나하나를 모두 이해할 수 있었다. 동독의 고등학교에서 내가 이러한 것을 경험할 수 있다는 사실이 내게 매우 깊은 감동을 주었다. 사람이 위험을 무릅쓰고 원하는 것을 감행할 때 모든 것이 가능했다.

몇 년 뒤 그 선생님께서는 돌아가셨고, 그 훌륭하신 선생님의 장례식에 우리 학교 졸업생들 중 매우 많은 학생들이 참석했다. 나를 포함해 세 명은 선생님을 기리며 추모의 인사말을 했다. 나는 안티고네Antigone의 말을 인용하여 **"나는 원래 사랑하기 위해 태어났지, 미워하**

기 위해서가 아니다."[21]라고 했다.

아이제나흐에서 공부하는 동안 나는 고전 외에 음악에 대해서도 더 깊이 이해하게 되었다. 나는 피아노를 집중적으로 연습했고, 새로 배운 호른도 열심히 연습했다. 어느 날 저녁 마음먹고 오페라를 보러 갔다. 그리고 공연이 끝난 후 무대 입구로 가서 호른 연주자가 나타나기를 기다렸다. 그가 나타나자 그에게 바로 걸어가 레슨을 부탁했다. 그는 나의 단도직입적인 관심의 표현을 매우 인상 깊게 평가했고, 한 시간에 5마르크를 받고 레슨을 해 주는데 동의했다. 이 레슨비는 당시 시세로 특별 우대 가격이었다. 그의 도움으로 나는 곧 오케스트라 작품을 혼자 연습할 수 있게 되었다.

당시 나는 주변의 모든 것을 다 빨아들였다. 그것이 음악이든, 문학이든, 연극이든 또 신학이든 관심을 끄는 모든 것들을 받아들였다. 그러는 사이 나는 성인이 되었고 대학 입학 자격도 취득했다. 나는 성인으로서 인생을 시작할 최선의 준비가 되어 있었다.

---

21 소포클레스: 안티고네는 비록 크레온이 금지했지만 오빠인 폴리네이케스의 장례를 치뤘다. 폴리네이케스는 국가의 적이며 배신자였기에 새로운 권력자인 크레온은 권력과 질서를 잡을 수 있음을 증명하기 위해 죽어야 했다. 위반에 대해 사형을 선고함으로 크레온은 친척인 안티고네에게 이 일을 감추지 않고 공개해야만 했다. "내가 그렇게 했고 나는 거짓말하지 않는다." 라고 말했다. 그러나 안티고네는 자기 앞에 어떤 일이 기다리는지 알았지만 관여치 않았으며 중요한 것은 "같이 미워하기 위해서가 아니라 사랑하기 위해 나는 있다." 라고 말했다.

Und wir sind dabei gewesen

첫 번째 있었던 심각한 논쟁은 신학자 오토 디벨리 우스에 대한 강의 시간이었다. 디벨리우스의 동조자 들은 그를 나치 정권을 대항하는 주요 인물로 인정했고, 그는 60년대 동독 시절 당시 냉전 시대에 자신의 견 해를 발표하여 사회적 관심을 불러일으켰기 때문에 논쟁의 여지가 있는 신학자로 여겨졌다. 디벨리우스 가 매우 변화무쌍한 인생을 살았고, 그에 대해 사람 들의 평가는 다를 수 있다 해도 강의 시간에 한 여 강 사가 그를 군부 주교로 칭하는 것을 우리들은 받아들일 수 없었다.

신학과 마르크스-레닌주의 강의

소위 물루스Mulus 방학아비 투어를 마치고 대학에 들어가기 전까지의 기간에는 학생들
이 노새말과 나귀의 잡종와 같다고 할 수 있다. 즉 말도 아니고 나귀도 아
니고 그 중간 정도라는 뜻이다. 고등학교 졸업생도 아니고 그렇다고
아직 대학생도 아닌 어정쩡한 상태인 것이다. 나는 그 마지막 방학을
랑엔로이바-오버하인 집에서 보냈다.

대학 진학 자격을 취득한 이후, 나는 신학과 자리를 찾아야 했다.
작센 주 라이프치히 태생인 나에게 이러한 결정은 오히려 자연스러
운 것이었다. 아버지도 라이프치히대학에서 공부했다. 내가 대학을
다니던 시절 그 대학은 칼-마르크스대학이라 불렸으며 1991년부터
다시 원래 이름으로 회복되었다. 매년 이 대학 신학과는 신입생을 33
명 모집했는데 보통은 지원자가 모집 인원을 넘지 않았다. 나는 학교
입학이 거의 확실하다고 생각했기 때문에, 대학 입학 전 1961년 마지
막 여름방학을 마음껏 즐겼다.

나와 친했던 룬체나우Lunzenau 지역 목회자 자녀들과 함께 8월 초 며칠 동안 라우지츠 지역을 여행했다. 우리는 이곳저곳을 다니며 마음에 드는 곳에 머물렀다가 다시 떠나는 그런 여행을 했다. 8월 12일 다시 집으로 돌아오는 길에 드레스덴과 켐니츠 방향 고속도로에서 우리 앞에 우리 집 방향으로 가는 바르트부르크 자동차 한 대가 멈춰 섰다. 차에 올라타자마자 운전사는 우리에게 일상적인 질문을 했다. 우리가 신학을 공부할 것이라는 것을 확인하고, 또 우리 중 한 사람은 곧 베를린 근처 다메Dahme 에서 공부할 계획이라는 것을 안 순간, 그는 우리를 바로 신뢰하게 되었고, 단도직입적으로 물었다. "지금 베를린에서 일어나는 일에 대해 들어 본 적 있나?"

우리는 지난 며칠 동안 뉴스를 듣지 못했기 때문에 그가 무슨 말을 하는지 전혀 알 수 없었다.

"베를린요? 무슨 일이 있나요?" 우리는 이구동성으로 이렇게 물었다.

"서베를린으로 가는 국경을 막고 있다네." 그는 이렇게 말하면서 나의 친구를 쳐다보며 마치 무슨 일을 공모하는 듯한 음성으로 말했다. "내가 한 가지 제안을 하지. 나는 며칠 휴가를 받을 것이네. 그리고 나서 내 자동차로 너희들을 데리러 갈게. 나를 베를린으로 데려다 주고 아무 전차 정류장에다 나를 내려 줘. 그 대신 내 차를 가져도 좋아."

우리는 의아해 하면서 서로를 바라보았고 도대체 이 일을 어떻게 이해해야 할지 몰랐다. 누구도 이런 제안을 진지하게 받아들일 수는 없었을 것이다. 뭔가 문제가 있는 것이다. 누가 자기 바르트부르크 자동차를 그냥 선물로 줄 수 있단 말인가? 당시 동독에서 이런 차 한 대를 사려면 몇 년이나 기다려야만 했다. 그런데 이 남자는 우리에게 베를린에 데려다 주기만 하고 자기 차를 가지라고 하니 말이다.

내 친구는 평생에 가질 수 없는 차를 벌써 가진 것처럼 안절부절했다. "문제 없어요."라는 친구의 갑작스런 대답에 나는 그저 놀랄 뿐이었다. "그건 누구나 할 수 있지요. 그럼 자동차 등록증 문제만 해결하면 되겠네요."

이 두 사람은 정말로 이틀 후인 1961년 8월 14일에 만날 것을 약속했다. 다음날 나는 부모님 집에서 뉴스를 들었다. 나는 거기서 들은 사실을 믿을 수가 없었고, 당장 그 친구에게 전화를 걸었다.

내가 뭐라고 말을 꺼내기도 전에 친구는 내게 말했다. "야, 그 사람 말이야 벌써 정확하게 냄새를 맡은 거야. 정말 베를린 국경을 봉쇄했대."

바르트부르크 소유자는 아마도 동독의 간부였던 것으로 추정된다. 그는 이미 내부 소식을 통해 정보를 입수했던 것이다. 그러나 그는 일이 얼마나 빠르게 진행될지에 대해서는 간과했던 것 같다. 우리는 이후 그에게서 아무 소식도 듣지 못했다. 나와 여행을 같이 했던 친구도 물론 그렇게 빨리 자동차를 갖지 못했다.

물루스 방학이 끝나가고 있었으나 아직까지도 나는 대학 입학 허가 통지서를 받지 못했다. 아버지와 나는 신학과를 찾아가 직접 문의해 보기로 했다. 우리가 학교를 찾아간 시간은 우연히도 학교 등록 신청기간이었다. 그래서 그 자리에서 나는 바로 등록을 했고 진짜 대학생이 되었다. 아버지는 매우 기뻐했다. 어쨌든 나는 아버지와 같은 길을 들어선 것이고 그것도 같은 장소에서 시작하는 것이었다. 아버지는 내 학업에 마음을 깊이 두고 있었다. 아버지는 집세를 지원해 주었을 뿐 아니라 정기적으로 책값으로 쓰라고 돈을 보내 주었지만 나는 대부분 그 돈을 담뱃값으로 사용했다.

라이프치히는 랑엔로이바-오버하인 집에서 그리 멀지 않았기 때문에 나는 매주 주말이면 집에 다니러 왔으며 부모님도 기뻐하셨다. 이렇게 해서 내가 아이제나흐에서 지낼 때는 거의 가질 수 없었던 우리 집안의 전통인 부엌 대화가 다시 이어지게 되었다. 우리 집 식구들이 유일하게 중독된 것이 있다면 그것은 커피였다. 나의 친할머니 때부터 내려온 것으로, 친할머니는 어디 가든지 커피 잔을 들고 다녔고, 심지어는 다림질을 할 때도 커피 잔을 챙겼다고 한다. 나도 밤낮 커피를 즐겨 마신다. 나는 부모님과 거실에 앉아 우리 식구가 좋아하는 커피를 함께 마시며 모든 일에 대해 이야기했다. 아버지는 마을에 생산 공동 시스템이 들어왔다고 설명해 주었다. 농업생산협동조합LPG: Landwirtschaftlich Produktionsgenossenschaft 제도가 강제로 도입되면서 랑엔로이바-오버하인에서 농사를 짓던 대부는 자신의 직업을 포기해야만 했다. 그는 농부로 압력을 받으며 사느니 예나로 이사가 우편

배달부로 일하는 것이 더 낫다고 생각했던 것이다. 그는 매 주일마다 검은 프록코트를 입고 찬송가를 팔 밑에 끼고는 교회로 갔다. 마을 사람들은 이분에게 존경을 표했는데 왜냐하면 "하나님과 햇볕이 없이도 우리는 수확을 한다."는 당시 슬로건은 농부들에게 별로 와 닿지 않았기 때문이었다. 농부들은 이 슬로건을 "햇볕과 하나님 없이 농업생산협동조합은 파산될 것이다."로 바꾸어 말했다.

이후 몇 년간 농업 수확량은 점차 감소세를 보였는데, 이것은 어떤 개혁도 사람들의 마음을 얻지 못하고는 성공할 수 없다는 증거라고 할 수 있다.

라이프치히에서 시작된 나의 대학 생활은 베를린 장벽 건설로 분위기가 어두워졌다. 의과대 학생들은 충성을 서약하는데 서명하기를 원하지 않았기 때문에 한 세미나 그룹 전체가 대거 자퇴하는 현상이 벌어졌다. 그러나 신학과는 그런 질문을 받지도 않았음에도 우리는 토론에 참여했다. 반파시즘적 보호벽을 친 거짓말을 우리는 당연히 믿지 않았다. 이 장벽은 서독 사람들이 동독으로 오지 못하게 하려고 건설된 것이 아니라 동독 사람들이 서독으로 건너가지 못하도록 하기 위해 건설된 것임은 누구나 알 수 있었다. 누구도 1949년부터 왜 250만 명이 탈출했는지 묻지 않았다. 장벽을 건설함으로 원인이 아닌 현상과 싸우게 되었다. 브레히트Brecht[22]는 1953년 6월 17일 봉기가

---

22 베르톨트 브레히트(Bertolt Brecht: 1898-1956) 동독의 시인, 극작가(역자 주).

발생한 후 시를 지었다.

···정부가 인민을 해산해 버리고
다른 인민을 선출하는 것이
더욱 간단하지 않을까?[23]

조국의 군대는 나를 징병검사로 불렀다.

1962년 1월 24일 법에 따라 동독에는 일반 병역 의무 제도가 도입되었다. 이 문제와 관련해 우리 신학생들은 자연스럽게 토론하게 되었다. 그리스도인으로서 병역 의무와 또 무기를 다루는 문제를 어떻게 대해야 하는가? 병역 의무를 거부할 수 있는 법적 장치도 없었을 뿐더러 시민 봉사활동 같은 것도 마련되어 있지 않았다. 그러나 1964년 말에는 교회의 압력으로 소위 '국가 인민군NVA: Die Nationale Volksarmee 내 건설단Baueinheiten'이라는, 무기를 취급하지 않고 병역을 이행하는 제도가 창설되었다. 나는 1964년 4월 초, 서면으로 4월 8일까지 지역 부대로 오라는 요청을 받았다. 나는 마음으로 차후에 있을 징병검사를 준비했고, 병역 대체 근무를 이행할 것이며, 다른 그리스도인들처럼 나도 그렇게 해 달라고 요청하리라고 굳게 마음을 먹고 있었다.

징병검사위원회는 6명으로 구성되어 있었다. 내가 들어섰을 때 위

---

23 Bertolt Brecht: *Die Lösung. Die Welt vom 9. 12. 59 und Nachlass.*

원들은 모두 내 서류를 앞에 놓고 앉아 있었다. 그들은 모두 지금 신학생이 자기들 앞에 앉아 있다는 사실을 알고 있었다.

인사를 나눈 뒤 잠시 짧은 침묵이 흘렀다. 그리고는 그들 중 한 사람이 나에게 군대 신문인 **아르메 룬트샤우**_Die Armeerundschau_를 구독하겠느냐고 묻자 나는 정중하게 거절했다.

잠시 침묵이 흐른 뒤 위원들은 서로 무언가를 조용히 의논했다. 그들 중 한 사람이 내게 말했다. "가도 됩니다. 밖에서 기다리시오."

나는 약간 놀라운 마음으로 대기실에 와서 앉았다. 더 뜻밖이었던 것은 의사가 내게 왔을 때였다.

그는 "무거운 것을 들기 어려우시죠?"라고 물었다. 내가 그의 말 뜻을 이해하기도 전에 그는 "됐습니다."라고 덧붙여 말하고는 가 버렸다.

나는 의아한 마음을 가지고 집으로 돌아갔으나 문제는 아직 남아 있었다. 얼마 후 군인 신분증이 내게 집으로 배달되었다. 거기에는 "징병 결과 합격", "동원에 적합"이라고 씌어져 있었다.

그리고 1975년 나는 실제로 병역 근로 증명서를 받았다. 이것이 내가 국가인민군과 유일하게 접촉한 것이었다. 그 이후 나는 징병되지도 않았고 인민군으로부터 어떤 소식도 듣지 못했다. 이렇게 해서 나는 대학을 중단할 필요 없이 5년 만에 졸업할 수 있었다.

또한 내가 차분하게 공부를 계속할 수 있었던 요인 중 하나는 신학과에서 학생들에게 가구가 갖춰진 방들을 알선해 주었기 때문이

기도 했다. 대부분 학생들은 나이가 드신 아주머니 집에 들어가 살게 되었는데 보통 노인들은 젊은 신학생들에게 집을 임대하게 해 달라고 특별히 요청했기 때문이었다. 나도 알선소를 통하여 페인트 회사를 운영하는 가정에 입주하게 되었다. 나의 집주인은 규율을 분명하게 정해 놓았다.—여자가 방문하는 것은 다른 어떤 것보다도 삼가 주기를 바람—이 규율을 나는 그렇게 맹목적으로 지키지는 않았다. 그러나 나는 그 집에 사는 동안 집주인과 매우 잘 지냈다. 처음에는 소박한 작은 방에 혼자 앉아 있는 것이 매우 이상하게 여겨졌었다. 아이제나흐의 학생 기숙사에는 언제나 누군가 기숙사에 있었다. 쉴 새 없이 같이 앉아 토론하고, 함께 담배도 피우고, 저녁에는 술집에 가서 같이 맥주 한 잔씩 하곤 했었다. 그러나 이제는 작은 방에 거의 혼자 지내게 되었다. 학업 초기 친구들 대부분은 매우 힘들어 했고 세 가지 언어를 한꺼번에 배워야 했기 때문에 시간이 거의 없었다. 그러나 나는 이미 고등학교에서 그리스어와 라틴어를 배웠기 때문에 히브리어만 배우면 되었었다. 그래서 나는 다른 학생들보다는 시간이 좀 넉넉한 편이었다. 그러나 한 여학생을 사귀면서 나는 이 어려운 시간과 외로움을 극복할 수 있게 되었다. 이에 대해 나는 오늘날까지도 감사한다. 그럼에도 그 관계는 결국 지속되지 못했다. 그것은 매우 고통스런 상처가 되었고 죄책감으로 연결되었다.

아카데미 오케스트라는 학교에 입학 등록을 할 때부터 악기를 연주할 수 있는 학생들을 모집했다. 입학 등록 신청을 받을 때 이미 악기를 연주할 수 있는 아카데미 오케스트라 단원 모집 광고가 있었던 것이다. 단원이 되면 일주일에 두 번 연습이 있고, 한 달에 한 번은 주말에도 연습을 해야 했으며 정기적으로 콩그레스 홀에서 연주회를 가졌다. 나는 호른을 연주했기 때문에 바로 그 자리에서 단원이 되었으며, 다른 사람들과 마찬가지로 라디오 심포니 오케스트라 연주자에게 레슨을 받았다. 이렇게 나는 친구들을 사귀게 되었고 오케스트라 작품들을 배워야 했으므로 자유 시간은 별로 많지 않았지만, 그것이 전혀 나쁘게 생각되지는 않았다. 나의 학창 시절에도 변화가 왔다. 학기가 시작된 지 몇 주 지나지 않아 신입 오케스트라 단원들은 메클렌부르크의 한 마을로 농번기 봉사활동을 가게 되었고, 그곳에서도 나는 주일에 늘 하던 대로 교회에 갔다.

내가 교회 안에 앉아 있을 때, 오케스트라 친구들이 하나둘씩 들어왔다. 우리 단원들의 참석으로 교회가 가득했으며 찬송 소리도 가득차고 기쁘게 들렸기 때문에 그 교회 목사님도 매우 기뻐했다.

그러나 이 작은 마을의 시장이 이 사실을 알게 되었을 때 그는 "이 무슨 엄청난 선동질이냐!"며 매우 흥분했다.

우리는 얼마 되지 않아 그 이유를 알게 되었는데, 그날은 보통 주일이 아니라 선거일이었던 것이다. 작은 마을에 이렇게 많은 기독교인이 한꺼번에 모여 있다는 것은 전혀 좋을 것이 없었기 때문이었다.

바로 다음날 시장은 대학에 항의했고 아카데미 오케스트라가 예배를 통해 폐쇄적으로 뭉쳐_{geschlossen} 있었다고 주장하며 이것은 선거를 반대하기 위한 시위 행위였다고 주장했다. 폐쇄적 단결_{geschlosen} 이라는 말은 주거_{wohnhaft} 라는 말과 함께 동독 관청에서 두 가지의 의미로 사용되는 단어였다.

우리는 선동도 아니었던 선동 행위에 대해 정당성을 증명해야 했다. 우리들은 예배에 참석하자고 서로 약속한 바가 없었다. 각자가 알아서 하기로 했던 것이다. 당시 우리는 아직 서로 친해지기 않았기 때문에 사전에 그런 약속을 하지 않았던 것이다. 아카데미 오케스트라 단원 중 이렇게 많은 그리스도인들이 있다는 사실에 나 자신도 매우 놀랐다. 지휘자는 이 문제를 충분히 해명할 수 있었다.

상황은 다시 조용해졌다. 우리 단원들은 장벽을 건설하면서 상황이 얼마나 긴장되어 있는지 분명히 경험했고, 우리 단원들은 그때부터 더욱 하나로 뭉치게 되었다.

우리 신학생들이 상이한 사상적 분석을 즐겨하는 마르크스-레닌주의 세미나 시간에도 마찬가지였다. 이 과목은 필수 과목이었다. 마르크스-레닌주의 수업 강사들은 특별히 뛰어난 실력이 있는 자들이었으나 그들은 자신의 실력을 사람들 앞에서 증명해야만 했다.

첫 번째 있었던 심각한 논쟁은 신학자 오토 디벨리우스_{Otto Dibelius}에 대한 강의 시간이었다. 디벨리우스의 동조자들은 그를 나치 정권을 대항하는 주요 인물로 인정했고, 그는 60년대 동독 시절 당시 냉전 시대에 자신의 견해를 발표하여 사회적 관심을 불러일으켰기 때문에 논쟁의 여지가 있는 신학자로 여겨졌다. 디벨리우스가 매우 변화무쌍한 인생을 살았고, 그에 대해 사람들의 평가는 다를 수 있다 해도 강의 시간에 한 여 강사가 그를 군부 주교로 칭하는 것을 우리들은 받아들일 수 없었다. 우리는 그 여 강사에게 그런 명예 훼손을 당장 철회해 줄 것을 요구했고, 그렇게 하지 않을 경우 수업을 거부하겠다고 협박했다. 길고도 격렬한 논쟁 끝에 그 강사는 자신의 주장을 철회했다. 이 일을 통하여 나는 다시 한 번 믿음으로 무언가에 도전할 때 가능한 것도 있다는 것을 경험하게 되었다. 마르크스-레닌주의 강의 시간에 수강생들은 그저 평이한 선전 수준이 아닌 명백한 논증을 원했기 때문에 강의 시간마다 수준 높은 논쟁이 있었다. 논증을 하고 이를 통해 한계를 극복하는 것은 완전히 나의 일부가 되었다. 나의 믿음은 저항을 통해 더욱 단단해졌다. 그러나 이러한 논의들은 보호된 공간에서 이루어진 것들이 아니기 때문에 자신의 발표 내용이나 활동들로 인해 처벌을 받아야만 하는 경우도 있었다.

내 친구 중 두 명은 자신들의 솔직함 때문에 일 년 동안 생산 공장에서 노동하는 처벌을 받았다. 그들은 학업을 중단하고 공장에서 일해야만 했던 것이다. 그 두 사람은 벽보를 훼손시켰다. 동독 당시 소위 벽보는 정권의 전형적인 선전 무대 역할을 했기 때문이다. 벽보는 전국 모든 학교 교실에, 사무실 층마다, 대학에 또 산업 공장에 모두 걸려 있었다. 내 친구들은 이런 우스꽝스러운 사회주의적 벽보 한 장을 뜯어 3층 창가에서 아래로 던졌다. 몇몇 교수들이 도와주지 않았

[사진 10] 1987년 당시 라이프치히 칼마르크스대학
[출처] http://upload.wikimedia.org/wikipedia/commons/a/
ae/000223_Karl-Marx-Universit%C3%A4t_Leipzig_%281987
%29.JPG?uselang=ko
[저작권] EinPole

다면 이러한 행동은 당장 그 자리에서 어떠한 구제책도 없이 퇴학을
당하는 사안이었다.

　당시에는 무조건 모든 것을 조심해야만 했다. 이것은 친구들의 사
건과 같은 것들로 인상 깊이 증명되었다. 이러한 유의 사건들은 우리
신학생들로 하여금 조금씩 의심을 품도록 만들게 되었다. 우리는 확
실하게 증명할 수는 없었지만, 우리들 중 두 사람이 슈타지 Stasi[24] 일
을 하고 있다고 추측하게 되었다. 그들 중 한 친구는 벌써 법대를 졸
업했다는 것이 우리로 하여금 의심을 갖게 만들었다. 신학을 전공하
는 것은 분명히 상부의 지시에 따른 것이다. 당시 나는 국가안전부가

24　1950-1990년까지 존재했던 동독의 정보 기관으로 국가보안부(Ministerium für
　　Staatssicherheit, 약자 MfS) 또는 슈타지(Stasi)로 불림(역자 주).

교회를 내부로부터 해체되도록 장기적으로 그리고 전략적으로 일하고 있다는 것을 알게 되었다. 동독은 외부적으로 허용적이고 인간적인 국가로 보이고 싶어 했기 때문에 외부적으로 교회에 대항하여 투쟁하는 것은 맞지 않다고 생각했기 때문이다.

우리가 의심한 것이 졸업 후 몇 년이 지난 후 사실로 밝혀졌다. 그 두 친구는 정말 슈타지 요원이었던 것이다. 우리는 늘 감시 받고 있었지만 그냥 하던 대로 계속 행동했다. 슈타지 요원들은 우리 신학생들에게는 사람들이 비밀리에 이야기하는 의견들을 찾을 수 없었다. 우리들은 항상 우리가 생각하는 것들을 솔직하게 말했기 때문에, 정보요원들은 할 일이 많았지만, 주목을 끌 만한 일은 없었다.

정치적 논쟁들은 우리가 마르크스-레닌주의 수업을 들었던 2년간 주로 이루어졌다. 나는 국립대학에서 공부하기로 결정한 것이 잘한 일이었다고 생각했다. 나는 세상에서 행하기를 원했고 예수님 말씀처럼 세상 한가운데 있기를 원했다. 예수님도 사람들 가운데 있었고 성전 안에만 계시지 않았다. 그러므로 나는 늘 부딪치는 것을 감수했다. 심지어 학생 식당에서 기도하는 것조차도 주목을 받았다. 내가 졸업한 후 한참 지나서 신학과는 국가가 지정해 준 로젠탈 빌라로 이전했다. 이곳은 매우 아름다웠지만 대학 생활과는 완전히 동떨어진 곳이었다. 이러한 조치는 국가가 겉으로는 우대해 주는 것같이 보이게 하면서 속으로는 교회를 대항하겠다는 계산에서 취해진 것이었다. 이로써 나의 대학 시절과 같은 정치적 논쟁은 전혀 불가능하게 되었다.

나는 어떤 사람의 상에 앉는가가 얼마나 중요한지 깨닫게 되었다. 예수님이 세리와 창녀들과 한 상에 앉았을 때마다 무리들은 난리를 쳤다. 한편 세리와 창녀들은 놀라움을 금치 못했다. 왜냐하면 그럴 때마다 그들은 자신들이 다른 사람들과 격리된 계층이 아니라 보통 사람이라고 느낄 수 있었기 때문이다. 무리들 중 누구도 세리와 같은 상에 앉기는커녕 그들과 이야기조차 나누려 하지 않았다. 예수와 같이 사람들에게 잘 알려진 랍비에게 인정받는다는 것은 그들에게 매우 이상한 일이었으며 동시에 자유롭게 된 것 같은 느낌을 받았던 것이다. 다른 사람들은 화가 나서 예수를 욕했다. 예수는 그들의 터무니없는 행동으로 그들에게 냉정하게 대했으며, 그들의 전통과 규율을 부정적으로 평가했다. 그들은 격분하여 예수의 제자들을 찾아 갔다.

"어찌하여 그는 이렇게 행동하는가? 너희 선생은 왜 세리와 하나님의 율법을 범하는 죄인들과 함께 먹는가?"라고 물었다. 예수님은 이것을 듣고 말했다. **"예수께서 그들에게 대답하셨다. "건강한 사람에게는 의사가 필요하지 않으나, 병든 사람에게는 필요하다. 나는 의인을 부르러 온 것이 아니라, 죄인을 불러서 회개시키러 왔다.""**[25]

예수는 자신의 말로 건강한 자들을 탓한 것이 아니며 '바른 자리'

---

25 누가복음 5장 31-32절.

에 있는 사람들을 지적한 것이 아니다. 예수는 그들에게 너희는 건강한 자들이므로 도움이 필요하지 않다. 너희들은 이미 아버지 집에 와 있는 것이다. 그러나 다른 사람들도 그렇게 되어야 한다. 그들은 잃어버린 자들이고 스스로의 힘으로는 올 수 없는 자들이라는 것을 의미적으로 표현한 것이다.

나도 나 자신에게 그리고 다른 이들에게 항상 묻는다. 오늘 우리는 누구의 상에 앉아 있는가? 사람들은 우리를 어디서 찾을 수 있는가? 현재 우리가 있는 곳은 어디인가? 우리는 예수님처럼 관계의 두려움을 극복했는가? 다른 사람들로부터 소외된 사회 계층과 관계 맺는 것을 꺼려하지 않는가? 막심 고르키 Maxim Gorky [26]가 자신의 저서를 통해 그랬던 것처럼 나에게도 거리와 술집이 대학이 되었다.[27]

내가 공장에서 일하면서 또는 여행하는 동안 나누었던 대화들 그리고 세상에서 훈련 받으면서 했던 대화들은 인생을 형성하는 경험들이 되었다.

---

26 막심 고리키(Максим Горький, 1868-1936)는 러시아의 작가로, 본명은 알렉세이 막시모비치 페시코프(Алексе́й Макси́мович Пешко́в)이다(역자 주).

27 『나의 대학들』(Meine Universitäten)은 고르키의 자서전적인 낭만 소설 시리즈의 마지막 책으로 1922년에 처음 출판되었다. 소설의 배경은 카잔으로 볼가 강에 있는 타타르 공화국의 도시로 고르키가 1884년에 학업을 위해 이주했다. 그 외에도 그는 다른 길이 없고 대학에서 일해야 한다고 생각했다.

Und wir sind dabei gewesen

약학을 전공하는 모니카 크라머 양은 그날 저녁 오래
도록 내 마음속에 남아 있었다. 그리고 그 이후 나는 그
녀를 다시 놓지 못했다. 그러나 내가 그녀를 완전히
내 편이 되게 하기까지는 한참 걸렸다. 뭐든지 제
대로 하려면 시간이 필요한 법이다.

크라머 양_{Fräulein} 과
유쾌한_{fröhliche} 그리스도인

당시 나는 대학뿐 아니라 오케스트라 단원들과 사회주의 국가들을 여행하면서 매우 빨리 학생들과 친하게 되었다. 여러 번의 여행을 통해 나는 러시아어를 비교적 잘할 수 있게 되었다. 그래서 나는 체코공화국, 헝가리, 불가리아에서 외국 친구들과 매우 빠른 시간 내에 자연스럽게 대화를 할 수 있었다. 사람들이 전공을 물어봤을 때 나는 '신학'이라고 대답하고 목회자가 되려고 한다고 덧붙였다. 그런데 불가리아에서 만난 젊은 여자들은 나의 대답을 듣고 웃음보를 터뜨렸다. 그들은 목회자라고 하면 덥수룩한 수염을 가진 연로한 남성이라고 생각했기 때문에 아무래도 나처럼 청바지를 입고 머리를 짧게 자른 남자가 어느 날 강단에서 설교한다고는 절대 상상할 수 없었기 때문이다. 여성들을 사귀는 데 별 어려움이 없는 나였지만 그래도 한 사람에게는 특별히 노력을 기울여야만 했다.

어느 날 나는 전철을 타고 라이프치히로 가는 길에 전철 안에서 매우 호감이 가는 한 젊은 여성이 앉아 있는 것을 보았다. 그러나 나는 그녀에게 말을 걸 엄두를 내지 못했다. 그러나 며칠 뒤 나는 우연히 그녀를 전철 안에서 다시 만나게 되었다. 우리는 서로 눈이 마주쳤고 그녀도 나를 알아봤다는 것을 느낄 수 있었다. 그러나 나는 이번에도 그녀에게 무슨 말을 걸 용기를 내지 못했다. 평소에는 결코 대답이 막힌 적이 없던 나였다. 이 만남은 내게 매우 특별했으나 나는 제3의 기회를 기다리는 수밖에 다른 방도가 없었다.

1964년 11월 7일 토요일, 친구는 학생회의 농가 봉사에 같이 갈 생각이 있는지 내게 물었다. 나는 그런 일은 늘 의미가 있다고 생각해 왔다. 하루가 끝나면 그날 한 일에 대한 결과를 볼 수 있고 또한 일을 하면서 다른 친구들과 함께 갖는 소속감도 무시할 수 없었기 때문이다. 그러므로 나는 흔쾌히 같이 가겠다고 대답한 후 그와 함께 봉사할 장소로 갔다.

어두움이 내릴 때까지 우리는 거의 쉬지 않고 일했으며 울타리 기둥을 모두 박아 세웠다. 봉사가 끝난 후 나는 너무 지쳐 빨리 집에 가고만 싶었다. 그러나 나와 함께 온 친구는 또 다른 아이디어를 내었다.

"오늘 저녁 학생회에서 신입생 환영회가 있는데 같이 가자."고 제안하면서 옆구리를 쿡쿡 찔렀다. 나는 일찌감치 침대에 들고 싶은 생각밖에 없었으나 결국 그의 설득에 넘어가고 말았다. 우리가 조금 늦게 기독학생회 기숙사에 도착했을 때, 후에 주교가 되었던 당시 교목 요하네스 함펠Johannes Hampel 박사가 우리를 환영해 주었다. "미안하지만 다른 사람들은 모두 가 버리고 없네. 너희들은 여기서 제일 가까운 아른트가Arndtstrasse에 사는 크라머 여학생 집으로 가는 것이 제일 좋겠네."

우리는 바로 길을 나섰고 잠시 후 그 집에 도착해 보니, 그곳에는 벌서 학생들이 둘러앉아 교제를 나누고 있었다. 그중 키가 크고 동작이 굼뜬 남자가 제일 눈에 띄었다. 그는 훗날 유명한 트럼펫 연주가가 된 루드비히 귀틀러Ludwig Güttler였다. 나는 대학에서 그를 몇 번 본 적이 있었고 그가 토마스교회에서 성탄절 오라토리오를 연주하는 것을 들었다. 그러므로 나는 이 만남을 매우 기뻐했다. 우리들이 서로 이야기를 나누는 동안 나는 주변을 살피며 다른 사람들 눈에 띄지 않게 집주인인 크라머 양을 찾았다.

루드비히는 내가 그녀를 찾고 있는 것을 눈치 채고는 "저쪽, 저 사람이 그 여자야."라고 말했다.

그의 눈치가 얼마나 옳았는지 전혀 알지 못했다. 그가 가리킨 쪽에는 내가 전철에서 만났던 그녀가 서 있었다. 방의 다른 편 끝에 말이다. 방의 다른 쪽 끝에 바로 내가 전철에서 만났던 그녀가 서 있었던 것이다. 그것은 우연이라고 말할 수 없었다. 나는 이 세 번째 기회를 어떻게 하면 가장 잘 이용할 수 있을지를 열심히 생각했다. 그러나 다행히도 나는 그리 오래 생각하지 않아도 되었다. 그녀도 나를 알아보고 내게로 건너와 말을 걸었다. 갑자기 모든 일이 간단해 보였다. 우리는 이것저것에 대해 이야기했으며 특히 책에 대해 대화를 나누었다. 그 여학생은 자신이 5권짜리 전집인 본회퍼 책을 가지고 있다고 덧붙여 설명했다. 동독 시절 이런 경우는 매우 드물었다. 나는 그것이 바로 좋은 징후라고 생각했다. 헤어지면서 나는 용기를 다해 크라머 양에게 물었다. "혹시 본회퍼 세미나에 나와 함께 갈 생각이 있어요?" 그녀는 "예." 하고 짧게 답했다.

약학을 전공하는 모니카 크라머 양은 그날 저녁 오래도록 내 마음속에 남아 있었다. 그리고 그 이후 나는 그녀를 다시 놓지 못했다. 그러나 내가 그녀를 완전히 내 편이 되게 하기까지는 한참 걸렸다. 뭐든지 제대로 하려면 시간이 필요한 법이다.

현재 나의 아내가 된 모니카가 나중에 내게 이야기해 준 바에 따르면 그녀는 그날 저녁 그녀의 어머니에게 나에 대해 "오늘 아주 유쾌한 그리스도인을 알게 되었어요."라고 말했다고 한다. 이 말만으로 그녀의 어머니는 나에 대해 많은 것을 알 수는 없었지만 최소한 '그리스도인'이라는 사실은 좋게 생각했다고 한다.

크라머 양은 분명히 바라는 것이 있었다. 요한 세바스치안 바흐 Johann Sebastian Bach 를 모르고 예수가 아무것도 아니라고 생각하는 사람은 당장 실격이라는 것이다. 나는 아주 손쉽게 이 난관을 넘을 수 있었다. 나중에 모니카와 내가 알게 된 사실이지만 그녀는 나와 마찬가지로 결정적인 음악적 체험을 가지고 있었다. 그녀는 12살 때 토마스교회에서 바흐의 "마그니피카트Magnificat, 마리아의 찬가"[28]를 들었다. 이 한 편의 음악이 그녀를 저항할 수 없는 힘으로 사로잡은 것이다. 그녀는 사람들이 이러한 선율과 언어로 표현되는 음악에 감동하여 일어나 박수를 치지 않고 어떻게 자기 자리에서 조용히 머물러 앉아 있을 수 있는지 이해할 수 없었다고 했다.

그때부터 우리는 본회퍼, 칼 바르트, 라이프니츠, 칸트, 키르케고르에 대한 강의를 함께 들었다. 그래도 아직까지는 그녀를 완전히 정복하지는 못했다. 나는 기독 학생회관에 더 자주 모습을 나타냈다. 당연히 분명한 목적을 가지고 말이다. 때로는 오케스트라 연습도 몇 번 빼먹고 크라머 양이 음악을 연주하는 것을 보기도 했다. 그녀는 피리를 연주했으며 루드비히 귀틀러가 지휘하는 기독 학생 합창단에서 노래했다. 크라머 양은 학생회관의 신임 학생으로 활동했으며 대학 교회에서 예배를 인도했다. 교회 대표부에서 서기로 일하는 그녀의 성품에 따라 그녀는 작가인 슈테판 하임Stefan Heym을 낭송회에 초청했다. 그는 당시에 이미 유명한 작가였다. 동독에서는 일반적인 일이었는데 그는 종종 회사들의 낭송회에 초대되었으며 무료해 하는 자유독일청년단을 대상으로 낭송하기도 했다. 그러나 그는 기독학생회는 아직 모르고 있었다. 그러므로 그가 낭송회에 오겠다고 허락을

---

28 "마그니피카트"라는 제목으로 요한 세바스치안 바흐는 1723년에 누가복음에 나오는 마리아의 찬가를 작곡했다. 이것은 바하 작품 243번에 등록되어 있다.

한 것은 아마도 호기심에서 내린 결정일 것이다. 그는 학생들에게 아직 출판되지 않은 원고를 읽어 주었다.[29] 그는 아마도 수십 명 정도의 자발적 방청객이 오리라고 추측했던 것 같다. 그런데 약 5백여 명의 학생들이 몰려오자 그는 완전히 압도되었다. 하임 씨는 얼마나 많은 학생들이 매주 목요일 정기적으로, 게다가 자발적으로 이곳에 모여 성경을 공부하는지 전혀 믿을 수가 없었다. 이러한 힘, 즉 신학생들까지도 끌어들이는 힘은 지그프리트 슈무츨러Siegfried Schmutzler, 교목이었던 디트리히 멘트Dietrich Mendt, 요하네스 헴펠Johannes Hempel 등의 뛰어난 성서 연구 덕분이었다. 매 학기마다 우리는 성경에 대해 논의했으며 그때마다 우리는 인상 깊은 경험을 하게 되었다.

때때로 나는 크라머 양을 설득해 수업을 빠지게 하기도 했다. 대학 공부를 마칠 무렵 그녀뿐만 아니라 나도 몇몇 신학 수업을 빼먹는 것이 습관처럼 되어 버렸다. 어떤 날은 우리 학생들이 아침에 학교까지 곧장 가지 못할 때도 있었다. 우리는 학교로 가는 50미터에 술집이 다섯 군데나 있어, 도중에 머물기도 했다. 어떤 술집은 아침 8시부터 여는 곳도 있었는데 우리는 기꺼이 그곳에 들렀다. 그곳에

---

29 이것은 원래 『6월의 5일』이라는 작품에서 발췌한 것이다. 1953년 6월 17일에 역사적 배경이 설정되었는데 하임 씨가 비트 회사의 역사를 베를린 VEB 메르쿠어에서 일하는 것으로 설명한다. 50년대 중반부터 그 원고는 검은 패브릭 커버를 이유로 동독의 출판사들의 교정 담당자들이 '금서'로 지정하여 출판이 허용되지 않았는데 여기서 묘사된 '사건'은 하나의 터부였다.
[출처] www.diegeschichteberlins.de

서는 단지 네 가지만 주문할 수 있었는데 슈납스, 맥주, 소시지, 누른 고기였다. 학생 시절의 일부를 나는 나의 친구들과 함께 술집에서 카드놀이 Skatspiel 를 하며 보냈다.

당연히 이런 지저분한 술집에 크라머 양을 데리고 올 수는 없었다. 대신 나는 그녀를 카페로 초대했다. 이렇게 우리는 가끔 수업을 빼먹고 페터스슈타인가에 있는 카페에서 시간을 보내기도 했다. 그럴 때마다 그녀는 매우 걱정을 했지만 나는 반대로 그저 기쁘기만 했다. 거기에 앉아 우리는 많은 대화를 나누었다.

3년을 이렇게 지냈다. 우리는 커피를 마시고, 하나님과 세상에 대해 이야기를 나누었으며 함께 세미나에 참석하기도 했고 서로 서신을 주고받았다. 우리는 함께 산책을 나갔고 모테트에도, 예배에도 같이 참석했다. 그리고 나는 담배 피는 것을 드디어 그만두게 되었다.

크라머 양은 곧 자신을 모니카로 부르도록 허락해 주었다. 자유독일청년단 단원이 사용하는 연대적 너 Du 와 차별을 두어 서로 점유와 평등을 방지하기 위하여 학생회에서 우리는 처음 만나면 격식을 차리는 당신 Sie 이라는 단어를 사용했다. 그 이후 나는 바로 모니카를 부모님에게 소개해야겠다고 마음먹었다. 그녀는 내가 집으로 데리고 간 첫 여성이었다. 처음이자 유일한 사람. 내가 그녀를 얼마나 진심으로 대했는지는 모든 사람들이 다 알았다. 모든 사람이 서로의 모든 것을 다 알게 되는 작은 마을에서 여자 친구를 바꿔가며 사귈 수는 없었다.

그녀가 우리 집에 오던 날 부모님은 궁금해 하면서 들뜬 마음으로 그녀를 기다렸다. 나는 부모님이 모니카를 마음에 들어 하는 것을 확인하고 안심할 수 있었다. 우리는 그날 정말 아름다운 시간을 보냈다. 어머니는 음식을 하고 빵을 구웠다. 모두가 애를 쓰고 서로에게 친절하게 대했다.

"크라머 양, 우리 집에 또 오면 좋겠어요." 아버지는 헤어지면서 이렇게 인사했다. 모니카도 친절하지만 조심스러운 태도로 "앞으로 보면 알게 되겠지요."라고 답했다.

나의 부모님은 적지 않게 놀랐다. 왜냐하면 부모님은 그녀가 이렇게 정직한 대답을 하리라고는 생각지 못했기 때문이다. 나도 모니카를 아직 완전히 내 편으로 만들지 못한 것을 분명히 알 수 있었다. 나는 모니카와의 관계에서 자동적으로 '승리자'가 되지 못했고 오히려 그것은 힘겨운 씨름과 같았다.

대학에 다니는 동안 모니카는 여러 문제들을 좀 더 깊이 볼 수 있도록 나를 북돋아 주었기 때문에 활기찬 시간을 보낼 수 있었다. 그때까지만 해도 나는 점수에 대해서는 별다른 욕심 없이 지냈다. 그러나 도전할 일에 부딪히면 나는 매우 열심히 하는 경향이 있었다. 한 가지 예를 들면 나는 2주 안에 중세 교회 역사를 머릿속에 집어넣으려 했다. 내가 아이제나흐에서부터 알던 친구인 만프레드는 교회사를 가르치는 강사와 내기를 했다. "크리스치안 퓌러는 아직 배우는 것을 시작도 안 했는데 시험을 보겠다고 등록했습니다. 그렇지만 그는 해낼 수 있을 겁니다. 저랑 내기하실래요?"

그 여 강사는 절대 믿지 못했다. "그건 불가능해, 그 학생은 시험에서 떨어질 거야."라며 내 친구의 말에 반대했고 내기를 하게 되었다.

학창 시절 내가 '박사님'이라는 별명을 붙여 주었던 만프레드와 내가 이겼다. 나는 시험에 합격했고 친구는 내기에 이겼다.

시험 때가 되면 나는 그의 집에 가서 함께 시험 준비를 했다. 모니카의 5권짜리 디트리히 본회퍼의 책 덕분으로 매우 집중적으로 본회퍼의 신학을 공부할 수 있었다. 본회퍼 과목 강의를 들었는데 그 강의를 맡은 교수도 나의 이러한 관심을 알아차리고 시험 주제로 "칼 바르트의 종교 개념과 디트리히 본회퍼의 성경적 개념의 비종교적 해석"을 냈다. 나는 이 주제를 공부하면서 본회퍼 신학에 대한 관심을 엄청나게 심화시킬 수 있었다. 나의 관심은 마침내 작업에 대한 평가에 반영되었다. 나는 처음으로 학문적 테마에 정통하게 되었다.

모니카는 약학을 전공하고 있었지만 그녀는 나의 곁에서 나의 중요한 비판자가 되어 주었다. 그녀는 맞춤법도 정확했지만 나의 부족한 부분을 즉각 찾아내었고 부정확하게 표현한 곳도 지적해 주었다. 그녀는 문학적 지식과 철학 및 심리학에 대한 관심을 가지고 있었으므로 신학적 문제들에 대해 나와 함께 충분히 토론할 수 있었다. 그녀는 나를 끊임없이 격려해 주고 내용면에서 기꺼이 토론에 응해 주기도 했을 뿐 아니라 나의 논문을 모두 타이핑해 주었다. 당시 우리는 앞으로 우리 인생에서 우리를 단단하게 묶어 줄 일이 기다리고 있을 줄은 전혀 알지 못했다. 모니카는 내가 대학을 평균 점수로 졸업하지 않고 졸업 시험에 전념하도록 동기를 부여해 주었다.

나는 국가시험에서 1점을 받았다. 시험 결과를 알고 나는 매우 기뻤다. 무엇보다 모니카에게 너무 고마웠다. 그날로 나는 부모님에게 전화로 이 소식을 알리려고 기쁘고 흥분된 마음으로 우체국으로 달려갔다. 아버지는 내가 여태껏 본 중에 가장 크게 기뻐하면서 계속해서 질문을 하고는 논문을 읽어 보고 싶다고 말했다.

내가 1시간 30분 후에 랑엔로이바-오버하인에 도착했을 때까지도 아버지는 억누를 수 없는 기쁨으로 가득 차 있었다. 아버지는 내가 도착하자마자 바로 맞이하기 위하여 문 앞에 의자를 놓아 두었다. 내가 시험을 잘 보았다는 사실보다 아버지가 기뻐하는 것이 더욱 행복하게 만들었다.

나는 잠시 가벼운 마음으로 자유 시간을 보냈다. 그러나 방학은 매우 짧았다. 나는 1966년 9월 1일 라이프치히 근처 나운호프에서 목회 실습을 시작했다. 5개월 동안 실습생들은 직업의 실제를 처음 경험하는 것이며 경험 많은 목회자에게 배우는 것이었다. 나는 라이프치히에서 집까지 출퇴근할 시간이 없었으므로 근처에 방 하나를 얻었다. 시간이 날 때면 나는 라이프치히에 있는 모니카를 만나러 갔다. 모니카는 여전히 자기 부모님 집에 살고 있었고 모니카의 부모님은 내가 그녀의 집에서 묵을 수 있도록 해 주었다. 1966년 성탄절에 나는 나운호프에서 늦게까지 저녁 예배를 인도해야 했기 때문에 난생 처음으로 성탄절을 부모님 집에서 보낼 수가 없었다. 밤늦게 나는 크라머 양의 집으로 갔고 그곳에서 모니카의 가족들과 함께 우리의 첫 성탄절을 보내게 되었다. 목회자 실습에 이어 약 1년간 라우지츠의 뤼켄도르프Lückendorf에서 목회자 세미나에 참석해야 했으며 이곳에서는 목회 사역의 실제를 위한 이론들을 배웠다.

나는 모니카와 함께 있어 매우 행복했다. 그녀는 내가 극복해야만 하는 모든 것들을 잘 할 수 있도록 늘 격려해 주었다. 훈련의 마지막 단계가 이제 얼마 남지 않은 것처럼 보였다. 길고 긴 학업의 마지막이 보였고 나는 목회자로서 일할 자격을 갖추었다는 느낌을 받았다.

사회주의자들은 교회들을 영원히 파멸시키는 계획을 세웠으나 나는 이 세속적인 사회에서 예수의 길을 가기 원했다. 이것이 나의 목표였고, 부르심이었다.

제 2 부

1968년 – 1989년

Und wir sind dabei gewesen

동독의 교회는 국가의 간섭을 피할 수 있는 유일한 조직이었기 때문에, 국가는 교회를 철저히 감시했다. 매일 오토바이를 타고 마을을 돌면서 교회에도 또 주변 담벼락에도 게시판이 하나도 없다는 것과 교회 행사에 대한 어떠한 안내도 없는 점이 눈에 띄었다. 나는 이렇게는 더 이상 안 된다고 생각하며 행동에 옮기기로 했다. 나는 적당한 장소를 찾아 나섰고 게시판을 붙일 만한 장소를 발견했다. 그날로 나는 게시판을 만들어 달라고 부탁을 했으며 그곳에 붙일 만한 적당한 포스터를 선택하기 위하여 바로 그림마에 있는 노회장에게 갔다. 첫 눈에 들어온 포스터는 "하나님은 어디에나 계신다."였고 이것을 골랐다.

청바지 및 브레히트와 두 교회

　사람들은 보통 어린 시절 부모님으로부터 듣던 이야기를 어느 날 부모가 되어 직접 경험하게 될 때, 그들의 부모님을 떠올리게 된다. 라슈타우에서 목회자로 사역하던 초기 몇 년 동안 나는 종종 아버지의 모습을 떠올리곤 했다. 내가 아이였을 때, 청소년 시기를 지낼 때 목회자로 경험했던 아버지의 모습, 다른 사람들이 내게 전해 주던 아버지의 모습, 아버지가 나에게 해 주었던 말들이 생각났다.

　나는 어린 시절 집에서 소를 돌보는 것을 좋아했다. 그러나 전기 철조망이 도입되고 난 후 그 일도 필요가 없어졌다. 또한 탈곡기가 없던 시절 나는 타작하는 것도 종종 도와주곤 했다. 낫으로 곡식을 베고, 이삭을 단으로 묶어 곡식 단을 세워 두었다. 나와 같은 아이들에게 타작하는 기간은 늘 축제와 같았다. 왜냐하면 우리는 곡식단 사이에서 즐겁게 숨바꼭질을 할 수 있었기 때문이었다. 당시에는 수확기가 되면 온 동네 사람들이 서로서로를 도와주었다. 그러나 아버지만은 그곳에서 거의 본 적이 없었다. 아버지도 분명 그 일에 대해 관심은 가지고 있었다. 왜냐하면 아버지는 동네에서 일어나는 모든 일에 관여했기 때문이다. 그러나 추수하는 일은 아버지에게 잘 맞지 않았다. 하지만 동네사람들은 아버지가 목회자로서 어떤 일을 하고 있는지 알고 있었기 때문에, 누구도 아버지에게 농사일을 하지 않는다고 뭐라고 하는 사람은 없었다.

작은 마을에는 분업이 잘되어 있었다. 열심히 일해서 좋은 성과를 가져오는 사람이 항상 설득력을 갖게 마련이다. 일이 어떤 분야인지는 별로 상관이 없다. 그러나 대부분 힘든 육체노동을 하는 사람들은 정신노동을 하는 사람들을 불신한다. 나는 라슈타우에서 아버지에게 배운 것을 그대로 행해 왔다. 목회자의 일은 그것이 머리를 써서 하는 일이든 아니면 팔 근육을 사용하는 육체적인 일이든 상관없이 확연히 눈에 띈다. 내가 아버지를 통해 간접적으로 경험한 것 중 하나는 정신적인 사역도 주변 사람들의 행복에 기여한다는 것이다. 다른 사람들의 속마음을 들어주면서 행복하게 해 주고 그들의 문제를 알아주며, 그들의 자녀와 또한 그들의 손자들의 앞날을 지도해 주기도 하면서 말이다.

나의 인생에 큰 도움이 된 아버지의 또 다른 성품은 불평하지 않으신다는 것이다. 나는 아버지가 불평하는 것을 본 적이 없었다. 아버지는 화를 낼 줄은 알았지만 불평은 하지 않았다. 아버지는 역사의 가장 어두운 시기를 살아 오셨기 때문에 나는 아버지에게 항상 깊은 경의를 표했다.

1968년 목사 안수와 동시에 나는 공식 목회를 시작했는데 그제서야 비로소 나는 이 직업이 가지는 진정한 의미가 무엇인지 깨닫게 되었다. 항상 모든 사람들을 위해 존재하는 것이 당연한 것이고, 진실로 복음을 위해 헌신하는 것 또 사람들을 방문하는 것 등이다. 아버지는 휴가 중에도 끊임없이 엽서로 인사를 전하곤 했는데 어떤 때는 100통 이상을 쓰기도 했다. 교회 식구들의 생일만 축하해 준다 해도 아버지의 머릿속에는 엄청난 정보를 기억해야 하는 것이다. 이렇게 아버지는 교회에서 또 그 지역에서 사람들과 깊은 관계를 맺게 되었다. 어떤 경우는 아버지로부터 받은 카드를 자신의 관 속에 함께 넣어 달라고 부탁하는 분들도 있었다.

1970년까지 아버지는 랑엔로이바-오버하인에서 목회자로 섬기셨다. 아버지의 목회자 직분을 내가 '승계'하는 문제에 대해 우리는 생각해 보지 않았다. 마을에서는 간간히 이 문제가 거론되곤 했다. 그러나 우리에게 고대적 직권 승계는 낯선 일이었고, 또한 주교회에서도 이것이 가능하지 않았다. 내가 맡게 된 라슈타우와 콜디츠Colditz, 두 교회는 부모님 집에서 약 20킬로미터 정도 떨어져 있었기에 아버지와 아들이 비교될 위험성은 없었다.

1967년 성탄절 기간에 나와 모니카는 부임하게 될 교회를 알게 되었다. 라슈타우 지역이 내가 살던 랑엔로이바-오버하인과 그리 멀리 떨어져 있지 않았지만, 나는 그 지역에 대해 아는 바가 없었다. 매우 춥던 어느 날 오후 우리는 부임하게 될 곳을 방문하게 되었다. 목사관은 정말 보수를 해야 할 것 같았고, 교회는 황폐하기까지 했다. 그렇지만 그때 우리는 젊었고 확신에 차 있었다.

1968년 2월 13일, 랑엔로이바-오버하인 지역의 농부 한 분이 자신의 콤비 승용차로 나를 새 부임지로 데려다 주었다. 나는 아버지의 문서보관실에 놓여 있던 책상, 의자, 침대 등 몇 가지 일상용품을 챙겨 갔다.

우리가 이사 갈 집으로 어머니가 따라와 적극 도와주셨다. 적어도 방을 잠잘 수 있도록 꾸며 놓고는 저녁에 농부 아저씨와 함께 집으로 돌아가셨다. 나는 첫 부임지인 교회의 목사관에 혼자 남게 되었다. 나의 약혼녀 모니카는 그때 한참 졸업 시험 중이었으므로 아직 라이프치히에 살고 있었다. 하지만 내가 첫 예배를 드리던 2월 18일에는 모니카와 부모님이 모두 참석해 주었다.

두 교회를 동시에 섬긴다는 것은 간단한 일이 아니었다. 특히 두 교회에는 몇몇 마을이 소속되어 있고 두 마을은 또한 소속된 행정구역이 달랐다. 라슈타우는 칼-마르크스시에 속해 있었고 콜디츠교회는 라이프치히시 소속이었다. 달리 말하면 내가 행정적으로 처리해야 하는 일들도 두 배가 된다는 뜻이다.

당시 라이프치히에서 한 사건이 있었는데, 그것은 우리만 분노하고 격분한 것이 아니라 전국적으로 정상적인 사고를 가진 사람이라면 수치심을 느낄 만한 사건이었다.

독일 사회주의통일당이 이끌던 시의회의 결정에 따라 칼-마르크스대학이 추진하여 1968년 파울리너Pauliner교회로 불리던 대학 교회를 폭파시킨 것이다. 그 교회는 전쟁을 겪으면서도 거의 피해를 입지 않은 교회였음에도 말이다. 발터 울브리히트Walter Ulbricht: 1893-1973[30]가 라이프치히 오페라 하우스를 친히 방문했을 때, 수많은 학생들이 대학 교회에서 나오는 것을 보고는 "저것을 없애 버려야 하겠군."이라고 말했다고 한다.

시의회 회의에서 대학 교회 폭파와 관련하여 반대표가 한 표 나왔다는 사실은 더욱 저의가 불순한 것이었다. 그 반대표는 사실 슈타지 목사가 낸 것이었는데 이렇게 함으로 최고 기관의 결정은 어쨌든 반대표가 하나 있으므로 민주주의적인 행위로 규정지을 수 있었던 것이다. 즉 민주주의적 결정인 것처럼 보이도록 한 것이었으며 그 반대표도 사실은 시의회가 매수한 것이었다.

그러나 국민들은 이러한 폭파 계획을 그냥 앉아서 당할 수는 없다고 생각했다. 기독교 학생들이 앞장을 서서 학생회를 통해 반대 서한을 시의회에 내려고 조직했다. 그 교회는 바로 신학생들의 교육의 장이었던 것이다. 나도 그곳에서 설교학과 예배 찬양을 배웠고 대학 교회 강단에서 졸업 설교를 하기도 했었다. 또 주일이면 대학 교회 합창단에서 찬양을 했었다. 또 대학 교회에서는 학기 개강과 종강 때

---

30 당시 동독의 최고 권력자(역자 주).

예배를 드린다. 그리고 점심시간에는 그곳에서 신망 있는 학생들이 돌아가며 예배를 인도하기도 했으며 나의 아내도 이곳에서 예배를 인도하기도 했었다.

대학 교회는 우리 모두의 정신적인 중심지였다. 교회는 정기 강연회, 오르간 연주회, 대학 찬양단 콘서트 등으로 유명해졌다. 가톨릭 교회도 이곳에 뿌리를 가지고 있으며 설교자 파터 고르디안Pater Gordian 은 많은 청년들을 교회로 모았다. 그는 설교를 통하여 교회를 폭파하려는 야만적인 행동을 규탄했으며 가톨릭 쪽에서도 항거 운동을 조직했었다.

내가 생각하기에 교회 폭파 전후로 일어난 시위는 1953년 6월 17일 국가를 상대로 한 국민적 항거 이후 최대 시위였다. 나는 1968년에 일어난 이 시위와 1989년 가을에 일어난 사건 사이에는 내적 연관성이 있다고 생각한다. 어떤 사람들은 이 숫자를 가지고 우스갯소리로 말하기도 한다. 68을 180도 회전시키면 89가 된다는 것이다.

많은 학생들은 시위로 인해 체포되기도 했다. 폭파된 지 몇 개월이 지난 후에도 학생들은 체포되었다. 왜냐하면 교회가 폭파된 이후에도 시위가 사라지지 않았기 때문이었다. 이 사건은 1972년까지 부분적으로 지속되었다. 몇몇 학생들의 이력은 근본적으로 변하게 되었다. 그들은 공부를 하지 못해 서독으로 도주하기로 결심하거나 아니면 출소한 이후 추방되었기 때문이었다.

모니카와 나는 대학 교회에서 특별한 기억이 있다. 우리는 1967년 교회 안 예레미야 선지자의 동상 옆에서 약혼식을 올렸다. 교회 폭파 당시 모니카는 국가시험을 준비하는 중이었고 나는 이미 라슈타우와 콜디츠교회에서 부목사로서 목회를 시작한 상태였다.

에포리 그림마Ephorie Grimma 교구 모든 목회자들은 폭파 당일인 1968년 5월 30일 10시에 지역 협의회로 초청되었다. 아마도 목회자들이 시위를 위해 라이프치히로 모이는 것을 막으려 했던 것 같다. 대학교회 주변을 넓게 차단했음에도, 폭파 전후로 수많은 사람들이 체포되었고, 무엇보다 사진 촬영을 엄격하게 금했음에도 이 사건에 대해서는 적지 않은 사진들이 증거로 남아 있다. 그러나 모든 자료들은 1989년 이후에 공개가 허용되었다. 특히 일련의 영상은 조망 때문에 특히 감동적이고 상징적이다. 첫 번째 사진은 파울리너대학 교회가 원형 그대로 있던 모습이고, 두 번째 사진은 폭파되는 순간 교회 지붕의 첨탑이 옆으로 기우는 모습이다. 그리고 세 번째 사진은 교회 전체가 엄청난 먼지 구름 속에 붕괴되는 모습이다. 네 번째 그림은 먼지가 가라앉기 시작하면서 니콜라이교회의 거대한 윤곽이 보이는 그림이다.[31] 이 모습은 마치 파괴된 교회 자리 땅 속에서부터 교회가 다시 살아나는 것처럼 보였다.

이것이 혹시 1989년에 대한 첫 번째 암시는 아니었을까? 당 기구

31 이 동영상은 www.youtube.com/watch?v=9x9YnUON_2A에서 볼 수 있다(역자주).

[사진 11] 라슈타우교회
[저작권] 역자

와 당원들을 갖춘 동독 체제는 영원히 사라져 버렸지만 교회는 여전히 남아 있다. 바로 니콜라이교회를 통해 라이프치히대학 교회의 파괴자들은 역사의 각주가 되었던 것이다.

개인적인 이유로 나도 마음이 매우 아팠던 이 사건의 그림자 속에서 라슈타우에서 나의 생활은 목회자로서만이 아니라 건축자재

[사진 12] 랴슈타우교회 내부
[저작권] 역자

와 수공업자들을 돕는 사람으로서의 삶이 시작되었다. 그것은 동독
에서는 매우 어려운 과제였다. 그러나 그들에게 나의 시간을 내어 주
는 것 이외에 내가 할 수 있는 일은 없었다. 나는 목사관을 사람이
살 수 있게끔 만들어야 했다. 이제 곧 나의 아내가 될 사람이 이곳으
로 오게 될 것이다. 또한 심각하게 파괴된 교회당의 구석구석도 가능
한 빨리 수리해야만 했다. 나는 한 농부에게 그의 트랙터로 농업협동
조합BHG: Bäuerliche Handelsgenossenschaft에 시멘트를 사러 데려다 줄 수 있는지
물었다. 그 사람은 약간 의심쩍은 눈으로 나를 바라보았다. '이 도시
사람!' 이라고 생각하는 것 같았다. 그는 시멘트가 있을 리가 없다고

생각하고 있었던 것이다.

"만약 당신 생각이 그러시다면…."

조합에 도착했을 때 나는 시멘트를 사려고 하는 것이 너무도 당연하다는 듯이 행동했다.

"시멘트 10포대가 필요합니다."

"없어요."라는 대답이 즉각적으로 나왔다.

그러고 나서 그는 도대체 어떤 사람이 순진하게 이런 질문을 하는지 궁금해 하는 것 같았다.

그러더니 나에게 물었다. "도대체 어디다 쓰려고 그러시오?"

나는 나를 소개했다. "저는 라슈타우에 새로 부임한 목사입니다. 우리 교회당이 너무 낡아서요. 빨리 고치지 않으면 무너질 것 같습니다. 그러나 시멘트가 없으면 어떻게 해야 할지 잘 모르겠군요."

판매대 뒤에 서 있던 두 사람은 서로를 쳐다보았다. 의미심장한 눈으로 한 사람이 다른 사람에게 말했다.

"시멘트를 줘라."

그들은 10포대를 층층이 옮겨 놓았다. 나는 믿기지 않아 시멘트 포대 위에 나의 손을 올려놓았다. 나는 "오늘 트랙터를 가지고 오기를 잘했군요."라고 말했다. 이렇게 교회당 수리는 시작될 수 있었다. 마을 주민들은 나를 돕는 것이 큰 힘이 될 것으로 계산했었다. 그들은 새로운 목회자가 하는 모든 것을 정확하게 관찰했다. 그리고 그들은 목회자가 능력이 있는지 서툰지를 금방 알아차렸다.

목사관으로 이사를 오고 난 직후 집집마다 다니며 나를 소개했다. "여러분에게 저를 소개하려고 합니다. 저는 이번에 새로 부임한 목사입니다."라고 말하고 다녔으며 대부분은 나를 친절히 맞이해 주었다. 나는 교회 성도들뿐 아니라 이 마을 사람들 그리고 독일 사회주의통일당 당원들까지 포함해서 모두를 한번은 만나 보는 것이 목표였다.

나는 집에 각 마을 사람들을 위해 작은 카드를 만들어 각 사람의 중요한 점을 메모해 놓았다. 이런 방법 덕분에 나는 다행히 마을에서 좋지 못한 결과를 가져오는 실수를 한번도 하지 않았다. 생각해 보면 나도 시골에서 자랐기 때문에 다음과 같은 사실을 잘 알고 있었다. 우선 모든 사람들에게 인사를 해야만 했다. 그렇게 하지 않는 사람은, 다시 당장 이주 신청을 해야 할 것이다. 왜냐하면 사람들은 "저 사람은 공부 좀 했다고 자기가 잘난 줄로 생각하는군."이라고 당장 소문이 날 테고 그러면 어려워지는 것이다.

나는 처음부터 거의 모든 주민들에게 호감을 받았다. 그들은 내가 모든 것을 혼자서 해내는 것을 보았고 이것이 깊은 인상을 준 것이다. 내가 목사관에서 얼마나 소박하게 살고 있는지 소문이 전해졌고 또 먹는 것도 골고루 먹지 못하며 사는 것도 그들은 두루두루 이야기했던 것이다. 당시 나는 커피 말고는 끓일 수 있는 것이 없었다. 그러므로 매일 같은 음식을 먹었다. 붉은 양배추를 프라이팬에 조금 썰어 넣고 그 위에 계란 두 개를 넣는 것이 전부였다. 언젠가 마을의 여성들이 목사관으로 찾아왔다.

"목사님, 이렇게 사시면 안 되지요. 제대로 된 음식을 드셔야 해요." 그들은 흥분해서 말했다. "감사합니다. 하지만 괜찮아요." 나는 그냥 이렇게 대답했다. 나는 음식을 요리하는 것은 시간 낭비라는 생각이 들었기 때문에 요리하는 데 시간을 쓰느니 차라리 매일 같은 것을 먹는 것이 낫다고 생각했다. 그러나 마을 여성들은 내가 거절해도 한사코 매일 돌아가며 식사에 초대했다. 당연히 나는 기꺼이 그 초대에 응했는데 그것은 단지 음식 때문만은 아니었다. 어쨌든 나는 여러 가족들에게 차례대로 식사 초대를 받았고, 그 좋은 기회를 이용하여 마을 사람들과 대화를 나누었다. 그러나 마을 사람들은 누구나 최고의 음식으로 나를 대접했기 때문에 내 몸은 터지기 일보 직전이 되었다. 마을 여성들은 심지어 사전에 서로 상의하여 같은 음식을 두 번 먹지 않도록 배려해 주었다. 이렇게 나는 매일 다른 집 식탁에 앉게 되었고 몇 주 후에 우리는 서로를 모두 알게 되었다.

1968년 여름 내가 모니카와 결혼하기 몇 주 전 우리 둘은 랑엔로이바-오버하인의 부모님 댁을 방문했다. 우리 둘은 나의 개인 사물, 책, 편지들, 사진들을 같이 보면서 정리하려고 했다. 나는 물건을 버리기 아까워하는 성격이라 그때까지 거의 모든 것들을 모아 두었다. 그리고 나는 지금까지도 그렇다. 그때 모니카는 우리가 서로 교환한 편지들과 연애편지까지도 모두 보게 되었다. 우리 둘의 관계는 처음부터 완전히 열린 관계였다. 우리는 거의 3시간 동안이나 나의 옛날 물건을 모아 놓은 박스들 사이에 앉아서 정리에 열중하고 있을 때 어머니는 커다란 빨래 바구니를 들고 방으로 들어오셨다. "얘야, 여기에 이 물건들을 모두 넣고 정원에 나가서 태워 버리거라."

"그렇게 하는 것은 참 아까울 것 같아요."라고 모니카가 즉시 말했다. 그녀는 아름다운 사진과 편지들이 아깝다고 생각했으므로, 그중 여자아이들 사진 몇 장을 건지는 데 성공했다.

어머니는 지금까지 내가 알고 있던 모습과는 사뭇 다른 모습으로 강력하게 요구했다. 어머니는 내가 기존 관계의 흔적들을 모두 정리하고 깨끗한 마음으로 결혼 생활로 들어가야 한다고 주장했다. 나는 어머니의 의도를 이해할 수 있었으므로, 어머니가 원하는 대로 모두 불태워 버렸다.

1968년 7월 26일 모니카의 국가시험이 있고 3일 후, 우리는 내가 어릴 적부터 자라난 그 교회에서 아버지의 주례로 결혼식을 올렸다. 양가 집안이 모두 모였고 그 외에도 많은 친구들과 라슈타우 성도들도 참석해 주었다. 우리 결혼식은 동네잔치가 되었다.

내가 막 결혼하여 라슈타우로 다시 돌아갔을 때 그곳 사람들은 우리를 두 팔을 벌려 환영해 주었다.

1968년은 결혼 외에도 내게 또 중요한 해이다. 바로 목사 안수를 받은 해이기 때문이다. 그날은 12월 8일 두 번째 대강절로 교인들이 많이 모였고 에른스트 발츠곳Ernst Waltsgott 노회장이 인도를 맡았다. 그 예배는 내게 큰 감동을 주었는데 그것은 아내와 부모님이 함께 했을 뿐 아니라 장인, 장모님과 누나들도 함께 했기 때문이다. 게다가 아버지가 안수식의 인도자로 함께 있었었다.

아버지가 목회자가 된지 거의 40년이 지난 그날 내가 목사 안수를 받게 되었다. 그리고 다시 40년 후인 2008년 12월 8일 은퇴하던 그날 나는 40주년 사역 기념 예배를 드릴 수 있었다.

우리는 학생 시절 미래 목회자로서 종종 목회자라는 직업의 불투명한 장래에 대해 생각해 보곤 했다. 이 직업의 미래에 대해 아는 사람은 거의 아무도 없었다. 본연의 방법대로 목회자의 직분을 감당할 수 있을지, 장기적으로 볼 때 교회가 정기적으로 목회자에게 사례를 지불할 수 있을지 내가 안수를 받을 때까지도 목회자라는 직업만으로 충분한지 아니면 생계를 위해 다른 부업이 필요할지 확신이 없었다. 어느 날에는 정해진 시간만 일하는 목회자가 될 수도 있다는 상상은 아주 이상한 생각이 아닌 것처럼 보였다. 그러나 이런 생각도 나 자신이 목회자가 되는 것을 포기하게 하지는 않았다. 다른 일을 해서 돈을 벌어야 한다고 해도 나는 두렵지 않았다. 그렇게 해야 한다면 나는 아마도 운전사 또는 자동차와 관계있는 다른 직업을 택했을 지도 모르겠다. 나는 젊었다. 가능한 가장 짧은 시간에 학업을 마칠 수 있었기 때문에 이 목회를 시작하기에는 매우 어린 나이였다. 18살에 고등학교를 졸업하고 23살에 국가시험을 보았으며 25세에 안수를 받았으니 이보다 더 짧은 시간이 걸릴 수는 없었던 것이다.

낙관적이며 두려움 없이 '그래 이제 시작이야.' 라는 느낌을 가졌

[사진 13] 크리스치안 퓌러 목사의 결혼 사진
[저작권] Christian Führer

다. 나의 결혼생활이 커다란 사랑으로 시작한 것같이 내 직업에 대해
서도 큰 사랑을 가졌다.

아내 모니카는 도시에서 태어난 사람이었지만, 놀라울 정도로 빨

리 시골 생활에 적응했다. 집안에서 쓰는 물건이 시골 마을에 공급되는 주기적 리듬을 바로 자기 것으로 만들었다. 빵은 월요일과 수요일에, 고기와 야채는 일주일에 한 번씩만 살 수 있었다. 도시와는 달리 아내는 시골에서 모든 것을 정확하게 계획해야만 했다. 그러나 그녀는 놀라울 정도로 신속히 모든 것을 통달했고 사람들과도 잘 지냈다. 정기적으로 우리 집 초인종을 누르는 마을 주민들은 나를 찾아오는 것이 아니라 아내를 만나러 오는 사람들이었다.

"사모님, 약국에서 뭐 좀 사다 주실 수 있으세요?" 예를 들면 이런 것들을 부탁한다.

"예. 그렇게 하지요." 아내는 이렇게 대답하고 그들이 원하는 것을 바로 필기해 놓았다.

약사로 개업 허가를 받기 위해 그녀는 졸업 시험 후 일 년 동안 콜디츠에 있는 국립 천사약국에서 일했다. 동독에서는 특별한 약국으로 잘 알려져 있었다. 나는 그곳에서 아내가 일하는 것에 대해 큰 관심을 가지고 지켜보았다.

우리는 서로 결혼했다는 사실과 동시에 함께 직장 생활을 시작했다는 것에 매료되어 있었다.

라슈타우에는 오르간 연주자가 없었으므로 아내가 반주를 맡았다. 이 지역 사람들은 수년 동안 교회 오르간 소리를 잘 듣지 못하고 지냈기 때문에 예배, 세례, 결혼, 장례식 등을 다시 음악과 함께 할 수 있는 것만으로도 감사하게 생각했다. 항상 그렇듯이 나는 교회에서도 모니카에게 온전히 믿고 맡길 수 있었다. 그녀는 오르간을 매우 정확하게 그리고 올바른 템포로 연주했으며 장례식에서도 십자가를 지고 갈 사람이 필요할 때면 아내가 그 역할을 맡곤 했다.

우리가 라슈타우에 적응했을 때 나는 교회 여성도들과 함께 모든 주민들에게 유익하게 될 활동 한 가지를 계획했다. 나는 사람들을 접촉하기 원했으므로 특별히 나에게도 도움이 되는 일이었다. 나는 **"하나님께서는 모든 사람이 다 구원을 얻고 진리를 알게 되기를 원하십니다."**[32]는 말씀에 따라 몇몇 봉사자들과 함께 심방팀을 조직했다. 65세 이상 된 마을 주민들을 대상으로 매번 생일 때마다 심방을 하는 것이다. 사람들은 거의 모두 가족들끼리 모여 살았기 때문에 나는 모든 사람을 일 년에 한 번씩은 방문할 수 있었다. 아내는 생일카드를 쓰고 봉사자들 중 한 사람이 꽃을 준비하고 나와 함께 동행해 주었다. 여성들은 동네사람들을 거의 다 알고 있었기 때문에 이 활동은 매우 좋은 생각이었던 것이다. 여성 봉사자들은 우리의 방문을 미리 알렸으므로 우리가 방문할 때는 사람들이 항상 집에 있었다.

이렇게 나는 어느 날 지역 당의 대표인 당 서기장 집을 방문하게 되었다. 그 서기장의 당원들이 그에게 축하하려고 할 그때, 나는 목회자로 거실에 서 있었다. 그의 생일은 12월 25일로 첫 번째 성탄절이었으므로 나는 조금은 축제 분위기에서 축하하려고 했다. 나는 선

---

32 디모데전서 2장 4절.

교를 하기보다는 그냥 기쁨을 전하고 싶었으므로, 사람들이 조금 불편하게 느끼는 것 같아서 그냥 문에 머물러 서 있었다. 세심하게 접근하지 않으면 나는 당장 그 사람들의 호감을 잃게 되기 때문이었다. 그러므로 나는 당 서기장 심방도 그렇게 접근했다. 그를 마을 거리에서 만나면 우리는 세계의 최근 상황에 대해 서로 논의하곤 했다. 그리고 우리가 헤어질 때면 그는 매번 "그러니 우리는 계속해서 투쟁합시다."라고 말했다. 우리는 서로 존중했다. 그는 그의 자리에서, 나는 나의 위치에서….

다음 단계는 내가 라슈타우 자유 소방서에 입단했다는 것이다. 당시 이 단체는 유일한 붉은 단체였으며 사람들이 큰 염려 없이 가입할 수 있었다. 그러나 나는 소방서가 인민 경찰보다 낮은지는 알지 못했다. 교회 자문회가 나의 신청서를 관청에 냈을 때, "목사가 소방서에 왔다고? 그 사람 좀 돈 것 아닌가?"라고 했다고 한다.

이것은 당시 소방서에 있던 시장을 화나게 했다. 그의 마음을 바꾸기 위하여 시의회는 그를 초청했다. 그러나 그는 고집을 부리며 이렇게 말했다.

"퓌러 목사는 자율 소방대원이 될 것이다. 이것은 이 마을주민들의 결정이다!"

라슈타우어 주민들은 내가 그 지역 소방서에 들어오기를 바랐던 것이다. 이렇게 소방서 직원들은 나를 자기들 단체에 가입하도록 투표로 정했고, 지역 위원회는 내게 해당 증명서를 발급해야만 했다.

이렇게 어렵사리 얻은 증서를 나는 오늘까지도 가지고 있다. 그러나 나는 소방서 훈련에는 한번도 참여하지 않았다. 보통 훈련은 여름에 시행되었는데 정원 살수 목적으로 진행되었고 훈련을 마친 후 마을 술집에서 '불끄기 작업 갈증 해소'으로 이어졌다.

내가 이 마을 목회자로 12년간 섬기는 동안 교회와 묘지 그리고 교회 성도들을 '잘 돌보아 주던' 분은 프리다 지트너Frieda Sittner와 안너 리스 프리취Annelies Fritzsch였다. 그들은 무엇보다 나의 설교가 그들에게 위험하게 들린다 싶으면 걱정을 많이 해 주었다. 나는 매 주일 2번씩 예배를 집례했다. 여름철 라슈타우에서는 아침 8시에 예배를 드렸다. 여름 농가들은 하루 일과가 새벽 4시에 시작하기 때문에 8시는 그들에게 점심때나 마찬가지였다. 그리고 이어 9시30분에 콜디츠에서 예배를 드렸다. 겨울에는 라슈타우 예배를 오후로 옮겨서 드렸다.

콜디츠교회에는 초기 동료 목회자가 있었으나 그는 1974년 사망했다. 그리고 젊은 목회자가 후임으로 부임했으나 2년 임직 후 사망했다. 새로 목회자가 부임하기까지는 1년의 공백 기간이 있었으므로 최소 2년은 나 혼자 책임을 져야 했다. 혼자 콜디츠 지역까지 책임지는 것은 사역의 부담이 매우 컸다. 왜냐하면 콜디츠 지역에는 쫄비쯔Zollwitz, 체르피취Terpitzsch, 하우스도르프 Hausdorf, 콜첸Koltzschen, 투미르니 히트Tumirnicht 등과 같은 마을들도 속해 있었기 때문이다. 마지막 지역들은 정말 이름들이 그랬다. 라슈타우교회 지역에도 뢱스Rüx 크랄랍 Kralapp 지역이 속해 있었다. 그리고 다시 조력자가 올 때까지 나는 집

[사진 14] 콜디츠교회
[저작권] 역자

에 있는 시간보다 길거리에 있던 시간이 훨씬 길었다.

콜디츠에서 나는 성인들을 위한 신앙 세미나를 시행했다. 먼저 결혼하려는 예비 부부 중에 입교 교육을 받지 않은 사람들을 대상으로 하는 세미나였다. 그 후 동역 목회자가 왔고 영적 쇄신을 위해 세례식에서 선서를 새롭게 하는 전통인 세례 기념식을 도입했다.

콜디츠에는 규모가 크고 살아 있는 젊은 공동체가 있었는데 그들의 모임을 위한 적절한 장소가 필요했기 때문에 우리는 시 교회 꼭대기에 옥탑방을 지어 올렸다. 그곳에서 우리는 정기적으로 만나 어

떻게 하면 성경의 메시지가 우리 일상생활의 기반이 되게 할 수 있
는지에 대해 흥미 있고 실감나는 대화를 나누었다. 당시 우리 모두
는 롤링 스톤즈와 비틀즈를 들었기 때문에 우리는 음악을 테마로 하
는 행사를 열기로 결정했다. 참석한 사람들은 자신이 좋아하는 음악
을 소개하고 다 같이 들은 후 함께 이야기를 나누는 것이다. 나는 엘
비스 프레슬리를 좋아했다.

　동독의 교회는 국가의 간섭을 피할 수 있는 유일한 조직이었기 때
문에, 국가는 교회를 철저히 감시했다. 매일 오토바이를 타고 마을을
돌면서 교회에도 또 주변 담벼락에도 게시판이 하나도 없다는 것과
교회 행사에 대한 어떠한 안내도 없는 점이 눈에 띄었다. 나는 이렇
게는 더 이상 안 된다고 생각하며 행동에 옮기기로 했다. 나는 적당
한 장소를 찾아 나섰고 게시판을 붙일 만한 장소를 발견했다. 그날로
나는 게시판을 만들어 달라고 부탁을 했으며 그곳에 붙일 만한 적당
한 포스터를 선택하기 위하여 바로 그림마Grimma 에 있는 노회장에게
갔다. 첫 눈에 들어온 포스터는 "하나님은 어디에나 계신다Es gibt keinen
Ort ohne Gott." 였고 이것을 골랐다.

　이 문장은 투쟁을 선포하는 것과 같은 효과를 발휘했으며 그리 오
래되지 않아 반응이 나타났다. 이 포스터를 보자마자 소위 "빨갱이"
에 속하는 사람들 중 한 명은 즉시 시장에게 항의했다. 그러나 이 문
제를 해결하는 과정에서 우리는 작지만 행운이었던 것이 그 게시판
을 붙인 담벼락의 주인이 교회 대표 중 한 사람이었다는 사실이다.

"아니요. 괜찮은데요. 포스터를 붙여 놓아도 됩니다!"라고 그는 결정했으며 그대로 되었다.

그러나 소소한 마찰은 늘 있었다. 특히 아이들과의 문제에서 어린이들은 기독교 교리 시간을 목회자들의 시간으로 '바스타 시간_{쓸데없는} 시간'이라는 어른들이 하는 소리를 따라 했다. 그래서 나는 수업 시간에 아이들에게 의사에게 가거나 학교에 오면 '의사 시간' 아니면 '선생 시간'이라고 부르느냐고 물었다. "아니요." "당연히 아니죠."라고 아이들은 대답했다. 크고 작은 아이들은 내가 무엇을 말하고자 했는지 이해했다. '기독교 교리' 수업은 지속되었다.

라슈타우와 콜디츠에서 나는 곧 청바지를 입은 목회자로 통하게 되었고 이런 모습은 평생 동안 지속되었다. 내가 처음 청바지를 입었던 날을 나는 결코 잊을 수가 없다. 그때는 1956년 큰 누나가 '교회의 날_{Kirchentag}'[33] 행사가 있어 프랑크푸르트로 가던 날이었다. 교회의 날 행사에 참여한 사람들은 행사장에서 소위 '이동 자금'을 받았다. 누나는 내 부탁으로 며칠 후 새 청바지를 사와 코앞에 내밀었을 때 나는 기뻐서 어쩔 줄 몰랐다. 나는 그때부터 청바지를 입기 시작했던 것이다.

나를 알아볼 수 있는 표시가 된 것은 청바지 외에 또 하나 있었는데 그것은 휘파람을 분다는 것이다. 내 머리 속에는 늘 멜로디가 맴

---

33 독일 개신 교회 최대의 행사로 2년마다 다른 도시를 순회하며 개최된다(역자 주).

돌았으며 항상 휘파람을 불고 다녔다. 그러나 감사하게도 사람들은 내 옷차림이나 휘파람 부는 것에 대해 나쁘게 생각하지 않았다. 우리는 집에서 부는 가족 휘파람 소리가 있었고, 나와 아내와만 나누는 휘파람 소리도 만들었고, 나중에는 아이들과 통하는 소리를 또 새로 만들었다. 물론 친구들끼리도 신호를 만들었다. 서로를 알아보는 소리는 매우 유용했는데 특히 사람들이 많이 모이는 행사에서는 더욱 그랬다.

우리는 라슈타우에 잘 적응했으며 그 지역의 전통으로 내려오는 것들 중 몇 가지 변화도 시도했다. 예를 들면 장례식 규정을 몇 가지 새롭게 바꾸었다. 매장 전에 거행되는 장례식은 영안실에서 시작이 되며 이어 묘지로 가는 것이다. 이후 장례식에 참석했던 사람들은 보통 곧 집으로 돌아가거나 동네 술집으로 가기도 했다. 아주 가까운 친지와 그리스도인 몇 사람만 교회로 왔다. 나는 사람들이 장례식을 묘지에서 마치고 교회로 오지 않는 것을 참을 수가 없었다. 나는 바로 장례식의 순서를 영안실, 교회, 묘지 순으로 바꾸었다. 바로 가지 않을 사람들은 그렇기 때문에 교회로 들어 와야만 했다. 나는 마을에서 대단히 잘 알려진 대부호 농가 주인이 사망했을 때 처음으로 바뀐 순서를 적용해 장례식을 치렀다. 그때는 마을의 거의 모든 사람들이 장례식에 참석했었다. 나는 이 기회를 이용해 사람들에게 생명과 죽음, 가족과 사회에 대한 성경의 말씀을 증거했다. 이것은 참석한 모든 사람들에게 모험적인 것이었다. 그곳에는 시장과 지역 합창단 단원들이 모두 참석해 있었기 때문이다.

전체적으로 볼 때 나는 목회자로서 이 지역에 잘 통합되었고 모든 사람들과 이야기를 나누는 사이가 되었다. 그럼에도 나는 몇 가지 활동들은 살얼음을 걷는 것 같은 마음으로 진행했다. 어느 날 한 사람이 나에게 말했다. "목사님, 조금 조심하시는 것이 좋겠습니다. 너무 위험합니다. 여기서 아무 일 없이 지내시려면요." 나는 동독에 동조하는 입장을 취하고 있는 것이 아니었기 때문에 이렇게 조언해 준 것은 타당했다. 가령 동독 30주년 기념 주일에 나는 라슈타우에서도 콜디츠에서도 매우 명확하게 현재 동독의 상황을 언급하는 설교를 했다. 이날은 1979년 10월 7일 주일이었다. 이 주일 설교를 위해 나는 이 말씀을 선택했다. **"···너희가 믿음 안에 굳게 서지 못한다면, 너희는 절대로 굳게 서지 못한다!"** [34] 10년 뒤 우리 모두는 누가 남아 있고 누가 남아 있지 않은지를 똑똑히 볼 수 있었지만 당시 우리는 아무것도 알지 못했다. 내가 설교하는 방식은 사람들에게 매우 새로웠기 때문에 몇몇 사람들은 처음에 어려움을 겪기도 했다.

나는 교회의 전통을 조금씩 바꾸는 한편 처음부터 교회당, 특히 지붕을 개조하기 시작했다. 이곳저곳에서 돕는 사람들이 생겨났다. 사람들은 드디어 무슨 일이 일어난 데에 대해 오히려 기뻐하는 것 같았다. 새로운 것을 보면 볼수록 사람들은 기꺼운 마음으로 후원했

---

34 이사야 7장 9절b.

다. 교회가 새롭게 지어지는 것은 사람들에게는 희망이다. 내가 계속 도울지라도 원래 교회 사역이 피해를 입어서는 안 되었다. 그러므로 나는 거의 매일 바쁘게 지냈으나 그 모든 일들이 유익으로 돌아왔다. 어린이들과 청소년들을 위한 시간 또 청소년의 날 등은 모두 좋은 반응을 가져왔다.

그러나 고뇌의 쓴잔도 있었다. 기독교 교리와 입교를 공부하는 학생들이 학교에서 점점 더 많은 어려움을 겪게 되었다. 교장 선생님은 이 학생들을 한 사람씩 불러서 분명하게 말했다.

"너는 이 다음에 어떤 직업을 가질 생각이야?"라고 먼저 묻고는 학생들이 대답하려고 하면 그는 "좋아! 다만 입교를 한다면 문제가 될 거야. 그러나 너는 네가 원하는 것을 얼마든지 할 수 있어."

나에게 이런 말이 점점 자주 들리게 되자 나는 더 이상 깊이 생각하지 않았다. 나는 목회자로서 이에 대한 입장을 밝혀야만 했다. **"그 때에 예수께서는 제자들에게 말씀하셨다. "누구든지 나를 따라오려거든, 자기를 부인하고, 제 십자가를 지고, 나를 따라 오너라."** [35]라고 예수님이 말씀하셨기 때문에 나는 그냥 두고만 보고 피해 갈 수 없었다. 나는 지체장애인이나 약자가 조롱받고 모욕 받는 것과 마찬가지로 예수님이 모욕을 받고 조롱당하는 것은 참을 수 없었다. 또한 사람들이 아이들은 약하다고 생각하면서 아이들에게 압력을 행사하는 것

---

35 마태복음 16장 24절.

도 마찬가지다. 어린이들은 대부분 자기 자신을 바르게 방어할 줄 모른다. 사람들이 그들의 부모님을 협박하려고 하는 경우가 아니면, 나는 더 이상 머뭇거릴 수가 없었다. 당장 행동을 취하지 않고는 그냥 있을 수가 없었다.

이곳 마을의 아이들은 매일 학교 버스를 타고 근처 큰 마을에 있는 학교로 통학을 했다. 나는 해당 지역의 목회자들과 연락을 하여 서로 연합했다. 진짜 이상했던 것은 당시 교사들은 목회자들과 서로 연락하는 것이 금지되어 있었다. 우리 목회자들은 위험인물로 정해 놓은 것 같았다. 우리가 만약 어떤 사안이 있을 경우 최고 지역 학교 위원회 Kreisschulrat 만 목회자들과 접촉이 가능했던 것이다.

1972년 동독은 UN교육차별반대협약에 가입했다. 이것은 나에게 유리한 이유가 되었다. 나는 그 위원회에 "여기에 있는 어린이들을 그렇게 다루는 것은 차별이라고 생각합니다."라고 반론을 제기했다. 결국 다른 목회자들과 협력하여 학생들에게 압력을 행사는 것을 중단시키는 데 성공했다. 이러한 행동은 한편으로는 큰 주목을 받게 되었고 다른 한편으로는 우리 목회자들이 교회 성도들과 더욱 긴밀한 관계를 맺도록 도와주었다. 마을 주민들이 우리 가정의 삶 속에 얼마나 큰 관심을 갖고 있는지는 1969년 우리 가정에 첫딸인 카타리나가 태어났을 때 분명히 알 수 있었다. 우리는 정말 이 마을에 제대로 정착해 있었다. 다들 우리 집 이야기로 꽃을 피웠고 또 딸아이의 이름 때문에도 사람들은 적지 않게 놀랐다. 왜냐하면 당시에는 작클린, 마이케 같은 이름들이 흔했었다. 마을에서는 카타리나의 이름이 자연스럽게 카트리나로 불리게 되었다. 1971년 태어난 첫 아들 세바스찬도 '제그쉐'로 불렸고, 1978년 태어난 마틴은 당시 일반적인 이름이었고 1983년 게오르그는 라이프치히에서 태어났는데 '쇼르쉬'로 불렸다.

두 아이 카타리나와 세바스찬이 70년대 중반 학교에 입학했을 때 우리는 다시 한 번 긴장해야 했다. 하지만 다행히 그들은 학교에서 아무런 불이익도 당하지 않았다. 그들은 오히려 그들의 분명하고도 열린 사고로 선생님과 친구들에게 존경을 받았다. 아이들은 감사하게도 오늘날까지도 학교에 대해 좋은 추억만 간직하고 있다. 하지만 편파적이고 무신론적이며 사회주의적 세계관 시간이 있었다. 당시 역사 시간에 루터를 해석한 것을 회고해 보면 선생들은 마르크스적인 루터의 이미지를 준비해서 아이들에게 가르쳤다. 그들은 루터를 군주들의 종으로, 농민의 적으로 묘사하고 있었다. 6학년 기독교 교리 수업 시간에 나도 1년 내내 루터를 주제로 다루었다. 그러나 학교에서는 종교개혁자 루터를 바라보는 시각과 아주 다르게 해석해서 가르쳤다. 루터의 관점을 구별해서 다루었던 것이다. 즉 농민전쟁 이전에는 농민에게 유익하도록 군주들을 날카롭게 비판한 것으로, 농민들이 군주들을 죽이고 난 다음에는 농민들에게 끔찍한 말을 한 것으로 그리고 잔인하게 타도된 농민봉기 이후에는 군주들을 명료하게 정죄한 것 등으로 루터를 해석했다. 이러한 해석으로 루터는 항상 '압제당하는 편'에 서 있었다는 것이 분명해졌다. 학교에서는 기독교 시간에 어린이들이 이러한 지식을 배웠다. 역사 시간에 선생님이 또 다시 루터를 군주들의 종이요, 농민의 적으로 설명하고 있을 때 나의 딸 카타리나는 손을 들고 "선생님의 말씀은 사실과 맞지 않아요."라고 말했다. 선생님은 조금 우물쭈물 하더니 다시 확인해 보겠다고 약속했다고 한다. 다음 시간에 선생님은 카타리나에게 그녀가 마틴 루터에 대해 한 말이 정말 맞는지 되물었다는 것이다. 이런 일이 사회주의 학교에서 일어나는 것은 정말 놀라운 일이었다.

나는 우리 아이들 덕분에 나의 부모님—특히 아버지—과 그들의 교육 방식을 생각하게 되었다. 우리는 당시 카타리나가 개척단에 입단하는 문제를 스스로 결정하도록 했다. 내가 만약 딸아이에게 개척단에 입단하는 것을 반대해서 아이가 "나는 다른 아이들처럼 개척단에 입단하고 싶어요."라는 말을 들었다면 매우 마음이 아팠을 것 같았다.

그러나 카타리나는 학교에서 개척단이 무슨 일을 하는지 스스로 경험할 수 있었다. 그럼에도 당시 학교에서는 어린이들이 개척단에 입단하는 것은 너무나 당연한 일이었다. 우리는 도무지 납득이 가지 않았기에 아내와 나는 학교에 가서 물었다.

"도대체 왜 학생들이 개척단에 가야 하나요?" 나는 카타리나 선생에게 물었다. 이러한 질문을 하는 사람은 어디에도 없었다. "아이들은 모두 개척단에 입단하지요." "왜 모두 입단하는 거지요?" 나는 물러서지 않고 캐물었다. "아니, 모든 아이들이 입단하니까 그렇지요!" 선생은 퉁명스럽게 대답했다. "그리고 개척단들은 폐지와 병들을 수집하잖아요!" 이렇게 덧붙였다. "그러나 그것을 위해 개척단에 입단할 필요까지는 없지요." 나는 이렇게 대답하고 "폐지나 빈 병은 우리도 모으고 있습니다." 우리는 환경을 의식하고 있었기 때문에 이런 일은 당연한 것이었다. 카타리나는 어린이 개척단1~3학년 기간이 끝난 후 청소년 개척단인 텔만 개척단Thälmannpioniere, 4~8학년에 입단하지 않기로 결정했다. 카타리나는 개척단에서 도움이 되는 것이 없다는 것을 알았다. 그래서 그녀는 4학년부터는 텔만 개척단에 입단하지 않기로 결정한 것이다. 세바스챤은 어린이 개척단부터도 입단하지 않았다. 이렇게 두 아이들은 우리가 강요하지 않았지만 우리가 원하는 것을 이룰 수 있었다.

우리 두 아이들은 동독의 어려운 조건하에서도 자신의 의견을 분명히 밝히는 것이 인정받을 수 있다는 것을 확실히 알게 되었다. 두 명의 목회자 자녀들은 사회주의 학교에서도 선생으로부터, 친구들로부터 그리고 그들의 부모들에게로부터 호감과 관심을 받았다. 가정에서 우리는 식사 시간이나 또 기회가 있을 때마다 기꺼이 서로 이야기를 나누었다. 그러나 우리는 "학교에서는 절대 그런 말을 해서는 안 된다."와 같은 말이나 경고 또는 규정들을 말한 적은 없었다. 나는 몸소 체험한 대로 그렇게 자녀들에게도 전해 주었다. 그들은 아버지가 목회자라는 이유에서 교회에 가야만 했던 것이 아니었다. 배가 고프지도 않는데 밥을 먹어야 하는 것처럼. 이러한 방법을 사용했으나 우리 가정에서는 이 부분에서는 넌더리가 난다든지 이렇다 할 문제가 있지 않았다.

약 30년 후인 2007년 바이에른 방송국에서 **우리 목회자 자녀들** 제하 다큐멘터리가 텔레비전에서 방송된 이후 우리는 여러 통의 전화를 받았다. 이를 통해 우리는 우리 아이들이 방송된 다큐멘터리 필름에서 부모인 우리에 대해, 자신들의 어린 시절에 대해 또 청소년 시절을 회상하며 표현했던 방법들은 그렇게 당연한 것이 아니었다는 것을 알게 되었다. 유감스럽게도 동독 체제는 많은 목회자들을—종종 목회자의 가족들 모두—정신적으로, 육체적으로 심하게 부담을 주었었다.

내가 부모님 곁에서 자란 것같이 나의 아이들도 라슈타우 마을에서 보호를 받으며 자랐다. 특히 아내의 부모님은 할 수 있는 대로 우리를 도와주었다. 장인은 전후 갈탄노천채굴장에서 선로를 까는 일을 했다. 장인의 삶은 힘겨운 육체노동이 지속되었고, 우리 집을 방문할 때마다 신선한 시골 공기를 맡으며 행복해했다. 나는 믿음 때문도 아니요, 직업 때문에도 아니지만 장인을 충분히 이해할 수 있었다. 그는 교회에 속해 있지 않았다. 그러나 내가 가장 좋아하는 장인의 모습은 관용과 참을성이었다.

장모는 감리교 출신으로 아내의 믿음 교육을 책임진 분이었다. 나는 장모도 처음 본 순간부터 잘 이해할 수 있었을 뿐만 아니라 내가 매우 존경하는 분이다.

모니카의 부모님은 우리의 시골 생활을 함께하는 것을 매우 좋아했다. 장인이 가장 좋아하는 것 중 하나는 아이들을 데리고 산책을 나가거나 길거리 담장에 기대 이웃들과 수다를 떠는 것이었다. 이유 없이 그가 밖을 나가도 몇 시간이 지나야 돌아오는 것은 다 이유가 있는 것이었다. 장모님은 아내가 일을 하는 동안 집안을 돌보았다. 아내가 개업 면허를 딴 이후에는 일주일에 한 번씩만 콜디츠 약국으로 출근하게 되어 우리 모두는 좋아했다. 왜냐하면 아내가 가족을 위해 있어 줄 수 있었고 교회 사역을 하는데도 나를 도울 수 있었기 때문이다. 아내는 나와 마찬가지로 교회 성도들의 크고 작은 일들을 들어주는 훌륭한 상담자였다. 그녀는 아이들이 필요할 때면 언제나 함께해 주었고, 가사일과 정원 일을 최상으로 해 주었다. 그녀는 의식적으로 약국 일을 전일 동안 하는 것을 포기했고 가족을 위해 있어 주었다. 그러나 그녀는 세월이 흐를수록 외로움을 느끼게 되었다. 왜냐하면 나는 목회자로서 항상 집을 비우게 되었고 비바람을 무릅쓰고 오토바이로 마을 이곳저곳을 다녀야 했기 때문이었다. 이런 것이 늘 좋지만은 않았다. 특히 겨울철에는 더욱 그랬다.

서독에 살고 있던 친척이 동독 선물 서비스 회사인 게넥스Genex를 통하여 우리에게 자동차를 선물해 준 이후 다니는 것은 훨씬 편리해졌다. 게넥스는 동독 정부가 1956년 창설한 회사로 서독 사람들이 동독에 있는 친지들에게 물건을 전달하는 서비스를 담당했다. 이 서비스를 통하여 우리는 처음에는 트라비Trabi 자동차를 그리고 나중에는 바르트부르크 자동차를 선물로 받았다.—이것은 목회자 가정에게 그리 일반적인 일은 아니었다. 왜냐하면 대부분의 목회자들은 적은 봉급으로 생계를 꾸려 나가기 위해 싸워야만 했던 시절이었기 때문이었다. 당시 교회들은 목회자들에게 넉넉한 사례를 지불할 능력이 없었기 때문에 목회자들의 봉급은 형편없었다. 동독 체제가 지속될수록 그리고 압력이 커질수록 기독교 신앙은 더욱 혼란스러워졌다. 모든 것들이 사람들에게 흔적을 남기게 되었다. 1960년 농업협동조합 도입으로 농민들의 재산을 몰수했고, 1961년 베를린 장벽이 건설되었다. 또한 앞서 언급한 바와 같이 입교 교육으로 인해 학교에서는 마찰이 있었다. 하지만 이것이 1972년에 긍정적인 결과로 종결됨에 따라 당사자들에게는 더욱 확실한 자아의식을 가지게 도와주었다. 나아가 1972년 반국가 영업장들은 몰수되었고 그 소유자들은 마지막으로 국가가 빼앗을 수 있는 것이었으며 더 이상은 없었다. 그리고 1972년 동독은 임신중절 기한을 3개월 이내에는 허용할 수 있는 규정을 도입하게 되었다.[36] 우리는 이 문제에 대해 교회적으로 논의하기로 결의했다.

---

36 1972년 3월 9일 동독 국회는 임신중절에 대한 기한을 결정했다. 그 이후 첫 3개월 이내에서의 낙태는 허용되었다. 동독 국회 역사상 최초로 이 결정은 만장일치가 아니었다. 14명의 의원들은 반대했으며 8명은 기권했다.
[출처] 독일 역사박물관, www.dhm.de

우리가 초청한 산부인과 여의사는 각 단계의 태아를 병에 담아 가져왔다.

"우리가 얼마 전 결의한 낙태 허용 시기에 태아는 이렇습니다. 이것을 우리는 낙태시켜서 작게 자르는 것이지요." 산부인과 의사는 도발적인 태도로 증거물을 높이 쳐들어 보여 주었다. 따라서 분위기는 달아올랐고 격렬한 논의가 오갔다.

교회는 생명을 존중하여 낙태를 적극 반대했다. 그러나 이날에 그리고 또 다른 회의에서도 참석자들은 한 사람을 들어 공개적으로 비난하지는 않았다. 가장 중요했던 것은 이런 문제들을 놓고 서로 토론할 수 있다는 사실이었다. 각 가정의 부엌 식탁에서뿐 아니라 교회에서 공개적으로도 이런 토론이 가능했다. 임신중절 기한 규정만이 동독 인민회의에서 유일하게 반대표가 있었던 결정이었다. 기민당만이 반대를 표했던 것이다. 개신교도들은 최소한 이 비상 규정을 허용했다. 그러나 상담이나 지원 없이 중절을 가능하게 하는 규정은 인간의 생명을 경시하는 질적으로 새로운 조치였다. 이러한 조치로 인해 출생률은 급격히 감소했다. 개인적으로 나는 임신중절을 무책임한 것이라고 생각했다. 그러나 유감스럽게도 임신중절에 관한 토론은 주로 교회와 교구에서만 이루어졌을 뿐, 학교나 다른 국가가 통제하는 공공장소에서 이러한 토론은 가능하지 않았다. 국가의 결정에 반대하는 것은 허용되지 않았다. **새로운 독일** *Neues Deutschland* 과 같은 신문이나 기타 국영 방송에서는 낙태를 찬성하는 결정을 문제 해결책으로 선전했다. 그러므로 유일하게 교회에서만 비판을 할 수 있었다.

1980년대 기독교인과 비기독교인이 한 교회 지붕 아래서 동독 체제에 반대하는 시위를 대대적으로 벌였던 것은, 콜디츠와 라슈타우 교회에서는 이미 '소규모'로 일어나고 있었다.

우리는 기독교 교리와 입교 교육에서 성탄절에 대해 철저히 가르쳤다. 예수의 탄생으로 시작하여 예수의 부모들의 상황, 인구 조사, 아우구스투스, 구레네 사람까지 누가가 기록한 모든 사건에 대해 조사했다.[37] 콜디츠교회의 청소년들은 조사한 결과를 바탕으로 10학년 교실에 "우리는 왜 성탄절을 축하하는가?"라는 주제로 벽보를 만들었다. 이에 대한 답들 중에는 '산타클로스가 오기 때문에' '매번 그래 왔으니까' 등과 같은 의미 없는 대답들도 있었지만 그중에는 '예수님이 태어난 날이기 때문에'라는 기독교적 답변도 들어 있었다.

이러한 대답들은 사회주의적 사고와 일치하는 것이 아니기에 교사들은 불안해했다. 아니나 다를까 선생들은 학생들과 부모들을 불러들였다. 당연히 작은 마을에서는 이러한 일들이 빨리 회자되기 마련이고 또 크게 동요가 일어났다. 교회는 다시 일반인들의 대화거리가 되었다. 교회 예배에 참석하는 사람들, 세례를 받는 사람들, 교회에서 결혼식을 올리는 사람들의 숫자가 콜디츠교회뿐 아니라 라슈타우교회에서도 늘어나게 되었다. 교회 사역의 열매는 이제 간과할

---

37 누가복음 2장 1-7절.

수 없는 것이 되었다. 7년 동안 한 교회에서 사역을 한다면 세례를 준 아이들이 자라 기독교 교리 시간에 만나게 되고 또 초등학교 신입생 예배에도 참석하는 것을 볼 수 있다. 그러는 사이 아이들의 부모님들도 잘 알게 되고 서로 간 관계가 깊어지고 책임감도 커지게 된다. 국가는 이러한 관계에 전혀 영향력을 미칠 수 없었다. 부모들이 자녀를 세례 받게 하든지 그렇지 않든지 간에, 부모들이 예배에 참석하든 안하든 간에 이 모든 일은 국가의 영향력 밖에 있는 것이었다.

생각을 한 가지로 통일해야만 되는 마을에서 콜디츠교회 동료 목회자는 종종 이목을 끌곤 했다. 그는 특별한 유머 감각을 가지고 있었다. "이번에는 동독의 통일된 생각을 지향하는 것과 관련된 정말 아름다운 플래카드를 만들어 봅시다." 그는 어느 날 이렇게 말했다.

며칠 후 나는 그 결과에 대해 놀라게 되었다. 그 플래카드에는 앵무새 몇 마리가 장대 위에 나란히 앉아 있는 그림이 그려져 있었고 말풍선 안에는 "하나님은 없다. 하나님은 없다."라는 말이 적혀 있었고 그 아래 "당신은 당신만의 생각이 있으십니까?"라고 적혀 있었다. 플래카드를 걸어 놓은 지 30분가량 지났을 때 전화벨이 울렸다. 시의회의 책임자는 파렴치한 선동 문구라고 비난했다. 그러나 나의 동료 목사는 혼란스러워하지 않았고 그 플래카드를 그대로 걸어 놓았다.

이러한 유의 작은 사건들은 항상 주목을 끌게 되었고 당원들의 눈에 교회는 위험 요소로 비치게 되었다. 나는 의사를 크게 주목을 끌도록 표현하지는 않았고 살아 있는 말씀을 가지고 사람들에게 다가 갔다. 예를 들어 장례식에서 죽음의 현상이 주제가 될 때 나는 애도하는 사람들에게 "우리는 이 문제를 어떻게 대해야 할까요?"라고 질문했다. 나는 지적인 토의에서 사람들이 얼마나 죽음에 대해서 빙빙 돌려 이야기 하는지를 잘 알고 있다. 이것을 통해서는 사람들을 진정으로 도와줄 수 없었다. 화환이나 말로도 진정으로 사람들을 위로하지는 못했다. 죽음으로 무엇을 시작할 수 있을까?

브레히트의 1920년 시 한 편을 인용하면 **"나는 시인한다. 나는 희망이 없다고···. 눈먼 사람들은 돌파구에 대해 이야기한다. 나는 본다고 ···. 오판한 사람들이 힘을 다 써 버리면 마지막 사회인인 우리들에게는 아무것도 남아 있지 않게 된다."**[38]

이것이 인생의 총합인가? 브레히트와 그의 시가 표현하는 대로 정직하게 말하면, 절망적이다. 완전 절망인 것이다. 그러나 이와 반대로 예수는 **"···나는 처음이며 마지막이요, 살아 있는 자다···."**[39]라고 말씀한다. 마지막에 우리 앞에는 최후 상대자로 예수님이 앉아 있다. 우리는 그를 알고, 그의 이름으로 세례를 받았다.

공산주의적 텍스트의 내용과 성경을 연결시키는 것은 여태껏 이

---

38 Bertolt Brecht, *Der Nachgeborene. Gesammelte Werke & Gedichte.* Frankfurt/Main, 1967.
39 요한계시록 1장 17b-18절a.

러한 생각을 해 보지 않은 많은 사람들에게 생각의 여지를 준다. 무미건조하고 솔직한 브레히트만 해도 이 중요한 문제에 대해 더 이상 도움을 주지 못한다. 그의 작품 중 가장 생명력이 있는 것도 이와 같다. 왜냐하면 성경의 텍스트를 이를 위해 사용하기 때문이다. 브레히트의 연극 **쓰촨의 선인** Der gute Mensch von Sezuan 을 예를 들면 **창세기**의 내용을 발견할 수 있다. 그는 시편이나 또는 원래 솔로몬의 판결[40]에서 유래된 **코카서스의 백묵원** Der Kaukasische Kreidekreis 등을 집필했다. '성경의 강렬한 표현과 화려한 루터의 독일어'가 집필가의 마음을 사로잡았던 것이다.[41] 몇 년 후 베를린에서 열린 브레히트 하우스 개장식에서 이전에는 그렇게 보이지 않았던 교회 대표가 브레히트의 서고가 어디인지를 물었다. 그 외에도 그는 브레히트가 가장 중요하게 여기던 책이 있었는지를 질문했다.

"브레히트가 가장 좋아하는 책이 무엇입니까?"라는 질문에 답을 했다. "어떤 것이라고 생각하십니까? 당신은 웃겠지만 성경이에요.[42] 지금 여기에 성경이 있습니까?" 당연히 그들은 가지고 있지 않았다. 그러나 그들은 노력하겠다고 약속했다.

---

40 열왕기상 3장 16-28절.

41 베를린에서 센세이션을 일으킨 "서푼짜리 오페라(Dreigroschenoper)" 공연이 있은 지 몇 주 후 1928년 베르톨트 브레히트의 인용.

42 클라우스 푈커(Klaus Völker)의 『브레히트 전기』(Brecht-Chronik. Daten zu Leben und Werk. München, 2002)에서 인용.

독재의 좁은 시야에서 이러한 일화는 사람들의 머릿속에 남아 있었다. 물속에 돌 하나를 떨어뜨리면 반드시 원이 생기는 것처럼….

물론 작은 마을, 소도시의 목회자로서 나의 일상생활에는 정말 아름다운 일들도 일어났다. 교회의 행사, 예배, 설교에서 말고도 다른 차원의 사람들과도 접촉했다. 언젠가 나는 가장 좋은 시간에—예배가 마치고 난 다음—다시 한 번 마을을 둘러보곤 했다. 주로 자신의 자동차를 꾸미는 데 가장 많은 시간을 보내는 이웃집 사람 옆에 서 있거나 아니면 길거리에서 만나는 사람들과 이야기를 나누기도 한다. 이웃집이 오후에 마당에서 바비큐를 하면서 피구를 할 때면 우리 가족들을 기꺼이 초대해 주었다. 우리는 매년 여름, 주일 오후가 되면 피구 놀이를 했다. 이 시간은 사람들과 흥미 있는 대화를 나누는 시간이요 함께 맥주를 마시기도 하며, 아이들은 농가 마당에서 개들을 데리고 놀며, 좋은 시간을 보내었다.

목회자로서 나는 모든 일과 연관이 되었다. 생일이 되면 심방했기 때문에 나는 거의 모든 사람들을 방문했다. 내가 사람들을 방문하면 내가 그들을 가르치거나 회개시키려고 오는 것이 아니라는 것을 모두 알았다. 나는 병자들을 방문했고 또 죽음을 앞둔 사람들을 찾아가 성만찬을 나누기도 했다. 혼자 있어서 도움이 필요할 때면 어디서 도움을 받을 수 있는지 묻기도 했다.

많은 마을 주민들은 나의 출현을 즐거운 희망과 연결시켰고 간단히 굴복하지 않았다. 농민들은 매우 강인한 사람들이다. 도시 사람들

처럼 인생에서 그렇게 쉽게 상처를 받지 않는다. 그들은 거칠고 끈질
기며 교제하는 어조가 매우 거칠다. 그러나 시골에서의 삶은 도시의
그것과는 같지 않다. 시골에서는 자신을 숨길 수가 없다. 나는 아무
것도 상관없다든지 아니면 처음에는 자신 스스로 찾아야만 한다든
지라고 말하는 사람은 없다. 동물들을 돌보아야 하고 밭을 경작해야
만 한다. 비바람이 쳐도 힘든 일을 해내야만 한다. 이외에도 아이들
이 자라서 바른 길을 가도록 도와주어야 했다. 그럼에도 이렇게 딱딱
한 껍질 속에는 부드러운 핵심이 숨겨져 있었다. 무엇보다 주민들은
일반적으로 그렇게 국가와 일치된 입장을 보이는 것이 아니었다. 마
을 사람들이 어떻게 함께 사는지, 그들이 어떻게 축하를 하는지 그리
고 무엇보다 어떻게 소속감을 느끼고 있는지 하는 것들이 나 자신과
목회에 영향을 주었다.

　나의 첫째와 둘째 아이는 어린 시절 대부분을 시골에서 보냈다.
그들은 종종 주변 마을을 돌아다녔다. 아이들은 학교에서 돌아오면
먼저 책가방을 구석에 던져 놓고 없어져서 저녁이나 되어서야 나타
났다. 카타리나는 초등학생일 때부터 외양간에서 일을 했다. 소젖을
짜고 소가 송아지를 낳는 것도 함께 지켜보았다. 동물들을 함께 키우
고 책임감을 가지고 동물들을 보살펴 주었다. 여름방학이 되면 새벽
4시 30분에 벌써 농가의 의자에 앉아서 농부들을 기다리곤 했다. 세
바스찬은 그러나 반대로 소몰이를 하면서 오토바이를 배웠다. 왜냐
하면 그는 소 뒤를 따라가면서 천천히 배웠기 때문이다.

[사진 15] 크리스치안 퓌러 목사의 가족 사진
[저작권] Christian Führer

카타리나가 학교에 입학하던 해 나는 신입생 예배에서 아이들에게 물었다. "이제 너희들은 학교에 입학하게 된다. 너희들 중 혹시 학교를 졸업하고 뭐가 될지 생각해 본 사람이 있니?"

"나는 농부가 되고 싶어요!" 카타리나가 자진하여 대답했고 모두 놀랐다.

가족 모두가 목회자 가정으로서 편안함을 느낄 수 있는 곳이 있었다는 사실이 나를 매우 기쁘게 했다.

평화를 위한 기도에서
평화의 기도 기간으로

지금 생각해 보면 당시에는 시골의 작은 교회들이 최고였다. 그러나 교회 사역에 있어서는 변화가 없지 않았다. 그동안 세 명이 된 나의 아이들도 시골에서의 삶이 전혀 진부하지 않았다. 아내는 가끔씩 친구들과 교제의 시간을 갖고 싶어 했고, 가족들이 함께 음악을 연주하는 기회를 갖는 것이 매우 드물었음에도 우리는 모든 것이 편안했다. 그럼에도 우리는 라슈타우에서 5년을 사역한 뒤 처음으로 "교회를 한번 옮기는 것은 어떤가?" 질문해 보았다. 그러나 대답은 "아니다."였다.

우리는 삶 속에서 지속적으로 변화를 강요하는 일반적인 경향을 좇아야 하는 것처럼 7년 사역을 마친 후 다시 한 번 그 문제가 대두되었다. 하지만 우리는 그동안 사람들과 친밀한 관계가 되었고 그것을 매우 소중하게 생각했다. 그러므로 우선은 더 이상 그 문제를 가지고 사람들과 이야기하지 않았다.

라슈타우에서 10년간 사역한 후 다시 교회를 옮겨야 하지 않겠나 하는 생각이 들었다. 그때 아내와 나는 우리의 장미 결혼기념일^{결혼 10주년}을 축하했다. 마을에는 벌써 말들이 자자했다. "목사님의 결혼기념일을 성대하게 축하해 드립시다. 은혼식에는 분명 이곳에 계시지 않을 테니."라고 말이다. 그리고 이번에도 우리는 이사를 간다는 생각을 또 미루어 두었다.

1968년부터 우리는 라슈타우에서 살고 있고 또 앞으로도 그럴 것이라 생각했다.

1980년 2월 우리는 주일 예배 시간에 낯선 얼굴들을 보았다. 이곳에서는 모든 사람들이 서로를 알고 있기 때문에 그들은 바로 눈에 띄었다. 교회 성도들은 의심스러운 눈으로 바라보았으며 바로 알아차리게 되었다.

"우리 목사님을 청빙하려고 온 걸 거야." 사람들은 손을 가리고 수군거렸다. 그리고 정말 그대로였다.

예배가 끝나자 그 낯선 사람들은 다가와서 나와 아내에게 라이프치히 니콜라이교회로 오지 않겠느냐고 물었다. 우리가 기꺼이 응해 주면 기쁘겠다고 말했다. 또한 니콜라이교회의 목회자 자리가 빨리 채워져야만 한다고 덧붙여 설명했다.

대화는 길지 않았으며 그들은 다시 돌아갔다. 나는 그들의 제의에 감사했지만 거절했다. 그랬더니 이번에는 해당 지역 관청이 나섰다. 우리가 이사 가는 것을 지원해 주겠으니 다시 한 번 고려해 줄 것을 부탁했다. 나는 본능적으로 이 문제가 우리가 혼자서 결정할 수 있는 문제가 아니라는 것을 느꼈다. 교회가 함께 결정에 참여해야만 했다. 사람들 등 뒤에서 새로운 계획을 궁리해서 결정할 수는 없었다. 우리가 그 제안에 대해 사람들에게 이야기 했을 때 라슈타우와 콜디츠 사람들은 전혀 기뻐하지 않았다. 첫 단계로 그들은 주교회청에 진정서를 작성하여 제출했다. 그리고 그들은 우리가 떠나는 것을 반대한다는 것을 강조했다.

나는 결정을 내리기가 매우 어려웠다. 하지만 나는 마지막으로 분명히 거절의 뜻을 표했다. "우리는 콜디츠와 라슈타우를 떠나고 싶지 않습니다."라고 드레스덴에서 온 청빙 위원들에게 단호하게 말했다.

그러나 주교회청은 포기하지 않고 또 되물었다. 나는 두 번째로 거절 의사를 표했다. 그 이후 해당 지역 담당자는 다시 한 번 우리에게 물었다.

"당신이 진정으로 원하지 않는다면 어느 누구도 당신을 강요할 수는 없습니다. 그러나 당신에게 한번만 더 고려해 달라고 부탁합니다." 그는 조용한 목소리로 내게 이렇게 말했다.

"그렇게 하겠습니다. 나중에 연락을 드리지요." 나는 이렇게 말하고는 숨을 크게 들이쉬었다. 나는 불안했다.

그러는 사이 교인들은 나에게 교회 대표들과 함께 서면으로 이 사안에 대한 입장을 정리해서 제출할 것을 요구했다. 나는 서면을 통하여 라이프치히로 가는 것에 대해 세 번째로 거절 의사를 표현했다.

이후 나와 아내는 죄책감을 가지게 되었다. 필경 우리는 신구약성경을 알고 있었던 것이다. 아브라함은 하나님의 부르심에 자신의 고향을 떠났고, 하나님이 약속하신 낯선 곳으로 떠났다. 라이프치히는 우리에게는 전혀 낯선 곳이 아니라 우리와 매우 긴밀한 관계가 있는 곳이었다. 우리가 같이 앉아서 모든 것을 처음부터 다시 생각해 보는 동안 바울의 꿈이 생각났다. **"여기서 밤에 바울에게 환상이 나타났는데, 마케도니아 사람 하나가 바울 앞에 서서 "마케도니아로 건너와서, 우리를 도와주십시오." 하고 간청하였다. 그 환상을 바울이 본 뒤에, 우리는 곧 마케도니아로 건너가려고 하였다. 우리는, 마케도니아 사람들에게 복음을 전하기 위하여, 하나님께서 우리를 부르신 것이라고 확신하였기 때문이다."** [43] 이 꿈이 나를 향한 하나님의 부르심인가, 아닌가? 아내는 우리가 사역지를 옮긴다는 사실에 대해 나보다 훨씬 더 열린 마음이었다. 또한 아버지가 돌아가신 이후 랑엔로이바-오버하인에 홀로 살고 계시는 어머니는 이 문제에 대해 매우 긍정적으로 평가하셨다. 어머니에게 라이프치히는 에른스트 퓌러의 성 토마스합창단의 추억을 생각나게 하는 곳이었다. 아버지께서 살아 계셨다면 분명히 내가 니콜라이교회의 담임목회자로 부임하는 것을 매우 기뻐하셨을 것이다. 아버지는 토마스합창단원으로 그 교회에서 성가도

---

43 사도행전 16장 9-10절.

부르신 적이 있었다.

그러나 우리는 아직도 결정을 내리지 못하고 있었다. 아내와 나는 우리에게 다시 한 번 더 연락이 오면, 그것을 하나님의 부르심으로 생각하고 그 제안에 응하기로 결정했다. 하지만 솔직히 말해 우리는 또 연락이 올 것이라고는 별로 기대하지 않았었다. 그러나 그 후 하루 뒤 지역 담당관은 우리에게 다시 전화를 걸어왔다.

"당신이 더 이상 듣고 싶지 않아 한다는 것을 알고 있습니다. 그럼에도 이 문제에 대해 다시 한 번…." 그는 이렇게 시작했다.

"라이프치히로 가겠습니다." 나는 이렇게 말하며 그의 말을 중단시켰다.

그는 잠시 주춤하더니 "라이프치히 성도들이 매우 기뻐할 것입니다. 나처럼 말이에요." 이렇게 덧붙여 말하고는 기분 좋게 전화를 끊었다.

전화를 끊고 나니 기분이 한결 좋아졌다. 이제 모든 염려들이 끝난 것이다. 12년이라는 세월은 한 곳에서 사역하기에 긴 시간이었다. 우리는 새롭게 시작하도록 성숙해 있었다.

그러나 우리 교회 두 장로들은 완전히 다른 시각으로 보았다. 그들은 정말 기분이 언짢아했다.

새로운 집을 처음 보러 갔으나 일이 더 나아지지는 않았다. 모니카와 나는 매우 비참하다는 생각이 들었는데, 집안 모든 곳이 너무나 끔찍해 보였기 때문이었다. 마당은 더했다. 우리 아이들은 라슈타우에서 지내면서 커다란 정원만 사용할 수 있었던 것이 아니라 반나절 이상을 주변의 농가들에서 보며 자랐다. 그러나 이곳은 마당에 푸른색이라고는 찾아볼 수가 없었다. 당연히 차를 세워 둘 차고도 없었다. 차를 주차하려면 사는 곳에서 약 30분가량 떨어진 비데리치 Wiederitzsch 까지 가야만 했다. 그리고 또 다른 것도 우리가 정말 의심하지 않을 수 없었다. 이곳에서 우리만 사는 것이 아니라 다른 사람과 나누어 함께 살아야 할지도 모른다는 것이었다. 우리 집 벽 사면은 큰 주택의 한 작은 부분으로 한 층을 여러 가구가 나눠서 사용하는 것이었다. 동독의 주택 경제 대책으로 큰 고주택을 집을 찾는 사람들을 위해 개조한 것이다.

그러나 우리의 경우에는 함께 사는 모든 사람들에게 부담이 될 것이다. 왜냐하면 목회자의 가정은 사적인 목적뿐 아니라 사역을 위한 대화를 위해서도 사용되기 때문이었다. 그러나 우리는 한 번 해 보기로 생각했다.

1968년 2월 13일 나는 라슈타우교회 목회자로 부임해 왔었다. 1980년 봄 니콜라이교회로 사역지를 옮기기로 결정했다. 그 후 오래되지 않은 초여름, 나는 니콜라이교회에서 시범 설교를 했다. 여름 내내 일꾼들이 우리가 살 집을 수리했다. 10월부터 사역이 시작될 예정이었다.

1980년 10월 13일 나는 라이프치히에 취임했다. 그리고 한 달 후 우리는 사택으로 입주했다. 이로써 나는 종교개혁 이후 니콜라이교

[사진 16] 니콜라이교회
[저작권] 역자

회의 122대 목회자가 되었다.

도시와 니콜라이교회를 바라보는 사람들에게 바로 눈에 띄는 것은 세 개의 첨탑 중 중간 탑이 건축학적으로 완전히 틀을 벗어나 있는 것을 바로 알아볼 수 있을 것이다. 중간 것은 새로 건축된 것으로 이전 것보다 더 높고 화려하게 맨 위에 금빛 별을 장식해 놓았다. 이것은 루터교의 제국의회 의원들의 기본 신앙고백인 1530년 **아우구스부르그 신앙고백**_Confessio Augustana_ 200주년을 기념하는 1730년에 설립된 것이다.

근본적인 것을 주목하고 특이한 것을 실행에 옮기려는 용기가 바

[사진 17] 니콜라이교회
[저작권] 역자

로 라이프치히와 그 니콜라이교회의 특징이었고 지금도 그렇다. 원
래 처음부터 그랬다. 1165년 도시의 권리를 수여받은 이후 니콜라이
교회는 독립적인 시 소속 교회로 계획되고 건설되었다. 즉 그 교회는
처음부터 수도원 소속이나 주교좌 교회 또는 제후를 위한 궁정 교회
같은 것이 아니라 시민을 위한 하나님의 집이었던 것이다. 그리고 그

교회 이름을 여행자와 상인의 수호성자의 이름을 따서 성 니콜라이 St. Nikolai 라고 지었던 것이다. 이 이름은 '승리자Sieger'라는 '니키νίκη'와 '민족Volk'이라는 '라오스λαός'의 어원에서 비롯된 것으로 니콜라이는 "시민이 승리자이다Sieger ist das Volk. Winner is the people" 또는 "시민의 승리Victory of the people"라는 뜻이다.[44] 라이프치히 시민들은 예부터 확실한 선견지명을 가지고 있었다.

목사관은 시내 중심가에 있었다. 니콜라이교회가 시내 중심에 있었기 때문이다. 대도시의 중앙에 말이다. 우리 큰 아이들 둘은 이곳에서 산다는 것을 도무지 생각할 수도 없었다. 니콜라이교회 취임 예배에서 아이들은 계속 투덜거렸고 시위를 하느라 교회 의자 밑에 들어가 숨어 있었다. 아내는 그 아이들을 조용히 시키느라 매우 애를 먹었다. 니콜라이교회가 후임자를 찾는데 나를 소개한 것은 나의 옛 친구인데 아이들의 눈에는 그 친구가 반역자이며 원수로 보일 것 같다는 생각을 했다. 그 두 아이의 눈에는 우리가 이사를 오고 많은 변화들을 겪게 된 것이 모두 내 친구 때문이라고 생각했다.

그야말로 우리는 일상생활을 완전히 바꿔야 했다. 모니카와 나는 학생 시절을 라이프치히에서 보내서 이미 이 도시를 알고 있었으나 학생으로 지내는 것과 가족으로 시내에서 산다는 것은 어쩐지 좀 달

---

44 이것은 나중에 1989년 10월 9일의 평화 시위와 평화 혁명에서 외친 구호 '우리가 시민이다(Wir sind das Volk)'를 암시하는 구절이다(역자 주).

[사진 18] 니콜라이교회 맞은편에 있는 목사관
[저작권] 역자

랐다. 아이들을 밖으로 나가게 할 때는 계획이 필요했고 대부분은 아내가 아이들과 같이 나가야 했다. 그러므로 아내가 시간을 계획하는 것은 상당히 혼란스러웠다.

라이프치히로 이사한지 얼마 되지 않아 나는 나머지 물건들을 가지러 2살짜리 마틴을 태우고 라슈타우를 방문했었다. 당연히 아들은 아주 자연스럽게 집안으로 기어 들어갔다. 그 순간 마음이 정말 아팠다. 이후 우리가 묘지를 지나가는데 우리는 주민들 몇 사람과 마주쳤다. 그들은 마틴을 내려다보며 걱정스러운 듯이 말했다. "헤이 마틴, 얼굴이 왜 이렇게 창백해 보이니? 이제 도시 아이가 다 되었구나."

그때는 우리가 라이프치히에서 지낸지 3일밖에 지나지 않은 때였다.

라이프치히에는 교회 사역을 위해서 쓸 수 있는 방은 여러 개가 더 있었지만 정원은 없었다. 밖에서 잔치를 하는 일은 더 이상 불가능한 것이 되었다. 야외 행사를 하지 못하는 것이 너무나 아쉬웠기 때문에 우리는 어느 날 마당 안 축제를 계획했다. 망가진 도로 위, 쓰레기통 사이에서…. 그래도 그 축제는 즐거운 프로그램이 되었다. 소위 뒷마당에서 '그럼에도'의 축제가 되었다. 도시 교회라는 말 자체가 즐겁고 더 진지한 의미를 가진 교회, 즉 도시 한 가운데 교회이다.

그런데 1980년에 내가 니콜라이교회 목회자 단일 후보는 아니었다. 또 다른 목회자가 적극적으로 그 자리를 지원했고 또한 예전과 같이 교인 명부가 계속 관리되는지 물었다고 한다. 이러한 기록을 통해 교인이 누군지, 성만찬에 참석할 수 있는 사람이 누군지 알 수 있었다. 하지만 수많은 손님들이 드나드는 도시 교회에서 이러한 기록을 운영한다는 것은 아무래도 불가능했다. 그리고 이제 더 이상 그런 종류의 기록이 없어졌기 때문에 그는 그 자리를 포기했다. 나도 이 문제를 어떻게든 해결해야 했다. 그러나 나는 예수님의 말씀을 주목했다. **"아버지께서 내게 주시는 사람은 다 내게로 올 것이요, 또 내게로 오는 사람은 내가 물리치지 않을 것이다."**[45] 이 말씀의 의미는 후일 비그리스도인이 니콜라이교회로 몰려들 때에도 나에게 아주 중요한

---

45 요한복음 6장 37절.

역할을 하게 되었다.

신학에서는 원문을 비교할 때 한 가지 규칙이 있다. 본래 **더 난해한 본문**Lectio difficilior이 원문에 더 충실하다는 원리이다. 만약 본문이 매끄럽고 논리적이라면 그것은 작업을 더한 것일 가능성이 많기 때문이다. 그러나 인생은 종종 그렇게 좋은 일만 있지는 않다. 인생은 어렵고 다듬어지지 않은 독서와 마찬가지다. 니콜라이교회는 우리 가족에게 또 목회자인 내게 분명히 **더 난해한 본문**이었다. 이렇게 교회가 크고, 게다가 도시 한 가운데 위치하고 있었으나 오히려 교회 성도들은 매우 적었고 예배에 참석하는 숫자도 그랬다. 예수님을 따를 때 모든 것이 편안한 상황으로 인도되는 것이 아니라 그 사람이 필요로 하는 곳으로 인도된다. 이것이 오히려 소명과 영적 근거이다.

나의 아버지는 같은 곳에서 42년간이나 목회를 했다. 물론 그 사이에 전쟁이 있었다. 그 전에 에르쯔게비르게 지역 교회가 아버지를 모시기 원했다. 아버지가 전쟁 포로에서 돌아온 후 자신뿐만 아니라 교회의 성도들도 일상으로 다시 돌아올 수 있게 해야만 했다. 랑엔로이바-오버하인 교회는 그에게 어려운 시기에 사역을 한 것에 대해 늘 감사했다. 그리고 아버지는 교인들에게 신의를 지켰던 것이다.

이러한 점에서 부모님의 삶은 우리의 삶과 비슷하다. 아버지와 어머니는 완전히 다른 두 사회체제 하에서 살았고 사역을 했다. 어떤 점에서는 나의 삶에도 이와 비슷한 것이 반복되었다. 나는 '천년왕국'으로 간주되는 나치체제에서 태어났다. 무자비한 세계관을 가진 이 왕국은 그러나 12년 후 사라지게 되었다. 그러면서 5천만 명의 사망자를 남겼고, 유럽은 붕괴되었으며 수많은 사람들이 비뚤어진 사상을 갖고 있었다. 그 후 우리들은 역사의 승리자로 자신을 바라보는 사회질서에 도달하게 되었다. 사회주의적으로 영원을 계획한 사람들은 이러한 세계가 영원토록 인류 역사의 오고 오는 기간에 지속될 것이라고 생각했다. 결국 한 세대인 40년 만에 끝났다.

이렇게 나의 목회 기간에도 체제가 바뀌는 일이 있었고 이것은 모든 삶의 영역에 영향을 미쳤으며 나의 가정에도 변화를 가져왔다.

라이프치히에 있는 교회는 우리를 열린 두 팔로 맞아 주었다. 우리가 이사 들어가던 날은 화요일이었고 그날은 교회 합창단 연습이 있었다. 그래서 합창단은 우리에게 환영의 노래를 불러 주었다. 그 합창 소리는 너무나 아름다웠다. 그 소리가 집안에서 잘 울렸기 때문이다. 나는 마틴을 계속 품에 안고 있었다. 그날은 매우 추웠고 집안이 어떻게 해도 따뜻해지지 않았다. 다행히 큰 아이들 둘은 할아버지 집에 머무르고 있었다. 이사 가던 첫 날 우리는 옆집의 초대를 받았다. 추운 집에서 친절하고 따뜻한 이웃집으로 초대를 받아 들어간 것은 우리를 신체적으로만 따뜻하게 해 준 것이 아니라 친절한 이웃의 마음을 느끼게 해 주었다.

무거운 마음으로 우리는 라슈타우를 떠났다. 그리고 라이프치히에 있는 교회에 적응하기 위해 바로 사역을 시작하겠다고 마음을 먹었다. 도시 생활에 빨리 적응하고, 모든 것에 나의 전부를 쏟아 붓겠다고 생각했다. 기쁘게도 처음부터 교인들이 나를 받아들여 주는 것을 느낄 수 있었다.

나와 노회장 이외에도 니콜라이교회에는 처음부터 또 다른 목회자가 있었다. 후에 이 세 번째 자리는 없어졌다. 1989년 이후 우리는 그 목사와 사모가 슈타지를 위해 일하고 있었음을 알게 되었다. 나는 그 목사를 동료로 생각하고 행정적인 문제와 예배를 준비하는 모든 일에서 그와 함께 협력했기 때문에 그 사실을 이해하기는 매우 어려웠다.

노회장은 교회에서 인정을 받았고 또 경험이 많은 분이었다. 그의 설교는 깊은 인상을 심어 주었다. "우리 언제 한번 오전에 시간을 냅시다." 그는 이렇게 시작하며 나에게 말했다. "내가 이곳 사람들에 대해 몇 가지 말해 주겠소. 교회가 어떻게 화합하고 있는지, 관계는 어떤지 특히 조심해야 할 것은 무엇인지 이야기 해 주겠소. 목사님이 이곳에서 사역을 시작하는 데 도움이 될 것입니다."

매우 짧은 시간 내에 나는 아버지와 같은 신뢰할 만한 분을 찾았고 그는 나를 어떻게 도와줄 수 있는지 정확하게 알고 있었다. 앞서 말한 만남을 가진 것은 수요일이었다. 그러나 그는 그 다음 금요일 갑자기 소천하셨다. 59세의 나이로. 유감스럽게도 나는 노회장으로서 그와 두 번의 예배 밖에는 드리지 못했다. 그의 후임자인 프리드리히 마기리우스_Friedrich Magirius 목사는 1년 뒤 니콜라이교회로 오게 되었다. 그는 1982년 초, 라이프치히 동부 노회장이자 동시에 니콜라이 교회의 제1 목회자로 부임했다. 그때까지 나는 혼자 사역을 하고 있었으며, 교회에 대해 또 이곳에서 할 수 있는 일들에 대해 고려할 수 있는 시간을 가졌다.

나는 옛날부터 그리스도인으로서 복음으로 군 장비와 전쟁을 대항할 수 있는 기회를 찾고 있었다. 말 뿐만 아니라 행동도 수반하는 그런 효과적인 방법 말이다. 디트리히 본회퍼가 표현한 "한 의인의 기도와 행동_Beten und Tun des Gerechten" [46]대로 말이다.

평화의 기도 기간_10일이 이러한 시위를 구성할 수 있는 좋은 기회라고 생각하게 되었다. 이 기도 기간은 원래 교회 구성원들에게 평화 문제에 대한 참여를 독려하기 위해 처음으로 네덜란드에서 도입되었다. 동서독에서도 1980년 이러한 아이디어를 수용하게 되었고 각 주의 청소년 목회자들이 이 아이디어를 지속적으로 개발했다. 당시 나는 서독으로 갈 수 없었지만 서독의 교회들은 우리를 방문할 수 있었고 아이디어와 물건을 가지고 올 수 있었다. 교회들은 각자가 서독 교회들과 지속적으로 연락을 하고 있었다. 동독의 교회들은 모두 서독 교회와 자매 결연을 맺고 있었다. 또한 동독의 학생회들은 서독

---

46 Dietrich Bonhoeffer, *Beten und Tun des Gerechten*, Gießen: Mayer/Zimmerling(재판), 1997.

의 학생회들과 연결이 되어 있었다. 또한 청년 사목실들도 정기적인
만남을 통해 서독 청년 사목실과 서로 협력하고 있었다.

1975년 유럽안보협력회의 KSZE: Konferenz über Sicherheit und Zusammenarbeit in Europa 가
개최되었다. 헬싱키에서 개최된 이 회의에서 결정된 행동 원칙을 위
한 기반이 마련되었다. 세계 여러 민족들은 세계 평화를 위한 합의를
이루어 내었다. 평화로 나아가는 길은 군비 축소만이 가능한 것이었
다. 첫 번째 단계로 핵확산금지조약이 필수적이었다. 동서독 개신교
의 청년 사목실은 평화의 기도 기간을 통해 위협적인 핵 배치에 반
대하는 직접 시위를 주도했다. 이것은 또한 곧 바로 이어진 동서 진
영의 중거리 미사일 배치에 반대하는 시위이기도 했다.

평화 기도회는 매년 가을, 열흘 동안 독특한 방식으로 성찰, 기도,
신호가 될 만한 행동들을 하는 것으로 진행된다. 평화를 지향하고,
군비 증강을 반대하며, 군사적 행위 및 사고에 반대하는 시위를 한
다. 동독에 거주하고 있던 우리는 특히 동독 학교교육에서 사고의 군
국화에 반대하는 시위를 벌였다. 군사 교육 수업 시간에는 전투적인
체제가 항상 존재했다. 준군사 단체인 스포츠기술협회 GST: Gesellschaft für
Sport und Technik 는 11학년 학생들을 소위 시민 방어 훈련소로 보냈다.

이러한 기대하기 어려운 모든 일들을 감당하면서 나는 라이프치
히에서 여러 영역의 사역을 하게 되었다. 평화의 기도 기간은 분명한
반대 의사를 표현할 수 있는 플랫폼이 되었으며 1980년에는 더욱 발
전하는 계기가 있었다.

당시 나는 라이프치히 니콜라이교회에서 목회를 바로 시작했고 가을 참회의 날Herbstbußtag에 잠시 평화를 기원하는 묵상의 시간을 갖는 '평화를 위한 기도' 행사를 기획했다. 그러나 라이프치히에서는 곧이어 수많은 새로운 문제들이 나를 기다리고 있었다. 매년 열리는 평화 기도회는 향후 내 사역의 핵심이 될 것이었다. 평화 기도회에 대한 나의 첫 번째 경험과 이에 대한 생각들은 젊은 교회들에게, 지역 사회에 그리고 입교 수업 시간에 기꺼이 설명해 주었다.

나는 항상 일을 하면서 젊은이들을 나의 사역에 함께하도록 하는 것을 중요하게 생각했다. 학생들은 당시 6년 동안 기독교 교리를 배우고 7학년부터는 입교 교육에 참여했다. 작센 주에서는 이 문제를 지혜롭게 규정지었다. 간격과 명료성을 얻기 위해 청소년 서약식과 입교식을 같은 해에 행하지 않았다. 청소년 서약식을 한 학생은 1년 뒤 9학년 때 입교를 하도록 규정한 것이다.

나는 이것이 좋은 기회라고 생각하고 이 기회를 이용해 입교 교육을 3년으로 연장시켰다. 나는 이러한 입장을 사역을 마치는 2008년까지 고수했다. 물론 이것을 청소년 서약식과 경쟁의 맥락에서 한 것이 아니라 7학년 학생들과 9학년 학생들은 전혀 다르기 때문이었다. 수업 기간을 연장함으로 청소년들이 생각하는 것과 토론하는 데 아주 많은 발전을 했기 때문에 굉장히 큰 수확이었다.

입교 예배 시에는 항상 청소년부에 초대되었다. 청소년부는 입교자들에게 자신을 소개하고 선물을 나누어 주었다. 청소년부에서의 첫날밤은 항상 특별한 것이 준비되어 있었다. 즉 청소년들이 편안하게 입단하도록 환영하는 밤이었기 때문이다.

앞으로 나는 동료 목회자들과 함께 매년 '입교 준비 수련회'에 참석했다. 모든 것이 문제없이 진행되었을 때는 3년간의 입교 수업 동안, 즉 7학년, 8학년, 9학년 수업 동안 3번의 준비 수련회에 참석하게 된다.

우리는 4일 동안 함께 다니며 잠은 공공 수용 시설에서 잤으며, 낮에는 여러 프로그램을 진행했다. 오전에는 테마를 가지고 성경 연구 프로그램을 진행했으며, 오후에는 야외로 소풍을 나갔고, 저녁에는 게임과 영화를 상영했다. 중요한 테마로는 세례, 성찬, 계명, 주기도문, 사도신경들은 시간을 가지고 보통 수업 시간과는 다른 분위기에서 전달했다. 입교자들에게는 또한 자기 교회 청소년 단체만이 아니라 다른 교회의 청소년들을 사귀는 것도 매우 중요했다. 어쨌든 그 나이에는 남학생과 여학생의 사이가 스릴이 있는 나이이기 때문이다. 학생들이 다른 학교나 아니면 다른 반의 입교자들을 사귀고 나면 자의식이 더욱 강해졌다. 같이 밤을 샌다는 것은 사람들이 상상할 수 있듯이, 아이들은 잠은 거의 자지 않고 밤에 활발하게 활동을 했다. 여학생들은 여선생님과 동행했다.

이 수련회는 1990년 말 전체 지역으로 확대되었고 더 많은 교회들이 참여하게 되었다. 곧 70-80명의 입교자들과 8명의 목회자들이 함께 했다. 이외에도 청소년부의 청년들이 지도교사로 함께 했다. 이것은 젊은이들이 서로 만날 수 있는 기회가 되었다. 학교를 통하여 서로 아는 학생들도 있었으나 만남을 통해 계속 새로운 단체들이 생겨나게 되었던 것이다. 그러나 그들은 끼리끼리 나눠지는 것이 아니라 서로에게 열린 마음이 되었다.

곧 수련회에 이어 뒤풀이 모임도 생기게 되었다. 즉 입교 동창회가 그것이었다. 참석자들은 지난 수련회에서 찍은 사진이나 동영상을 가져왔고 밴드가 음악을 연주하며 참석한 모든 이들이 큰 기쁨을 나누었다. 입교식과 청소년부 이 두 사역이 마음에 두고 있는 사역이었으며, 나에게 기쁨을 주는 것이 되었다. 나는 기꺼이 청소년들과 토론하는 시간을 가졌다. 수업 시간에 종종 우리는 테마에서 벗어난 이야기도 했다. 한 문제가 논의되기 시작하면 우리는 그냥 그 주제에 계속 머물렀던 것이다.

청년 조직은 1982년과 1983년 크게 성장하게 되어 청년회당에 자리가 없을 정도가 되었다. 처음으로 직장의 견습생들이 회당을 방문했다. 보통은 거의가 다 고등학생들이거나 대학생들이 대부분이었다.

나는 두 명의 학생을 기억하는데 그들은 붉은 길드_{roten Zunft} 출신이었고 역사와 신문방송학을 전공하는 학생들이었다. 우리는 만날 때마다 자신을 짧게 소개하는 시간을 가졌기 때문에 나는 누가 어디서 온 사람인지 대충 알고 있었다. 이 두 학생은 총명한 젊은이들로 신념에 찬 공산주의자들이었으며 자신들의 의견을 아무 숨김없이 말했다.

"당신은 어떻게 이런 일을 합니까?" 어느 날 그들은 내게 이렇게 물었다. "이렇게 많은 사람들이 몰려들고 있는데요. 우리나라는 청소년 지원에 엄청난 돈을 쓰고 있습니다. 이것을 어떻게 설명하겠습니까?"

"그것은 간단히 설명할 수 있습니다. 국가는 권력을 가지고 있고 그에 상응하게 행동하기 때문이지요. 그러나 우리는 그렇지 않습니다."라고 대답했다.

그들은 내가 무슨 말을 하는지 이해했다.

두 학생은 우리 교회 안에서 어떻게 해서 일의 진행이 잘되는지, 어떻게 이렇게 많은 사람을 모을 수 있는지 알고 싶어 했다. 자유독일청년단은 이와 반대로 사업의 진척이 부진했으며 많은 사람의 관심을 모으지 못했다. 이 모임은 항상 의무적인 프로그램에 불과했으며 자율적으로 모이는 사람은 거의 없었고 그러므로 자유 의지를 가진 사람도 없었다. 단지 예고된 자발성만이 있었을 뿐이었고 기본적으로 국가의 규정에 따라 움직일 뿐이었다.

"권력을 가지고 있는 국가는 필요한 돈도 가지고 있지요." 나는 계속 말했다. "국가는 그것을 투자했지만 기본 사상을 생각하지 못했습니다. 청년들을 얻고자 한다면 그들을 참여시켜야 합니다. 그러나 권력을 가진 사람들에게는 통지, 명령 그리고 규정만이 중요한 것입니다. 어떻게, 누가 중요한가, 좋고 나쁜 것이 무엇인지가 중요합니다. 그러나 교회에서는 그렇지 않습니다. 모든 사람들이 자신의 의사를 표현할 수 있습니다. 나는 내 생각을 말하고 청년들도 언제든지 나와 같은 권리를 가집니다. 완전히 상반되는 두 가지 견해가 충돌할 때면 정말 격렬한 토론이 이루어집니다. 물론 녹음을 하는 것도 아니요 카메라로 촬영이 되는 것도 아닙니다. 그러나 그 토론장을 떠날 때는 이전과 똑같은 사람으로 대하는 것입니다. 어느 누구도 어떤 사람의 의견 때문에 그 사람을 우습게 여기지 않습니다. 이곳에서는 "이봐, 어떻게 그런 토론을 할 수 있지?"라고 말하지 않습니다."

이 특별한 방법의 행사들은 충분히 있었다. 한번은 두 명의 청년이 교회에 왔다. 가죽과 금속으로 치장을 한데다 팔에는 메탈 가시 팔찌를 차고 닭 벼슬 머리를 하고 있었다. 그 두 청년은 동독에서는 정말로 보기 드문 모습을 하고 있었다.

나는 그 청년들을 보고는 그들에게로 다가갔다. "안녕하세요. 우리 교회가 마음에 드시나요?" 얼굴에 미소를 띠며 물었다.

"와, 여기 정말 좋은데요." 두 사람은 정말 감탄했다. "우리가 여기서 노래를 불러도 되지요? 아닌가요?" 그들은 알고 싶어 했다.

"어떤 밴드에서 활동하고 있나요?" 나는 물었다. 그러면서 나는 첫눈에 그들은 매우 어려운 사람들이라는 것을 알았다.

"우리는 분노의 발작Wutanfall 이라는 밴드예요."라고 대답했다.

"그것 참 새로운 이름이군요."라고 나는 말했다. "당신들이 하는 음악을 한번 들어 볼 수 있을까요? 그런 다음 우리가 당신들을 위해 무엇을 할 수 있는지 봅시다."

그 둘은 나에게 제부르그-피페_{Seeburg-Piepe}에 있는 주소 하나를 주고는 헤어졌다. 그곳은 우리가 '따발총 지역'으로 부르는, 주소도 문패도 없이 쓰러져 가는 주택들이 있는 철거 지역이었다.

나는 어느 토요일에 그곳으로 향했는데 상황이 열악함에도 바로 집을 찾았다. 올라가는 계단이 다행히 지탱해 주었다. 지붕 바로 밑의 집안에는 창문이 하나도 없었고 문도 가구도 찾아볼 수 없었다. 3개의 공간에는 폐기물 처리장에서 주워 온 매트리스가 놓여 있었고 그 위에 6명의 사람들이 정말 좋아 보이는 음악기기 주변에 쭈그리고 앉아 있었다. 내가 안으로 들어가자 그들은 작센 사투리로 말했다. "이제 시작해 볼까?"

그러고 그들은 연주를 시작했다. 나는 처음 소리를 듣고는 창문도, 문도 없다는 사실에 대단히 기뻤다. 그들의 음악은 내가 여태 보지 못했던 완전히 특이한 박자와 리듬을 가지고 있었다. 엘비스, 스톤즈, 비틀즈는 차치하고 나는 이들의 음악에 대해서 특별히 아는 바가 없었다. "분노의 발작" 팀은 완전히 자기만의 스타일이 있다는 것을 나는 즉시 알아차렸다. 그들이 10분 동안의 연주를 마친 후 내가 정신을 차린 것은 10초 정도가 지나서였다. 그들은 종이로 무언가를 적은 공책을 코앞에 내밀었다.

"여기 가사가 있어요."라며 교회에 왔던 청년 중 한 명이 말했다. "가사 중에는 교황과 교회에 반대하는 글도 들어 있어요. 그래도 우리가 교회에서 노래할 수 있을까요?"

"솔직히 말해 지금 내 안에는 기쁨이 생기지 않는군요." 나는 솔직히 대답했다. "교회에 검열이라는 것은 없지요. 여러분들이 꼭 그 노래를 불러야겠다면 해요. 그러나 그만둬 준다면 나는 더 고맙겠어요."

이 말을 하고 나는 그들과 헤어져 집으로 돌아왔다.

시청의 교회 문제 담당 직원들은 "분노의 발작" 콘서트 소문을 듣고 거세게 반발했다. 그들은 나에게 즉각 그 콘서트를 취소할 것을 요청했다. 그렇지 않으면 동독 전역에 있는 급진파들이 니콜라이교회로 '순례'를 할 위험이 있다고 말했다.

"그들은 교회를 망가뜨릴 것입니다."라고 말할 뿐이었다.

우리는 사회주의 국가의 이러한 배려를 감사하지만 거절했다. 교회 대표는 솔로몬의 지혜로 "목사님, 목사님이 괜찮다고 생각하시면 하셔도 됩니다."라고만 말했다.

나는 모험을 감행했고 우리는 미어터질 것 같은 청년회당에서 멋진 밤을 체험했다.

사람들은 조밀하게 서 있었다. 구부러진 자세는 불가능했고, 반듯이 서 있어야만 했다. 그들은 잠시 후 모두 느끼게 되었다. "분노의 발작" 밴드가 보여 주려고 하는 이 음악의 의미와 그들이 전하고자 하는 메시지를 알게 되었던 것이다. 그들은 자신들의 주변에 원을 그렸다. 우리는 짐승 떼가 아니다. 우리는 너희들의 파란 수건을 목에

두르게 하지 않을 것이고 너희들의 푸른 셔츠를 덧입지 않을 것이다. '나는 나다' 라는 것이다.

음악가들은 모두가 16세에서 18세, 즉 청소년부 나이였다.

당시 나는 생각하기를 직접 가사를 쓰고 자신들만의 음악을 만든 청소년들이 있다는 것이 얼마나 좋은가라고 생각했고 또 그들에게 관심을 가진 관객들과 함께 음악을 연주할 수 있는 교회가 있다는 것이 또한 좋다고 생각했다. 그렇지 않다면 그들은 그들의 가사를 그냥 자신들끼리만 수군대야 하지 않았을까?

그날 분위기는 매우 편안하고 생기발랄했다. 나 또한 여태껏 이와 같은 경험은 처음이었다. 젊은 음악인들은 그 이후에도 한두 번 청소년부에 나왔다. 처음에는 이것저것 불평을 하더니 나중에는 차차 흥미 있는 대화에도 끼어들게 되었다. 이런 만남을 갖는 동안 나는 그들에게 물었다. "여러분들이 가죽 점퍼를 입고 형형색색의 머리를 하고 일하러 가면 어때요? 전철에서 사람들이 뭐라고 하지 않아요?"

"당연하죠."라고 대답했다. "야 이런 게으름뱅이 녀석들아. 석탄 공장에 가서 일해 보란 말이야."라고 사람들이 하는 말을 흉내를 내었다. 사전에 그들과 대화해 보지 않은 사람들도 그들에게 이 같은 욕을 퍼붓는다고 했다. 그리고 그 아이들은 나에게 독일 역사상 최악의 내용이 포함된 사람들의 믿을 수 없는 평가들을 이야기해 주었다. 그것도 동독의 절정기에! "옛날 히틀러 시대였다면 너희 같은 놈들은 가스실에 보냈을 거야." 어느 지나던 행인이 그들에게 진지하게 한 말이라고 했다.

나는 점잖은 복장과 머리 모양을 한 동독 시민의 입에서 나온 이러한 언어폭력에 당혹감을 감출 수 없었다. 복장이 사람을 만들지 못한다. 쾨페닉 Köpenick 대위의 명성도 지속되지는 못했다. 성경은 이에 대해 현실적인 시각을 말해 준다. **"…사람은 겉모습만을 따라 판단하지만, 나 주는 중심을 본다."** [47] 하나님은 껍데기를 뚫고 속을 들여다보신다. 머리 모양, 의복, 통장의 숫자, 자동차 트렁크의 크기가 사람의 가치를 결정짓지 못하며 사람이 생각하는 것, 말하는 것, 행동하는 것이 사람을 결정하는 것이다. 마음에서 나오는 것이 사람을 결정한다.

그리고 우리는 국가가 규정해 놓은 반파시즘은 오래가지 못한다는 것을 배웠다. 얄팍한 붉은색 니스 아래 인간의 정신세계에는 서독과 마찬가지로 옛날의 브라운소스가 남아 있었다. 아무것도 진짜로 처리된 것은 없었다.

우리는 "분노의 발작"이라는 밴드 콘서트와 같은 저녁 행사를 위해 비용도 얼마 안 들이고 또 매우 효과적으로 홍보를 했다. 포스터를 인쇄하는 것은 물론 허용되지 않았기 때문에 나는 몇몇 청년들에게 은밀하게 "오늘 저녁 분노의 발작이 교회에서 연주를 할 건데, 아무에게도 말하지 말라."고 했다. 효과는 다른 때와 마찬가지로 엄청

---

47 사무엘상 16장 7절.

났다.

청년들과 함께 있으면 나는 항상 신선한 느낌을 받는다. 우리의 교회 사역에 젊은이들이 없었다면 지금의 반도 재미가 없었을 것이다.

내가 참 좋아하던 모스크바에서 온 두 명의 미장이를 아직도 기억한다. 교회에서 모임을 하면서 각자가 한 번씩 먹을 것을 가져오기로 했었다. 그렇게 한 번씩 순서가 돌아가게 되었고, 진행이 매우 잘 되었다. 어느 날 순서를 맡은 청년들이 나타나지 않았다. 우리는 배가 고파서 안절부절 못하며 앉아 있었다. 드디어 그들이 들어왔다.

"아니 무슨 일이죠? 여러분들은 도대체 지금까지 어디 있었어요?" 이렇게 내가 물었다.

"믿을 수 없을 걸요!" 그들은 이구동성으로 이렇게 말하고는 자신들이 가져온 봉투를 쏟아 놓았다. 그 속에서는 빵과 버터가 나왔다. "우리 둘이 자전거를 타고 중심가를 지나 교회로 오고 있었는데 그 길은 그렇게 좋지 않았어요. 그래도 좋다 이거죠. 그런데 경찰차가 우리에게 다가오더니 우리 옆에 섰어요. 그리고는 "에이 거기, 자전거에서 내리시오. 신분증을 봅시다. 시민, 지금 어디로 가는 길이죠?""

당시에는 이런 일이 흔하게 일어났다. 시내 한복판에 자전거를 타고 가는 사람들을 경찰은 시민이라고 부르며 어디로 가는지를 검문했다.

"니콜라이교회로 가는 중입니다." 그들은 사실대로 말했다.

경찰은 그들이 경찰을 놀린다고 생각했던 것같다. 그들 생각에 교회는 노인들만 가는 것이라고 생각했기에 청바지를 입은 두 청년이 지금 무슨 말을 하고 있는가라고 생각했다는 것이다. "봉투 속에 들어 있는 것이 무엇인가요?" 경찰은 계속 물었다.

이에 두 청년은 "성만찬이요."

그러나 경찰은 그들이 경찰을 놀리고 있다고 생각했기 때문에 그 두 청년은 나머지 길을 걸어서 왔어야 했다. 이에 경찰은 경찰차로 이 두 젊은이들의 뒤를 좇아 왔던 것이다. 그들이 교회로 들어올 때까지….

그들이 끝까지 설명을 마쳤을 때 우리는 아무도 웃을 수가 없었다. 청년부에서는 이러한 이야기나 경험들이 이야기거리가 되었다.

공동으로 식사할 때마다 나는 감사 기도를 했다. 그리고 이어지는 대화 시간에 어떤 사람도 영적인 지식과 관련해 지나치게 부담이 되지 않도록 주의를 기울였다. 결국 모든 사람들, 성경을 그렇게 잘 알지 못하는 사람들도 함께 할 수 있어야 하기 때문이었다. 우리가 토론하는 모든 주제들은 어쨌든 모든 사람과 상관있는 것이었다. 모임을 시작할 때마다 우리는 서로를 소개하는 시간을 가졌기 때문에 항상 모두가 서로에 대해 알고 있었다. 여하튼 모일 때마다 새로운 사람들이 왔다. 나는 가능하면 모든 사람들이 이해하기 쉽도록 인도했고 열린 문을 바로 다시 닫는 일이 없도록 하는 것을 매우 중요하게 여겼다. 그리고 우리는 주기도문과 축도로 매시간을 마쳤다. 나는 아무도 집으로 다시 가는 일이 없도록 영적인 부분은 최소화하는 프로그램을 진행했다. 교회를 떠나는 사람들 모두를 축도로 보내고 싶었다. 무신론자들도 이것을 받아들였다. 어떤 일이 프로그램으로 짜인 것이 아니라 믿을 만한 것이라고 생각될 때 사람들은 출신과는 상관없이 이런 방법이든 아니면 다른 방법이든 마음에 감동을 받게 마련이다.

나의 아이들, 카타리나와 세바스찬은 입교식을 마친 뒤부터는 정기적으로 청소년부에 나왔으며 만남을 즐거워했다. 나는 아이들이 다른 두세 명과 함께 청소년부의 핵심 역할을 하는 것을 살펴볼 수 있었다. 그들은 청소년부에 사람들이 정기적으로 모일 수 있도록 그리고 점점 더 많은 사람들이 모일 수 있도록 신경을 썼다. 나는 아이들이 이런 역할을 하는 것을 보며 말할 수 없이 기뻤다.

청소년부 모임에서는 지속적으로 사람들의 관심을 끄는 주제가 몇 있었다. 가령 병역 의무에 대한 문제는 늘 관심 있는 주제였다. 또한 군사 교육이나 11학년에 군사훈련소 입영 문제도 마찬가지였다. 그것을 어떻게 준비해야 하는가? 그리스도인으로서 할 수 있는 일인가? 그리고 우리 사회에서 게이와 레즈비언들의 삶 등이 이야기의 주제가 되었다.

마지막 주제에 대해서 나는 그때 제안을 하나했다. "지금 우리는 잘 알지도 못하면서 이야기하고 있는 것 같은데…." 라고 말하면서

"우리가 게이나 레즈비언을 초대하면 어떨까요? 그들이 우리 사회에서 어떤 취급을 당하고 있는지 그들에게 직접 들어 봅시다."

많은 사람들이 관심을 보였고 만남은 성사되었다. 음악, 연극, 언론에 종사하는 사람들이 초대되었다. 그들 중 몇몇은 무대를 통해 알려진 사람들이었다. 그러나 모두 남성들이었고 여성은 한 명도 없었다.

우리 교회 청소년부는 약 20명 정도였다. 우리는 다 같이 기도한 다음 음식을 나누었다. 그리고 서로 소개하는 시간을 가졌으며 초대된 손님들에게 질문을 던졌다.

"언제 당신이 게이라는 것을 알게 되었습니까?"

"학교에서나 지금까지의 삶은 어떠했나요?"

"부모님이나 친구들은 무슨 말을 합니까?"

"에이즈가 발견된 이후 차별이 더 심해졌나요?"

몇 사람들은 자기 자신이 게이인 것을 알고 그것을 받아들이는 것이 얼마나 어려웠는지 이야기해 주었다. 특히 사춘기 때에는 더 그랬다고 한다. 초대된 사람들 중 많은 분들이 최소한 어머니나 자매들은 신뢰할 수 있었고 자기를 존중하는 마음을 다시 찾을 수 있었다고 했다.

나는 성경의 신구약성경에 이 주제에 대해 다룬 곳들을 지적하면서 이 문제가 얼마나 오래된 것인지 설명해 주었다. 성경에는 음행을 하는 사람들이나, 우상을 숭배하는 사람들이나 간음을 하는 사람들이나 여성 노릇을 하는 사람들이나 동성애를 하는 사람들은 하나님 나라를 상속받지 못할 것이라고 강조하고 있다.[48]

바울이 설명하는 동성애는 로마제국의 멸망을 나타내는 징조였다. 당시 사회는 속속들이 부패하고 타락해서 사람들은 섹스와 알코올 그리고 부를 최후 목표로 가졌던 것이다. 나아가 가장 큰 충격은 사람들을 창녀들과 함께 한 단계 낮은 수준으로 차별하고 비하하는 것이었다. 바울은 동성애가 타고난 것이 아니라고 생각했다. 그 대신 그는 이것이 자연스러운 것이 아니라고 말했는데 왜냐하면 그들은 동성애로는 아기를 가질 수 없기 때문이었다.

나는 모인 사람들에게 주교에게 들었던 말씀을 전해 주었다. 그것은 동성애가 창조의 변형이라는 것이다.

예수님은 사람이 타고난 성향 때문에 사람을 멸시한 적이 한번도 없었다. 우리는 젊은이들을 특정한 방법으로 유혹하거나 의존적이 되게 하여 생기는 동성애에 대해서도 또한 이야기를 나누었다. 이를 통해 자신의 성향에 반대되는 삶을 살도록 강요당하는 것이다.

우리가 초대한 사람들은 자신의 친구들이 자기 여자 친구에 대해서 이야기 하는데 자신은 여자 친구가 없을 때 생기는 이상한 기분에 대해 이야기했다. 동성애자들이 동성을 사랑할 때 그 사랑은 남녀 간의 사랑과 같은 뜻이라는 것이다. 남자들끼리도 똑같이 사랑에 빠

---

48 고린도전서 6장 9-10절.

지고 만날 때는 가슴이 두근거린다고 한다.

동독에서 동성애는 형법 제175조에 의해 처벌을 받았다. 그들은 형법으로 추적을 당하지는 않지만 공공연하게 동성애에 대한 의사를 표명하는 것은 터부시하였다. 나는 이러한 태도를 그것이 낯선 것이고 잘 알려지지 않은 것이기 때문이라고 생각한다. 에이즈인 것이 밝혀졌을 때 그리고 처음으로 그것이 주제가 되었을 때 그 토론 시간을 기억해 보면 '게이 전염'이라는 단어 선택만 보아도 동성애에 대한 태도가 어떤 것인지 알 수 있다.

우리는 잘 알지도 못하면서 이야기를 한 것이 되어 버렸다. 그러나 최소한 우리는 서로 대화를 나누었고 새로운 견해와 입장을 알게 되었다. 그날 밤은 우리 모두에게 유익한 밤이었다.

Und wir sind dabei gewesen

평화 기도회는 어떤 특정한 콘셉트가 있는 것이 아니라 믿음으로 한 걸음 한 걸음씩 나아가는 것이다. 원칙이라면 모든 개인 또는 사회, 지역 또는 세계적인 어려움들을 하나님 앞에 기도로 가져오고 사람들에게도 알리는 것이다.

성경 안에 두 발로 서기

청소년부 주제 발표의 밤과 비슷하게 1981년 11월 예배도 나의 기억 속에 남아 있다. 그리고 이렇게 니콜라이교회에서 약속의 길_{Weg der Verheißung}이 시작되었다.

1981년 11월 8일부터 18일까지 지속된 10번의 평화 기도회 모임으로 나는 라이프치히에서도 동서독 개신교 청년들의 시위 운동인 평화 기도 주간에서 정의, 평화, 창조의 보전을 위해 무언가를 할 수 있는 가능성을 마련했다. 처음으로 청소년부 사목실에 텍스트, 찬양, 기도 제목 등을 적어 놓은 팸플릿을 비치해 놓았다. 기도 기간 동안에 날마다 성경 본문을 선택했다. 그 외에도 공동 주제_{Motto}를 설정했다. 그리고 마지막 날 참회 시간에는 "평화 간구 예배"를 드렸는데 그때는 시의 청소년부 목회자들과 연합으로 예배했다.

이어서 제단이 있는 예배실에서 십자가를 묵상하며 촛불 예배를 드렸다. 약 130여 명의 청소년들이 이 예배에 참석했다. 그들 중 몇몇은 초록색 머리에 옷도 아주 특이하게 입고 있는 청소년들도 있었다. 그들의 겉모습 때문에 국가는 그들이 공포심을 조장한다고 말하며 '분자들 elemente'로 칭했다.

우리 130여 명, 소위 '분자들'은 교회의 제단을 마주 대하고 서 있었다. 대부분의 사람들은 지금까지 교회에서 보지 못한 사람들이었고 그들 중에는 기타리스트도 있었다. 물론 우리 교회 청소년들도 그곳에 같이 있었지만 대부분의 청소년들은 비기독교인들이었다. 그들은 모두 이 종교적인 분위기가 나는 방에 앉아 있는 것이다. 제단 위촛불들과 십자가가 보이고 벽에는 예수의 수난이 새겨진 그림들이 걸려 있었다. 그들은 여기 성경 안에 두 발로 서 있거나 앉아 있었다. 이 공간은 분위기가 스스로 말해 주고 있었고 참가자들은 올바르게 그것을 느끼고 있었다. 나는 이 청소년들이 얼마나 자의식이 없는지 알 수 있었다.

나는 당시 일부러 크고 다듬지 않은 나무로 십자가를 만들게 했다. 한 곳에 예수가 달려 있게 하여 십자가가 실제로 무엇을 뜻하는지 청년들이 보도록 했다. 십자가는 로마제국의 처형 수단이었다. 권력에 반대하는 사람들을 그곳에 매달아 죽였던 것이다. 그들은 예수를 나무 십자가에 못 박았다. 그들은 또한 스파르타쿠스 봉기를 일으킨 노예들을 모두 십자가에 달아 처형했다. 예수가 부활함으로 십자가와 사망을 이겼기 때문에 우리도 이러한 고문, 폭력, 사망을 이길 수 있게 하기 위하여 이 상징은 모든 교회 안에 걸려 있다. 십자가는 세례단과 제단 사이 청년들의 한 가운데 걸려 있었다. 이곳에서 사람들은 누구나 십자가에 못 박혀 달려 있다는 것이 무엇인지 느낄 수 있었다. 그리고 나는 그 옆 바구니에 초를 담아 두었다.

환영 인사, 짧은 서론, 함께 찬양, 기타 연주.

그리고 나서 나는 청년들을 향해 "누구든지 말하고 싶은 사람이 있으면 지금 누구든지 말해도 됩니다. 먼저 초를 잡고 불을 붙여서 십자가 위에 놓으세요. 기독교인이면 기도를 드려도 됩니다. 기독교인이 아닌 분들은 그냥 말로 하면 됩니다."라고 설명했다.

기도회는 우리의 예상을 뒤엎고 완전히 특이하게 진행이 되었다. 우리는 이렇게 비교적 많은 사람들 앞에 서 한두 사람 정도 이야기할 것이라고 예상했다. 하지만 매우 놀란 것은 참석한 거의 모든 사람들이 차례차례 발언하는 것이었다. 모두 초를 들어 십자가 위에 올려놓았기 때문에 십자가의 끔찍함이 사라졌다.

본문의 내용과 일치했다. 오늘날 사람들은 어디에서 사기를 치고 있습니까? 그들은 오늘날 우리에게 무엇을 하고 있습니까?

청년들이 초를 십자가 위에 하나씩 하나씩 올려놓았으므로 나무 십자가는 촛불 십자가로 변했다. 마치 부활이 십자가형을 이긴 것처럼…. 이 모습은 정말 말할 수 없이 아름다운 모습이었다. 청년들은 주저하지 않았다. 항상 후견인과 동행하는 매일 학교생활과는 달리 이곳에서 그들은 조심할 필요가 없었다. 그들을 괴롭게 하고 압박하는 모든 것들이 충동적으로 그리고 공격적인 말로 표현되었다. 좌절,

학교 교육, 압박, 가정에서 부모와의 문제들, 병역 문제, 군 훈련소, 군대에 가야만 하는 강제성, 수많은 사상자를 낸 2차 세계대전 이후 더 이상 이것이 계속 되어서는 안 된다는 것이 지배적인 생각이었다. 게다가 지금은 소련과 미국의 대립, 우리에게 점점 더 가까이 다가오는 위협, 군복무 거부 등의 문제가 있었다.

내가 보고 듣는 청년들은 참으로 똑똑한 수재들이었다. 케케묵은 시스템에 의해 정말 불필요하게 저지당하고 있는 사람들이었다.

십자가에서의 대화는 평화 기도 주간으로 들어가는 통로가 되었으며, 매우 빨리 눈에 띄는 사건으로 발전하게 되었다. 저녁 행사 계획은 대화가 길어지면서 모두 무산되었다. 대화 시간이 행사의 주요 부분이 되었고 새로운 사람이 나와서 이야기할 때마다 청년들은 새로운 사실을 알게 되었다.

어떤 학교에서도 이렇게 잘 배울 수는 없었다. 어떤 선생님도 이런 것을 가르칠 수는 없었다. 이곳은 바로 자유의 장소였다. 여기서 너는 너라는 한 인간이다. 어느 누구도 너를 중단시킬 수 없다. 여기서는 모든 사람이 너의 이야기를 듣는다. 아무도 네가 다른 사람과 같은 의견을 가져야 한다고 강요하지 않는다. 모두가 자신의 의견을 발표한다.

무에서 자유의 분위기가 생겨난 것과 같았다. 정말로 그렇게 느낄 수 있었다. 청년들은 활발하게 서로 대화하기 시작했다. 그들은 분명 이곳을 편안하게 느끼고 있었다.

마지막으로 우리는 아주 짧게 예배를 드렸다. 그러나 참석했던 사람들은 여전히 집으로 돌아가지 않고 남아 있었다. 우리가 **우리에게 평화를 주소서** *Dona Nobis Pacem* 를 연주하기 시작했을 때 그 곡은 분명 사람들이 잘 알지 못하는 곳이었음에도 차차 '하나님의 부르짖음'과 같은 소리로 변했다. 형형색색의 날염 옷을 입은 젊은이들이 중세시대에는 고위 성직자들만이 앉을 수 있었던 그 자리에 지금 앉아 있는 것이다. 종교개혁 이전까지만 해도 여성들조차 앉을 수 없었던 그곳에 지금 그들이 앉아 있는 것이다. 교회 도처에는 촛불이 밝혀져 있었다. 교회는 평화의 장소가 되었고 그들은 평화를 위하여 교회를 독점한 것이었다. 그거면 됐지 않은가! 우리가 바깥세상에서 멸시당하고, 수감되고 또 침묵하도록 강요당하는 모든 사람들을 위하여 교회 문을 연다면?

이러한 생각은 위압적이었다. 공산주의 선전은 불합리함을 논증했다. 왜냐하면 교회는 몇몇 노인네들이 둘러 앉아 있는 곳이 아니고 그 노인들이 모두 죽고 나면 언젠가는 교회도 없어지게 된다는 그들의 논리는 사실이 아니기 때문이다.

칼 마르크스의 예언대로라면 교회는 이미 벌써 없어졌어야 한다. 그러나 인간의 '종교적 빈곤'[49]이라는 것은 진정한 빈곤이 아니었다.

---

49 칼 마르크스(Karl Marx). *Religion als Opium des Volkes*(『민중의 아편으로서의 종교』). Marx/Engels-Werke, Bd. 1, 378 ff.

왜냐하면 교회는 항상 있었기 때문이었다.

동시에 우리는 예수가 우리에게 요구하는 바로 그것들을 행했다. 즉 교회여 일어나라! 이제부터는 나라 안의 소외 계층과 시위 단체를 위해서도, 니콜라이교회를 모든 이들에게 개방offen für alle하는 것이다. 교회 정문의 양 문짝을 보란 듯이 열어 놓으면, 마치 예수가 팔을 활짝 벌리고 서 있는 것 같았다. **"수고하며 무거운 짐을 진 사람은 모두 내게로 오너라. 내가 너희를 쉬게 하겠다."** [50]

소외 계층과 시위 단체에게 교회를 개방한다는 것은 동시에 교회가 내용면에서도 개방한다는 것을 의미했다. 예수님께는 사랑하지 않는 이들은 없었다. 교회가 분자들에게 플랫폼을 제공할 준비가 되어 있다는 것은 교회로부터 국가에게 위협이 될 만한 일들이 일어날 수 있다는 것이다. 이것이 개방된 도시 교회, 즉—말 그대로—열린 교회 태동의 시간이었다.

이때부터 니콜라이교회에서 자유가 실천되기를 원했다. 바깥세상에서는 벙어리에 속하는 사람들이 소리를 낼 수 있는 행사의 형식을 빌어서…. 여기에 바로 열린 교회와 평화 기도 주간으로 장차 있을 평화 혁명의 첫 번째 뿌리가 내린 곳이다. 담대한 예언자조차도 이렇게 발전하게 될 줄은 예언하지 못했다.

1981년의 사건은 또한 시초가 되었다. 예수가 이미 말씀한 것

---

50 마태복음 11장 28절.

과 같이 "예수께서 또 다른 비유를 들어서, 그들에게 말씀하셨다. "하늘 나라는 겨자씨와 같다. 어떤 사람이 그것을 가져다가, 자기 밭에 심었다. 겨자씨는 어떤 씨보다 더 작은 것이지만, 자라면 어떤 풀보다 더 커져서 나무가 된다. 그리하여 공중의 새들이 와서, 그 가지에 깃들인다.""" [51]

아무도 이런 생성되는 과정을 말살시킬 수는 없다. 어느 누구도 이렇게 자라난 것을 다시 말살시킬 수는 없다. 단지 그것을 맞서 전진할 수는 있으나 그것을 막을 수는 없다.

이렇게 우리는 매우 조용한 가운데 점점 커가고 있었다. 그러나 그 당시 우리는 실제적인 영향력을 당시에는 전혀 가늠할 수가 없었다. 여러 교회들에서 사람들이 모여 군비 증강에 반대하는 시위를 벌였다. 여하튼 시위는 국제적으로 점차 위협이 되기 시작했으며 곧 라이프치히의 다른 교회들도 평화 기도 주간 행사를 진행하기에 이르렀다.

나의 사역 범위는 니콜라이교회로 제한되어 있었으나 우리 교회는 점점 라이프치히 지역 교회 평화 운동의 중심지가 되어 갔다. 평화 기도 주간만으로 머물러 있을 수는 없었다. 시외 교회 청년부와 그 교회 집사들은 더욱 활력을 불어넣어 주었다. 그들은 "가을 한 철 10일간만 정의, 평화, 창조 유지를 위해 기도하는 것으로는 너무 적

---

51 마태복음 13장 31-32절.

습니다. 매주 평화 기도회가 있어야 합니다."라고 요구했다.

노회장인 마기리우스 목사는 이러한 요구를 즉각적으로 교회 대표에게 제출했다. 마기리우스와 내가 속해 있는 교회 임원단의 여성과 남성위원들은 그 중요한 안건을 결의했다. 매주 평화 기도회를 갖기로!

이렇게 10일간의 평화 기도 모임으로부터 1982년 9월 20일부터 오늘날까지 라이프치히 니콜라이교회에서 매주 월요일마다 평화 기도회를 갖게 되었다.

평화 기도회는 어떤 특정한 콘셉트가 있는 것이 아니라 믿음으로 한 걸음 한 걸음씩 나아가는 것이다. 원칙이라면 모든 개인 또는 사회, 지역 또는 세계적인 어려움들을 하나님 앞에 기도로 가져오고 사람들에게도 알리는 것이다.

당시 정치 상황은 매우 불안했다. '사람들이 정신병자같이 앞으로 계속 군비를 확충한다면' 사람들은 이렇게 불안을 표현했다. '소련은 경우에 따라서는 날아오는 야생 거위 떼를 보고도 붉은 단추를 누를 것'이라고 했다. 기본적으로 모든 사람의 생명과 직결된 이 문제를 동독에서는 교회가 걱정했다. 누가 이 일을 또 하겠으며 할 수 있겠는가!

평화 기도회를 주창한 것은 여러 곳이 있었다. 1978년부터 예를 들어 에어푸어트Erfurt에서도 군사 교육을 도입하는 데 반대하는 시위 행동으로 평화 기도회가 이루어졌다. 또한 라이프치히의 토마스교회에서도 당시에 평화 기도 단체가 있었는데, 토마스교회가 라이프치히 서부 소속이었기 때문에 나와는 한번도 연락이 되지 않았다. 매주마다 실시되는 니콜라이교회의 평화 기도회가 그 내용과 관련해서 사람들의 입소문을 타고 점점 더 알려지게 되었고 곧 거의 모든 사람들이 니콜라이교회에 모이게 되었다.

당시 나라 안에는 특히 체념적인 분위기가 만연해 있었다. 1984년 5월 초 미국과 소련의 중거리 미사일은 양독 국경의 이쪽과 저쪽에 배치되었다. 바로 지금 사람들에게는 용기를 북돋아 줄 수 있는 교회 측으로부터의 신호가 필요했던 것이다. 나는 '니콜라이교회는 모든 이에게 열려 있습니다.'라는 표지판을 만들어 교회 공사장 울타리에 붙여 놓음으로 사람들이 평화 기도회에 나올 수 있도록 강력하고 분명한 초대의 의사를 표시했다. 왜냐하면 월요일마다 열리는 평화 기도회 외에도 많은 사람들이 매주 교회에 나오고 있었다. 원래 교회 소속이 아닌 사람들도 말이다.

이에 대한 국가의 반응은 지금까지도 나에게 생생하게 남아 있다. 도대체 또 나에게 무슨 일을 저지른 것이냐고 하면서 내게 제발 교회 개방 시간을 정상적인 방법으로 공고하라고 시의회는 말했다. '모든 사람에게 개방! 당신은 분명히 정신이 나간 게야! 바로 지금, 교회를 닫아도 시원찮은 지금!'이라고는 아무도 말하지 않았다.

1985년 동독에서는 소위 협의회적 과정 der Konziliare Prozess 이 시작되었는데 이것은 개신 교회들이 정의, 평화, 창조의 보전 등을 위해 개신교 교회들이 협력하며 공동의 길을 찾는 과정을 의미하는 것이었다. 이 운동은 1983년 캐나다 밴쿠버에서 열린 에큐메니칼 교회협의회 제6차 총회에서 시작되게 되었다. 이곳에서 처음으로 대량 살상 무기의 배치에 대해 인류에 대한 범죄행위로 규정했다. 교회는 평화를 위해 무언가 영향력을 행사하기 위하여 공동 입장을 취해야 한다는 것이다.

이러한 사고는 동독 내에서 곧바로 강력한 운동으로 발전하게 되었다. 라이프치히의 니콜라이교회에서는 특히 평화 기도회가 구체적으로 이 운동의 정신을 유지했다. 이때 예수님 자신이 보여 준 평화, 즉 친구─적의 틀에서 벗어나는 것, 강제적인 두려움과 안전에 대한 생각, 마음의 폭력을 포기하는 것, 혀와 주먹에서 떠난 삶을 살았던 것과 같은 평화가 그 중심에 있었다. 이를테면 이 세계의 끔찍한 갈등과 대립의 대안으로서···. 실질적으로 예를 들자면 자국 내 차별에 반대하는 것, 학교교육에서 성숙해지는 것을 방해하는 것에 대한 대항, 국가의 군사화에 반대하는 것 등이다.

우리가 문제로 여기고 있는 주제들이 매우 다양했기 때문에 평화 기도회는 여러 단체들이 프로그램을 맡았다. 과거 건설 군인들로 구성된 단체가 맡아서 처음으로 평화 기도회가 시작되었고, 그 뒤를 이어 '니카라구아를 위한 희망', '생명 단체', 몇몇 환경단체 및 다른 단체들이 기도회를 인도했다.

전체 24개의 단체가 있었는데 그들을 노회장 마기리우스는 이 단체들을 통합하여 주교회 "평화와 정의"라는 위원회로 출범시켰다. 동 위원회는 교회 산하로 포함시켜 조직의 형태로 발전시켜서 조직 원들이 보호를 받을 수 있도록 했다. 평화 기도회는 각 단체들이 자신들의 문제를 알릴 수 있는 무대가 되었다. 각 단체들의 활동이 얼마나 위협을 받고 있었는지는 우리의 추측에서 엿볼 수 있다. "만약 슈타지가 그들의 사람들을 한꺼번에 빼간다면, 거의 모든 단체가 활동을 할 수 없는 상태가 될 것이다."

크리스토프 본네베르거Christoph Wonneberger 목사는 1985년 드레스텐의 바인베르그스교회Weinbergskirche에서 라이프치히 누가교회로 온 목회자인데 토대 단체인 사회평화봉사단SoFD: Sozialen Friedensdienst과의 활동을 알고 있었다.

마기리우스 노회장은 그에게 평화 기도회를 조직하라는 임무를 주었다. 그리고 다른 교회들에서도 평화 기도회가 이루어지고 있었다. 본네베르크의 누가교회, 미하엘리교회, 개혁교회 그리고 청년 사목실에서도….

여기서 교회라 함은 교회 안의 장소를 말하며, 그곳에서 사람들은 보호를 받는다는 느낌을 받았다. 교회는 희망의 공간이요, 두려움을 이기는 장소였다. 교회에서 비기독교인과 접촉한다는 두려움은 거의 없었다. 결국 우리의 기도는 이해할 수 있는 언어로 이루어지기 때문이다. 나의 연설이나 설교를 이해하기 위해서 성경적 지식을 가지고 있어야 하는 것은 아니었다. 예수가 전한 내용을 이해하는 데 개인의 교육 수준은 그다지 큰 역할을 하지는 않았다. 또한 출신 사회 계층도 그다지 중요한 것이 아니었다.

바로 이 출신 사회 계층의 문제와 그와 관련된 기회의 문제들은 오늘날 다시 현안이 되고 있다. 종합학교를 나왔나? 실업학교 출신인가가 영향을 미치며 이민 자녀들은 어떤 기회가 있는가?

이러한 문제들을 고려해 볼 때 사람들은 동등하다고 느끼기 위해 그리고 서로 연합되어 있다는 것을 알기 위해 사람들에게 하나의 공통된 계층이 얼마나 필요한지를 느끼게 된다. 사람들은 자기 자신을 캡슐에 씌워 아무 의미 없이 그저 살아가기 위한 것이 아니라 서로 보호받고 있다는 것을 경험하기 위하여 니콜라이교회 평화 기도회에 모여들었다.

볼프 비어만Wolf Biermann [52]은 동독에서의 생활을 어떻게 비판적으로 평가했는가? "보장된 낭비"라고 했다.[53]

나는 비기독교인을 위해 예식에서 오래된 원칙, 즉 단어 반복의 원칙을 사용했다. 몇 번이 지나면 사람들은 '저거 알아들었던 것인

---

52 독일의 음유시인이며 구 동독의 반체제 저항 시인(역자 주).
53 "동독은 나아졌다. 그것은 콜 수상이 동독에 있는 고아들에 대해 약속한 것처럼 더 어렵고 힘들었지만, 이전보다는 더 나았다. 보장된 낭비는 끝났다. 모든 것이 변하고, 평생 조기 퇴직자는 주말에 교외 별장에서 지낸다. 만성적인 침체는 종료되었다. 직장에는 퇴출되지 않은 세 명이 어슬렁거린다." 볼프 비어만, *Nur wer sich ändert, bleibt sich treu*(『오직 변하는 사람만 충성스럽게 남는다』). 볼프 비어만, *Über das Geld und andere Herzensdinge*(『돈 문제와 마음에 관한 주제들』). Essayband. Köln 1991.

데.' 라고 느끼게 된다. 그러면 사람들은 안전하게 느끼고 집처럼 편안함을 갖게 되는 것이다. 그 외에도 사람들은 교회에서 서로 만나면 얼마나 좋은지 느끼게 되는 것이다.

월요일 저녁 평화 기도회로 니콜라이교회는 1982년부터 지금까지 교회에 발을 한 번도 들여놓지 않았던 사람들까지도 몰려들어 숫자가 엄청나게 되었다. 나아가 주일 예배에도 참석하는 인원이 증가했다. 1980년 주일 교회 예배 출석인원이 평균 52명이었다. 그러나 2006년에는 거의 250명으로 늘어났다. 이렇게 된 데에는 다른 이유가 있었는데 매번 예배를 드릴 때마다 성찬식을 거행했고 일 년에 4번은 가족예배로 드렸으며 교회 예배에서 성 세례식을 거행했고 또한 세례를 기념하는 예배를 도입했기 때문이다.

청년들은 청년 모임을 통하여 교회와의 연결을 찾았다. 나는 그들이 예수 때문에 교회에 온 것은 아니라는 것을 알았다. 이곳에서는 바깥세상에서 말할 수 없는 자신들의 문제를 다시 찾을 수 있었기 때문이었다. 1988년부터는 평화 기도회를 통해서 교회와 처음으로 접촉한 사람들이 주일 예배에도 오는 것을 볼 수 있었다. 1990년부터는 서독 지역의 관광객들이 교회를 방문했다.

새로웠던 것은 성인을 위한 신앙 세미나에 놀라울 정도로 많은 사람들이 참석했었다는 것이다. 동 세미나는 오늘날까지도 교회가 성장하는 요인이 되고 있다. 예배와 평화 기도회 모임 외에 콘서트와 작가들의 독서회를 개최했다.

내가 니콜라이교회에서 경험한 것에 대해 이야기하는 모든 것은 그렇게 일이 일어났거나 아니면 다른 도시의 교회들에서도 다른 형태로 일이 일어났다. 예를 들면 베를린, 예나, 에어푸어트, 드레스텐, 플라우엔Plauen 그리고 몇몇 지역들에서 일이 발생했다. 전국적으로 교회와 평화의 운동은 서로 도움을 주었다.

궁극적으로 성공은 항상 개인 또는 특정 단체의 활동에 따라 달라졌다. 왜냐하면 어떤 형식이 미리 정해져 있는 것이 아니라 교회의 형편에 따라 사역을 하는 것이었기 때문이었다. 교회가 그 기회를 이용할 수도 있었고 아니면 그냥 놔두던지 했던 것이었다. 그러나 전국적인 교회들의 평화 사역과 많은 목회자들의 적극적 참여가 없었다면 1989년 평화 혁명은, 아니 에곤 크렌츠가 명명한 것처럼 '대전환 Wende'은 없었을 것이다. 나는 그러나 '대전환'이라는 개념이 아직도 익숙치가 않다. 왜냐하면 이 개념은 우리 사회를 철저하게 변화시켰고 또 감사하게도 평화적으로 머무를 수 있었던 혁명이라는 뜻과 일치하지 않기 때문이다. 이 개념은 방향을 바꾼다는 뜻이며, 1989년 가을에 일어난 사건에는 어울리지 않는다고 생각한다.

1989년 2월 나에게 한 통의 편지가 전달되었다. 그 편지에는 평화 기도회가 사람들에게 얼마나 중요하게 되었는지 그리고 사람들이 교회의 언어를 얼마나 잘 이해했는지를 보여 주었다.[54]

---

54 여기에 인용한 편지는 1989년 2월 27일 평화 기도회에 관한 것으로 퓌러 목사가

1989년 3월 4일 라이프치히

크리스치안 퓌러 목사님 귀하

니콜라이키르헤호프 3

7010 라이프치히

평화 기도회

사랑하는 퓌러 목사님,

때론 수적으로만 강력한 월요 교회는 그러나 숨을 쉴 수 있는 공기를 만들어 주는 시간, 긴장을 풀어 주고 능력을 힘입는 시간, 용기와 희망을 주는 그런 평화 기도회 시간이 되기를 매주 간절하게 기다렸습니다. 몇 번은 그런 느낌을 받은 적이 있으나 지난 2월 27일 월요일에는 우리의 기대보다 훨씬 감동이 컸습니다. 이에 대해 우리는 목사님께 진심으로 감사를 드립니다.

목사님은 우리에게 적당한 거리를 두고 경건한 말씀으로 우리가 피고석에 앉아 있는 것과 같이 억압하는 것이 아니라 끊임없이 목사님 자신의 마음에 와 닿는 것들과 당혹감 그리고 마음의 고통을 우리에게 느낄 수 있게 해 주었습니다.

사람들의 당면한 문제와 걱정들을 지친 얼굴로 가볍게 여기지 않

다른 대화 단체인 "해외 여행을 원하는 사람들의 희망"과 함께 기획한 것이다. 이 편지는 Dietrich/Schwabe. *Freunde und Feinde*(『친구와 적』). Leipzig 1994, 281쪽 이후에서 볼 수 있다.

고 늘 사람들의 어려움과 장애물에 직면하는 자세로, 살아 있는 믿음이 어떻게 역사하는지를 보여 주셨던 것에 감사를 드립니다.

무엇보다도 우리는 목사님께 감사합니다. 목사님이 월요 모임의 비기독교인들에게도 이해할 수 있는 말씀으로 하나님을 가르쳐 주어서 감사를 드립니다. 그들이 소망하고 찾는 것 중 많은 부분이 그리고 그들이 이미 찾은 것들 중 몇몇이 기독교인들에게는 하나님으로 불릴 수 있다는 것을 그들이 알게 되어서 감사를 드립니다. 또 목사님께 감사를 드릴 것은 기독 신앙이 인내, 내적 평화 그리고 또 우리가 공존하는 데 우리에게 반드시 필요한 인간의 존엄성을 중시한다는 것을 비기독교인들과 또 기독교인들에게도 보여 주셨다는 것입니다.

우리 모두는 목사님이 앞으로도 이 나라의 국민들을 위한 사랑과 이에 필요한 능력을 받으시기를 소망하고 또한 목사님의 놀라운 활달함과 강직한 태도가 경직되지 않고 보전되기를 소망합니다.

깊은 존경의 마음으로….

안녕히 계십시요.

G. V., M. L., U. H., C. H. 드림

한 생명은 가고, 한 생명은 오고

라이프치히에서의 새로운 많은 활동들로 나는 시간적으로 매우 바빴다. 그래서 아내는 집에서 우리 네 아이들을 돌보았다. 그러면서도 아내는 가족을 돌보는 시간을 제외하고 약국에서 시간제로 일을 계속했다. 아이들은 엄마가 자신들을 위해서 얼마나 애를 쓰는지 당연히 알고 있었다. 무엇보다 내가 이곳저곳을 다니고 특히 주중에는 밤늦게나 집으로 돌아올 때면 아내는 더욱 신경을 썼다.

나는 주중에 집을 자주 비우는 것을 만회하기 위하여 주말에는 아이들과 같이 시간을 보내려고 노력했다. 그래서 우리는 몇 가지 작은 의식을 정해 놓고 지키곤 했다. 어떤 것을 의식화해 놓으면 모든 참석자들은 함께 즐길 수 있었다. 그것이 아주 몇 분 안 걸리는 짧은 것이라 할지라도 말이다. 예를 들면 토요일마다 우리는 같이 텔레비전을 보았다. 동독에서는 토요일 저녁 7시부터 7시 30분까지 "오 이 세입자!Oh, diese Mieter!"라는 덴마크 시리즈가 방영되었다. 나는 아이들과 그 필름을 같이 보기 원했기 때문에 그 시간 전까지 설교 준비를 마쳤고 아이들은 서둘러 씻기를 마쳤다. 저녁 7시가 되면 모든 가족이 거실로 모여들었다. 매우 즐거운 시간이었다. 서로 소감을 말할 때는 더욱 그랬다.

그러나 이보다 더 중요하고 하나의 의식 이상이었던 것은 아이들을 침대로 데려가 찬양과 기도로 하루를 마치는 것이었다. 우리의 모든 친척과 친구 그리고 우리에게 하루 중 중요했던 모든 것들을 기도했다. 아이들이 어렸을 때는 시간이 허락하는 한 나는 아이들과 함께 침대에 누워 내가 생각해 낸 이야기들을 들려주곤 했다. 내가 해 준 이야기 중 특별히 아이들이 마음에 들어 하는 이야기는 언젠가 다시 들려줘야만 했다. 그러나 유감스럽게도 내가 했던 이야기를 다시 정확하게 재연해 내지 못했다. 내가 원래 이야기를 좀 바꿔서 들려주면 아이들은 곧바로 고치곤 했다.

매일 우리는 기도로 하루를 마쳤으며 아이들에게서 가능한 불안과 두려움을 없애려고 노력했다. 어두움에 대한 두려움도 마찬가지이다. 항상 아이들 방의 문들을 조금 열어 두어서 빛이 방으로 들어갈 수 있도록 해 주었다. 너희들은 혼자가 아니라는 신호였다. 아내와 나는 어린아이들이 한밤중이라도 우리 침대로 올 때면 항상 그것을 받아 주었다. 아이들은 자주 우리 침대에서 잠이 들곤 했다. 그러면 우리는 나중에 아이들을 아이들 침대로 옮겨 주었다. 때로는 분명 저녁에 아내와 나 두 사람이 침대에 들었는데 아침에 깨보면 네 사람이 자고 있을 때도 있었다.

우리는 아침에도 같이 행하는 의식이 있었다. 아이들이 집을 나서기 전 또는 유치원이나 학교에 데려다 주기 전 우리는 서로 껴안아 주었다. 그리고 **"그가 천사들에게 명하셔서 네가 가는 길마다 너를 지키게 하실 것이니."** [55]라고 아이들을 축복해 주고 나서야 길을 나설 수 있었다. 분명 우리는 더 많은 것을 할 수 있었다. 그러나 이러한 기본적인 보장은 우리는 매우 중요하게 여겼고 감사하게 아이들도 이것을 늘 지켜 주었다.

무엇보다 좋았던 것은 우리 가족이 함께 휴가를 떠난 것이었다. 몇 년 동안 우리는 휴가를 받으면 아이제나흐에 있는 기독교 휴양지로 갔다. 그곳에는 많은 다른 목회자 가정들이나 교회 직원들이 와서 묵었고 또 항상 다양한 연령의 아이들이 있었기 때문에 우리 아이들도 항상 같은 또래의 아이들과 같이 놀이를 할 수 있었다. 그 휴양지의 방들은 정말 오래되었지만 매우 훌륭하게 꾸며져 있었고 세끼를 모두 제공받을 수 있었다. 휴가를 와서까지 음식을 하느라 부엌에 서 있지 않아도 되었으며 이것은 우리 가족 모두가 진정으로 쉴 수 있는 시간을 가질 수 있기에 매우 중요했다. 낮 시간에는 대부분 가까운 곳으로 나갔고 저녁이 되면 집 앞에 모여 다른 가족들과 함께 축구를 하기도 했다. 늦은 저녁에는 어른들끼리 카드놀이든지 아니면

---

55 구약의 축도, 시편 91편 11절.

함께할 수 있는 다른 놀이를 찾았다. 우리 집 큰 아이들은 그곳에서 다른 청소년들과 자신들만의 프로그램을 가지며 철학적인 대화를 나누었다. 나는 때때로 나의 부모님과 같이 휴가를 즐길 수 있는 좋은 기회를 한번도 갖지 못한 것을 아쉽게 생각한다.

1974년 아버지의 임종으로 내 인생의 어렵고 고통스러운 획을 굿게 되었다. 그날은 6월 24일, 성 요한의 날이었다. 감사하게도 아버지는 마지막까지 집에서 어머니 곁에 계실 수 있었다. 아버지는 어머니와 함께 있는 것에 매우 큰 가치를 두었다. 아내 모니카와 나도 아버지의 임종 바로 전에 아버지에게 도착할 수 있었다. 그것이 우리에게는 큰 위로가 되었다. 그 이후 어머니는 누나들 집을 자주 방문했고 물론 우리 집에도 다니러 오셨다. 어머니가 쓰던 가구들의 대부분을 우리 집에 넘겨주셨기 때문에, 어머니는 우리 집을 방문할 때면 옛날 집에 계신 것과 같이 편안함을 느끼었고 또 무엇보다 어머니는 라이프치히의 모든 것을 좋아했기 때문에 우리 집을 즐겨 방문하셨다.

1982년 대강절 기간에 우리는 다시 한 번 어머니를 우리가 사는 라이프치히 집으로 모셔 왔다. 어머니가 가족과 또한 성탄절을 기다리며 기뻐하시는 마음을 느낄 수 있었다. 우리는 함께 성탄절 트리를 사 왔다. 그러나 어머니가 갑자기 뇌졸중을 앓게 되었다. 어머니는 빨리 회복되지 못했으며 눈에 띄게 허약해지셔서 침대 생활을 해야만 했다. 마틴이 아침에 유치원으로 가기 전 할머니와 인사를 나누려고 했다. 그는 조용히 할머니 방으로 들어가 공손하게 속삭였다. "저

이제 가요. 인사드리러 왔어요." 어머니는 이런 작은 행동에도 날마
다 새롭게 기뻐했다. 성탄 전야에 우리는 성탄을 축하하는 방 안에
어머니의 침대를 만들어 놓았다. 우르줄라 누나와 바바라 누나, 아내
모니카와 나는 어머니와 같이 새해를 맞이하며 성찬식을 거행했다.

1983년 1월 6일 주현절Epiphaniastag에 어머니는 우리 집에서 우리 가
족 모두 모여 있는 중에 돌아가셨다. 어머니는 성탄절을 매우 좋아했
고 주현절에 우리를 떠나가셨다. 이렇게 부모님께서는 두 분에게 어
울리는 날에 본향으로 돌아가셨다. 유감스럽게도 나의 막내 아들 게
오르그는 어머니를 알지 못한다. 어머니가 집을 떠나가는 날, 아내는
산부인과에 약속이 되어 있었고 그곳에서 자신의 임신 사실을 알게
되었으며, 그 해 7월 게오르그가 세상에 태어났다. 가족 한 사람이
떠나갔고, 또 한 새로운 생명이 삶을 시작한 것이다.

그러는 동안 우리는 이제 진정한 라이프치히 시민이 되었다.

그럼에도 라슈타우에서의 시간을 잊을 수는 없었다. 오늘까지도
우리는 그곳과 그곳 사람들과 밀접하게 묶여 있는 느낌이다. 1981년
—이제 막 우리가 그곳을 떠나왔던 때였다.—1,000년 기념식 축하를
위해 옛날 고향을 방문했다. 교사 한 분과 함께 나는 그 축제를 위하
여 마을 연혁을 준비했다. 그녀는 마을에서 잘 알려지고 사랑받던 농
부의 딸이었다. 나는 이전에 그녀가 교회에서 결혼식을 올릴 때 예배
를 인도했다.

그것은 나의 첫 번째 결혼 주례 예배였다. 그리고 나는 그때를 즐

겨 회상한다. 당시 거의 모든 마을 사람들이 교회로 나왔다. 그녀는 교회 결혼식으로 일터에서 안 좋은 소리를 들었다. 어쨌든 그녀는 사회주의 학교의 교사였기 때문이었다. 교회 결혼식은 그러므로 교사로서 걸맞지 않는 것으로 여겨졌다. 또한 우리가 축제를 위해 준비한 연혁도 적절하지 않았다. 라슈타우 마을이 생겨나기부터 현재까지의 연혁은 메르제부르크Merseburg 주교구 교회의 역사를 포함하고 있기 때문이다. 따라서 정당 지도자는 그 연혁에서 교회와 관련이 있는 것은 모두 삭제했다. 지도부는 마을의 1,000년 역사를 동독 시절 정도로 축소시켰다.

가족과 내가 2006년 1,025주년 마을 축제에 초대를 받아 갔을 때 나는 당시 제출한 검열을 받기 전 연혁을 발견했다. 교회는 터질 정도로 꽉 차 있었다. 나는 매우 기뻤다. 특히 잘 알고 지내던 옛날 사람들의 얼굴을 보는 것도 좋았고 또한 나와 함께 입교를 받았던 친구들도 볼 수 있었다. 그들은 아직까지도 내가 입교 수업 시간에 했던 말 **"예수 그리스도께서는 어제나 오늘이나 영원히 한결같은 분이십니다."**[56]와 사회질서의 단기성에 대한 예언적인 말을 기억하고 있었다.

"우리 마을의 고령자들은 제국주의 시대에 태어났습니다. 그리고 그 다음 세대는 바이마르 공화국에 출생했으며, 그 다음 세대는 천

---

56 히브리서 13장 8절.

년 동안 지속될 것이라 했던 히틀러 제국 시대에 살았으며, 여러분들은 사회주의 체제에서 태어났습니다. 그러나 여러분 아이들은 또 다른 사회질서를 경험하게 될 것입니다. 그것이 분명합니다."

축제 기간 동안 지금은 40, 50세가 되어 버린 사람들을 길거리에서 만나면 그들은 한결같이 "목사님, 그때 예언해 주셨잖아요. 바로 그렇게 되었습니다."라고 말한다. 그러면 나는 웃을 수밖에 없다. "나도 함께 경험하게 될 줄은 그때는 몰랐습니다. 이제 우리도 함께 그 자리에 있군요."

수년이 지난 후 다시 라슈타우교회에서 설교를 하고 교회 사람들과 함께 축하의 예배를 드릴 수 있다는 것은 참으로 기분이 좋았다.

체제의 개혁이 일어나는 변화의 시간 속에서 이 얼마나 큰 하나님의 은혜인가.

나는 투투 대주교와 함께 니콜라이교회당으로 들어섰
다. 대주교는 평화 기도 나무 십자가 앞에 장미꽃 다
발을 놓고 허리를 굽혀 인사했다. 그리고 그는 1989년
10월 9일 전후 사건에 대한 설명을 조용히 그리고 주
의 깊게 들어주었다. 나는 라이프치히 거리에 모였
던 7만 명의 시민들, 출동한 경찰과 군, 위협적인 충돌
상황 등에 대해 전해 주었다. 당연히 수천의 사람들
이 손에 들고 있던 촛불의 효과를 설명하는 것도 빼놓
지 않았다. 유니폼을 입고 서 있던 세력에 대항한 수
많은 촛불과 기도의 시간들…. 투투 대주교는 깊이 생각
에 잠기더니 놀랍게도 나에게 자신을 축복해 달라고
부탁했다. 이후 우리는 서로를 껴안았다. 의전은 완전
히 잊어버렸다.

성 니콜라이교회, 축복의 장소

1980년 성 니콜라이교회로 임직하기 전에 나는 교회당 내부를 자세히 살펴보았다. 학생 시절에는 대부분 대학 교회 예배에 참석했기 때문에 이 교회에 대해 잘 알지 못했다. 하지만 이제는 이 큰 교회의 목회자로 부임하게 될 예정이므로 나는 교회당을 좀 더 깊이 보고 싶었다.

우선 나는 교회당에서 근본적으로 방해되는 요소들—세상 지도자의 그림이나 청동 예술품, 묘석, 묘비명이 있는 비문 등과 같은 것들이 걸려 있는지를 살펴보았다. 교회는 영을 모신 묘지도 아니요 역사적 초상화를 위한 전시 장소가 아니라 십자가에 달리고 부활하신 살아 계신 하나님이 계신 장소이기 때문이었다.

나에게 가장 거슬리는 것은 고위층들을 위한 특별석이다. 몇몇 교회들은 이 특별석으로 들어가는 출입문을 아예 따로 만들어 일반인들과 완전히 격리될 수 있도록 해 놓은 곳도 있었다. 나사렛 예수는 어떻게 말했는가? **"부자가 하나님의 나라에 들어가는 것보다 낙타가 바늘귀로 지나가는 것이 더 쉽다."** [57] 부자들과 권력이 있는 사람들은 실제로 같은 예수의 교회 안에서 자신만의 특별석을 짓도록 했었다. 마치 오페라극장이나 연극을 보러 가는 것처럼 말이다. 그들은 여기 저기 자신들만의 특별관람석과 귀빈석을 마련해 놓았다. 이런 것은 교회당 내에서 간사한 신성모독이라고 생각한다. 이런 것들은 모두 없애야 한다! 그런 것들은 입장료를 내고 관람할 수 있는 성들이나 향토 박물관들에 잔뜩 있다. 예수 그리스도의 교회당에서 지위를 상징하는 것들은 모두 없어져야 한다.

그러나 감사하게도 니콜라이교회당에서는 이런 것들을 찾아볼 수 없었다. 첫 방문을 통해 나는 마음이 매우 가벼워졌고 여기서는 목회자로서 일을 잘 할 수 있겠다는 생각이 들었으며 정말로 그랬다.

그 당시 내가 '니콜라이교회는 모든 이에게 열려 있습니다.' 라는 표지판을 교회당 울타리에 달아 놓았을 때의 반향처럼 몇 년 뒤인 1992년 10월에 영국의 엘리자베스 2세 여왕이 교회를 방문했다. 여왕은 독일에 머무는 동안 니콜라이교회를 보고 싶다는 의사를 분명히 표명한 것이다. 여왕은 독일과 유럽의 변화가 시작된 장소를 보고 싶어 했던 것이다. 구 시청에서 있었던 환영사에서 그녀는 영국 국민들이 감격했던 순간이 떠올랐다는 것을 강조했다. 영국 국민들은 라

---

57 마가복음 10장 25절.

이프치히 월요 시위가 역동적으로 되어 가는 모습을 하나도 빠짐없이 뉴스를 통하여 보았다고 한다. 참 좋은 일이다.

우리는 당시 두 단체의 고위급 방문을 준비했다. 한 단체는 영국 진영이었는데 그들은 비교적 자유분방했으므로 그들과 함께 교섭하고 준비하기에는 별 어려움이 없었다. 또 다른 단체는 90년대 초 당시 본Bonn에 소재해 있던 독일 정부 대표단이었다. 국빈 방문! 독일 정부에서 우리에게 보내온 제안들은 매우 놀라웠다. '전자식 귀빈 전용문'을 교회 입구에 설치하라는 것이었다. 그 외에도 여왕을 위하여 특별한 의자를 박물관에서 가져와 교회에 배치해 놓아 달라는 것이었다. 나는 이러한 상황을 즐거운 반어법을 사용하여 대응했다. "우리 니콜라이교회에는 앉을 자리가 전혀 부족하지 않습니다."라고 담당자에게 전화로 설명했다. "여왕께서는 원하시는 곳 어디든지 앉으시면 됩니다. 그러나 교회에서 그녀를 위한 특별 의자를 마련하기는 곤란합니다. 예수 그리스도의 교회에서는 어떤 사람도 1급 또는 2급이 있을 수 없습니다."

그렇게 진행되어야 했다.

동료 목회자는 여왕과 여왕의 부군을 맞이하며 환영 인사를 하는 명예로운 역할을 맡았다. 그러나 일이 그렇게 되지 못했다.

엘리자베스 2세 여왕이 그의 남편인 필립 공과 함께 우리 교회로 들어왔을 때 그는 교회 내부에 완전히 매료되었다. 그때 내가 우연히 그 옆에 서 있었고 그는 내게 즉시 말을 걸어왔으며 자연스럽게 대

[사진 19] 니콜라이교회 내부로 바흐가 직접 연주했다는 파이프 오르간이 보인다.
[저작권] 역자

화로 이어졌다. 필립 공은 다행스럽게도 독일어를 유창하게 구사할 수 있었다. 그는 독일 가문 출신이고 학교도 독일 살렘성 Schloss Salem 기숙학교를 다녔다. 그와 대화를 나누는 것은 매우 유쾌했으며 아무 문

제도 없었다. 이렇게 우리는 공식적인 환영 인사는 순서 없이 자연스
럽게 교회를 한 바퀴 돌아보는 것이었다. 마기리우스 노회장과 나는
여왕과 그녀의 부군에게 니콜라이교회에 대해 소개하는 시간을 가
졌다. 무엇보다도 1989년 10월 9일 평화 혁명으로 이끌게 되었던 사
건들을 설명해 주었다. 이 일은 많은 주의가 필요한 일이었다.

나는 사전에 입장권을 인쇄해 각 교회들에게 나누어 주었다. 가능
하면 나이가 많은 성도들을 우선으로 나눠 주도록 부탁했다. 아마도
여왕을 직접 만나보는 경험이 그들에게는 특별한 기쁨을 줄 것이라
고 생각했다.

시민들이 얼마나 편안한 마음으로 여왕의 방문을 받아들였는지는
여왕이 다시 교회 문을 나섰을 때 나타났다. "하우 아 유? How are you?"
라이프치히 시민들은 작센 주 사투리 억양이 담긴 영어로 여왕에게
물었다. 심지어 한 남자는 "그녀를 좀 들어 주세요. 너무 작아서요."
라고 소리쳤다. 아주 편안한 분위기에서 여왕의 방문은 매우 성공적
이었다. '니콜라이교회는 모든 이에게 열려 있습니다.' 라는 문구는
당연히 여왕에게도 해당되는 말이었다!

2006년 5월 데스몬드 투투Desmond Tutu 대주교와의 만남을 통해 나는
니콜라이교회가 축복의 장소라는 사실을 다시금 분명히 경험했다.
그는 남아프리카 공화국 대사인 모제스 치카네Moses M. Chikane 를 대동하
고 언론상Medienpreis 인 **오즈가**Osgar 상을 수상하기 위해 라이프치히를 방
문했다. 귀빈들의 행렬이 니콜라이교회 옆을 지나고 있을 때 투투 대

[사진 20] 니콜라이교회의 전면
[출처] http://upload.wikimedia.org/wikipedia/commons/1 /19/
Nikolaikirche_Leipzig_Apsis.JPG?uselang=ko

주교는 나에게 즐겁게 다가왔다. 그는 나를 보고 웃더니 손을 높이 들며 내게 '하이 파이브'를 하면서 내 손바닥에 그의 손을 닿았다. 우리는 이전에 한번도 만난 적이 없었지만 곧 서로 친하게 되었다.

나는 격식에 매이지 않은 그의 행동이 매우 마음에 와 닿았다. 이 것으로 진정한 믿음은 경직되고 꾸민 것 같은 행동과는 별 관계가 없음을 다시금 보여 주었다. 기쁨, 관용, 유머 감각이 오히려 믿음의 정신과 관계가 있는 것 같다.

나는 투투 대주교와 함께 니콜라이교회당으로 들어섰다. 대주교는 평화 기도 나무 십자가 앞에 장미꽃 다발을 놓고 허리를 굽혀 인사했다. 그리고 그는 1989년 10월 9일 전후 사건에 대한 설명을 조용히 그리고 주의 깊게 들어주었다. 나는 라이프치히 거리에 모였던 7만 명의 시민들, 출동한 경찰과 군, 위협적인 충돌 상황 등에 대해 전해 주었다. 당연히 수천의 사람들이 손에 들고 있던 촛불의 효과를 설명하는 것도 빼놓지 않았다. 유니폼을 입고 서 있던 세력에 대항한 수많은 촛불과 기도의 시간들…. 투투 대주교는 깊이 생각에 잠기더니 놀랍게도 나에게 자신을 축복해 달라고 부탁했다. 이후 우리는 서로를 껴안았다. 의전은 완전히 잊어버렸다.

이러한 깊은 만남, 기쁨과 희망을 동반한 이런 만남을 위해서는 교회당 내부가 독특한 니콜라이교회가 안성맞춤인 것 같다. 영국의 왕실까지도 놀라게 한 교회당 내부는 내가 처음 보았을 때부터 나의 마음을 사로잡았다. 교회당 안은 천국의 정원을 본 떠 만든 것같이 내부 기둥을 종려나무 모양으로 만들었고, 천정에는 나뭇가지가 뻗어 있었다. 교회당 곳곳이 꽃이 피어나는 것을 주제로 하고 있었다. 제단, 제단 창살 그리고 강독단을 꽃 봉우리 모양으로 만들었다. 세례석 뚜껑은 튤립 모양으로 만들었고, 높은 제단에는 밀알과 포도 열매 무늬를 넣었다. 교회당 내부를 전부 밝고 부드러운 색조로 완벽한 조화를 이루고 있다. 색 유리창은 없었다. 그러므로 빛이 교회당 안으로 온전히 들어올 수 있게 해 놓아 색깔이 빛나게 만들어 놓았다.

그림들은 제단 주변에만 걸어 놓았는데 주로 예수의 생애와 관련한 그림들이다. 이 외에 석고 부조가 4개 있는데 그것은 예수의 예루살렘 입성에서부터 십자가에 처형되기까지의 고통을 그린 것들이다. 바로 그 위 천정에 종려나무 가지를 든 천사와 평화의 비둘기가 있는 하늘 창문이 나 있다. 설교단 뚜껑 위에는 들의 백합화가 있는데 이것은 예수의 산상수훈을 생각나게 하는 것이었다. 예수는 사람들에게 사랑스런 마음으로 다가갔다. **"너희는 무엇을 염려하느냐? 너희들은 해를 보느냐? 새가 지저귀는 소리를 들을 수 있느냐? 백합화를 보아라, 하나님이 죽은 것과 같은 돌 가운데서 아름다운 색을 발하며 자라게 하시는 백합화를 보아라, 화려한 솔로몬 왕이 입은 것이 이 백합화만 못하다. 하늘을 나는 새를 보아라. 그들은 일도 하지 않고 계획을 세우지도 않지만 하나님께서 그들을 돌보시기에 그들은 매일매일 살고 있다. 꽃이나 새도 하나님께서 이렇게 돌보시는데 너희들은 꽃이나 새보다 더 귀하지 않느냐? 너희들은 하나님의 형상으로 지음 받은 자들이므로 하나님께서 너희들을 영원토록 돌보신다. 그러므로 내일 일을 염려하지 말아라. 한 날의 괴로움은 그날로 족하다. 하나님이 너희를 위해 내일을 준비하실 것이다."**[58] 그래서 백합화는 우리 교회 설교단의 뚜껑 위에 그려져 있는데 여기서 나는 28년간 이 복음을 사람들에게 '나름대로' 전한 것이다.

입구 정문 위쪽으로는 아름다운 소리를 내는 커다란 오르간이 있

---

58 마태복음 6장 28-34절을 의역함.

고 바로 그 앞에 발코니에는 다음과 같은 문구가 적혀있다.

"*Te decet hymnus Deus* 하나님 당신은 찬양 받으실 만한 분입니다.."

교회당 정문을 들어서면 모든 것이 앞을 향하여 일직선으로 지어져 있다. 제단을 통해 세례석과 은빛 십자가 그리고 부활의 그림이 있는 대제단이 보인다. 예수님의 십자가와 부활이 동시에 보이는 것이다!

내가 예배 시간에 예배위원들과 제단에 서서 성만찬을 준비할 때면, 열린 정문을 통해 바깥 메세호프파사쥐 Messehofpassage 까지 볼 수 있다. 교회 건축 설계사가 어느 정도 니콜라이교회당의 중앙 통로를 연장시킨 것 같다. 나는 이것을 예수님의 말씀과 비교해 보았다. 우리는 바깥세상의 사람들을 주시해야만 한다. 우리는 두터운 교회당 벽 안으로 우리 자신을 숨겨서는 안 되며 세상 사람들의 근심과 문제에 관심을 가져야 한다. 왜냐하면 예수님도 자신을 교회당 안에 가두어 두지 않으셨고 길거리에, 시장에, 사람들의 집에 그들과 함께 계셨기 때문이다. 예수님은 그들의 삶의 고통의 현장에 함께 있었다.

반대로 바깥세상 사람들에게는 항상 열려 있는 교회 문을 통해 언제든지 들어가도 된다는 느낌을 받게 된다. 바깥에서는 교회 제단 위의 촛불이 타고 있는 것을 볼 수 있고 밝고 다채로운 색으로 꾸며진 교회 내부를 보면서 오랫동안 교회에 나가지 않았다는 사실을 생각해 볼 수 있다 독일 개신교도들은 이미 알려진 바와 같이 일 년에 한번, 성탄절 이브에는 반드시 교회에 간다.. 그냥 들어오면 된다. 입장료를 낼 필요도 없고 교회를 나가면서 돈을 낼 필요도 없다. 견진성사 증서나 입교증서도 필요 없다. 우리가 아는 바와 같이 증서들은 가끔 진실을 왜곡하기 때문이다. 여름에는 시원하고 겨울에는 따뜻하다.

이렇게 사람들은 매일 교회에 온다. 그들이 보통 교회에 들어오면 먼저 오르간 발코니 아래에서 멈춰 선다. 그리고 나서는 시선이 교회 기둥을 따라 위로 올라간다. 위를 바라보는 것은 인생에서 매우 중요하다. 반듯한 자세로 선다. 이 교회에서 구부정한 자세는 불가능하다. 하나님이 우리를 **호모 사피엔스 에렉투스***Homo Sapiens Erectus*, 즉 지적인 존재로 직립보행을 하도록 창조하신 것을 경험할 수 있다. 그 다음 방문객들은 천천히 나아가 교회 제단의 장식 울타리로 다가간다. 이곳이 바로 중세 교회에서는 강론대가 위치해 있던 장소로 교회당 내부를 둘로 나누는 경계이다. 한쪽에는 찬양대와 성직자를 위한 제단이 위치해 있고 다른 한 쪽에는 교회 신도들을 위한 좌석이 배치되어 있다. 예수의 교회에서 계급을 나누다니 이 어찌 가능한 일인가!

니콜라이교회는 교회 내부를 나누는 이 강론대를 1784년에서 1797년 교회 개조 공사 시에 허물어 버렸다. 그 자리에 대신 허리 높이 정도의 문이 달린 제단 울타리를 만들어 놓았다. 성만찬 시에는 문을 열어 놓고 이후에는 문을 닫아 놓는 방식으로 개조했다. 이것도 아직 모순이라 할 수 있었기에 우리는 그 문을 떼어 내고 그 자리에 교회 제단과 강단을 만들어 세움으로 더 이상 차단이 가능한 폐쇄 공간이 없어졌다.

관광객들이나 방문객들이 가장 놀랍게 여기는 것은 우리가 바로 이 자리에 "여러분을 제단으로 초대합니다."라는 푯말을 세워 놓은 것이다. 사람들은 보통 이곳에 차단선을 쳐 놓고 "이곳에서는 사진 촬영을 금합니다."라는 푯말을 기대하기 때문이다. 우리 교회당에는 차단된 공간이 없다. 교회당에서 가장 아름다운 장소로 여겨지는 제단으로 가는 길을 우리는 모든 사람을 위해 열어 놓았다. 그림이나 조각들 아래에는 짤막한 설명을 붙여 놓았다. 참 기쁘게 생각하는 것은 사람들이 정말로 그 글을 읽는다는 것이다. 짧은 본문 중 하나는 다음과 같다.

> 저렇게 많은 사람들이 반대하는 한 사람은 누구인가?
>
> 그 사람은 소망을 갖고 있는 사람이지.
>
> 이토록 큰 절망에 대항하는 사람은 누구인가?
>
> 그 사람은 바로 권력을 포기하는 사람이지.
>
> 이토록 만연한 부패에 대항하는 사람은 누구인가?
>
> 그 사람은 치료하는 사람이지.
>
> 이토록 엄청난 파괴에 대항하는 사람은 누구인가?
>
> 구원하는 사람이지.
>
> 이토록 많은 심판자에게 대항하는 사람은 누구인가?
>
> 살아 계신 분이지.
>
> 이토록 많은 사망자에 대항하는 사람은 누구인가?

와서 보여 주는 사람이지.

번개와 같이

역사의 조각이

어떤 사람이 될 수 있는지를.

하루의 분주함과 불안함 속에서 잠시 시간을 내어 교회당 의자에서 잠시 쉬어 보라. 아무도 당신을 재촉하지 않고 어느 누구도 당신이 왜 여기에 와 있는지 묻는 사람은 없다. 발밑의 바닥을 느껴 보고 중심을 찾아보기 바란다. 예수 안에서 중심을 찾으므로 우리는 흔들리거나 넘어지지 않을 수 있다. 13세기 중요한 신학자인 마이스터 에크하르트Meister Eckhart가 말했던 것과 같이 "우리의 중심이 단단하면 당신은 큰 원을 그릴 수 있다."[59] 컴퍼스를 생각해 보면 알 수 있듯이 중심이 흔들려 버리면 분명한 선을 그릴 수가 없는 것처럼 인생에서도 이와 마찬가지이다.

제단이 있는 공간을 떠나기 전, 입구에서 볼 때 왼쪽 위 측면에 로마네스크 양식의 십자가에 못 박힌 그리스도 상을 볼 수 있다. 이 상은 특별한 방법으로 우리 교회에 오게 되었다. 1901년과 1902년 교회 대표는 작은 작센 교구인 니더그래펜하인Niedergräfenhain 으로부터 1510년

---

59 마이스터 에크하르트(Meister Eckhart), *Deutsche Predigten und Traktate*(독일어 설교 및 강의).

대의 조각 제단화를 얻게 되었고, 이 외에 니콜라이교회는 '보너스'로 두 개의 망가지고 지저분한 나무 조각을 받게 되었다. 현재 조각 제단화는 1521년의 돌로 만들어진 루터 강단과 함께 오늘날까지 북쪽 예배실에 보관되어 있다. 그것에 대한 문화·역사적 의미에 대한 진정한 가치를 아는 사람은 당시 아무도 없었다. 그 나무 조각은 어느 날 문화재 보호 전문청에 보이게 될 때까지 수십 년 동안 교회 창고에 처박혀 있었다. 전문학자들은 그 조각을 조사하고 복원시키기 위해 드레스덴으로 가져갔다.

그 업무는 10년이 지난 후에나 끝마치게 되었고 결론은 매우 놀랄 만한 것 이상이었다. 그 십자가 각목은 1500년대 것이었고 로마네스크 예수 상은 1300년대 중반 것이라는 결론이었다. 1989년 9월 십자가 예수 상을 가져가도 좋다는 통지가 나에게 전해졌다. 그때가 바로 1989년 9월이었다! 나는 종교적 예술품과 그것을 걸어 놓을 적당한 장소를 찾는 것이라면 별로 마음이 내키지 않았다. 그러나 그 십자가 상이 몇 년 동안이나 사람들이 예배를 드리는 장소에 함께 있었는지를 곰곰이 생각하게 되었다. 그 십자가 상을 교회당에 걸어 놓는다면 십자가 상의 예수님이 우리에게 내려와 이 팽팽한 긴장의 시간에 우리를 지원해 줄 것이라는 생각에 미치게 되었다.

우리는 바로 십자가 예수 상을 위한 자리를 찾았고 1989년 9월부터 그것은 교회 제단 근처에 자리하고 있으며 그의 고통에 찬 넓게 벌린 팔로 우리 위에서 우리를 축복하고 있다. 십자가 상은 이제 라이프치히의 가장 오래된 예술품이며 우리는 그를 무시하는 벌을 줄 뻔 했다. 니콜라이교회가 무엇으로 살아남았는지를 알 수 있다. "… **진실로 주님께서는, 사랑하시는 사람에게는 그가 잠을 자는 동안에도 복을 주신다."** [60]

십자가 상을 바라보면 나는 자연스럽게 1989년 9월 29일부터 10월 2일까지 있었던 홀란드 할렘Haarlem 자매 교회의 방문이 생각난다. 10월 1일은 주일 저녁이었는데 우리는 우리 집 거실에 심각하게 앉아 있었다. 그들이 아무 걱정 없이 국경을 넘어 자신들의 고국으로 돌아갈 수 있는 반면 우리는 아무것도 확실한 것이 없는 덫에 걸린 것과 같은 상황에서 남아 있어야 한다는 것을 그들은 알고 있었다. 그들은 우리에게 예배 시간에 인사말과 함께 커다란 과꽃 화분을 주고 떠났다. 그 화분을 로마네스크 십자가 예수 상 아래 바로 교회 제단 옆에 놓아두었다.

매우 '더웠던 가을' 내내 과꽃은 계속 새롭게 아름답고 노란 꽃을 피웠다. 우리는 그 꽃을 바라보며 샘솟는 소망의 별이라고 생각했다. 그 꽃은 우리의 절망적인 상황에 적합했다. 그리고 그 상황은 10월 9일부터 너무나 훌륭하고 자유롭게 하는 상황으로 인도되었고 이 교회에서 마치게 되었다. 그 네덜란드 교회의 께이스Kees 와 아다Ada 는 오늘까지도 우리와 연락하고 있다.

---

60 시편 127편 2절.

제단이 있는 곳을 떠나면 부활을 상징하는 촛불 나무를 지나게 된다. '폭파된 속박'이라는 이 나무는 40개의 촛불로 장식이 되어 모세가 시내 산에서 계명을 받을 때의 40일과 이스라엘 백성이 이집트의 노예 생활에서 나와 자유와 약속의 땅을 찾아 나선 광야 40년 생활을 생각나게 한다. 또한 예수님이 공생애를 시작하시기 전 40일 금식하신 것과 부활 후 승천하기까지 40일 그리고 1949년과 1989년 동독의 40년을 생각나게 한다.

우리는 우리의 역사와 성경 구원의 역사를 연결시키고 또 세상의 빛이 되신 예수의 비유와 연관시킨다. 그렇게 우리는 우리를 사랑하는 사람을 생각하며 또 우리의 기도를 필요로 하는 사람을 위하여 초를 켤 수 있다. 부활을 상징하는 촛불 나무에서 '폭파된 속박'을 좀 더 가까이에서 보면 더욱 자세히 알 수 있다. 교회 안에서 그리고 교회로부터 두려움의 속박이 심지어 총체적인 세계관적 독재도 무너질 수 있다는 것을 암시해 준다.

무언가를 집으로 가져가기 원하는 사람은 잘 정돈된 소책자들이 있다. 또 잠시 시간이 있는 사람은 니콜라이 청년 예배실에서 차나 커피를 마시면서 전문 상담자와 이야기를 나눌 수도 있고 자신이 받은 인상에 대해 이야기를 나눌 수도 있다. 방문객을 위한 방명록도 준비되어 있는데 방명록은 교회당을 들어서면서 받은 여러 사람들의 가지각색의 생각들을 잘 보여 준다.

니콜라이교회당을 방문한 사람들은 이 교회당 자체가 설교를 하고 있다는 것을 경험했다. 또한 장애인과 무신론자들에게도 교회의 문턱이 매우 낮다는 것이다. 한 번 이곳에 온 사람들은 누구나 이 교회는 '모든 것이 시작한 곳' 희망의 집이라는 것을 생각할 수 있다. 축복의 장소, 피난처이며 새로운 출발의 장소이다.

국가와 교회의 만남

동독 시절 당시 그리스도인들은 교회를 피난처로 느끼며 진정으로 위로를 받았다. 왜냐하면 동독에서 그리스도인으로 믿음에 입각한 삶을 살기 원하는 사람들은 날마다 무신론적인 국가와 전체주의적인 국가가 요구하는 세계관과 자동적으로 충돌하여 갈등에 빠지기 마련이기 때문이다. 학창 시절부터 인생의 모범이 되었던 **"우리 앞에 놓인 달음질"**[61]을 우리는 선택하지도 않았을 뿐 아니라 얻기를 원하지도 않았다.

많은 동독의 그리스도인들은 여러 가지 어려움에 처하여, 학교와 직장에서 불이익을 당하고, 늘 심리적 압박을 받았으며 일부는 특정 교회 활동 때문에 체포되기도 했다. 또한 국가인민군 신병들에게 들은 바에 의하면 군인들은 줄줄이 교회에서 탈퇴할 것을 강요받았다

---

61 히브리서 12장 1절.

고 한다. 국가는 독일 사회주의통일당원들을 특정 직업과 여러 일자리들에 배치하도록 요구했을 뿐 아니라 당원들을 공공연히 사람들 주변에 배치시켜 놓았다. 그러자 강압에 못 이겨 교회를 탈퇴하는 사람들이 많아졌다.

그럼에도 나는 연수가 더해 갈수록 이 시대에 얼마나 하나님의 약속과 그 사역이 시작되는 표시를 발견할 수 있는지 분명히 깨달을 수 있었다. 독일 제국 시대에는 서민 교회들의 몰지각한 자동화로 인해 교회의 신도 수가 상당한 수준까지 높아진 바 있다. 당시 교회는 거의 모든 사람들에게 세례를 주고 입교시켰으며 가족 중 최소 한 사람이라도 예배에 참석하도록 명령을 받았다. 바로 이러한 면을 사회주의 국가가 이어 받은 것이다. 즉 모든 사람들이 개척단 조직에 들어가고, 성년 서약식에 참석하며, 자유독일청년단에 가입하고 또한 선거에 참여하며 국가가 지정한 시위에 가담하도록 간섭했던 것이다!

이런 조치들은 엄청난 통계 숫자를 산출해 내었지만, 동시에 사회의 진정된 상황에 대해서는 눈을 감게 만들었다. 이와 반대로 동독 교회는 포괄적으로 힘과 특권을 누렸었다. 그것을 특별히 원한 것도 아니었고 또 이해할 수도 없었지만, 교회는 오직 예수를 지향하는, 국가의 간섭을 받지 않는 독립적인 기관으로서 자유를 누렸다.

1953년 6월 17일 봉기에 앞서 국가는 이미 교회를 공격하기 시작했는데, 교회 청년 단체들을 미국 CIA의 사주를 받은 첩보 기관이라고 폄하했으며 학생 목회자들을 체포하자 믿을 수 없는 일이 일어났다. 현 국가를 통해 교회 대표자들은 학교에서 종교교육을 실시하도록 했고 또한 종교세 도입을 위해 노력했던 것이다! 당시 사람들은 국가의 특혜라는 지팡이가 없는 교회를 상상할 수 없었다. 하지만 동독 정권은 앞서 거론한 요구들을 거절했다.

이렇게 1950년대 동독에서는 새로운 형태의 개혁이 시작되고 있었다. 교회가 스스로 갱신할 수 있는 내적인 힘을 이미 잃어버렸기 때문에 하나님은 다른 길을 준비하고 있었던 것이다. 외부로부터, 무신론적인 국가를 통해 하나님은 안전을 보장받으며 잠자는 교회를 일깨웠던 것이다. 하나님은 주님의 포도나무 가지를 사정없이 흔들어 썩은 열매들과 죽은 가지들이 떨어져 나가도록 하셨다. 그러자 엄청나게 많던 교회 신도 수가 급속히 줄어들었다. 이리하여 진정 예수와 관계있는 사람들만 교회에 남게 되었다.

예수님이 말씀한 것처럼 말이다. **"나는 포도나무요, 너희는 가지이다. 사람이 내 안에 머물러 있고, 내가 그 안에 머물러 있으면, 그는 많은 열매를 맺는다. 너희는 나를 떠나서는 아무것도 할 수 없다. 사람이 내 안에 머물러 있지 아니하면, 그는 쓸모 없는 가지처럼 버림을 받아서 말라 버린다. 사람들이 그것을 모아다가, 불에 던져서 태워 버린다."**[62]

국가가 자신의 세계관 이외의 것은 완전히 거부함으로써 무신론

---

62 요한복음 15장 5-6절.

적인 세계관을 가진 국가가—일부러 원한 것은 아니었으나—오히려 교회를 다시금 깨어나게 했다. 교회는 그때부터 교회의 회복을 위해 오직 의지해야 할 분, 즉 십자가에 못 박히고 다시 살아나신 예수 그리스도에게만 집중했던 것이다.

동독의 40년 시간은 실제로 40년간의 신앙 훈련 기간이었다. 새로운 형태의 개혁은 자라고 있었다. 이러한 것들은 고도의 적응 시간을 필요로 했다. 이러한 개혁은 새로운 형태의 혁명 안에서 최고조를 이루었는데 그것이 바로 1989년 10월의 평화 혁명이었다. 그러나 그때까지는 머나먼 길을 지나야 했다.

1976년 볼프 비어만의 추방은 전국적인 분노를 야기했으며 교회 안에서도 열띤 토론이 있었다. 그의 노래들이 불법으로 복사되었고, 그의 시들이 쪽지에 적혀 돌아다니고 있을 때, 사람들은 그의 검열 받은 노래들과 글들을 통해 손 안의 작은 자유를 느꼈다. 80년대 초 주 노회 회의 예배에서 볼프 비어만의 노래 중 내가 좋아하는 노래를 인용했다.

너, 너 자신을 경직되게 하지 말아라.
이 경직된 시대 속에서
너무 단단한 것들은 부러지기 마련이지.
너무 뾰족한 것들은 지르기 마련이지.

그리고 바로 부러져 버리니까.[63]

이 예배 이후 노회원 중 한 사람이 내게 다가와 말했다.

"당신은 창문에 너무 심하게 기대었군요."

볼프 비어만이 추방된 지 몇 년이 지난 후에도 그의 글을 대규모 군중 앞에서 인용한다는 것은 문제가 되었다. 우리 교회 그룹 사이에서는 "분노의 발작"에서부터 "비어만"까지 다양하게 복사된 가사와 음악 카세트테이프들이 돌고 있었다. 이것을 알기 원하는 사람은 어떻게 이러한 노래들이나 작품에 접근할 수 있는지 정확히 알고 있었는데 매우 모험적인 방법으로 다양화되어 있었다. 니콜라이교회의 목회자로서 이런 문제가 되는 자료들에는 쉽게 접근이 가능했고 이런 종류의 텍스트는 그냥 집으로 배달되기도 했다. 내가 원하지 않아도 매체들은 여러 방법으로 나에게 찾아왔다.

예배 후 사람들은 종종 가사 복사에 대해 물어 왔다. 나는 항상 가사를 가지고 있었기 때문에 내게 오는 사람들에게는 그들이 좋아하는 글을 베껴 적을 수 있도록 해 주었다.

당시 사람들의 단어와 정신에 압력이 가해지던 그 시절에 단어와 정신은 매우 중요했다.

---

63 Gedicht Ermutigung(격려의 시). 볼프 비어만, *Mit Marx und Engelszungen*(『마르크스와 엥겔스의 혀로』). Berlin 1968.

사람들은 민주주의적 복지 사회에 살아서 모든 것을 표현할 수 있는 시절보다 그리고 복수주의와 소비를 통하여 주의가 돌려진 시대보다 단어와 가사에 더 많은 주의를 기울이고 있었다.

　1978년 동독의 인민교육부 장관이었던 마고트 호네커Margot Honecker 장관은 교회와 부모들의 저항에도 9학년부터 학생들에게 무기 훈련을 시키는 군사 교육 수업을 도입했다. 병역 의무는 확신이 있어 무기를 손에 쥘 수 없다고 생각하는 사람들도 건설병으로 복무를 대체해야만 했다. 기본 근무를 18개월 한 이후에도 건설병으로 대체 복무를 한 사람들은 지속적인 보복의 두려움 속에 지내야 했다. 비어만의 노랫말이 이 경우에도 도움이 되었다. 평화 기도회 주간에 병역 거부와 대체 복무를 주제로 하는 시간에 나는 다시 비어만의 노래를 사용했다.

> …군인, 군인 회색 규범 속에서
> 군인, 군인 군복을 입고
> 군인, 군인 당신들은 너무 많군요.
> 군인, 군인 이것은 장난이 아니예요.
> 군인, 군인 나는 찾을 수가 없어요.
> 군인, 군인 당신의 얼굴을…
> 군인들은 모두가 다 똑같아 보여요.

살아 있지만 시체로….[64]

이 단어들은 매우 인상적이었다. 특히 청년들에게는…. 이외에도 이러한 단어들을 교회에서 공공연하게 들을 수 있었고 이에 대해 논의할 수 있는 가능성이 있었다. 젊은이들에게는 자신의 생각을 스스로 찾고 그것을 표현하는 것이 매우 중요했다. 그들은 장기판의 말처럼 윗사람들이 이리저리 자리를 옮기는 것을 원하지 않는다. 오랫동안 미친 사람은 언젠가는 다시 미치기 때문에, 자취를 감출 수 없다.

1967년 발터 울브리히트는 독일 사회주의통일당의 제7차 전당대회에서 1949년 이후 변화된 현실을 반영하는 근본적으로 새로운 헌법을 제정하자고 제안했다. 그들의 생각에 따르면 기존 헌법은 자유민주주의적 색채가 너무 짙다는 것이었다. 목표는 독일 사회주의통일당 지도부를 법적으로 안전하게 하고 독재적 활동을 보장하는 것이었다. 동독 당시 존립했던 8개의 개신교 주회들은 독일 개신 교회 EKD: Evangelischen Kirche in Deutschland 소속이었다. 무신론적인 동독 국가에 대해 실질적으로 반대하는 극점이 되는 것이 교회가 표명한 목표였기에 이것은 불가능을 뜻하는 것이었다.

그러므로 동독 교회는 1969년에 '동독개신교회연맹 BEK: Bund der

---

64 Gedicht Soldat Soldat(시 군인 군인). 볼프 비어만, *Mit Marx und Engelszungen*(『마르크스와 엥겔스의 혀로』). Berlin 1968.

Evangelischen Kirchen der DDR'이라는 단체를 만들었다. 이로써 하나의 공동 교회를 추구하면서도 독일 개신 교회에 소속되었다는 것을 결코 포기하지 않았다. 동독 교회는 구석으로 밀리지도 않았으며 매수되지도 않았다.

한편 독일 개신 교회 소속을 고수함으로 문제가 되기도 했는데 이 사실이 동독 정부에게는 내내 눈 속의 가시 같은 역할을 했다. 다른 한편 국가의 편에서 보면 새롭게 구성된 동독개신교회연맹이라는 단체와 공동으로 위원회를 구성하여 협상할 수 있다는 이점이 되기도 했다. 동독 교회는 서독 교회들과 자매결연 형식으로 유대 관계를 가지고 있었다. 그러나 동서독 교회들 간의 규정 같은 것은 없었으며 개별 주교회들 간 파트너십은 이에 전혀 영향을 받지 않았다. 나는 1969년 연맹 결성에 대해 동독 교회들의 활동 범위를 넓힐 수 있는 가능성의 문이 열린 것으로 평가했다.

그럼에도 이러한 활동 범위가 실제로 나타나기까지는 거의 10년이 걸렸다. 1978년 3월 6일 교회지도자들과 국가 지도자들의 만남 시 교회 사역에 새로운 장이 열리게 되었다. 놀랍게도 당시 동독 교회 총회장 알브레히트 쉔헤어 Albrecht Schönherr 와 5인의 주교회 대표들 그리고 동독 수상이었던 에리히 호네커 Erich Honecker 의 대화가 성사되었다. 내가 생각하기에 이것이 바로 국가가 교회와 접촉을 시도한 첫 만남이다. 에리히 호네커가 동독의 서기장이 된지 2년 만에 그는 처음으로 주교회의 대표들과 만남을 가졌다. 이로써 그는 동독 정부 대표들 중 교회 지도자들과 한 테이블에 앉는 처음 사람이 되었다. 이러한 규모로 대화가 이루어지는 것은 처음이었던 것이다. 정부는 교회에 맞서는 전략을 선회한 것이 분명했다. 교회에 맞서기 위한 청소년 서약식Jugendweihe 또는 이와 유사한 방안들은 독일 사회주의통일당 강경 노선이 만들어 낸 것들이었다. 담당 간부들은 이러한 전략을 통하여 동독 내 교회가 곧 붕괴될 것이라고 생각했다. 그러나 1961년 장벽을 건설했음에도 그리고 어느 정도 교회에 대항하는 이념적 강경 수단을 사용했음에도 독일 사회주의통일당 지도부는 교회와 계속 합의를 보아야 했다. 그러므로 국가는 교회에게 다소 양보를 하게 되었다. 즉 목회자들에게는 병원, 양로원, 교도소 등의 방문이 허용되었으며 기독교 방송은 제한적이기는 하지만 텔레비전을 통해 방영되는 것이 허용되었다. 이 모든 것은 당시 동독이 국제적인 인정을 받으려고 노력했으므로 외부적으로 동독이 교회와 우호적인 관계를 맺고 있다는 것을 알리고 싶어 했기 때문이었다.

이러한 맥락에서 "당신은 종교에 대해 어떻게 생각하는가?"라는 질문이 매우 중요한 역할을 했다. 다른 한편 동독 정부에게는 자국 내 평화를 이룩하는 것을 중요하게 생각했다. 왜냐하면 실제 존재하는 사회주의가 자신들이 입을 모아 선전하는 진보와 목표를 달성하지 못했기 때문이다. 그러면 당시 교회는 어떠했는가? 교회는 국가의 이상한 포용에 숨 막히지 않도록 세심한 주의를 기울여야 했다.

국가는 교회에게 '사회주의 내에서 교회'라는 낙인을 찍고자 했다. 그러나 교회측은 '사회주의를 위한 교회가 아니며 사회주의를 반대하는 교회도 아니고 사회주의 내에서의 교회'라는 입장을 취하게 되었다. 이러한 문구를 통해 교회는 분명한 입장을 표명했다. 교회는 순응하는 동시에 저항하는 입장을 취했다고 말할 수 있다. 물론 그 이후 교회는 곧 저항 노선을 택하여 동독의 종말에 크게 기여하게 되었다.

스스로를 '역사의 승리자'라고 칭하던 세력은 사태가 이렇듯 역방향으로 진행되는 것을 결코 가능한 것으로 여기지 아니했을 것이다.

에리히 호네커 서기장이 정권에서 물러난 이후 그가 그의 부인 마르고트와 함께 은신처로 선택한 곳이 동독의 큰형 격이었던 소련의 영내도 아니었고, 동독 국가인민군 병사도 아니었으며, 독일 사회주의통일당이나 자유독일노총FDGB: Freie Deutsche Gewerkschaftsbund 의 휴양지도 아니었다. 동독 서기장이었던 호네커와 인민 교육부 장관이었던 그의 아내는 로베탈Lobetal 지역의 우베 홀머Uwe Holmer 개신교 목회자 가정으로 피신했던 것이다. 역사는 사상적인 문구를 가지고 그 방향으로 몰아가도록 놔두지 않았고 오히려 운명의 아이러니처럼 자신의 길을 간 것이었다.

1978년 3월 동독 정부와 교회가 대화를 시작한지 12년이 지난 후에 동독은 더 이상 존재하지 않았다. 이로써 동독개신교회연맹BEK 은 더 이상 존재의 의미가 없어졌고 독일개신교회EKD 연합이 다시 부활되었다.

칼을 보습으로

평화 주간마다 한 가지 주제가 설정되었다. 그리고 그 주제들은 원래 형태로든 아니면 약간 달라진 모습이든 결국은 정식 슬로건으로 발전하게 되었다.

그중 몇 가지를 예로 들면 '군비 무장은 전쟁이 없어도 살인한다.' 또는 1980년 크레펠트 호소와 짝을 이루는 1982년 에펠만 목사의 베를린 호소에서 언급한 '무기가 없어도 평화는 이룩될 수 있다.' 등이다. 지금까지 가장 많이 알려진 슬로건 중 '칼을 보습으로'는 1982년 평화 주간에 만들어진 것이다.

1982년은 아르헨티나가 포클랜드제도를 점령했고, 이스라엘이 팔레스타인무장단체PLO를 해체시키기 위해 레바논을 침공했다. 북대서양조약기구NATO가 처음으로 본Bonn에서 정상회담을 개최했으며, 독일의 평화 운동이 당시 독일 역사상 최대 규모로 시위를 한 해였다. 콜이 서독 수상이 되었으며 소련에서는 브레즈네프 사망 후 안드

[사진 21] 크리스치안 퓌러 목사의 서재. 책상 맞은편에 있는 액자를 보면 무기를 부수어 보습으로 만드시는 예수님의 모습이 인상적이다.
[저작권] 역자

로포프가 공산당 서기장이 되었다.

'칼을 보습으로'라는 슬로건은 성경의 이사야와 미가가 주전 700년대에 가졌던 비전을 기반으로 만든 것이었다. "…율법이 시온에서 나오며, 주님의 말씀이 예루살렘에서 나온다. 주님께서 민족들 사이의 분쟁을 판결하시고, 원근 각처에 있는 열강 사이의 갈등을 해결하실 것이니, 나라마다 칼을 쳐서 보습을 만들고 창을 쳐서 낫을 만들 것이며, 나라와 나라가 칼을 들고 서로를 치지 않을 것이며, 다시는 군사 훈련도 하지 않을 것이다. 사람마다 자기 포도나무와 무화과나무 아래 앉아서, 평화롭게 살 것이다. 사람마다 아무런 위협을 받지 않으면서 살 것이다. 이것은 만군의 주님께서 약속하신 것이다."[65]

2,700여 년 전의 예언적인 비전의 말씀이 오늘날 우리에게도 분명한 지침이 되었다.

이로써 우리는 구스타프 하이네만 Gustav Heinemann 서독 연방 대통령이 1969년 7월 1일 연방 상하원 앞에서 "전쟁이 아닌 평화만이 우리가 입증해 보여야 하는 모든 것이다."라고 한 말을 참으로 이해할 수 있는 것이다.

이로써 학교에서는 더 이상 조국을 위해서 죽는 것이 명예로운 것이라는 것을 가르치지도 배우지도 않게 되는 것이다. 평화를 위해 전쟁을 하는 것이라는 명목을 내세울 필요도 없는 것이다. 사람들은 **샬롬**을 배우고 전쟁이 아닌 평화를 누리는 것이다. 그리고 모든 사람들이 자신들의 무화과나무와 포도나무 아래 **평화로이** 앉을 것이라는 놀라운 미래의 비전이 이루어지는 것이다.

---

65 미가 4장 2-4절.

[사진 22] 부체티취가 만든 조형물, 소련이 유엔에 선물했고 뉴욕 유엔 본부 앞에 세워졌다.
[출처] http://upload.wikimedia.org/wikipedia/commons/0/04/Swords-Plowshares.jpg?uselang=ko

'칼을 보습으로'라는 슬로건은 1982년 우리가 전혀 상상하지 못했던 파급력을 발휘했는데 그리스도인들 뿐 아니라 비그리스도인들에게도 또한 일부러 원한 것은 아니었지만 국가도 그 파급에 기여했다.

소련 정부는 예브게니 부체티취Jewgeni Wutschetitsch에게 위의 성경 말씀을 모티브로 한 조형물을 만들 것을 위탁했다. 그가 만든 조형물은 소련이 유엔에게 선물했고 그 동상은 뉴욕 유엔 본부 앞에 세워지게 되었다. 부체티취는 소련의 유명한 조각가로 이전 그는 베를린에 트렙타우어Treptower 기념물—소련 군인인 붉은 군인이 팔에 아이를 안고 있는 동상—을 만든 장본인이다. 만약 당시 소련이 미국에게 마르크스-레닌-엥겔스로 이뤄진 사회주의자 세 명을 선물했다면 이러한 조형물은 어떤 사람의 창고 속으로 사라져 버렸을 것이다. 그러나 '칼을 보습으로'는 전 세계인이 여전히 동의하는 작품이다.

그러나 자명한 무신론적 국가가 성경 말씀에 입각한 조형물을 위탁한다는 사실만으로도 놀라운 일이 아닐 수 없으며 게다가 이 작품을 유엔에 선물했다는 것은 보통 일이 아닌 것이다.

소련이 국제사회에 출현하는 것은 브레즈네프 정권 하에 독특한 감정을 형성했다. 2차 세계대전의 결과는 다른 어떤 나라에서보다 소련에서 지속적으로 감지되었다. 레오니트 브레즈네프Leonid Breschnew 서기장이 서독의 본을 국빈 방문했을 당시, 연설에서 2차 세계대전에 대한 언급이 나오자, 그의 눈에서는 눈물이 쏟아졌고 당시 이를 본 정치인들은 당황을 금치 못했다. 전쟁이 끝난 지 이렇게 오랜 시간이 지났는데 어떻게 감정이 이렇게 요동할 수 있는지에 대해 어느 누구도 공감할 수 없었다.

이렇게 본다면 성경 말씀을 모티브로 한 조형물은 의미가 있는 것이었다.

평화 주간 로고로 우리는 이 조형물의 모티브를 사용하려고 했다. 그러나 우리는 아마도 이를 위한 공식 출판 검열을 통과하지는 못했을 것이다.

다행스럽게 우리 주교회 청년 목회자인 하랄드 브렛슈나이더Harald Brettschneider는 비상한 아이디어를 내었다. 바로 직물에 인쇄를 하거나 유명한 앞치마에 꽃을 프린트할 때는 검열이 필요 없었던 것이다. 이런 규율의 허점을 왜 이용하지 않는단 말인가!

종이와 천의 중간 상태인 플리스 섬유가 최적이었다. 플리스에 인쇄를 하는 것은 직물 인쇄에 해당하는 것이었다. 바로 이것이 해답이었다.

주 개신교 청년 사목실은 바로 플리스 원단에 이 모토를 인쇄하도록 지시했다. 전체적으로 보면 가운데 조형물을 파란색으로 인쇄하고 검정 글씨로 '칼을 보습으로'라는 문구와 함께 이것이 나오는 성경 구절을 적어 넣고 붉은 색으로 테두리를 그렸다.

청년 사목실은 또한 책갈피 용도로 긴 띠로도 만들어 엄청나게 많은 양을 주문했다. 나도 당장 한 뭉치를 구해 왔다. 청년들은 그것을 당연히 책갈피로 사용하지 않았고 이것을 책가방 위에나 잠바에 바느질해서 붙이고 다님으로 경찰의 눈에 띄게 되었다. 곧 학교에서는 이 상징에 대해 금지령이 내려졌고 참으로 이상한 사건이 발생하게 되었다.

개신교 청년들 중 하나인 남자 아이가 나에게 이야기해 준 것이 있었는데 경찰이 그 아이의 가방에 붙여 놓았던 표시를 그냥 가방에서 잡아서 뗐다는 것이다.

그 학생은 격분이 되어 "당신은 소련 기념물을 어떻게 다루십니까?"라고 말했다고 한다. 경찰은 학생에게 우롱당한 것 같은 기분이 들었고, 이어 자제력을 잃고는 "아니, 소련이 우리와 무슨 상관인데?"라는 말을 내뱉고 말았다는 것이다. 당시 동독 시절 이러한 발언은 끔찍한 표현이었던 것이다. 이러한 사건은 바로 당시 경찰들이 얼마나 정보가 없었고 얼마나 불안한 상태였는지를 보여 주는 것이었다. 이 상징물을 유명하게 만들어 준 것이 다른 사람이 아닌 바로 경찰이었다. 경찰과 학교장 그리고 기업의 간부들은 꿰매어 붙여 놓은 것들을 학급이나 도로에서 모두 제거하라는 명령을 수행할 뿐이었으나 그들은 전 동독 인민경찰과 함께 성경 말씀을 힘들이지 않고 외우게 되었다. '칼을 보습으로.'

일은 곧 더욱 복잡하게 번져 갔다. 국가가 입교식을 대신하여 도입한 청소년 서약식은 책임자의 희망에 의해 교회의 의식과 같이 축제와 같이 진행하기로 했다. 청소년들은 서약식에서 책—『사회주의: 당신의 세계』—을 한 권씩 선물로 받았다. 그 책 안에는 "우리는 칼을 보습으로 만든다. 소련이 유엔에게 전달한 선물, 소련 조각가 예브게니 브쉬티쉬의 조형물. 1959." 라고 써진 문구와 함께 조형물의 사진이 들어 있었다.[66]

이 문구를 찾을 수 있는 성경 구절은 언급되지 않았다. 만약에 그것까지 기재되어 있었다면 간부들은 어려움을 당했을 것이고 서약식 또한 혼동을 불러 일으켰을 것이었다. 경찰들이 밖으로는 청소년들이 잠바에 붙이고 다니는 상징물을 떼어 내는 동안, 안으로는 학교

---

66 ZENTRALER AUSSCHUSS FÜR JUGENDWEIHE IN DER DEUTSCHEN DEMOKRATISCHEN REPUBLIK(동독에서 청소년 서약식을 위한 중앙위원회, 재판). *Der Sozialismus-Deine Welt*(『사회주의-당신의 세계』), Berlin 1975, 259쪽.

교장들이 성년 서약식을 거행하며 축제 분위기에서 그 상징물을 선물로 청소년들에게 나눠 주고 있었다.

이것이 그 시대의 변증법이었다. 동독의 전문지인 「독일 철학지」에서는 1982년 초 성경 구절을 인용하며 글을 올렸다. "어떤 마르크스주의자가 이런 형태의 종교적 신앙이 완고한 보수주의라고 주장할 수 있겠는가? 그리고 이 신앙은 자체적으로 학문에 기반을 둔 지식을 서술하고 있지는 않지만 그래도 이 신앙이 과학에 모순된다고 누가 주장할 수 있겠는가? 이 신앙은 전쟁이 없는 무계급 사회와 관련된 과학적 인식을 예견하고 있다."[67]

모든 것들을 움직인 상징물 '칼을 보습으로'는 청년 모임에서 오랫동안 주요 주제가 되었다. 선생님들도 어려운 상황이기는 마찬가지였다. 소련이 기념물로 정한 것에 대해 무슨 말을 할 수 있겠는가? 어떤 학생이 이 상징물을 책가방에 붙이고 다닌다고 해서 책임자들이 어떤 말로 이것을 반국가적 행위라고 주장할 수 있는가? 그 상징물이 국가로부터 시작된 것이 아니라 교회에서 시작된 것이라고 주장할 것인가? 그리고 교회가 그 상징물을 퍼트리는 방법을 지시한 것이 아니라 그것을 부착하는 사람들의 창의력에 맡겨 놓았다는 것

---

67 Anke Silomon(안커 실로몬), *Schwerter zu Pflugscharen und die DDR: Die Friedensarbeit der evangelischen Kirchen in der DDR im Rahmen der Friedensdekaden* (『'칼을 보습으로' 그리고 동독: 평화주간의 형태로 동독 개신교의 평화를 위한 노력』), 1980-1982, 53쪽.

이 잘못인가?

청년들 중 몇 명이 이 상징물을 커다란 표시판에 그리고 그 아래 "매주 월요일 오후 5시"라고 써 놓았다. 이 플래카드는 오늘도 니콜라이교회에 오면 볼 수 있다. 평화 주간에 나온 하나의 표어가 모든 평화 주간을 아우르는 우리 모두의 표어가 되었으며, 우리 평화 기도회의 핵심 좌우명이 된 것이다. '칼을 보습으로.'

이 표어는 사람들의 창의력을 깨워서 '헬멧을 냄비로', '탱크를 곡물 수확기로'와 같은 표어들을 볼 수 있었다. 이후 기독 청년들은 이것에 관심이 있고 국가에 적응하지 않으려는 청년들에게 더욱 호감을 주게 되었고, 자연스럽게 동독의 자유독일청년단보다 월등하게 흥미진진했다. 그리고 교회를 찾는 신입들에게 교회는 요즘 유행하는 스티커를 나눠 주는 곳으로 인식되었다.

어느 날은 두 명의 유니폼을 입은 경찰이 나에게 말을 걸더니 경찰차로 나를 라이프치히 경찰서로 데리고 갔다. 내 서류 가방에 붙여놓은 '칼을 보습으로' 때문이었다. 그들은 내가 목회자라는 것을 생각하지 못한 것이다. 그들은 나의 보고서를 살펴본 후 내가 "반국가적 상징물"을 달고 다닌다는 비난을 철회했다. 또한 모두에게 잘 알려진 동독 형법 제 220조 "국가 질서를 공공연히 모독하는 죄"는 나에게 일단 구형되지 않았다. 사안은 매우 신속하게 종결되었다. 사람들은 목회자를 체포하는 것은 학생들을 압박하는 것처럼, 그렇게 간단하게 처리하기를 꺼려했다. 그러나 나는 이 사안에 대하여 즉시 서면으로 진정서를 작성하여 주교와 노회에 제출했다. 또한 학교에서 이 상징물 때문에 제재를 당하는 학생들의 경우에도 나는 내 경우와 똑같이 처리했다.

예언의 말씀 '칼을 보습으로' 는 항상 그 효력을 보여 주었다. 이곳에 길이 하나 생겼고, 이곳에서 무언가 우리가 전에 전혀 상상할 수 없었던 일들이 자라고 있었다. 또한 평화 기도회 때와 같이 여기에는 사전에 특별한 계획이 있던 것이 아니며 믿음의 걸음을 한 걸음 또 한 걸음 내디딘 것이었다.

마르크스-레닌주의와 마틴 루터

1983년은 매우 중요한 해였다. 청년들은 이 해를 간단히 ML해라고 불렀다. 이 해는 마틴 루터가 탄생한 지 500주년이 되는 해였으며 동시에 칼 마르크스가 사망한 지 100주년이 되는 해였다. ML은 원래 학생들의 이수해야 하는 필수과목으로 마르크스주의 Marxismus 와 레닌주의 Leninismus 교과 과정을 의미하는 것이었다. 국민들 사이에서는 "적외선 사상 교육을 의미"이라고 불려왔던 ML은 이제 마르크스 Marx -루터 Luther 또는 마틴 루터의 해를 나타내는 이니셜이 되었다.

그러나 경찰 동지들은 이러한 이니셜이 자신들의 선전에 얼마나 비효율적으로 작용하는지에 대해 너무나 늦게 발견하게 되었다. 이 해 우리는 루터의 탄생을 기념했고 그들은 칼 마르크스의 죽음을 애도했던 것이다.

사회주의 친당 신문인 **새로운 독일**에서 "에리히 호네커-루터 기념행사 후원"이라는 글귀를 읽었을 때 모두는 당황스러워했다. 우리는 코페르니쿠스적인 변화의 시대에 살고 있었다. 학교 역사 수업 시간에서는 마틴 루터는 동독 역사관으로 볼 때 제후들의 종이었으며 아첨꾼으로 비난 받는 사람이었다. 그러나 하루아침에 그는 독일 인민의 중요한 아들로 돌변했던 것이다. 우리의 종교개혁자는 이토록 유동적으로 평가를 받았다!

코부르그Coburg와 보름스Worms를 제외한 나머지 루터 유적지는 동독 영토였으며, 루터가 태어나고 사망한 아이스레벤Eisleben도 마찬가지였다. 루터는 만스펠트Mansfeld에서 유년기를 보냈으며, 막데부르크Magdeburg 성당학교Domschule를 졸업했다. 이후 아이제나흐학교를 다녔으며, 에르푸르트Erfurt 대학에서 공부했다. 그 후에 그는 비텐베르크Wittenberg 대학에서 가르치기도 했다. 그 다음 루터는 바르트부르크Wartburg 성에서 융커 요르크Junker Jörg라는 가명으로 은신하기도 했다. 그리고 마침내 비텐베르크에서 종교개혁을 일으켰다. 바로 이곳 성교회Schlosskirch에 그의 무덤이 놓여 있다. 그러므로 동독은 루터 기념 주최자로 행사를 개최해야 할 의무를 지고 있었다.

마틴 루터 탄생 500주년 기념식에 에큐메니칼 회의를 계기로 라이프치히에는 전 세계에서 각 종파를 초월하여 거의 200여 명의 손님이 올 것으로 예상하고 있었다. 호네커는 자신의 정치와 동독을 위해 이 세계적인 회의를 이용하려고 했다. 동독에서는 처음으로 읽을 만한 가치가 있는 마틴 루터 전기가 출판되었다. 당시 루터의 저서는 단지 그의 생애의 실질적인 관계나 상황에 대해 서술함으로 오히려 동독의 선전용으로 사용되어 왔다. 하지만 이번 행사로 국가는 루터의 생애에 대해 주의를 기울이는 결과를 낳게 되었다. 루터와 연관이 있는 도시들은 국가와 시의 재정이 허락하는 한계 내에서 루터 유적지들을 차례차례 보수하기 시작했다.

이들은 세상에 최고의 인상을 남기는 것에 주력했고 라이프치히의 토마스교회에서 루터 기념식 행사를 마치게 되었다.

같은 시간에 니콜라이교회에서는 "평화는 약한 자의 능력에서 만들어진다."는 주제 하에 평화 주간 행사가 진행되고 있었고 "카피톨Capitol" 극장에서는 라이프치히 다큐멘터리 영화가 상영되고 있었다. 이 축제 프로그램 중에는 동독 시절 당시 볼 수 없었던 단편영화 상영도 들어 있었다.

루터 기념행사의 마지막 예배에는 호네커 서기장이 초대 손님으로 참석한다는 통보가 있었다. 청년들은 광장Marktplatz에 모이자는 생각을 내었다. 호네커 서기장이 토마스교회에서 나오고 영화 관람객들이 극장에서 나올 그 시간에 손에 촛불을 들고 침묵으로 그 앞에 앉아 있자는 것이었다. 독재 정권 하에서는 사람들의 정신이 매우 예민해져 있기 때문에 사람들은 언어가 없이도 이해가 가능하다. 국가의 대표들 앞에서 침묵하며 앉아 있는 것은, 사람들이 벙어리가 될 때까지 그렇게 오랫동안 사람들을 우매하게 하고 위협했다는 분명한 메시지가 되었다.

이러한 생각이 머리에서 나오자마자 슈타지를 통해 전달이 되었고 동독 정부는 이에 "우리는 도발적 행위를 용인하지 않을 것이다! 해외 방문객들이 이 도시에 머물고 있다고 해도 절대 용납하지 않을 것이다."라고 대응했다.

이러한 정부 방침은 양 노회장들에게 명확하게 전달되었고 최고 명령을 통해 어떠한 형태로든 도발적인 행위가 일어나지 않도록 하라는 지시가 내려졌다.

노회장들은 책임감 때문에 청년들에게 계획했던 행동을 철회해 줄 것을 권유했다. 국가는 어떤 경우에도 강경하게 조치를 취할 것이라고 전달했다. 청년들은 분노했고 노회장들을 "슈타지의 하수인"이라고 비난했다. 청년들은 여기서 노회장들의 염려를 그저 국가와 손잡고 있다고 오해하는 것이 나는 가슴 아팠다.

사태가 악화되지 않게 하기 위해 나는 청년들과 대화의 자리를 마련했으며 그들과 함께 실질적인 해결책 마련을 위해 논의했다.

"니콜라이교회 안에 마분지를 깔아 놓겠다."고 내가 제안했다. "교회 안에서 마음껏 촛불을 켜라. 너희들이 원한다면 밤새도록 교회 문을 열어 두겠다."

"그것 괜찮겠네요." 한 사람이 이렇게 이야기했고 다른 많은 이들도 고개를 끄덕였다.

"나도 너희들과 함께하겠다." 청년들이 나의 제안을 순순히 받아들였기에 나는 조용히 계속해서 이야기했다. "다들 각자가 자신의 의사에 따라 결정해야 한다. 광장으로 가고 싶은 사람은 가도 좋다. 그러나 위험 부담이 따르는 것을 미리 알아야 한다." 우리는 그 문제에 대해 좀 더 논의한 다음 헤어졌다.

결국은 전체 300여 명의 청년들 가운데 40여 명만 광장에 집결했다. 그들은 침묵하며 한쪽 구석에 가서 앉았는데 그들이 앉자마자 사복을 입은 남자들이 다가와 그들에게 무례한 행동을 했다. 그럼에도 청년들은 입을 다물고 앉아 그들의 무례한 행동을 상관하지 않았다. 그러나 그들은 곧 민간 출동 대원들에 의해 제거되었다.

동독 체제 당시에 은어로 이 사건을 "인도_Zuführung"라고 불렀다. 끌려간 사람 중 6명이 시위에 참가한 이유로 2년 형을 받았다.[68]

사건이 많았던 그날 늦은 저녁에 나는 주교회 총회_Landessynode 에서 같이 있던 친구를 방문했다. 그와 그의 부인은 16살 된 딸이 니콜라이교회에 갔는데 집에 돌아오지 않았다고 걱정이 이만저만이 아니었다. 그녀는 광장에서 체포된 단체에 속해 있었던 것이었다. 나는 친구와 함께 경찰서로 가서 그의 딸이 어느 경찰서에 수감되어 있는지 물어볼 작정이었다. 우리가 경찰서에 도착했을 때 이미 경찰서 앞에는 여러 부모들이 모여 있었다. 오래 기다린 후에야 소식을 듣게 되었는데 그날 끌려온 사람들 중 18세 이하는 밤 12시경에 모두

---

68 라이프치히 시민운동협회 문서보관소(Archiv Bürgerbewegung Leipzig e.V.). www.archiv-buergerbewegung.de.

집으로 돌려보낼 것이라고 했다. 우리 세 명은 다시 집으로 돌아왔고 불안해하며 기다릴 수밖에 없었다. 정말 12시가 되기 조금 전 초인종이 울렸고, 문 앞에는 민간 경찰 두 명이 딸아이와 함께 서 있었다. 그녀는 울면서 자기 아버지와 함께 그녀의 방으로 들어갔다. 그 사이 친구의 부인과 나는 함께 온 경찰에게 격앙이 되어 이의를 제기했다. 우리는 먼저 그들을 집안으로 들어오게 했고, 도대체 그들이 무슨 일을 저질렀는지 설명해 줄 것을 요구했다. 그들은 우리의 이러한 요구를 국가 권력에 대한 협박이라고 느끼는 것 같았다. 후일 나는 나의 슈타지 문서를 볼 기회가 있었는데 내가 그 두 사람에게 폭력을 가했다고 적혀 있었다. 이렇듯 당시 동독 사회는 '진실'을 만들어 내었다.

그것이 '반국가적 행위'의 마지막이었다. 당시 국가는 자신의 국민들을 얼마나 두려워했는지 또한 어떤 종류의 비난도, 검열을 받지 않은 개인들의 의견도 얼마나 병적으로 두려워했는지 모른다. 이후 평화 주간 금요일마다 이날 체포된 사람들을 생각하는 "평화를 위한 기나긴 밤"이라는 시간을 갖고 있다.

동독에서 사람들은 개인들의 사례를 통해 지속적으로 용기를 얻곤 했다. 자발적으로 용기를 내는 사람도 있었고, 복음에 의지하는 사람도 있었으며 또한 예수님 때문에 요동하지 않고 행동을 취하는 사람은 당시 용기를 잃어버린 동시대의 사람들을 굳세게 하는 역할을 감당했다. 나도 내 자신 스스로 이것을 경험할 수 있었다. 믿음은 두려움보다 강하다. 믿음이 두려움을 몰아낸다.

또한 다른 사람을 위해 내가 대신 일을 할 때에도 두려움이 없어진다. 이 모든 것은 앞으로 나의 행동을 결정짓는 경험이 되었다.

Und wir sind dabei gewesen

그러나 동독 정부는 동독 영토 내에서 개최되는 평화
대행진을 완전히 다른 생각과 결부시키고 있다는 것
을 곧 깨닫게 되었다. 단지 대도시 내에서만 시위를
허락하고 도시 사이 중간 지점에서는 어떤 일도 일어
나서는 안 되게끔 한다는 것이었다. 반대로 국제적으
로 계획된 것은 도시에서 도시로 행진이 이어지며 곳
곳에서 참석자들이 등단하여 연설과 음악으로 평화
이념을 공표한다는 것이었다. 이러한 행사를 통제한
다는 것은 동독 관청들에게는 엄청난 문제를 수반하는
것이었다. 이러한 평화 대행진에서 모든 것이 통제
가 된다면 어떻게 진행될 수 있다는 말인가? 어쨌
든 수많은 사람들이 연대를 이루어 움직이고 있으며 이
시위에는 외국인 방문객들도 포함되어 있지 않은가?

올로프 팔매-평화 대행진

1987년 9월 1일부터 18일까지 유럽 평화단체들은 올로프 팔매_{Olof} Palme를 기념하기 위해 평화 시위를 조직했다. 스웨덴 총리였던 그는 한때 핵무기 경쟁을 반대한 주요 인물로 동서간의 150킬로미터를 핵무기가 없는 지대로 만들자고 제안한 바 있으며, 1986년 2월 28일 암살되었다.

올로프 팔매 평화 대행진은 초기에는 동독 언론을 통하여 대대적으로 소식이 보도되었다. 동독은 당시 자국이 개방적으로 비치도록 노력을 다했다. 여하튼 호네커 서기장은 그 시간 서독에 만만치 않은 대출금을 구걸하고 있었다. 동독은 서독 평화 운동에 대해 싫은 내색을 하지 않았다. 왜냐하면 서독 행동주의자들의 많은 수가 그 시위에 참가했으며 그러므로 동독 교회 구성원들이 참여하는 것을 금지할 수가 없었다. 이 시위에서 자유독일청년단이 내세운 슬로건은 "평화는 나토 무기 반대로 이룩된다."는 것으로 교회의 "평화는 무기 없이 이룩된다."는 표어에서 따온 것이었다. 이외 자유독일청년단은 스티커를 제작하도록 했는데 이것 또한 서방에서 본딴 것이었다. 왜냐하면 당시 동독 지역에는 스티커 문화가 아직 들어오지 않았었다. 자유독일청년단은 이 나토 무기에 반대하는 스티커를 인민들에게 나눠 주도록 했다. 그런데 청소년들은 이 소위 국가가 지정해 준 스티커를 장난스럽게 도로 위에다 붙여 놓았다. 이 표어는 밤이나 낮이나 발에 밟혀지는 신세가 되었으나 이에 대해 누구의 책임으로 돌릴 수가 없었다. 몇몇 스티커들은 누군가가 니콜라이교회 마당에 쳐 놓은 건설 공사장 울타리 위에도 붙여 놓았다. 그 울타리에는 정부의 정치 선전 플래카드가 눈에 잘 띄게 붙여져 있었는데 바로 그 위에 스티커를 붙여 놓았다. 누군가가 정기적으로 여기저기 나토 무기 반대 스티커를 붙여 놓아 정부의 선전 플래카드가 보이지 않게 되었다. 인민들은 이렇게 자신들의 방법으로 시위를 했던 것이다. 사람들은 이러한 행동을 통해 자신들의 절망감을 표출하고 자신들의 의사를 다양한 방법으로 알리고 있었기 때문에 사람들의 자존감은 강화되었다.

올로프 팔매는 서유럽 정치인이었으나 국제적으로 높이 존경을 받았기 때문에, 그의 암살 사건은 동유럽 지역에서도 깊은 애도를 불러일으키게 되었고 정치 선전 목적으로 사용되기도 했다. 동독 정부는 평화 대행진을 완전히 통제하기 원했으나, 외부적으로는 교회의 평화 운동을 내세우는 전략을 사용했다. 어쨌든 이번 대행진은 국제적으로 많은 관심을 보이고 있는 사건이었으며 동독 정부는 이번 기회를 놓치지 않으려고 했던 것이다. 그러나 교회는 시위 행렬이 지나가는 노선에 다양한 순례 길을 만들어 놓으므로 이러한 허위 선전 계획을 망쳐 놓을 계획을 세웠다. 화해를 위한 기독교 NGO인 "화해 표시 행동 Aktion Sühnezeichen"은 순례 길을 조직했는데 이에 약 500여 명이 참석했다. 교회 목회자들은 참석자들을 맞이했고 길을 안내해 주었다. 순례 길은 묵상, 나무 심기, 밤을 지새우기, 토론 및 달리기를 하는 구역들로 나눠져 있었다. 그러나 동독 정부는 동독 영토 내에서 개최되는 평화 대행진을 완전히 다른 생각과 결부시키고 있다는 것을 곧 깨닫게 되었다. 단지 대도시 내에서만 시위를 허락하고 도시 사이 중간 지점에서는 어떤 일도 일어나서는 안 되게끔 한다는 것이었다. 반대로 국제적으로 계획된 것은 도시에서 도시로 행진이 이어지며 곳곳에서 참석자들이 등단하여 연설과 음악으로 평화 이념을 공표한다는 것이었다. 이러한 행사를 통제한다는 것은 동독 관청들에게는 엄청난 문제를 수반하는 것이었다. 이러한 평화 대행진에서 모든 것이 통제가 된다면 어떻게 진행될 수 있다는 말인가? 어쨌든 수많은 사람들이 연대를 이루어 움직이고 있으며 이 시위에는 외국인 방문객들도 포함되어 있지 않은가?

몇몇 사역 단원들과 크리스토프 본네베르거 등 출장을 자원하는 사람들과 나는 올로프 팔매 평화 대행진과 유사한 우리만의 방법을 계획했다. 어쨌든 이것도 평화를 위한 일이었다. 광적인 군비 확장과 군비 경쟁의 한가운데서 우리는 평화를 원했고, 무장에 반대하는 핵무기확산방지조약을 원했다. 우리가 아무리 반복해도 지치지 않는 '군비 무장은 전쟁이 없이도 살상'이기 때문이다. 우리는 또한 자원의 광적인 낭비와 전쟁 위험이 첨예화되는 것에 반대했다. 무기가 우선 생산되어 존재한다면 전쟁의 위험은 자동적으로 커지는 것이다. 이번 평화 대행진은 우리 모두에게 이만큼 중요한 것이었다. 그러므로 나는 본네베르거와 다른 몇몇 사람들과 함께 토르가우Torgau로 가서 그 지역의 청년 사목인 크리스치안 작세Christian Sachse를 만났다. 그리고 우리는 양측이 저녁 연합 모임을 한번 갖고, 토르가우Torgau 지역과 리자Riesa 지역 사이 행진 노선을 정할 것을 약속했다. 계획은 우선 토르가우에서 시위를 한 다음 이어 참여자 모두 40킬로미터의 노선을 함께 행진한다는 것이었다. 그러나 정부는 우리 계획을 시위로 분류하여 처음에는 허가를 내어 주지 않았다. 내가 토르가우 시청에 찾아가 이 사안과 관련 문의를 하니, 시청 직원은 나에게 라이프치히 사람이 도대체 여기에서 뭘 원하느냐고 물었다. 담당 구역이 아니고, 다른 지역, 다른 도시라는 것이다.

"유감스럽게도 라이프치히로는 올로프 팔매 평화 대행진이 지나가지 않습니다." 나는 토르가우 시청 직원에게 설명했다. "그렇지 않았다면 제가 여기 올 필요도 없었겠지요. 그랬다면 나는 당연히 라이프치히시청에 민원을 넣었을 것입니다. 우리는 순례 길 참석을 위한 우리의 권리를 요구합니다. 우리는 모든 규정을 준수할 것입니다."

우리는 우리의 계획을 포기할 수 없었다. 우리의 계획도 '평화 시위'가 아닌 '평화 대행진' 행사였다. 결국에는 우리는 라이프치히 단체의 평화 대행진으로 승인을 받았으나 플래카드를 드는 것은 금지되었다. 그렇지만 우리는 버섯을 채집하는 사람들처럼 시골 거리를 헤매고 다닐 수는 없었다. 우리는 어떻게든 평화의 행진 그 자체를 사람들에게 알리도록 해야 했다. 나는 참여하는 모든 사람들에게 각자 상징이 될 만한 것들을 만들어 보라고 제안했다. 마침내 우리는 오토 판코크Otto Pankoks 의 "소총을 꺾는 예수"라는 작품에서 착안하여 초록색 지구 앞에 한 사람이 서 있고 그 사람이 머리 위로 무기를 꺾고 있는 그림을 사용하기로 결정했다.

우리 로고의 초안은 동독 그래픽 전문가가 픽토그램 형식으로 만들었으며 우리는 이것을 토르가우 시청의 이전 그 담당 동무에게 제출했다. 우리는 이 로고의 주제가 우리 평화 대행진과 아주 잘 어울리며, 전하고자 하는 메시지도 동독의 한계를 넘어서는 것이라고 해외 평화 운동가들의 참여를 암시하며 논증했다. 이외에도 지구는 전 세계적인 군비 축소 요구를 뜻하는 것이며 바로 이번 행진이 주장하는 바라고 설명했다.

담당 동무는 오랫동안 주저하고 또 여러 사람과 이야기를 나눈 끝에 우리에게 허가를 내주었다.

라이프치히와 토르가우에서 약 200여 명이 참가한 가운데 1987년 9월 11일 올로프 팔매 평화 대행진이 토르가우에서 시작했다. 그들

중에는 나의 딸 카타리나도 함께 했다. 계획대로 시위를 벌이며 행진을 시작했다. 슈타지 요원들도 당연히 나와 있었고 결코 적은 수가 아니었다. 남성과 여성들의 참여를 우리는 분명히 느낄 수 있었다. 전체적으로 그것은 평화를 위한 국가적 공식 시위였으며, 당연히 제국주의적 무장에 반대하고 나토 무기에 반대하는 것이었다. 그리고 그 한가운데 우리는 우리만의 플래카드와 로고와 스티커를 붙이고 서 있었다.

국가적 시위에는 기대했던 바와 마찬가지로 많은 외국인들이 함께 참여했다. 세계가 참여한 가운데 정부는 우리를 저지하기 위해 경찰을 투입할 수 없었다. 그러자 자유독일청년단원들이 앞으로 밀치고 나아왔다. 그들은 우리를 사람들에게 보이지 않게 하려는 듯 자유독일청년단 깃발과 플래카드를 이리저리 흔들어 대었다. 그러나 우리는 저녁 연합 모임에서 만든 플래카드를 비밀리에 목사관에서 가져왔다. 우리는 그것을 다시금 자유독일청년단원들 앞으로 가지고 와 연단 바로 코앞에 세워 놓았다. 사람들과 연단 사이에는 이제 더 이상 자유독일청년단원들이 깃발을 세워 둘 자리가 남아 있지 않았다. 이렇게 해서 외국의 방문객들은 우리의 요구를 명확하게 볼 수 있게 되었다. 군국주의 반대, 환경오염 반대, 핵에너지 사용 반대, 동독의 차단 정책Abgrenzungspolitik 반대. 학교와 유치원 내 무장해제, 병역의무 폐지, 평화 사회 서비스 실현 등이 우리들의 구호였다. 안보 당국은 자신들을 위해 우리의 이러한 도발적인 행위를 참도록 강요당했다. 이로써 처음으로 동독 반대자들의 합법적인 평화 시위가 열렸던 것이다. 슈타지가 지속적으로 감시를 했음에도 말이다.

이후 우리는 라이프치히와 토르가우 사람들을 포함한 약 70명 정도와 함께 리자Riesa 지역으로 출발하기 시작했다. 우리의 여정은 이틀간에 걸쳐 약 40킬로미터를 걸어서 행진하는 것이었다.

슈타지 요원들은 자동차로 우리의 행진 내내 일정한 거리를 두고 우리를 따라왔다. 리자에 당도하기 바로 전 나는 오전만 약국에서 근무하는 아내 모니카를 데려왔다. 이렇게 우리는 아이들과 유모차를 끌고 함께 이 행진에 참여했는데, 리자Riesa에 당도해 보니 우리는 전부 약 100명이 되었다. 그곳에서 나는 올로프 팔매 평화 대행진을 마치고 교회에서 예배를 인도했다.

이 평화 대행진으로 교회는 세상에 많은 것을 이루었다. 우리는 국가가 이 평화 대행진을 이용하여 정부가 원하는 방식으로 통제하며 개최하려 했던 행사에 대항했을 뿐만 아니라 무엇보다도 평화의 메시지를 거리에 분명히 알렸으며 이로써 평화를 세상에 공포한 것이다. 그리고 이 평화 대행진은 참여한 사람들에게 용기를 더해 주는 희망의 신호가 되었다.

Und wir sind dabei gewesen

적지 않은 사람들이 당시 나에게 물었다. "왜 출국을 원하는 사람들을 위해 신경을 쓰십니까? 그들은 어느 날 가 버릴 사람들입니다. 목사님은 전혀 얻는 것이 없습니다. 그들 때문에 괜히 불편한 일만 겪지 않으십니까? 또 그들 중 대부분이 교회도 안 다녀요. 그런데 왜 이런 일을 하십니까?"

바로 이 질문 "이를 통해서 내가 얻는 것은 무엇인가?" 이는 물질주의적 가치 교육을 받은 동독 주민들이 하는 전형적인 질문이다.

동독에서의 삶과 체류

1988년 1월 17일에 베를린에서는 로자 룩셈부르크Rosa Luxemburg [69]와 칼 립크네히트Karl Liebknecht [70] 암살을 추모하며 국가적으로 시위가 벌어졌다. 플래카드에는 로자 룩셈부르크의 글귀가 적혀져 있었다. 반군 국주의 투쟁가였던 그녀는 1917년 러시아 혁명에 대한 조사에서 "자유는 나와는 다른 생각을 하는 사람에게도 보장되어야 진정한 자유이다."라고 적었다.[71]

이 문구를 인용했다는 죄목으로 프라이야 클리어Freya Klier, 베르벨 볼리Bärbel Bohley, 베라 볼렌베르거Vera Wollenberger 외에 수많은 사람들이 체

---

69 로자 룩셈부르크(1871-1919)는 폴란드 출신의 독일 마르크스주의, 정치 이론가이며 사회주의자, 철학자 또는 혁명가이며, 레닌주의 비평가이다(역자 주).
70 칼 립크네히트(1871-1919)는 독일의 공산주의자, 혁명가, 사상가이다(역자 주).
71 "러시아 혁명(Zur russischen Revolution)." 파울 레비(Paul Levi)에 의해 로자 룩셈부르크(Rosa Luxemburg)의 석방 이후 친필로 작성한 자료로부터 1922년에 처음 공개됨.

포되었다. 대대적 체포와 함께 동독 정권은 80년대 전국적으로 반대당에 속한 모든 사람들에게 최후의 일격을 가했다고 기대하고 있었다.

베를린은 멀었고 나는 이 위태로운 시대에 어떤 활동들이 이루어지고 있는지 또 서로 연합할 수 있는 가능성은 있는지, 도움이 필요한 곳은 어디인지 등을 아는 것이 의미가 있겠다고 생각했다. 베를린과 라이프치히에 있는 지역 교회들은 교회 활동과 관련된 정보를 교환했고 새로 개발되고 있는 아이디어에 대한 발표도 있었다. 또한 환경도서관Umweltbibliothek 이 1986년 지몬Simon 목사의 보호 하에 베를린 프렌츨라우어 베르그Prenzlauer Berg 시온교회Zionskirchgemeinde 지하에서 창설되었다. 그럼에도 협력이라고 하기에는 규모가 크지 않았다. 당시 베를린 신학자였던 요아힘 가르슈테키Joachim Garstecki 는 가톨릭이었음에도 독일 개신 교회의 평화 문제를 담당하고 있었다. 그와 나는 처음으로 의견 교환을 위한 안전한 방법 모색을 위해 처음으로 공모를 했다.

요아힘 가르슈테키는 슈타지의 감시 대상이었으며 이 사실은 충분히 알려진 바였다. 그래서 나는 일반적인 방법으로 그와 연락을 취해서는 안 되겠다고 생각했다. 그래서 나는 명함에 서명을 하고 그날 날짜를 쓴 다음 "탈출을 위한 희망" 조직에 속한 한 사람에게 주어 베를린으로 가서 전달해 달라고 부탁했다. 부탁을 받은 사람은 기꺼이 허락했고 가르슈테키를 만났다. 나의 명함으로 그 두 사람은 스스럼없이 서로 이야기를 나눌 수 있었으며 라이프치히에 있는 우리는 베를린에 있는 지역 교회들로부터 믿을 만한 정보를 입수할 수 있었다. 무엇이 계획되어 있는가? 우리는 어느 곳에서 도울 수 있는가? 어떤 강연 및 회합이 준비 중에 있는가?

그는 베를린에서 돌아오자마자, 청년 모임이 끝난 저녁 청년부실에 있는 우리에게 왔다. 놀랍게도 그는 다른 사람과 함께 왔다.

"어이 자네, 어땠는가?" 나는 짤막하게 인사를 나눈 후 물었다. "베를린은 지금 어떤지 어서 말해 주게."

그가 이야기를 막 시작하려 할 때, 그와 함께 온 사람이 끼어들었다. "잠시 기다려 보세요. 저도 할 말이 있습니다."

나는 먼저 베를린으로 보낸 사람을 쳐다보며 "나에게 당신의 동료를 소개해 줘야지요."

"이 사람은 내 동료가 아닌데요. 나는 이분을 전혀 알지 못합니다."

나는 깜짝 놀랐다. 우리는 낯선 사람 앞에서 모든 것을 열고 이야기하려 했던 것이다. 그 사람은 마치 우리들 중 하나처럼 여기면서 말이다.

"나는 당신이 그를 데리고 왔다고 생각했습니다. 나도 그를 모르는데요." 우리는 서로를 쳐다보며 의아해 할 수밖에 없었다. 그는 그 남자에게 "그러면 당신이 자신을 직접 소개해 보시지요."라고 부탁했다.

그는 더듬기 시작했다. "저…, 저는 교회에 등록하고 싶습니다."라고만 말했다.

나는 미심쩍어하며 대답했다. "수요일 저녁 9시 30분에 교회에 등록하고 싶다는 말씀이지요? 참 흥미로운 시점 아닙니까? 어디에 사십니까?"

어이없게도 그는 주소를 하나 대었다. 내가 알고 있는 거리였다.

"잘 됐군요." 나는 짧게 대답했다. "그곳에 우리 교인이 한 분 살고 있습니다. 제가 그분께 지금 전화를 걸어 당신과 연락을 하라고 부탁할게요."

나는 그에게 우리의 대화는 끝났다는 것을 암시해 주었다. 그 남자는 우물쭈물거리며 밖으로 나갔다.

그와 나는 이 희·비극적인 상황에 대해 웃을 수밖에 없었다. 우리의 행동은 슈타지를 부를 만큼 음모였던 것이 분명했다.

그 이후 나는 이런 '음모적'인 시도는 다시 하지 않았다. 나는 이 사건을 통해 오직 하나님만 의지하고 다시는 이런 우스운 장난을 시도하지 말아야겠다는 것을 배웠다. 나의 미숙함으로 인해 어떤 사람을 위험에 처하게 할지 누가 알겠는가? 그러나 하나님은 신뢰할 수 있지 않은가!

앞서 말한 바와 같이 슈타지는 우리에게 스파이를 보냈고, 우리는 실제로 그가 스파이인 것을 바로 알아채지 못했다. 다른 한편 그는 이러한 임무를 수행하기에는 매우 예의 바르게 행동했고 바로 그의 신분이 밝혀졌던 것이다. 그럼에도 나는 베를린으로부터 유용한 정보를 아주 많이 입수했다. 이 정보들을 나는 "동독에서의 삶과 체류" 제하 대화의 밤 초안을 작성하는 데 사용했다.

베를린에서 체포된 사건이 발생하고 며칠이 지난 뒤 약 100여 명의 청년들이 니콜라이교회로 몰려왔다. 그날은 월요일이었고 평화기도회 날이었다. 청년들은 우리에게 베를린에서 로자 룩셈부르크의 글을 인용하여 체포된 사람들에 대해 직접 들은 이야기를 해 주었다. 이 체포 과정에서 독일 사회주의통일당이 로자 룩셈부르크를 숭배한다는 것은 거짓임이 드러나게 되었다.

청년들은 베를린에서 체포된 사람들을 위해 중재기도를 부탁했다.

이 사안에 대해 나는 바로 그날 저녁에 교회 대표에게 보고했다. 대표는 매일 베를린에서 체포된 사람들을 위해 중보 예배를 드리자고 결정했다. 그리고 되도록이면 다른 교회들도 참여하도록 하자고 제안했다.

이것은 교회 임원들의 매우 용기가 있는 결정이었다. 매일 평화기도회에 참석하는 인원이 10배씩이나 증가했다. 곧 매일 참석하는 고정 인원이 80명에서 100명에 이르게 되었다. 이렇게 교회 내에는 매우 특별한 분위기가 조성되었다.

날마다 예배를 드리던 중 하루는 기반 단체Basisgruppe 와 출국 희망자들Ausreisewilligen 간에 매우 격렬한 논쟁이 있었다. 처음부터 평화 기도회를 만든 기반 단체는 나라를 변화시키기를 원했다. 그들은 용기 있게 자신을 헌신할 준비가 되어 있었다. 물론 이들은 소수였다. 왜냐하면 이들이 하는 일은 매우 위험한 일이었기 때문이다. 대부분의 사람들은 그저 멀리서 그들을 놀라움으로 바라보는 것에 만족했다. 출국을 원하는 사람들은 이와 반대로 평화 기도회에 참석하는 사람들로 그들은 단지 동독을 벗어나기만을 희망했다. 기반 단체 사람들과 비교해 볼 때 그들은 한 가지 이점이 있었다. 그것은 다수라는 것이었다. 그들의 숫자는 전국에 수만, 수십만 명이나 되었다. 그들은 평화 기도회 시간에 늘 체포된 사람들만 중요하게 여긴다고 불만을 토로했다. 체포된 사람들은 아주 소수의 베를린 사람들이었다. 그러나 출국을 원하는 사람들을 위해서는 아무도 신경 쓰지 않는다는 것이다. 이에 기반 단체는 그들을 향해 소리쳤다. "너희들은 이곳에서 얻을 것이 없는 사람들이다. 벌써 주민등록을 말소시킨 사람들 아니냐? 너희들은 이곳 동독의 변화에 대해서는 관심도 없는 사람들이니 어서 서독으로 꺼져 버려."

기반 단체의 대표들은 출국 희망자들의 후보들로부터 이러한 상황에서 어떤 특별한 위치를 부여받는다든지 아니면 배려를 받는다든지 하는 권리를 박탈했다. 기반 단체의 입장은 출국 신청을 한 사람들은 동독에서의 상황 때문이지만, 그들의 문제는 출국과 동시에 해결된다는 것이다. 그러나 동독에 남아 있겠다고 생각한 사람들은 이곳 사회의 문제들을 해결하기 원했기 때문에 이 문제들을 강력하게 거론한 것이다.

이러한 질책들은 공평한 것은 아니었으나 뒤에 숨겨져 있는 생각들은 충분히 이해할 만한 것이었다. 출국 희망자들도 마찬가지로 교회가 돌보아야 했다. 왜냐하면 그들의 상황은 매우 열악했기 때문이다. 국가가 그들을 파멸하게 놔두었고 그들은 사회 어느 곳에도 더 이상 근접할 수 없었으며 그들은 떠나려 했으나 아직 떠나지 못한 상태이고 도착은 더더욱 요원한 일이었다. 그러나 이제 교회 안에서마저 그들을 반대하는 분위기가 된 것이었다. 그들에게 나라를 변화시킨다는 문제는 전혀 관심 밖의 일이었다. 또 그들은 아무것도 변화시키기를 원치 않았다. 왜냐하면 그들은 이미 동독 내에서 무언가 움직임이 있을 것이라는 희망을 포기한 사람들이기 때문이었다.

　적지 않은 사람들이 당시 나에게 물었다. "왜 출국을 원하는 사람들을 위해 신경을 쓰십니까? 그들은 어느 날 가 버릴 사람들입니다. 목사님은 전혀 얻는 것이 없습니다. 그들 때문에 괜히 불편한 일만 겪지 않으십니까? 또 그들 중 대부분이 교회도 안 다녀요. 그런데 왜 이런 일을 하십니까?"

　바로 이 질문 "이를 통해서 내가 얻는 것은 무엇인가?" 이는 물질주의적 가치 교육을 받은 동독 주민들이 하는 전형적인 질문이다.

　나는 이 사람들이 그들의 양심도 함께 장사지낸 것들을 상기시키며 답변을 내놓았다. "그들의 상황이 매우 좋지 않고 어느 누구도 그들을 돌보지 않으니까요."라고 나는 설명했다. "교회가 벙어리들의 입이 되어야 하고 로비를 할 수 없는 사람들을 돌보아야 하지 않습니까?" 이러한 행동들은 종종 사람들에게 이해가 가지 않는 것들이다. 그러나 바로 이것이 예수님의 일이다.

그 이후 1989년 말, 상황이 변화되었을 때, 이 같은 질문은 또 다시 제기되었다. "동독 시절에 교회의 도움과 위로를 받았던 사람들은 이제 감사의 표시로 교회에 나와야 하는 것 아닙니까?"

다시 예수님을 쳐다보아야지만 해야 할 일이 무엇인지 알 수 있다. 예수님은 사람들을 병에서 치료해 줄 때마다, 그들에게 다른 사람들에게는 말하지 말라고 부탁하곤 하셨다.[72] 오늘날과 같이 성공을 중요시 하는 사회에서는 당신은 이렇게 말할 것이다. "이런 구원은, 이런 성공 사례는 대대적으로 선전해야 해!"라고 말이다. 그러나 예수님은 그렇게 하지 않았다. 예수님에게는 사람들이 더 중요했지 성공이나 피상적으로 유명해지는 것에 비중을 두지 않았다. 그러므로 우리도 교회로서 자신의 이익을 취하기 위해서가 아니라 단순하게 사람들을 위해서 각각 필요한 것을 하면 되는 것이다. 이러한 행동만이 하나님의 축복을 경험하게 된다. 하나님의 은혜는 깊고 지속적으로 우리 안에서 스스로 경험할 수 있게 된다.

오늘 중재기도회와 예배 시간에 기반 단체와 출국 희망자들 간에 벌어졌던 논쟁은 매우 중대한 사안이었다. 그러므로 나는 이 두 단체를 떨어뜨려 놓아야겠다고 결심했다. 나는 출국 희망자들을 데리고

---

72 마가복음 7장 36절.

북쪽 예배실로 갔고, 중재기도 인도자는 이곳에서 예배를 끝까지 인도했다. 약 50여 명 남짓한 사람들에게 나는 말했다. "여러분의 결정에 대해 다시 한 번 더 생각해 보시지 않겠습니까? 저는 여러분에게 '동독에서의 삶과 체류'라는 주제로 다른 날 저녁에 한번 만나 토의해 보자고 제안하고 싶습니다." 그들은 나의 이 제안을 즉시 받아들였고 우리는 1988년 2월 19일 다시 만날 것을 약속했다.

나는 이렇게 쉽사리 합의점을 찾은 것에 안도하며 입교자들과 함께 수련회를 떠났다. 그러나 우리가 돌아올 때는 분위기가 술렁거렸다. 노회장은 나에게 즉시 시청으로 가 보라고 전해 주었다. 시청 담당 직원이 우리가 약속한 '주제 토의의 밤' 행사 때문에 거의 미칠 지경이라고 했다. 시청에서는 나에게 즉시 그 행사를 취소하라고 말했다.

다음날 나는 라이프치히시청을 방문해 이 사안을 해결하기 교회 문제 담당자를 방문했다. 시청의 부시장실에서 몇몇 사람들이 나를 접견해 주었다. 한 사람이 나에게 즉시 이번 계획한 행사를 취소하라고 말했을 때 나는 먼저 호의적인 어조로 대답했다.

"왜 취소해야 하는 겁니까?"라고 물었고 "혹시 모임의 주제를 정확히 듣지 못하셨나 봅니다. 저희들 모임의 주제가 '동독의 삶과 고통'이 아닙니다. 이것도 물론 중요한 주제이긴 하지만 저희가 모이는 것은 '동독에서의 삶과 체류'라는 것을 토론하기 위함입니다. 왜 반대하시는지 이해가 되지 않습니다."

나의 이러한 말에 아주 익숙한 대답이 들려왔다.

"교회는 이러한 방법으로 이용당하고 있는 것입니다. 그런 주제는 종교와는 아무 상관이 없지 않습니까?"라는 것이었다. 그리고 나서는 나토의 창끝이라든지 제국주의적 음모와 같은 상투적인 평가를 하며 이외에도 참기 어려운 사회주의적 단어들을 내세우며 나를 압박했다.

그러나 나는 조금도 물러서지 않았다.

"그렇다면 우리는 이 사안을 철저하게 바라보아야 하겠습니다. 교회에 나오는 사람들 중에 출국을 희망하는 사람들이 많이 있습니다. 가령 출국 문제는 교회의 문제가 아닙니다. 사람들이 나라를 떠나는 이유는 그들이 교회에 만족하지 못하기 때문이 아니라 국가의 정책에 만족하지 못하기 때문입니다. 그렇다면 교회가 이 일과 무슨 상관이 있습니까? 그러니 당신들이 이 사람들을 위해서 시청 문을 여세요. 사람들을 시장님과 대화할 수 있도록 초청하시고, 경찰서를 열어서 그들이 서방으로 출국할 수 있도록 허가서를 발급해 주세요."

나는 점점 감정이 격해졌다.

"우리가 당신들을 위해서 지저분한 일을 해 주고 있는데, 당신들이 우리를 내쫓는다는 것은 옳은 일이 아니라고 생각합니다."

나는 이 말을 하고 즉시 돌아서서 나와 버렸다. 그 후 시청으로부터 나는 아무 연락도 받지 못했다. 그러나 1988년 2월 19일 토론의 밤 행사에는 초대된 50명이 온 것이 아니라 600명 이상이 되는 사람들을 보는 순간 일이 어떻게 된 것인지를 알았다. 처음 계획했던 예배실은 너무 좁았기 때문에 우리는 장소를 옮겨야 했다. 교회 본당 측면이 모인 사람들로 거의 가득 찼다. 이날 광고는 그러나 구두로만 한 것이었으며 어느 곳에도 게재하지 않았다. 참석한 사람들은 거의 비그리스도인들이었다. 그들 중에는 적지 않은 사람들이 출국 신청을 한 그날 바로 해고당한 출국 희망자들이었다. 왜냐하면 그들은 인민 훈련이나 국가 인민군에서 일하던 사람들이었기 때문이다.

그날 저녁은 매우 긴장된 분위기에서 시작되었다. 나는 행사를 시작하는 인사말에서 무엇보다 이것을 강조했다. "이곳을 떠나려는 사람이나 머물러 있으려는 사람이나 상관없이 모두가 심사숙고해야 합니다. 어떤 쪽으로 결정을 하든 그 결과가 미래까지 미치는 엄청난 것이기 때문입니다."

이 행사를 계기로 나는 새로운 방법의 설교를 시도해 보았다. 이번에는 성경 구절을 택해 지혜 있는 말을 해 주는 것이 아니라 자신과 즉각적으로 연결시킬 수 있는 단어 하나를 고르기로 결정했다.

예수님은 자신을 둘러싸고 있는 사람들에게 말했다. **"너희까지도 떠나가려 하느냐?"**[73] 나는 이 문장을 인용하여 그날 교회에 모인 사람들에 말했다. "여러분도 가시겠습니까?" 교회 안이 갑자기 조용해졌다. 사람들은 얼떨떨해졌다. 그리고 모두의 마음에는 똑같은 생각

---

73 요한복음 6장 67절.

이 떠올랐던 것이다. '여기에서 태어났고 학교를 다녔다. 부모님은 아직도 여기에 살고 있고 서쪽으로 간 다음 다시는 고향으로 돌아올 수 없을지도 모른다. 아니면 나중에 은퇴하고 나서야 올 수 있을까?' 생각하고 의심하고 어쩌면 분노가 생겼을 수도 있다. 도대체 이 나라는 나보고 어떡하라는 것인가?

그러나 어느 누구도 이렇게 침울한 마음으로 교회를 떠나서는 안 되었다. 그러므로 나는 "다 같이 시편을 봅시다."라고 말했다. "여러분을 위해 아주 중요한 말씀이 들어 있습니다. **하나님은 서방이나 동방에 사는 모든 것들을 기쁘게 하신다.**"[74]

모든 사람들이 웃기 시작했다. "그 말씀은 분명 당신이 지어낸 말이 틀림없습니다." 한 사람이 외쳤다.

"아닙니다."라고 나는 부인하면서 "이 말씀은 이미 수백 년 전부터 시편에 기록된 말씀입니다. 당신들이 지금까지 발견을 못한 것일 뿐이지요. 이 말씀은 여러분에게 딱 맞는 말씀이지요."

순식간에 행사장은 긍정적인 분위기로 뒤집어져 버렸고 매우 빠르게 자유롭고 즐겁고 편안한 분위기가 퍼져 나갔다. 사람들은 서로 이야기를 나누게 되었다. 그러므로 사람들에게 축복을 베풀기도 어려웠다. 나중에 여러 사람들이 나에게 왔다. 그들은 원래 교회에 나오는 사람들이 아니었다. 그러나 그들은 내게 물었다. "우리도 평화

---

74 시편 65편.

기도회에 참석해도 됩니까?"

"바깥에 쓰여 있지 않습니까? '니콜라이교회는 모든 이에게 열려 있습니다.' 이 말은 모든 사람에게 해당되는 것입니다. 여러분을 진심으로 환영합니다."라고 대답해 주었다.

사람들은 같은 생각을 가진 사람들끼리 함께 모인다는 것이 얼마나 힘이 되는 것인지 알게 되었다. 무엇보다도 이렇게 참담한 현실에서도 한번 미소 짓고 함께 웃을 수 있다는 것 말이다. 유머는 믿음의 중요한 형제와 같은 것이다. 그러나 유감스럽게도 유머는 교회에서 별로 찾아볼 수가 없다. 지속적인 긴장이 감도는 상황 속에서, 두려움과 절망과 분노 속에서 미소를 짓는다는 것, 심지어 웃을 수 있다는 것은 엄청난 자유를 느끼게 한다. 우리가 아직도 웃을 수 있다는 것에 대해 하나님에게 감사한다.

그 다음 주 월요일부터 평화 기도회에 나오는 숫자가 지속적으로 많아지기 시작했다. 이렇게 함께 모이는 것을 통해 출국 희망자들은 희망을 갖게 되었고 같은 상황에 처해 있는 수백 명의 사람들을 위한 포디움으로 발전하게 되었다. 이렇게 됨으로 1988년 5월 23일 나에게 익명으로 한 편지가 왔고 나는 이것을 즉시 노회에 전달했다. 나는 이것을 먼저 나의 사역 팀—출국 희망자들을 위한 소망—에서 읽어 주었으며 나중에는 평화 기도회 시간에도 읽었다. 아마도 분명히 그날 "동독에서의 삶과 체류" 토론의 밤에 참석하여 인상을 받아 2월 19일에 쓴 것으로 보인다.

존경하는 퓌러 목사님!

저는 그다지 개방적이지도 않고 비겁한 사람입니다. 그리고 나의
의사를 적절한 시간에 적당한 장소에서 표현할 용기도 없는 사람
이기에 이 편지를 당신에게 씁니다. 나는 이 문제를 지금까지 해결
하지 못했고 또 현재까지도 그렇습니다.

평상시와는 좀 다른 이 편지는 아마도 고백이자 어느 정도 참회의
글이 되리라 생각합니다. 그러나 이 고백은 하나님 앞이나 목사님
앞에 하는 것이 아니라, 평화 기도회를 위해 월요일마다 니콜라이
교회에 일시적이지만 분명한 목적을 가지고 모이는 사람들에게
하는 것입니다. 이 모임 앞에서 저는 고백하고 싶습니다. 그러니
저의 이 편지를 사람들에게 읽어 주시기를 부탁드립니다. 그러나
이 편지를 공개함으로 인해 많은 문제들이 발생할 수 있음을 저는
압니다. 그러므로 나의 희망대로 편지를 공개하시지 않는다고 해
도 저는 이해할 수 있습니다. 그러나 이 모든 것이 한번은 이야기
되어야 한다고 확신합니다. 그리고 저는 지금 내가 잘 알지 못하는
사람들을 위해 이 글을 쓰고 있으나 월요 기도회에 나오는 많은 사
람들이 나의 말 속에서 자신을 재발견할 것이라고 더더욱 확신합
니다.

앞으로 제가 '우리' 또 '우리에게'라는 말을 사용하는 것을 허락
해 주시기 바랍니다. 제가 말하는 것에 해당되지 않는 분들은 행복

한 사람이라고 생각해도 됩니다.

우리가 그리스도인이 아니거나 또는 반쪽자리 그리스도인이라는 것은 사실입니다. 우리는 과거에도 개신 교회를 위해 별 신경을 쓰지 않았으며 현재도 우리가 그다지 더 많이 하는 일이 없습니다. 그렇다고 우리를 확실한 무신론자라고 불러 달라고 요구할 수도 없는 상황입니다. 우리는 과거 이런 문제들로 시간을 낭비할 여유가 없었습니다. 우리는 "베를린 사건"이 발생하자 라이프치히 평화 기도회에 슬그머니 끼어든 사람들입니다. 이와 똑같거나 유사한 사건들이 이 나라에서 다시는 일어나지 않기를 희망하면서 말입니다. 그러나 우리는 겁쟁이들이고 국가와의 논쟁에서도 조심하는 기회주의적인 소시민들입니다. 우리는 모험을 하고 싶어 하지도 않습니다. 우리는 단지 다른 사람들 때문에 무언가가 일어나기를 바랄 뿐입니다.

이런 마음으로 우리는 매주 월요일 니콜라이교회에 앉아 있고 '이곳에 있는' 다른 사람들이 국가와 사회를 고소해 주기를 희망하는 것입니다. 그리고 그들이 우리에게 '결단성 있게 보이는' 생각들을 말하면 우리는 그저 앉아서 유치하게 박수를 치며 우리가 마치 공모자가 된 듯이 생각합니다.

우리는 언어적 힘과 비판적인 날카로움에 놀라며 묵묵히 그 조화와 균형을 이루겠다고 꿈꾸는 사람들을 바라보며 미소를 짓습니다. 그리고 물질적이고 윤리적으로 몰락해 가는 국가를 어떻게든 바꿀 수 있다고 믿는 사람들을 유감스럽게 생각하고 있습니다. 우리는 단 한 가지만을 생각합니다. 떠나자, 떠나자, 떠나자….

다른 한편으론 우리는 조화와 균형을 잘 이해하지 못하고, 니카라과와 남아프리카에 대해서도 잘 모릅니다. 또 미국의 빈곤이나 서독의 실업자 문제에도 우리는 이해가 부족합니다. 우리는 동독이 청산되기를 요구하지만 그러나 제발 다른 사람을 통해서 이런 일들이 일어나기를 바랍니다. '평화 기도회'는 우리 개인의 평화와 동독의 마지막 연도와 날의 평화를 보장해 줄 것이라 기대하는 것입니다.

단지 우리나라에서 이 '평화'라는 단어가 심각하게 오용되고 있는데 이러한 왜곡되고 느슨해진 것이 공식적으로 조작되기에 우리가 이러한 항해를 할 때 변명할 수 있으며 짐을 덜 수 있습니다.

그러나 우리는 비겁한 사람들이며 과거든 현재든 주어진 상황에 순응하는 사람들입니다. 우리는 위험을 미리 계산하지 않으면 일을 시작하지 않습니다. 우리는 우리의 동독에서의 지금까지의 삶을 우리 자신의 유익을 위해서만 살아왔고 또한 앞으로도 그렇게 하기를 원합니다.

우리는 그 지저분한 청년서약식Jugendweihe을 불평하지 않고 다 참여했으며, 우리는 우리의 신념과는 상관없이 지도부가 원하는 자리를 지켰으며, 하라고 할 때마다 우리는 국기를 흔들었고, 정치 선전가Rote Lieder, 붉은 노래를 불렀으며, 벽보를 만들었습니다. 우리는 총을 썼고, 거짓말을 했습니다. 처음부터 마지막까지 일말의 망설임도 없이 거짓을 말했습니다. 베를린의 이 황당무계한 장벽 건설을 교본대로 그 당위성을 증명했으며 또한 사회주의의 승리와 자본주의의 몰락에 대해 현명한 작품을 썼습니다. 우리는 모두 우리의 진짜 생각을 숨기고 가족들끼리도 거짓말을 했습니다.

그러나 우리는 위험천만하게 장벽을 기어오르거나 엘베 강을 헤엄쳐 건너가려는 시도는 하지 않았습니다. 우리는 몰래 주먹을 불끈 쥐거나 화장실에 앉아서 조용히 비난을 했습니다. 광적인 군국주의에 대항하지도 않았고 단순한 소비 지향적 사고에 저항하지도 않았습니다. 또한 가망이 없는 환경보호를 위해 투쟁하지도 않았습니다. 사회주의는 집안 문 앞에서 끝을 내고 분석은 시작조차도 하지 않았습니다. 결국 99퍼센트부터 시작하는 선거의 결과에 대해 우리도 책임이 있으며, 그 선거에 우리는 기표소도 연필도 필요하지 않았습니다. 한 정당에 충성을 맹세했고 서독에 있는 친척들을 버렸습니다. 이곳에서 이름이 거론되지 않았으면, 우리에게 더 이상 말할 것을 요구하지 않았습니다.

그러나 우리는 그것을 골프Golf까지 가져갔고, 컬러텔레비전을 2대나 갖추게 되었으며, 수차례 헝가리와 불가리아를 방문했습니다. 주말 정원에, 일자리 그리고 연금까지 보장되어 있으며 나쁘지 않은 수준의 현금 통장을 가지고 있습니다.

그러나 우리는 공리연맹Nützlichkeitsverein에 가입하지는 않았습니다.

왜냐하면 우리는 최적화를 원했지 최대화를 원했던 것은 아니었기 때문입니다. 이제 우리는 여기 십자가 아래 앉아 다시 한 번 최적화를 위한 길목에 있습니다. 그러나 우리의 계산은 틀렸습니다. 우리에게는 의혹이 몰려옵니다. 우리의 기회주의가, 이렇게 지체하는 것이 벌을 받는 것일까요? 가라앉는 배를 더 이상은 적시에 떠날 수 없는 것일까요? 모든 것이 우리를 모반하는 것일까요? 우리는 패배한 것일까요? 우리는 무엇을 할 수 있을까요? 우리는 만드는 사람, 개인이 사회적 상황에 순응하는 모범적인 예, 끝장입니다. 이제 더 이상 최적화를 할 것은 없습니다. 우리는 아주 작은 모습으로 교회에 왔습니다. 우리, 대단한 기회주의자들, 엄청난 소시민들인 우리는 더 이상 적응할 것이 필요 없습니다. 우리의 기회주의는 더 이상 필요가 없습니다. 우리는 단순한 도움이 필요합니다. 우리는 심지어 예수 그리스도에 대해서 그리고 이러한 유의 지원에 대해서 깊이 생각할 준비가 되어 있습니다. 우리는 위로받고자 합니다.

존경하는 퓌러 목사님! 우리는 이 월요일이 필요합니다, 이러한 예배와 교회가 우리와 같은 손님을 원래는 받을 필요가 없음에도 말입니다. 우리는 소수의 성직자를 필요로 하고 그들은 우리를 대함에 있어 종교적인 논리와 교회적인 세련됨을 신경을 쓸 필요가 없습니다.

우리는 앞으로도 목사님의 교회를 방문하고 싶습니다. 그리고 이에 대해 매우 감사하게 생각하고 있습니다.

우리는 우리가 어떻게 이렇게 되었는지를 알지 못하는 사이에 이 렇게 되어 버렸습니다. 저희를 용서해 주십시오.

당신의 F. K. E.

편지를 보낸 사람은 지금의 상황을 아주 잘 가늠했을 뿐 아니라 자신을 매우 솔직하게 표현하고 있었다. 그는 평화 기도회에 참석하여 매우 깊은 인상을 받았고 당혹감을 강하게 표현했다. 모인 사람들은 숨을 죽이고 이 편지의 내용을 들었다. 사람들은 처음에는 약간 주저하다가 박수를 치기 시작했다. 이러한 철저한 솔직함, 마음이 아팠다.

출국 신청자의 물결이 전국을 뒤덮었으며 "출국 신청자를 위한 희망" 사업단에는 사안들이 줄을 지었다. 왜냐하면 한 사람, 한 사람씩 나라를 떠났기 때문이었다. 그래서 늘 새로운 사람들이 모여들었다. 이러한 새로운 상황을 나는 '폭발적인 영혼 치료'가 필요한 상황이라고 생각했다. 여기에서는 하나의 같은 심리적 상태가 수 배로 늘어날 것이었다. 이것은 완전히 새로운 것이었다. 대학에서 공부하면서도 이러한 경우를 우리는 배우지 못했다. 이는 정말로 교회를—모든 이에게 개방—한다는 것이 실질적으로 무엇을 뜻하는지를 보여 준 것이었다.

당시 내가 받은 편지들은 징후적으로 매우 놀라운 면을 보여 주었다. 사람들은 교회를 하나의 기회의 장소로 이해하고 있었다. 그들은 교회가 그들의 사안을 위해 얼마나 애를 쓰는지 느꼈고 그대로 수용해 주었다. 그렇다면 교회에 대한 강경한 태도로 "교회는 나에게는 맞지 않아. 내 직업과도 어울리지 않고 내 인생과도 전혀 어울리지 않는 것이야. 좋지. 이런 기관이 있다는 것은. 그래도 나는 아니야. 나는 다른 리그에서 뛰고 있어. 나의 국가적인 경력으로는 이런 것을 할 수는 없지."라는 생각에서 돌이킨 것이었다. 무명의 편지에서 고백한 바와 같이─**…우리 만드는 사람들, 이 사회적 관계에 개인적으로 적응한 예시는 끝났습니다. …우리는 매우 적고 교회에 옵니다. …우리는 단지 도움이 필요할 뿐입니다. 우리는 단지 예수 그리스도에 대해 그리고 그의 방식대로 도움에 대해 깊이 생각할 준비가 되어 있습니다. 우리는 위로받고 싶은 것입니다….**─사람들 속에는 마침내 자기 자신과 씨름을 해 보겠다는 용기가 자라고 있었다. 통일된 행위를 선전하는 국가에서 자기 자신에 대해 숙고해 보겠다는 것은 나의 눈에는 전체주의적 사상Kollektive ideologie 이라는 딱딱한 껍질을 깨고 첫 발을 내딛는 것이라고 생각되었다. 위선적인 사회주의적 '비판과 자아비판'에서 벗어나… 여기에 낯선 길로 발걸음을 내딛겠다는 용기가 더해진 것이다. 바로 라이프치히 고위 당 간부의 아들이 이것을 실천한 사람 중 하나이다. 그는 나에게 병역 거부와 관련 상담을 신청했다. 병역을 완전히 거부하고 싶다는 것이었다. 즉각적으로 나는 이 청년은 자신의 아버지와는 다르게 살아야겠다고 생각한 것을 알아차렸다. 그는 "나는 더 이상 아버지가 나에게 복종할 것을 지시하는 것을 따를 수가 없습니다. 여기서 하차하겠습니다. 이만하면 됐습니다." 라고 말할 정도였다. 그는 또한 인생에서 처음으로 저항을 하면서 자유롭고 홀가분한 기분을 느꼈다고 한다. 그 청년의 아버지는 아들의 병역거부로 인해 커다란 어려움을 겪을 수도 있을 것이다. 그럼에도 그 청년은 감수했다.

나는 모든 세대를 넘어 사람들과 이야기를 나누었다. 1989년 봄, 시내에 경찰이 주둔하는 것이 일상이 되어 버린 어느 날, 나이가 든 여성 한 분이 내게 말을 걸어왔다. "전철을 타고 기차역까지 가서 거기서 내린 다음 앞으로 갈 수가 없어요. 내가 사람들 사이를 비집고 지나가야 하나요. 아니면 경찰들 사이를 지나가야 하나요? 내 말은 우리가 지금 어디에서 살고 있느냐 하는 겁니다."

그녀는 고개를 흔들며 말을 더해 갈수록 분노가 더욱 치밀어 오르고 있었다.

"동독에서 우리는 모든 것을 시키는 대로 해 왔나요? 우리가 얼마나 비겁해졌나요? 우리는 이러한 태도나 두려워하는 마음을 그냥 자연스럽게 받아들이고 있질 않습니까?" 순간 그녀는 안정을 되찾았다. "이렇게 힘들여서 목사님 교회를 들어서면 모든 것을 보상받은 것 같은 생각이 들어요. 꼭 다른 세상에 온 것 같은 느낌입니다. 여기에는 하나님의 평화가 있어요. 여기에 와서 다시 힘을 얻고 새로운 용기를 내어 바깥세상과 맞설 수 있게 되요." 이 말은 나의 마음에 깊이 와 닿았다. 여러 세대뿐 아니라 또한 그리스도인들이 우리의 상황을 대하는 견해도 참 다양하다는 것을 알게 되었다. 성경 공부반 사람들은 니콜라이교회에 비그리스도인들이 엄청나게 몰려온다는 것에 대해 매우 열을 내었다. 모임에서 성경을 더 많이 다루면, 비그리스도인들은 사라져 버릴 것이라고 우리에게 조언해 주었다.

"우리는 모든 사람들이 교회에 나오기를 바라지 않았던가요?" 나는 의아해서 물었다. "이제 사람들이 떼로 몰려오고 있는데 왜 갑자기 그들이 잘못된 것입니까? 내가 이것을 어떻게 해석해야 하는 것인가요? 저는 성경을 교회에 오는 사람들을 쫓아내는 수단으로 생각하지 않습니다."

그리고 나는 성경공부반도 아는 예수님의 비유—잃어버린 아들, 더 정확하게 말하자면 하나님 아버지의 사랑—에 대해 이야기를 나누었다. 이 비유는 두 아들을 가진 아버지에 대한 이야기이다. 한 아들은 유산을 상속받을 때까지 기다리기를 원치 않는다. 그는 자신의 몫을 지금 받기 원했고 아버지 집을 떠나려 한다. 상당히 비범한 아버지는 실제로 그의 몫을 떼어 준다. 큰 아들은 아버지와 함께 남는다. 이제 일어나야 할 것이 일어나게 된다. 작은 아들은 창녀들과 술과 나쁜 친구들에 빠져 가진 돈을 모두 탕진하게 된다. 돈은 금방 바닥이 나게 되었고 갑자기 친구들과 주변에 있던 모든 사람들이 없어졌다. 그 청년은 돼지우리에 머물렀고 동물들의 먹이를 나눠 먹어야 했다. 그의 깊은 곳에서 "내 아버지 집에서는 종들도 여기 있는 나보다 더 나은데…"라는 생각이 떠오른다. 그는 길을 나서서 아버지의 집으로 돌아간다. 집에서 그가 오는 것을 본 아버지는 그에게 달려가 그를 껴안는다. 돌아온 아들은 **"아버지, 내가 하늘과 아버지 앞에 죄를 지었습니다. 이제부터 나는 아버지의 아들이라고 불릴 자격이 없습니다."**

아버지는 잔치를 열도록 한다. 그에게 반지를 끼워 주고, 목욕을 시키고 옷을 입혀 주도록 한다. 이뿐 아니라 아버지는 특별한 잔치에 쓰려고 잘 놓아둔 송아지를 잡게 하신다. 이렇게 번잡한 가운데 밭에서 일하던 큰 아들이 돌아오고 그는 하인에게 묻는다. **"도대체 무슨 일인가?"** 이에 종이 대답하기를 **"아우님이 집에 돌아왔습니다. 건강한 몸으로 돌아온 것을 반겨서, 주인어른께서 살진 송아지를 잡으셨습니다."** 큰 아들은 화가 나서 집안으로 들어가기를 거부한다. 한 아들을 얻으려고 애를 썼던 아버지는 이제 다시 다른 아들을 얻기 위해 다가간다. 큰 아들은 자신이 화난 이유를 설명한다. 그는 항상 아버지와 같이 있었고 계속 일해 왔는데 자신을 위해서는 한 번도 잔치를 열지 않았다는 것이었다. 이에 아버지는 사랑스런 눈으로 그에게 말했다. **"너는 늘 나와 함께 있으니 내가 가진 모든 것은 다 네 것이다. 그런데 너의 이 아우는 죽었다가 살아났고, 내가 잃었다가 되찾았으니, 즐기며 기뻐하는 것이 마땅하다."**[75]

75 누가복음 15장.

이러한 아버지의 사랑을 통해 예수 그리스도는 우리에게 모범적인 아들이나 타락한 아들이나, 가까이 있는 자나 멀리 있는 자나 두 아들 모두를 염려하시는 아버지를 보여 주려 한 것이다. 왜냐하면 그는 두 아들을 모두 사랑하기 때문이다. 성경 공부반은 그들이 교회 안에서 믿지 않는 자들에게 얼마나 잘못된 태도를 가졌는지를 바로 깨달았다.

　"동독에서의 삶과 체류" 제하 열린 주제 토론 행사 이후 평화 기도회와 매일 열리는 중재기도 예배에 참석하는 사람들의 숫자가 점점 늘게 되었고 니콜라이교회는 이제 감시의 주요 목표물이 되었다.

개인의 용기에서 시작

동독 야당의 역사는 여러 사건들로 특징을 지을 수 있다. 그 사건들은 지속적으로 이야기되어야 하는데 왜냐하면 그 이야기들은 어용된 것처럼 보이는 대중이 사실은 생각하는 사람들로 구성되어 있고 심한 경우에는 자신들의 생명까지도 내놓은 것을 증명하고 있기 때문이다.

특히 한 사건은—1976년 8월 18일 짜이츠_{Zeitz}의 미하엘리스키르히호프_{Michaeliskirchhof} 보행자 거리에서 오스카 브뤼제비쯔_{Oskar Brüsewitz} 목사가 분신 자살을 한 사건은 동독에서 세상 사람들의 의식을 강력하게 흔들어 깨웠다. 그는 자신의 바르트부르그 자동차를 시장 광장에 주차해 놓은 후 차에서 내려 자동차 지붕 위에 손으로 쓴 두 개의 현수막을 붙들어 매었다. 그 위에는 "모두에게 고합니다. 동독 교회는 공산주의를 고발합니다! 학교의 학생들과 청소년들을 억압하는 것을 고발합니다." 그는 자신의 몸에 기름을 붓고 불을 붙였다.

그의 자살은 시작임과 동시에 전 국민을 예수와 성경으로부터 멀게 하려는 무신론적 세계관을 지닌 독재에 반대하는 획기적인 사건임과 동시에 결코 간과할 수 없는 시위의 신호였다. 독일 사회주의통일당과 동독 정부는 이 끔찍한 상징적인 사건으로 인해 엄청난 어려움을 겪었으며 이 사건을 1976년 8월 31일자 **새로운 독일**지에 정신병자가 한 일이었다고 보도했다. 이 기사에서는 목사를 정신이 온전하지 못한 병자였다고 발표했으며 이 기사의 서명인은 A. Z.로 되어 있었다. 짜이츠 지역의 목회자가 **새로운 독일** 신문사 편집실에 문의를 했으며 해당 신문사의 모든 기사의 배후에는 호네커가 있고 기사 마지막에 A. Z.의 서명으로 기사 본문을 허락한다는 표를 하는 것이라는 사실을 알아냈다.[76] 다른 많은 사람들과 마찬가지로 나도 **새로운 독일** 신문사 편집실에 항의 서신을 보냈다.[77] 2006년이 되어서야 동 신문사는 이 중상모략에 대해 공개적으로 거리를 두었다. 브뤼제비쯔 목사의 분신자살은 교회 내뿐만 아니라 동독 전역에서 논의 거리가 되었다. 그의 행위에 동의하지 않는 사람들조차도 그의 행동을 국가가 국민들에게 서독의 가치를 숨기려고 하는 것에 대한 경고로 이해했던 것이다.

80년대 말에는 국가적 차원에서도 청년들에게 교회와 유사한 개

---

76 Krampitz/Tautz/Ziebarth, *Ich werde dann gehen*(『나는 가련다』), Leipzig 2006, 95 f.

77 연방문서보관소 \(Bundesarchiv) SAPMO-BArch DY 30/IV B 2/14/61.

방의 시도들이 있었다. 1988년 베를린에 있는 칼-폰-오시에쯔키 학교Carl-von-Ossietzky-Oberschule의 교장은 교내에 "대자보 코너Speaker's Corner"라는 것을 개설했다. 학생들은 정치 현안에 대해 자유로이 자신들의 의견을 글로 표현할 수 있었다. 학생들은 즉시 이 기회를 이용하여, 폴란드 내 계엄령 선포에 대한 의견과 또 동독 건국 제39주년 기념을 위해 1988년 10월 7일에 예정된 군사 퍼레이드에 대해서도 자신들의 의견을 피력했다. 그 이후에도 국가와 일치하지 않는 주제들에 대해 다양한 서명 운동이 일어났으며 학교장은 곧 자신의 제안을 철회했다. 대자보 코너에서 자신의 의견을 발표했던 사람들은 곧 자신이 표현했던 의견을 멀리하도록 권유를 받곤 했다. 그렇게 하지 않을 경우 위원회는 그 학생들을 자유독일청년단에서 탈퇴시키겠다고 협박했다. 그것만으로 끝나는 것이 아니었다. 9명의 고학년 학생들이 자신들의 의사 표현으로 학교를 떠나야만 했다. 이러한 베를린고등학교 학생들에 대한 퇴학 조치는 곧 반발을 낳게 되었고 전국적인 공감을 불러 일으켜 시위들이 발생했다.

소위 묄비스의 날Mölbis-Tag은 동독 저항에서 획기적인 사건이다. 1988년 환경과 평화 기도 단체들은 라이프치히 남부 산업 폐기 가스로 심하게 오염된 지역에서 "환경의 날" 행사로 침묵 행진과 토론 행사를 개최했다. 이전에 발터 크리스치안 슈타인바흐Walter Christian Steinbach 목사의 인도로 열린 뢰타Rötha 환경 세미나는 에스펜하인Espenhain 지역을 위해 1마르크 모금 운동을 벌여 큰 성공을 거둔 바 있었다. 공장 시설이 뫨비스와 에스펜하인을 비롯한 인근 지역을 극심하게 오염시켰던 것이다. 이 캠페인이 재정적으로 큰 성공을 거두었다기보다는 사람들에게 환경오염에 대해 알리고 이것에 반대하여 시위를 벌이는 정신적 측면에서 더 큰 성공을 거두었다. 당연히 주최자들은 서명 목록을 작성할 수 없었다. 그러므로 우리는 교회 게시판에 후원 목록표를 붙여 두고 사람들이 1마르크를 후원할 때마다 목록을 하나씩 지워 나갔다. 이러한 방법으로 우리는 시위 리스트도 작성하여 서명하는 방식으로 진행했다. 놀랍게도 많은 사람들이 이 캠페인에 참석했는데 당시 에스펜하인 공장 시설들에서는 지독한 냄새가 하늘을 찌를 듯했기 때문이다.

그러나 뫨비스 환경의 날 행사의 표어는 "정의, 평화, 창조의 보존"이었다. 유명한 신학자 중 한 사람인 프리드리히 쇼얼렘머Friedrich Schorlemmer 는 토론에서 하나의 비유를 들어 설명했다. 주전 587년 느브갓네살 왕의 군대가 예루살렘을 정복하고 성전을 파괴했으며 예루살렘의 고관들과 노동이 가능한 국민의 대부분을 유다에서 바빌론 포로로 끌고 간 후, 이스라엘 백성들은 국권을 잃어버렸다. 당시 사람들은 여러 질문을 했다. "우리 고향을 다시 볼 수 있을까? 나라가 다시 자유를 회복할 수 있을까? 하나님은 자신의 백성을 버린 것일까? 아니면 하나님은 패배한 것일까?"

폐허가 되고 점령된 조국에 남아 있는 백성들도 그리고 머나먼 외국 땅에 포로로 끌려온 사람들도 오랜 세월 동안 낙심과 절망 속에서 지냈다. 마침내 한 선지자가 그들 가운데 일어나서, 기막히게 놀라운 비전을 통해 사람들을 그들의 냉담함과 절망 가운데서 구원했다. 제2 이사야는 페르시아 왕인 고레스로 시선을 향하게 하며 포로들 가운데 매우 위험할 수도 있는 정치적 설교를 했다. **"고레스를 보시고는 '너는 내가 세운 목자다. 나의 뜻을 모두 네가 이룰 것이다' 하시며, 예루살렘을 보시고는 '네가 재건될 것이다' 하시며 성전을 보시고는 '너의 기초가 놓일 것이다' 하신다."** [78]

이방 집권자가 하나님의 계획 속에 들어 있다는 것인가? 선택된 백성에 속하지 않은 한 사람이 기름부음을 받는 하나님의 메시아가 된다는 말인가? 이와 같은 터무니없는 진술이 구약성경을 통틀어 다시 나오지 않는다. 포로로 잡혀가 있는 유대인들에겐 하나님이 하나님 자신의 목적을 실현시키기 위해 하나님과 관계없는 또 하나님도, 그분의 목적에 대해서도 알지 못하는 사람을 사용하신다는 것은 도무지 이해할 수 없었던 것이다. 그러나 현실은 모든 것보다 더 나았고 그 예언자는 옳았다. 고레스 왕은 주전 539년에 바빌론을 정복했고 538년에 칙령을 내려 포로들에게 귀향을 명하고 예루살렘 성전을 재건하도록 했다.[79] 믿을 수 없는 변화가 일어났고 예언자의 예언이 성취되었던 것이다!

---

78 이사야 44장 28절, 45장 1절.
79 에스라.

"이렇게 될 수 있습니다. 왜냐하면 하나님에게는 불가능한 것이 없기 때문입니다." 1988년 우리의 토론회는 이렇게 마쳤다. "당시에는 49년이라는 시간이 걸렸습니다. 그리고 우리에게는 지금까지 39년이란 세월이 흘렀습니다. 항상 49년이라는 시간이 지나야만 하는 것은 아닙니다. 하나님의 도구, 20세기의 고레스는 이미 우리 시야에 들어와 있습니다. 그리고 행동하고 있습니다. 그는 바로 소련공산당 서기장 미하엘 고르바초프입니다."

KPdSU: Kommunistische Partei der Sowjetunion

이 말은 수백 명의 환경의 날 참석자들에게 엄청난 힘을 불어넣어 주었다. 한꺼번에 새로운 희망이 솟아났다. 동독에서 우리의 상황은 어느 정도 예언자의 예언, 자유와 변화의 시각에 도달했던 것이다. 우리 중 당시 이스라엘 백성이 귀향한 후 어떻게 자유를 선포했는지 아는 사람들은 이 모든 일이 우리에게도 일어나리라는 것을 분명히 알고 있었다. 자유의 문제, 새로운 도전들, 새로운 실망거리들 그러나 1988년과 같이 그렇게 계속 되지는 않을 것이고 될 수도 없었다. 예언자의 시각이 사람들을 사로잡았고 기쁨과 희망과 힘을 북돋아 주었다. 이 모든 것은 변화를 위해서는 반드시 있어야 할 것들이었다.

소련 공산당 서기장은 하나님의 시각을 실현시켜 주는 역할을 하고 있었다. 이때는 정말로 이사야의 시대와 비슷했다. 이것이 미친 짓인가 아니면 진실인가?

어떤 것인지는 우리가 직접 경험하게 될 것이었다. 이렇게든, 저렇게든….

바로 이 일이 내 눈앞에 생생하게 벌어진 것은 거의 20년 뒤인 2005년 8월 미하엘 고르바초프가 아우구스부르크 평화상 수상을 위해 독일을 방문했을 때, 내게 웃으며 다가와 손을 내밀었던 순간이었다. 그때 나는 그와 처음으로 개인적인 만남을 가졌던 것이다.

Und wir sind dabei gewesen

이것은 내게도 마찬가지였다. 두려움은 당시 나를 밤
낮으로 항상 따라다니고 있었다. 그러나 나의 믿음은
항상 두려움보다 조금 더 컸기 때문에 이것을 극복할
수 있었다. 나의 행동이 예수의 뜻 가운데 있는지를
살피는 것이 인내심에 매우 중요한 역할을 했다. 맑
은 정신과 믿음을 가지고 내가 시작한 일들이 가져오
는 결과를 참을 수가 있었다. 나뿐만 아니라 아내와
가족 그리고 교회 대표들을 목표로 한 보복에 대한 두려
움은 오히려 가볍게 참아 넘길 수 있었다.

우리는 벽에 대고 기도하는 것이 아니다

1986년 수요예배를 마치고 약 15명의 사람들이 나에게 왔다. 그들 중 한 사람이 내게 말을 걸었다.

"목사님, 우리는 출국을 신청했습니다. 여기 몇 사람은 도움이 필요합니다. 그래서 우리는 목사님을 찾아온 것입니다."

"제가 그분들을 위해서 해 드릴 것이 무엇인지 잘 모르겠군요."라고 대답하며 "어쨌든 저는 여기 머무는 것을 찬성하는 사람이고 또 여러분이 서독으로 여행을 하도록 도장을 찍어 주는 사람도 아닌데요."

"제발 우리를 도와주세요." 그들은 다시 말했다. "우리는 정말 어렵게 지내고 있습니다."

우리는 이야기를 시작하게 되었다. 그들의 문제는 국가가 자신을 이해하는 데 있다고 설명했다. 사회주의는 인류 발전의 마지막 단계인 공산주의의 전 단계라고 보았다. 그러나 국민들이 복지 상황에 대해 지속적으로 불만을 표시하는 것이 사회주의의 아름다운 그림을 망치고 있었다. 가게 앞에 사람들이 길게 늘어서 있는 줄은 인류의 투명한 미래를 보여 준다기보다는 전후 시대를 상기시켜 주었다. 국민들 사이에 우스개로 하는 소리가 있었다. "성경에도 쓰여 있지 않은가, 뱀이 없으면 천국도 없다고." 이런 농담으로도 사람들 사이에서 진정한 기쁨은 생겨나지 않았다.

사람들은 점점 더 어찌할 바를 몰라 했다. 적지 않은 국민들이 저들이 말하는 것처럼 썩어 가는 자본주의가 판을 치는 서독으로 가기 위해 천국인 동독을 떠나려 했다. 동독 당내에서 가장 똑똑한 선동자라도 더 이상은 이런 상황을 적절하게 설명할 수 없게 되었다. 동독 망명자들이 프라하 대사관을 통해서 동독을 떠나고 또 여행이 자유로웠던 헝가리 국경을 통해 동독을 떠나는 것을 보면서 에리히 호네커 서기장은 "그들을 위해서 우리는 어떠한 눈물도 흘리지 않을 것이다."[80]라고 말한 것은 결국 국가에 대해 충성을 맹세하던 많은 사람들이 변절하게 되는 결과를 초래했다. 이외에도 내게는 당의 기괴한 선전 문구가 들려 왔다. 그것은 출국을 원하는 사람은 없으며 그것은 서독 언론이 악의적으로 꾸며 낸 말이라는 것이었다. 출국 희망자들은 이에 상응하는 대접을 받았는데, 즉 그들은 마치 존재하지 않

---

80 1989년 9월 30일경, 프라하 대사관에 동독 난민들이 난입한 후 프라하에서 서독으로 망명하던 기차가 만원인 사태가 발생하자 많은 사람들이 "실제 카메라"에서 이것을 인용함.

는 것같이 취급받았다. 아무도 없는 것처럼…. 이것은 어느 누구에게
도 좋지 않았다. 출국 신청을 하고 한 2년 정도 지나면 사람들 모두
병들게 된다. 정신적으로 병들게 되는 것이다.

내가 이 사실을 그 방문객들을 통해 알게 되었을 때 나는 출국 희
망자들을 위한 대화의 시간을 마련했다. 그 모임—"출국 신청자들에
게 소망을"—은 1986년 11월 14일에 처음 가지게 되었다. 우리는 한
달에 한 번씩 만났다. 이 모임에서 사람들은 비방을 당하지도 문책을
당하지도 않았기 때문에 상호 신뢰감을 갖게 되었고 그래서 사람들
은 이 모임을 매우 좋아하게 되었다. 그들은 매번 비슷한 문제를 가
지고 있는 사람들을 만나게 되었다. 이 외에도 우리는 그들의 상황을
극복하기 위한 답을 찾기 위해 함께 노력했다. 그러자 이 모임에 참
석하는 사람들이 늘어나게 되었고, 그들도 다시 기운을 차리고 희망
을 갖게 되었다. 그러나 이 모임을 창설한 것에 대해 정부는 격렬하
게 반응했다. 나는 한 지역 교회 목회자로 정부 당국에 비하면 너무
나도 작은 불빛에 불과했다. 정부의 관계 기관은 즉시 주교회청에 연
락했고 이로써 또 주교회의 주교에게까지 연락이 닿은 것이다. 그들
은 압력을 넣어 내가 니콜라이교회의 목사직을 스스로 포기하도록
조치를 취한 것이었다.

이러한 접근 방식은 동독 정부가 자신의 조직으로 어떻게 다른 기
관에까지 영향을 미치려고 했는지 보여 주는 것이다. 회사에서 생각
을 달리하는 국장을 내쫓으려고 하면, 기업조합의 장은 그저 당서기

장을 통해 그에게 압력을 행사하면 되었다. 당시 국가의 사고 구조는 상부 정치국에서 결정이 되면 그 결정이 전달되어 아래에서는 전체가 기능을 발휘하면 되는 것이다. 동독 명령 체계의 마지막을 괜히 역원Funktionäre 이라 부르는 것이 아니다.

이러한 원칙을 교회에 적용하면 이렇다. 주교가 목사에게 그렇게 하면 안 된다는 것을 알게 하려면, 주교가 유도하고 당장 좋은 행동을 보여 주는 것이다. 그러나 교회에서는 이런 방법이 결코 통하지 않는다. 슈타지 보고서인 공작 서류 "고슴도치"—이것은 나를 의미하는 것이다.—에는 다음과 같이 나와 있다.

··· 퓌러 목사는 1980년과 1983년에 인물통제공작OKP: Operativen Personenkontrollen 을 마친 이후, 1987년 2월부터 새롭게 인물통제공작 보고서가 작성되고 있다. ···퓌러 목사의 범행을 저지하며 해당 목사를 징계 및 격리시키고 또한 테러의 적대적 부정적 세력들의 지도인물로서 그의 명성을 저지하는 것을 목표로 다음과 같은 정치공작 조치를 실행해야 한다.

- F 퓌러 목사의 정치적 신학적 입장에 대한 구체적이고 진술 능력이 있는 정보 작성, 최근 사건에 대한 그의 태도 조사 및 퓌러 목사의 개인 반응 의도와 행동 계획.

- 니콜라이교회의 목사직을 인수한 것과 관련 F의 계획과 의도 규명. 긍정적인 영향을 미칠 가능성을 얻기 위하여 교회 대표 및 교

회 직원 안에서 분류 작업 지속.

- F의 구직법Amtzuchtgesetz에 반하는 행위에 대한 단서와 근거 조
  사 및 기록 또는 그 밖의 일탈 행위 및 공식적 이용 가능성에 대
  한 검토.
- F가 인도하거나 또는 비중 있게 참여하는 고정적 행사의 참석자
  들 조사 및 신원 확인.
- F의 측근 규명, F의 행위와 입장에 영향을 줄 만한 관계자들의
  특성 조사.
- 서구 사회NSW: Nichtsozialistisches Wirtschaftsgebiet[81]-인사들과의 관
  계 조사 및 이러한 관계들의 공작 통제 및 내용면으로 문제가 되
  는 것 조사….[82]

보고서는 계속되었다.

… 5월 초 대중에게 영향을 주는 선동 활동이 심화된 것과 관련, F
는 공작에 있어 적대적 부정적 세력으로 통합되었음을 증명한다.
그는 충분하게 알려진 시작점이자 정보 조사 및 전달을 위하여 사
용된다.

---

81 사회주의 사회와 반대되는 자본주의 경제체제를 가진 나라들을 의미함(역자 주).
82 Edgar Dusdal(에드가 두스달). *Stasi intern. Macht und Banalität*(『슈타지 내부. 권력과
    진부함』). Leipzig, 1992. Leipzig, 1987년 6월 18일, 4/op-gr.

기본적인 문제 분야에서 그는 잘 알려진 위치를 고집하고 있으며 타협의 준비도가 낮은 것으로 보인다. 오히려 그는 라이프치히시에서 일어난 일의 원인을 국가와 정부 정치 지도자들의 책임으로 돌리려고 시도하는 사람에 속한다. 이로써 그는 자신의 교회 대표들과 공동으로 자신을 니콜라이교회에서 쫓아내려는 모든 노력을 거부하는 것이 분명하다. 1989년 5월 18일 주교회 헴펠 주교의 노력에도, F는 니콜라이교회의 목사직FG 을 지속적으로 수행한다는 것을 관철시켰다. [83]

국가의 눈에 교회는 반정부자들과 출국 희망자들이 만나는 장소로 반혁명주의자들의 은신처로 보였다. 이러한 상황에 노출되어 일한다는 것은 내게 정말 쉽지 않았다. 그럼에도 1986년에 "출국 희망자들의 소망"이라는 단체를 만들었다는 것은 사건이 발전해 나가는 과정에서 적절한 것이었다. 벙어리들에게 말할 수 있는 기회를 준다는 것, 국가가 짓밟는 사람들의 편이 되어 준다는 것은 나의 일관된 태도였다.

이 일도 나는 심사숙고하기 원했다. 나는 이전과 마찬가지로 동독에 남는 것에 찬성했다. 그럼에도 출국 희망자들은 자신들의 결정을

---

83 Ebenda(에벤다). *Quartalseinschätzung*(『계간 추이』) II/89, 1989년 6월 30일, 4/op-wei.

이미 내렸다. 우리는 함께 모인 시간을 사람들에게 긍정적인 생각을 줄 수 있는 성경의 본문을 함께 읽는데 사용했다. 늘 사람들 속에 소망을 깨워 주어 사람들을 위협하고 있는 우울증에 저항할 수 있도록 노력했다.

"만약 여러분이 절망하여 싸 놓은 짐 가방 위에 앉아 있다가 갑자기 이 나라를 떠나도 좋다는 소식을 받았다면, 여러분은 결국 절망적인 모습으로, 거의 절반은 죽은 모습으로 서독에 도착하게 될 것입니다. 그런 상태로 여러분은 그곳에서 결코 견딜 수 없을 것입니다. 왜냐하면 그곳은 아주 살벌한 분위기가 돌기 때문입니다. 여러분이 그곳에 적응하지 못하고 결국 실패하게 되면 당원들의 조소가 더해질 것입니다. '우리가 당신에게 이미 말했잖아.' 사회주의 조국의 보호를 떠나가서는 자본주의 속에서 무참하게 무너져 내리게 됩니다. 정말 이렇게 되기를 원하십니까?"

이 말로 내가 얻고자 했던 것은 분명했다. 이곳에 남기를 원하는 사람이든 떠나기를 원하는 사람이든 상관없이 우울의 소파에서 내려와야만 했다. 술병을 잡고 자기 연민에 빠지기 전에 말이다.

이 모임은 정말 대부분의 사람들에게 도움이 되었다. 사람들은 자신의 비참함을 잊어버리고 다시 살아야겠다는 마음을 갖게 되었던 것이다. 더 이상 혼자 있는 사람은 아무도 없었다. 모든 사람들은 다음과 같은 위로를 경험했다. 목사와 니콜라이교회가 우리를 돌보고 있다. 이 나라는 우리를 끝장난 사람 취급을 하지만, 이 교회는 그렇지 않고 또 예수도 그렇지 않다.

그들의 힘겨운 삶도 가치 있는 삶이라고 이해하는 것이 중요했다. 당시 예배를 통해 나는 바로 이점을 심어 주고자 했고 또 몇 년이 지난 후 실업자들의 모임에서도 이것을 전하려고 노력했다.

니콜라이교회 목회자로서 나의 사역이 점점 더 삼엄한 감시를 받고 있었기 때문에 기반 단체를 포함한 우리 모두는 그 어느 때보다도 더욱 조심해야만 했다. 모든 사람은 어떤 경우에도 선동에 휩쓸려 슈타지에게 좋은 일을 시키지 않도록 각별히 조심했다. 그 외에도 교회가 선동과 다툼의 장으로 예수의 발자취를 떠나고, 우리와 지역사회가 그리고 국가가 교회에 대한 신뢰를 잃어버릴지도 모르기 때문이다.

이렇게 국가는 교회 안에서 진행되고 있는 회합들에 대해 그리고 사람들의 생각과 사상에 대해 지나친 두려움을 갖고 있었다. 결국 국가는 통제력을 상실하게 되었다. 출국 희망자들과 기반 단체는 그들의 사상과 제안들로 우리를 긴장시켰다. 곧 나는 그들과 긴밀하게 연결하게 되었다. 이 사람들이 없었다면 우리가 행동하는 것은 불가능했을 것이다. 동독 시절 교회가 없이는 국가에 전면적으로 대항하는 것이 불가능했다면, 이러한 상황에 교회가 비판적인 기능을 감당할 수 있었던 것은 기반 단체가 없었다면 불가능했을 것이다. 그러나 단체 대표들이 교회의 공간만을 빌어 사용하고, 그들의 활동에 교회의 메시지를 받아들이지 않았다면 그들은 잘못된 조언을 받아들인 것이다.

니콜라이교회에는 정말 다양하고도 많은 사람들이 한 지붕 아래 모여 있었기 때문에 평화 기도회 시간에 늘 기본을 확인하는 것이 매우 중요했다. 예를 들면 산상설교의 팔복으로 돌아가는 것이다. 목표는 최소한 하나님에게는 불가능한 것이 없다는 생각을 일깨우는 것이었다. 그 외에도 기도는 벽에다 대고 이야기하거나 천장에 말하는 것이 아니라고 믿고 사는 것을 목표로 했다. 왜냐하면 우리는 살아 계신 하나님에게 기도하고 있었기 때문이다.

기도는 기도하는 사람이 언젠가는 손으로 만질 수 있는 능력을 발휘한다. 이러한 능력이 바로 2006년 이라크에 억류되어 있던 두 명의 라이프치히 출신 인질들에게 일어났다. 니콜라이교회 안과 교회 앞에서 27번의 평화 기도회와 침묵시위가 있은 후 그 두 사람은 석방되어 나왔다.

많은 사람은 이러한 방법으로 하나님을 신뢰하고 예수를 말씀 그대로 받아들이는 것은 이례적이라 생각했다. 그러나 이 사건은 사람들에게 믿음의 비밀을 알게 해 주었다. 사람들이 예수를 알게 되면 될수록 예수는 사람들에게 점점 더 강한 인상을 주었다. 예수는 항상 정치적, 종교적 지도층과 부딪혔다. 80세에 양로원에서 조용히 죽는 것과 같은 것은 없었다. 그의 급진주의적인 사고가 무신론적 환경에서 자라난 사람들까지도 사로잡게 되었다. 무엇이 일어나는가에 대해 어느 누구도 통제하지 않는 도로에서도 예수의 메시지가 영향을 주었으며 믿을 수 없는 능력을 보여 주었다. 바로 동독 시민들이 거리에서 행한 "비폭력" 메시지가 그것이다. 그리고 또 다른 점은 사람들이 자신들을 새롭게 인식하기 시작한 것이다. 사람들은 어느 날부터 "우리가 국민이다."라고 외쳤으나 동독에서는 진지하게 받아들이지 않았었다. 개척단, 청소년 서약식, 자유독일청년, 우리는 대체누구인가? **호모 사피엔스 에렉투스** *Homo Sapiens Erectus* 인가? 아니면 당의 통제 하에 있는 군거 가축들어리석은 군중 인가? "우리가 국민이다." 경찰은 누구를 위해 있는 것인가? 베를린에 있는 소수의 노인들을 위한 것인가?

10월 9일, 사람들은 어디에 국민들이 서 있는지, 누가 국민인지 더이상 설명할 필요가 없었다. 교회는 사람들에게 이와 같은 자아의식을 깨닫게 한 것이었다. 제단과 거리는 짝을 이루고 있었으며 함께 첫 열매를 거둔 것이었다. 이러한 자아의식이 없었다면 요동하는 사람들은 결코 목숨을 걸고 시위를 할 엄두도 내지 못했을 것이며 또한 변화를 위한 용기를 내지도 못했을 것이다. 모두 옛날 것에 그대로 안주했을 것이다. 술집 탁자에 앉아서, 맥주를 세 병이나 마신 뒤비밀스럽게 말했을 것이다. "원래는 말이야…. 이래야 하는데…."

단체장들에게 지속적으로 비폭력을 주지시키는 것은 나의 책임이었다. 예수에게서 비롯된 비폭력, 교회에서 비롯된 비폭력, 이것이야말로 평화 혁명의 첫 걸음이었다. 또한 교회 모임 내에서도 교회를 소외 집단에게도, 출국 희망자들에게도, 병역 거부자들에게도 모두 개방해야 한다는 데는 이견이 분분했다. 내부적으로 항상 찬성만 하는 것은 아니었다. 그러나 기독교인들은 이러한 단체에서 중요한 결정점의 역할을 했다는 것도 사실이었다.

이와 같은 동독 전체주의적 시스템의 중심에서 교회에는 최단기간에 엄청난 사람들이 몰려왔다. 마르크스-레닌주의식 학교가 수십년 동안 그리스도인과 무신론자들을 갈라놓았던 것을 니콜라이교회의 한 지붕 아래에 함께 모이게 된 것이다.

동독 시스템은 사회주의 국가 창설 당시 이미 낡아 빠진 19세기 물질주의적이며 무신론적인 세계관에 근거를 두고 있었다. 그럼에도 이 시스템은 신문, 책 등 도처에서 국민들과 대면하고 있었다. 사람들은 의식적으로 보잘것없는 것으로 취급을 받았다.

가령 학생들은 선거시 공부하는 지역에서 투표하라는 명령을 받았으며 투표는 항상 일요일에 거행되었다. 대부분의 학생들이 고향으로 돌아가 식구들과 함께 보내고 싶어 하는 날 말이다. 몇몇 학생들이 이 문제로 나를 찾아와서 이것을 어떻게 해결할 수 있을지 물었다. 공부하는 지역에서 투표를 하지 않고 고향에 있는 선거구에서 투표를 하기 위해서는 예외 허가 신청을 해야만 했다.

어떻든 사람들은 잘 생각해 보아야만 한다. 성인으로 장차 주치의가 되고 싶은 사람이거나, 지도층 인사가 되고자 하는 사람들은 투표하러 가야 할지 말아야 할지 생각할 엄두도 내지 않는다. 오히려 그들은 자신들이 고향에서 투표를 하겠다는 엄청난 모험을 할 수 있을

지에 대해 물을 정도로 두려움을 느꼈다. 차세대 지성인들을 지속적으로 불신하고 투표에서도 100% 투표 결과로 그들을 통제하려고 했던 이 체제 안에서 어떤 두려움이 지배했단 말인가? 도대체 여기에서는 어떤 일이 벌어지고 있는 것인가? 도대체 사람들을 어떻게 만든 것인가?

나는 항상 나의 아내와 함께 반대표를 찍기 위해 선거에 참여했다. 1989년 5월 7일, 동독 체제 아래 마지막 지역 선거를 아직도 생생하게 기억하고 있다. 통일된 목록에 이미 결정된 국민대표에 반대하는 반대표를 행사한다는 것은 당시 상황으로는 기대할 수 없는 일이었다. 나는 니콜라이교회 게시판에 선거와 관련 다음과 같은 글을 게재했다. "여러분이 투표권을 행사하기 전, 첫 번째 책상에 앉아 있는 사람에게 어떤 표가 유효한 찬성표인지, 어떤 표가 유효한 반대표인지를 물어보십시오. 또 어떤 표가 기권표인지, 무효표는 어떻게 생겼는지를 물어보십시오. 그런 다음 투표용지를 배부 받으십시오. 그리고 그 용지를 정확하게 잘 읽은 다음 기표소가 어디인지 물어보십시오."

나의 아내 모니카와 나는 예배하는 날인 주일을 선거로 방해받고 싶지 않았다. 그래서 우리는 선거 며칠 전 시청 신청사에 있는 특별 투표소를 찾았다. 당연히 우리는 기표소를 사용했다. 그러나 당시 이 기표소 사용하는 것은 의심을 불러일으키는 행위였다. 왜냐하면 사람들은 동독 시절 투표용지를 접어서 그냥 투표함에 집어넣는 것이 보통이었기 때문이었다. 투표장을 가로질러서 기표소까지 들어가는 데에도 용기가 필요했다.

반대표로 인정되는 표는 모든 이름을 다 지웠을 경우였고 나머지는 모두 찬성표로 인정되었다. 우리는 이것에 대해 사람들에게 미리 알려 주었고 그대로 이행했다. 그래도 안심하지 못하는 몇 사람은 우리와 함께 투표장에 갔다. 1989년 5월 얼마나 많은 사람들이 선거 때문에 우리에게 연락을 했었는지 정말 주목할 만한 것이었다.

아내와 나는 단순히 선거와 시스템 자체를 싸잡아 반대하지는 않았다. 우리는 우리의 반대 의사를 정확하게 표현하기 원했기 때문에 매번 투표에 참여했다. 나는 국민이 직접 후보로 선택하지 않은 사람들을 국민의 대표로 뽑을 수 없었다. 당시 우리는 선거에 참여하여 반대 의사를 표현하는 것만이 유일한 저항을 보여 주는 수단이었다.

나의 슈타지 문서에는 1989년 선거에 대해 다음과 같이 적혀 있다. "F는 선거에 참여하지 않았다."[84]

당원들은 일요일 저녁 개봉을 위해 투표함을 쏟아 내기 전, 목요일부터 일요일까지 반대를 표시한 투표지를 모두 골라낸 후, 투표함을 다시 봉했음을 알 수 있었다. 그렇지 않다면 그들은 선거인 명부를 조작했을 것이다. 어쨌든 그들은 반대표만 신경을 쓴 것이 아니라

---

84 Edgar Dusdal(에드가 두스달). *Stasi intern. Macht und Banalität*(『슈타지 내부. 권력과 진부함』). Leipzig, 1992, 252쪽.

투표율도 중요하게 여겼다.

1989년 5월 7일, 지역 선거 당시에는 이미 그전부터 광대놀음이 시작되었다. 1988년 초여름부터 베를린에서는 특히 교회 단체들이 모든 동독 그리스도인들에게 선거 준비에 적극 참여해 줄 것을 호소했다. 국가는 보통 때보다 더욱 열을 내어 선거의 민주주의적인 측면을 부각시키려고 했다. 국가는 시민들에게 자신들의 희망 사항을 민족전선위원회에 제출하고 선거 후보를 선정하는 데 참여하라고 촉구했다. 독립 단체들은 정말 다른 후보를 추천했으나 그들은 정작 후보 명부에는 한 사람도 오르지 못했다.

라이프치히에는 범단체적 이니셔티브가 있었는데 그들은 오후 6시 이후 가능한 전국적으로 개표 과정을 감시할 계획을 가지고 있었다. 투표 결과는 "선거 사안Wahlfall"철에 집계되었다.[85] 에곤 크렌쯔Egon Krenz가 중앙선거위원회 위원장으로 통일후보명부Einheitsliste가 얻은 득표율이 98.85퍼센트라고 결과를 공식 발표했을 때 소동이 일어났다. 아내와 나는 친구 집에서 공식 선거 결과 발표를 듣게 되었다.

몇몇 독립 선거 감시자들의 도움으로 곧 그 선거 결과는 조작된

---

85 전국에서 모인 반대파 선거 감시단의 결과는 문서상으로 확정되어 "선거 사안"이라는 제목으로 배부되었고 환경 도서관에 의해 출판되었다. "선거 사안"이라는 문서는 동독에서 이런 문건으로는 최초의 문서였다. 1989년에 서구 언론의 통신원들은 동독의 지역 선거에 관해 처음으로 '조작'이라는 단어를 공개적으로 말하고 적었으며 이 "선거 사안"을 인용했다.
[출처] 포츠담에 있는 정치 교육을 위한 연방센터협회(Bundeszentrale für politische Bildung e.V. Potsdam).

것이라는 사실이 드러났다. 동독에서는 모든 선거가 조작된 것이었다. 그러나 1989년 시민들의 자의식은 몇 년 전과는 달랐으며 반대표는 몇 년 전보다 훨씬 많았다. 전국적으로 조작 선거에 반대하는 시위가 열렸고 수많은 사람이 체포되었다.

동독 시절 사람들은 변화를 결심하고 나서 점점 더 변화에 필요한 용기를 가지게 되었지만, 점점 더 많은 경찰들이 투입되면서 다시 두려움의 지배를 받게 되었다.

이것은 내게도 마찬가지였다. 두려움은 당시 나를 밤낮으로 항상 따라다니고 있었다. 그러나 나의 믿음은 항상 두려움보다 조금 더 컸기 때문에 이것을 극복할 수 있었다. 나의 행동이 예수의 뜻 가운데 있는지를 살피는 것이 인내심에 매우 중요한 역할을 했다. 맑은 정신과 믿음을 가지고 내가 시작한 일들이 가져오는 결과를 참을 수가 있었다. 나뿐만 아니라 아내와 가족 그리고 교회 대표들을 목표로 한 보복에 대한 두려움은 오히려 가볍게 참아 넘길 수 있었다.

그렇지만 평화 기도회에 대한 공식 압력은 줄어들지 않았다. 동독 시절 개혁 사상은 루터 시대의 종교개혁만큼이나 호응이 좋지 않았다. 1539년 종교개혁은 라이프치히에 도입되었다. 1989년 5월, 작센주 종교개혁 450주년 기념 예배에는 지역의회 부대표였던 하르트무트 라이트만Hartmut Reitmann 박사가 참석했다. 예배는 니콜라이교회에서 드려졌으며 요하네스 헴펠 주교회 주교가 인도했다. 예배 후 함께 다과를 나누는 시간에 라이트만 박사의 요청으로 노회장은 우리를 그에게 소개시켜 주었다. 우리는 서로 통성명을 하는 시간을 가졌으며 라이트만은 그만의 방법으로 내게 관심을 보였다.

예배 전 며칠 동안 소위 지도급 독일 사회주의통일당 동지들의 훈시를 위한 전당대회가 열렸다.[86] 동 대회는 독일 사회주의통일당 중앙위원회 교회 문제를 담당하는 단체장이 인도했다. 동 대회에서는 당원들에게 1989년 7월 초 라이프치히에서 계획된 교회의 날 Kirchentag 행사를 허락한 것이 목회자들의 정치적인 활동을 묵인한다는 뜻은 아니라고 설명했다. 또한 교회의 날 행사 관련 지도부도 동 행사를 치르기 위해서는 국가의 지원이 필요했다. 예전에 박람회장으로 쓰던 곳을 행사장으로 사용하기 위해서는 사전에 허가를 받아야 했으며, 특별 전철이 운행되어야 하고 이외에도 많은 것들이 준비되어야만 했다. 국가는 교회에 압력을 넣었으며 교회의 날 행사를 허용해 주는 대신—당연히 말로는 표현하지 않았지만—평화 기도회에 반대했다. 라이트만 박사는 이 문제에 대해 주교인 헴펠 박사에게도 간곡히 부탁했다. "당신의 언어는 아름답고 좋습니다." 그는 개인적으로 대화를 나누면서 이렇게 말했다. "그러나 정치에서는 눈으로 볼 수 있는 일만을 인정해 주지요. 성공만이 인정을 받아요. 나는 매번 아름다운 언어를 듣지만 아무 일도 일어나지 않는군요. 그들은 계속 기

---

86 라이프치히 시민운동협회 문서보관소(Archiv Bürgerbewegung Leipzig e.V.). www.archiv-buergerbewegung.de.

도만 합니다." 그도 국가가 유효하다고 인정하는 조직에서 출발했기 때문에 교회와는 어울릴 수 없었다. 또한 주교도 그의 말에 협박당하지 않았다.

라이트만 박사는 나와 만난 이후 만나기 전보다 더 어찌할 바를 몰랐을 것이다.

이제 단체들의 행동을 막을 수 없게 되었고 그들은 행동을 지속할 수 있는 용기를 얻게 되었다. 1989년 6월, 계획된 교회의 날 행사가 아직 시작하기 전 그들은 대대적인 일을 벌였다. 단체의 대표들은 1989년 6월 10일 국가의 허락을 받지 않고 라이프치히시내에서 거리 음악 축제 행사를 개최했다. 오늘날에는 전혀 문제가 없는 일처럼 들리지만 동독 시절 이러한 일을 계획한다는 것은 시민들의 엄청난 용기가 필요한 것이었다.

밴드와 솔로 연주자 약 20여 단체는 시내에서 연주를 하기로 계획이 되어 있었다. 문제의 연주가 계획된 토요일 저녁 라이프치히는 여느 주말처럼 많은 방문객들과 백화점을 드나드는 사람들로 붐볐다. 음악 연주자들을 막기 위해 약 1,000여 명의 경찰과 사복경찰들이 투입되었고 적지 않은 사람들이 끌려가 심문을 당했다. 몇 명은 체포되는 과정에서 도망을 쳤고 이로써 본격적인 사냥몰이가 되었다. 경찰이 음악 밴드에게 악기들을 싸서 빨리 사라지라고 명령하면, 그들은 바로 다음 거리에다 악기들을 끄집어내어 다시 연주를 했다. 라이프치히 연주홀인 게반트하우스Gewandhaus의 쿠르트 마주르Kurt Masur 악장은 연주자들을 게반트하우스로 불러들여 피할 곳을 제공해 주었을 뿐 아니라 연주할 기회도 주었다. 그곳에서는 사람들이 체포될 염려가 없었다.

이 일이 있은 후 1989년 9월 니콜라이교회 앞에서 수많은 사람들이 체포되기 시작했을 때 서독 기자는 지금 일어나고 있는 일에 대해 어떻게 생각하는지에 대해 쿠르트 마주르 악장과 인터뷰를 했다. 마주르 악장은 긴 침묵 이후 "부끄럽습니다."라고 대답했다.[87] 당원들은 이 대답을 다음과 같이 해석했다. "사람들이 시내 한복판에서 이 정도로 폭동을 일으키고 국가를 상대로 시위를 벌이는 일이 일어난다는 것이 부끄럽습니다." 그러나 그가 정말로 이야기하고자 했던 것이 무엇인지는 모두가 다 알고 있었다. 경찰들은 아무런 이유 없이 무방비 상태의 시위대들을 마구 때렸다. 우리는 일이 어떻게 끝날지, 알기도 전에 그는 상황을 구체적으로 파악했다는 점에 있어 그를 높이 평가해야 한다.

오후가 되어 일단의 음악가들이 흩어진 모습으로 니콜라이교회 마당을 가로질러 뛰어 왔다. 그들은 광장에서 쫓겨 온 이들이었다. 나는 그때 윗층 목회실 창가에 서 있었고 그들에게 손을 흔들어 인사했다. 그들 중 두 명은 베를린에서 라이프치히로 온 사람이었는데

---

87 하르무트 쯔바르(Hartmut Zwahr), *Ende einer Selbstzerstörung: Leipzig und die Revolution in der DDR*(『자기 파멸의 종말: 라이프치히와 동독에서의 혁명』). Göttingen, 1993.

저녁 무렵 우리 집 벨을 눌렀다. 그들 중 한 남자가 체포되었으며 그가 없이는 집으로 갈 수가 없다는 것이었다. 나는 그들이 목양실에서 잠을 자도록 방을 내주었다. 다음날 아침 동료가 감옥에서 나왔고 그들은 베를린으로 돌아갔다.

체포 이유는 매우 다양했다. "불법 집회", "허가 받지 않은 행사 주최", "허가 받지 않은 노래를 연주한 것" 등이었다.

이 모든 일에도 음악가들은 시내 중심가에, 광장에, 쇼핑 거리에 훌륭한 분위기를 만들어 주었다. 거리 음악축제는 대단한 성공을 거두었다. 독일 사회주의통일당 국가가 자신들이 원하지 않는 의견을 사람들이 표현하거나 당의 노선과 반대되는 예술 활동을 할 때 그들이 얼마나 거칠게 반응하는지 많은 사람들이 알게 되는 계기가 되었다. 이 행사를 전체적으로 조직한 단체 대표, 즉 당이 배후 인물로 지목한 그 대표는 체포만큼은 면할 수 있었지만 불법 행사를 개최한 혐의로 천 마르크의 벌금형을 받았다.

그러나 그 후 몇 개월 동안 불안정한 일들이 잇달아 발생하여 벌금을 지불하는 일은 일어나지 않았다.

Und wir sind dabei gewesen

너무나도 기가 막힌 상황이었다. 하필이면 국가의
압력에 심각하게 눌려 지내는 사람들이 또 지금까
지 책임을 지고 있던 사람들이 평화 기도회를 인도하
는 데서 제외된 것이었다. 이런 일을 한번 생각해
봐야 한다. 사람들이 자신들의 일과 관계있는 것을
문 앞으로 가져왔다. 평화 기도회를 준비하는 과정에
서 여기 저기 위험한 책략의 조짐이 있을 경우, 나를
포함한 우리 목회자들은 즉각적으로 이에 대응할 만한
조치를 지시해야 했다. 대부분의 경우 참석자들은 우
리의 지시를 따라 주었다. 우리 모두는 우리의 책임을
알고 있었다.

교회의 제한된 정치적 권한에 대하여

　　동서독에 중거리 미사일을 배치하고 난 후 동독에서의 평화 운동은 엄청난 침체의 위기를 맞게 되었다. 이곳 동독에서는, 독재 정권 아래 교회의 반대 시위에도 미사일의 배치는 이미 정해져 있는 것이었다. 그러나 서독에서 사람들은 그들이 원하는 모든 것을 표현할 수 있었다. 그들은 플래카드를 만들어 걸었고 광장 전체를 빌리기도 했다. 그들은 또한 슬로건을 만들어 내걸고 인간 사슬을 만들기도 했으며 수천 번의 시위를 개최하기도 했다. 그러나 결국 서독에도 미사일이 배치되었다. 독재 정권이나 마찬가지로. 이 일로 우리는 체념하려는 마음이 들게 되었다.

　　우리 동독의 상황을 보아서만이 아니라 서독의 민주주의에 대해서도 그랬다. 그들은 우리보다 좀 더 큰 소리를 낼 수는 있지만 결국 그들도 우리와 마찬가지로 할 수 있는 것이 별로 없다는 생각이 우리 모두에게 들게 되었던 것이다. 연방공화국의 민주주의가 균열되는 경험이었다. 특히 국민의 역할과 관련해서 말이다. 우리는 이것은 분명하게 경험할 수 있었다. 왜냐하면 평화 기도회에 참석하는 사람들의 숫자가 현저하게 줄었기 때문이었다. 어떤 때는 10명 정도까지 줄었다. 그러나 가을에 개최되는 평화 기도회 주간에는 그렇지 않았다. 그때는 매번 수백 명의 사람들이 니콜라이교회로 몰려들었다.

1984년 6월 어느 월요일 평화 기도회에는 여섯 명이 모인 적도 있었다. 우리는 제단 앞에 앉아 있었고 노회장은 시편 말씀을 읽었다. 우리 교회에서 일하는 사역자들을 제외하고 나면 4명의 그리스도인만이 기도하러 왔던 것이다. 앉아 있던 여성도 중 한 사람이 내게 말을 걸었다.

"목사님, 평화 기도회를 없애려고 하시는 것은 아니지요?" 그녀는 걱정스레 물었다.

아마도 그날 나는 믿는 것이 그렇게 행복해 보이지 않았나 보다.

"목사님, 자신을 돌아보세요." 그녀는 계속 말했다. "모두가 다 풀이 죽어 있습니다. 전부 침체 분위기예요. 목사님이 지금 포기한다면 이 나라는 희망이 없습니다."

외부로부터 다시 내게 중요한 충격이 온 것이다. 나는 즉시 그 여성도의 말이 맞다고 생각했고 지금 월요 기도회를 지속해야만 한다고 확신하게 되었다. 우리는 그냥 계속해야만 했다. 그때 성경 말씀이 떠올랐다. 예수님이 말씀하기를 **"두세 사람이 내 이름으로 모여 있**

는 자리, 거기에 내가 그들 가운데 있다." [88]

우리는 여섯 명이 모여 있었다. 이것만으로도 벌써 예수님이 말씀한 사람의 두 배가 아닌가! 계속하자.

이 대담한 시도는 정말로 광야를 여행하는 것처럼 변했다. 1988년 초까지 매주 월요 기도회에는 항상 적은 사람이 참석했다. 그럼에도 우리는 그만두어야겠다고 생각하지 않았다. 그리고 우리는 사람들의 숫자에 신경 쓰지 않는 것이 습관이 되었다. 기독교 교리 시간에도, 입교 교육을 받는 시간에도 적은 사람들이 모였지만 내용이 중요한 것이지 몰려다니는 사람의 숫자가 중요한 것이 아니라는 것을 우리는 이미 배운 바 있었다.

1985년부터 그리고 1987년 "출국 희망자" 토론의 시간을 만들고 나서부터 점점 더 많은 사람들이 모이게 되었지만 국가의 비판도 동시에 계속되었다. 우리가 더 이상 교회와 상관이 없는 일을 하고 있다는 것이었다. 니콜라이교회에서 행하는 일은 반국가적 행사라는 것이었다. 우리는 이러한 비난으로부터 우리를 보호하기 위해 평화 기도회를 더욱 체계화하고자 했다.

우리의 중요한 파트너는 월요 기도회를 함께하는 기반 단체였다. 교회 평화 기도 사역에 젊은이들은 매우 중요했다. 왜냐하면 그들이 바로 동력이 되어 주었기 때문이었다. 그들은 다양한 주제를 내용면

---

88 마태복음 18장 20절.

에서 이끌어 나가며 기도에 항상 새로운 추진력을 불어넣어 주었다. 그들은 항상 가까이 있었고 활동적이었다. 몇 년 후 한 사람이 지난 날을 회상하며 "그때가 참 좋았습니다. 좋았다는 것은…. 정말로 위험했었지요. 그러나 우리는 정말 의욕이 충만했고 삶에 대한 애착이 있었습니다. 네가 아침에 일찍 일어나면 네가 없으면 안 된다는 것을 알았지. 너는 필요했고 다른 사람들이 너에게 의존하고 있었지. 삶에 대한 지속적 의욕이 정말 아름다웠어요."

그러나 그때는 긴장감도 있었다. 1986년 3월 22일 음악가 슈테판 크라부쯔크Stephan Krawczyk 는 크리스토프 본네베르거 목사가 시무하는 루카스교회Lukaskirche 에서 연주회를 열었다. 나는 그 연주회에 호기심을 가지고 있었기 때문에 그곳에 가 보았다. 그곳에서 크라부쯔크가 주기도문을 모욕하는 노래를 하는 것을 듣고는, 항의하는 의미로 행사장을 빠져 나왔다. 우리 교회는 예전에도 그랬지만 지금도 '니콜라이교회는 모든 이에게 열려 있습니다.' 라는 표어가 유효하다. 그러나 이것이 모든 것을 위해 열려 있다는 뜻은 아니다. 살면서 나를 화나게 하는 것이 몇 가지가 있다. 무신론자들이 교회의 지붕 아래서 하는 솔직한 말들에 대해 다 참는다 해도 예수님과 성경에 대해 멸시하는 말을 들으면 나는 더 이상 참을 수가 없게 된다. 어떤 목적을 위해서라고 해도 그 목적을 더럽히는 수단이 있다. 본네베르거는 이러한 종류의 일들도 참을 수가 있었다.

평화 기도회에도 가끔 우발적인 사건들이 발생했다. 어느 월요일

에는 참석한 사람 중 한 사람이 앞으로 나가더니 마이크 앞에 서서
는

"음음, 내가 이야기하겠습니다. 이제는 내 차례입니다." 라고 크게
소리쳤다. 이런 것은 연출된 선동 중에 하나였다. 그 사람은 분명 용
기를 내기 위해 전에 술을 마신 것이 분명했다.

크리스토프는 매우 조용히 침착하게 말했다. "이보게, 오늘은 모
두들 다 사전에 준비가 되었네. 다음 기도 시간에 당신이 잘 준비가
되었을 그때 말하면 어떻겠나. 오늘은 그만두는 것이 좋을 것 같네."

"아니, 아니라고." 그는 막무가내였다. "아니 오늘 하겠소."

크리스토프는 교회에 온 사람들에게 물었다.

"오늘 누구의 말을 들으면 좋겠습니까?"

"저 사람은 분명히 아닙니다. 오늘은 아니예요." 라는 대답이 나왔
다.

소란을 피우던 남자는 조용해졌다.

그 당시에 우리는 늘 조심해야만 했다. 왜냐하면 위와 같은 졸렬
한 선동을 포함해서 국가의 비난은 멈추지 않았기 때문이었다. 1978
년 나는 주 총회에 선출되었으며 1984년부터는 교회 지도부의 총회
부회원이 되었다. 1986년에는 교회지도부는 비공개회의 날짜를 확
정하고 부회원들도 참석하도록 했다. 주제는 "교회의 제한된 정치적
사명"이었다. 나는 마침내 국가의 비난에 무언가 대항할 수 있는 도
구를 손에 넣는 기회가 될 것이라고 생각했다.

국가는 공개적으로로든 아니면 은밀한 방법으로든 교회를 비난했다. 우리가 니콜라이교회에서 반혁명적 움직임으로 강경 정책을 펴고 있다는 것이다. 평화 기도회 사역이 개개 아웃사이더들의 방법으로 폄하될 수는 없다고 생각했다. 다른 한편 평화 기도회는 교회 내부적으로도 지켜져야 하는 매우 중요한 것이었다. 작센 주교회와 그 교회 주교는 교회의 정치적 사명은 제한적이라고 보았으며 몇몇 극단적인 목회자들의 도구가 되어서는 안 된다는 입장을 표명했다.

나는 그날 회의에서 받았던 글을 가지고 돌아왔다. 1988년 평화 기도회를 어떻게 인도해야 하는지 기본 원칙을 세워 보았다. 상황은 예측할 수 없이 극단적으로 치달았으며 우리는 더욱 조심해야만 했다. 평화 기도회를 개최하는 교회들이 모두 지켜야 할 규정이 있었다. 이렇게 해야지만 평화 기도회가 유지될 수 있었다.

나는 이미 한 단체장의 평화 기도회를 경험한 바 있다. 그것은 그러나 전혀 평화 기도회를 연상시킬 수 없는 것이었다. 그는 성경 말씀도 읽지 않았고, 당연히 주해도 없었으며, 찬송도 기도도 없었다. 날카로운 정치적 연설을 했던 것이었다. 나는 매우 격분했다. 이것이 바로 국가가 교회를 비난하는 것이었으며, 나도 도무지 지지할 수 없는 것이었다.

"이러한 '평화 기도회'는 여기서 다시 있어서는 안 될 것입니다." 나는 그의 연설에 이어 그에게 분명하게 지적했다. "어쨌든 이런 것이 바로 나라가 우리에게 평화 기도회를 금지할 그럴듯한 구실이 되는 것입니다."

"교회를 개방하는 것은 그렇게 어려운 일이 아니지요." 그는 의미 심장하게 대답했다. "그러나 우리는 국가에 맞서기 위한 적절한 계획을 가지고 있어요. 지식인들의 네트워크를 통해 동독을 변화시킬 것입니다."

나는 이에 대해 "그래요. 우리는 니콜라이교회의 문을 열어 놓았고 어떤 것에 의해서도 누구에 의해서도 그 문을 다시 닫도록 하지 않을 것입니다. 우리는 문을 열어 놓은 것에 대해 책임을 집니다. 평화 기도회는 계속될 것입니다."라고 대답했다.

다음 모임에서도 나는 평화 기도회가 영적으로 퇴색되는 것을 막기 위해 분명한 입장을 표명했다. 짧지만 건설적인 논의는 양측 모두에게 도움이 되었다.

마기리우스 노회장과 단체들과의 어려움은 정도가 깊어져 1988년 3월에는 분쟁이 생기게 되었다.

8월 말 마기리우스 노회장은 단체들에게 편지를 보냈다. 그 편지에는 기존 자기 책임 하에 평화 기도회를 자율적으로 인도하는 것을 끝내기로 한다고 쓰여 있었다. 여름휴가가 끝난 후부터 평화 기도회를 인도하는 것은 전적으로 니콜라이교회와 요하니스Johannis 교회 대표들이 맡아 진행하게 되었다.

그러나 노회장의 결정에 대해 각 교회 대표들은 아무것도 모르고 있었다는 점에서 나는 마기리우스 노회장의 일 처리 방법에 문제가 있다고 생각했다. 그리고 그 또한 이 문제에 대해 교회의 목회자이자 대표인 내게조차도 털어 놓지 않았다.

1988년 9월 첫 번째 평화 기도회 시간에 그는 이 결정을 공식적으로 발표했다. 물론 그는 이것을 발표하기 바로 전 교회 대표들에게 이미 결정된 것으로 통보했다. 이것은 당시 회원들에게는 너무 힘들었다. 교회 임원들은 노회장을 혼자 놔두어 웃음거리로 만들고 싶지 않았기 때문에 그 규정에 대해 무거운 마음으로 승인했던 것이다.

크리스토프 본네베르거 목사는 이 규정으로 인해 평화 기도회 협력자에서 즉시 제외되게 되었다. 이것 역시 나는 옳지 않다고 여겼고 다른 단체들도 마찬가지였다. 그럼에도 나는 마기리우스 노회장이 국가의 압력에 자신을 굴복시키거나 아첨하기 위하여 이러한 결정을 내린 것이 아니라는 것을 이해할 수 있었다. 내가 보기에 그는 생각하기를 평화 기도회를 그대로 두었다가는 정치적으로 과격화되어 결국은 국가가 어느 날 평화 기도회를 모이지 못하게 하지 않을까 하는 두려움을 가지고 있었던 것 같다.

나는 가령 개인적으로 서독 언론을 교회에 들어오게 해서 인터뷰를 한 적이 없었다. 내게서 그 이유를 들은 서독 기자들은 아무 불평 없이 그 요청에 응해 주었다.

"우리가 우리 국가동독에 대해서 하고 싶은 말을 서독 공영방송인 ARD, ZDF, DLF사를 통해 말하고 싶지 않습니다. 우리는 바로 직접 우리의 의사를 표현하고 싶습니다."고 설명했다. 나는 정보 요원의 정밀첩보 기술에 관심이 없었다. 국가가 우리에 대한 증오에서 자신의 지성을 잃어버렸다면 국가는 한 가지를 알 수 있을 것이다. 우리는 이야기할 준비가 되어 있었다. 우리는 잘못되지 않았고 등 뒤에서 몰래 행동하지 않았다는 것을…. 그러나 국가가 우리에게 비판을 받는 것은 전혀 피상적인 것이 아니었고 더구나 인기를 노리고 한 것도 아니었다는 것이다.

마기리우스 노회장의 결정의 결과는 놀라웠다. 그 이후 두 주간 평화 기도회 시간에는 소요가 있었다. 단체 회원들 중에는 교회 난간을 기어 올라가 오르간의 전선을 모두 뽑아 놓아 연주를 못하게 만드는 사람도 있었고 또 다른 사람들은 수건으로 입마개를 만들어 두르고는 앞의 제단으로 나아가 "의사표현 금지"를 표시하고 서 있기도 했다. 그러나 이러한 모든 행위는 어쩔 수 없이 국가에게 정당성을 부여하는 충돌을 야기시켰다.

너무나도 기가 막힌 상황이었다. 하필이면 국가의 압력에 심각하게 눌려 지내는 사람들이 또 지금까지 책임을 지고 있던 사람들이 평화 기도회를 인도하는 데서 제외된 것이었다. 이런 일을 한번 생각해 봐야 한다. 사람들이 자신들의 일과 관계있는 것을 문 앞으로 가져왔다. 평화 기도회를 준비하는 과정에서 여기 저기 위험한 책략의 조짐이 있을 경우, 나를 포함한 우리 목회자들은 즉각적으로 이에 대응할 만한 조치를 지시해야 했다. 대부분의 경우 참석자들은 우리의 지시를 따라 주었다. 우리 모두는 우리의 책임을 알고 있었다.

그러나 그것은 완전히 넌센스였다. 이런 통제를 규칙으로 한다는 것은.

시위는 줄어들지 않았으며 모두들 각자 다른 방식으로 반응했다. 1988년 10월 24일 평화 기도회 모임에서 한스-프리델-피셔 Hans-Friedel-Fischer 신부는 입마개를 하고 제단가에 앉아 있던 사람들에게 다가가 모두에게 손을 내밀었다. 이것은 단체와 연대감을 표현한 것이었으며 단체의 모든 사람들이 즉각적으로 깨달을 수 있었다. 우리는 이 시위를 참아야만 했다. 왜냐하면 그것은 집안 내에서 일어난 것이기 때문이다. 시위자들과 함께 모였던 평화 기도회 마지막 즈음 본네베르거는 사람들에게 남아 줄 것을 요구함으로 소요가 일어났다. 그는 교회에서의 시위에 대해 어떻게든 결론을 얻을 때까지 토론하고 싶어 했다. 그러나 상황이 첨예화되어 가면서 나는 평화의 장소인 교회가 서로를 고발하고 헐뜯는 논쟁의 장소가 되겠다는 생각이 들었다. 사람들은 마기리우스 노회장의 결정에 대해 즉각적으로 논쟁을 통해 결론을 내고 싶어 했다. 이제는 더 이상 평화 기도회가 아니었다. 그것은 격투장이었다. 나는 의자 위로 올라가 참석해 있는 사람들에게 말했다. "여러분" 나는 소리쳤다. "평화 기도회는 이제 끝났습니다. 여러분이 논쟁을 하고 싶으면 밖으로 나가서 니콜라이교회 마당에서 계속하세요. 나는 여러분들에게 교회를 나가 줄 것을 부탁합니다."

이에 사람들 저마다 견해와 원성이 빗발쳤고 정신이 하나도 없는 혼란의 도가니가 되었다.

"여러분, 여러분 옆에 있는 사람이 누구인지 아십니까? 여러분을 이렇게 선동하고 폭동을 일으키게 하는 그 옆 사람이 누군지 아십니까?" 나는 이렇게 묻지 않을 수가 없었다.

본네베르거 목사는 당시 나의 이런 말에 대해 매우 불쾌하게 생각하고 있었다. 어쨌든 이러한 모임에는 항상 슈타지 요원들이 끼어 사람들을 선동하고 상황을 악화시키는 역할을 하고 있었다.

"크리스치안, 너는 지금 나를 모르는 사람이라고 주장하고 싶은 것은 아니지." 이것이 내 말에 대한 그의 대답이었다.

"그런 대답은 참아야 하지 않나. 네가 이 교회를 격투장으로 만들고 싶지 않으면 말일세." 나는 그저 이렇게 대답했다.

그리고 나는 의자에서 내려왔다. 사람들은 모두 일어섰다. 그들은 나를 따라 교회를 떠났다. 그러나 군중 속에 섞여 있던 슈타지 요원들이 원했던 상황은 이런 것이 아니었다. 그들이 원하는 대로 놔두었다면 교회 안에서 서로 물고 뜯는 토론이 있었을 것이었다. 그러나 여느 때 평화 기도회같이 끝나게 되었다. 그리고 다른 때와 마찬가지로 사람들은 광장을 바로 떠나는 것이 아니라 삼삼오오 모여 서로 이야기를 나누었다.

이어 단체들은 니콜라이교회 마당에서 토론을 계속하기로 결정했다. 시위 단체들은 자신들이 평화 기도회를 조직하지 않음에도 모임에 나오는 사람들의 숫자가 줄어들지 않자 조금 실망하는 눈치였다.

그들은 자신들이 도와주지 않으면 '기성 교회'만으로는 아무 능력을 발휘할 수 없다고 생각했기 때문이었다.

평화 기도회의 큰 기반 세력이 된 것은 이전과 다름없이 망명 희망자들이었다. 이러한 단체들을 금지시킨다는 것이 내게는 분명한 손실이었고 또한 큰 고통이었다. 나는 여러 방면으로 생각했다.

1988년이 끝나갈 무렵 나는 나 자신을 위하여 한 해를 정리해 보았다. 올해 일어나지 않았던 것들은 무엇이 있는지…. 베를린 룩셈부르크-립크네히트 시위에서 사람들이 체포된 사건, 우리의 중재기도, 평화 기도회에 수년 동안 사람들이 잘 모이지 않다가 다시 수백 명의 사람이 모이게 된 일, 동독에서의 삶과 이곳에 남는 것에 대한 토론의 밤 등…. 이 외에도 교회에는 사람들로 가득 찬 해였고 또 청년 사목과의 전화 연결을 설치한 것, 본네베르거가 단체들을 위해 헌신한 것, 베를린 학생들을 퇴학시킨 일과 그 후에 일어난 항의 시위, 이 외에도 평화 주간 모임, 평화의 밤…. 우리가 함께 한 일들이 매우 많았다. 갑자기 나는 이러한 긴장 상태를 견딜 수가 없었다. 지난 몇 개월 동안 단체들이 모임에 참석하지 않고 있었다. 나는 그들을 다시 불러오고 싶었다.

평화 기도회는 계속되었다. 1986년 교회 지도자 모임의 주제인 "교회의 제한된 정치적 사명"은 내게 구체적인 병기가 되었다. 국가 측에서 교회를 적대시하는 것은 점점 더해 갔다. 국가 안보는 1988년 11월 17일의 평가에서 나와 있다. **"라이프치히시는 개신 교회 내 현재**

진행되고 있는 세분화 및 양극화 과정의 절대적 중점이 되고 있으며 정치적으로 부정적 경향이 있는 세력들이 활발하게 활동하고 있다. 또한 니콜라이교회는 선동자들과 전복을 꾀하는 세력이 모이는 곳의 역할을 하고 있다는 것이 재확인되었다." [89]

평화 기도회 준비 과정에서 단체들을 배제시킨다는 결정에 반대하는 단체들의 시위는 그 사이 스스로 사그라들었다. 그러나 당연히 그들은 맘이 상했다. 도무지 화해의 조짐이 보이지 않았다. 나는 어떻게 그 단체들을 다시 우리 일을 위하여 받아들일 수 있을지 계속 생각했다. 그들을 계속적으로 배제시킨다는 것은 내가 참을 수 없었다.

결국 나는 2년 전 이미 교회 보고서에서 작성했던 기본 원칙을 다시 한 번 집중해서 살펴보게 되었다. 그 후 12월 8일 나는 단체들에게 결정적인 편지를 써서 보냈다. 그리고 1989년 1월 6일까지 답을 달라고 부탁했으며 나는 모든 단체들이 다시 교회로 돌아오기를 바랐다.

이러한 이루 말할 수 없는 논쟁이 끝나길 희망했다.

---

89 BStU. *Außenstelle Leipzig*. BVfS Leipzig, Abt. XX, 00201/03, 18쪽. BStU란 Bundesbeauftragten für die Unterlagen des Staatssicherheitsdienstes der ehemaligen Deutschen Demokratischen Republik의 약자로 구 동독 국가안전부 문서담당국을 의미함(역자 주).

루터 개신 교회

7010 라이프치히, 1988년 12월 8일

상트 니콜라이-상트 요하니스

니콜라이키르헤호프 3번지, PSF 728

크리스치안 퓌러 목사

전화: 20-09-52

제목: 평화 기도회, 매주 월요일 오후 5시 니콜라이교회

평화 기도회는 평화와 정의를 위한 지역총회위원회에서 라이프치히 동부 지역을 대표하는 단체들로 구성되어야 합니다.

1988년 11월 21일 교회 대표들과 지역총회위원회, 단체 대표들 논의 대화의 결과를 기본으로 하고 1988년 11월 26일 지역총회위원회의 신청에 의거하여 니콜라이교회와 요하니스교회는 아래의 사항이 합의 가능하며 니콜라이교회의 평화 기도회를 준비하는 기반이 될 수 있다고 생각합니다.

A. 기본 원칙

1. 개인이나 단체가 발표한 내용은 화해의 언어로 그리스도의 십자가의 복음에 반해서는 안 되며 생명력을 유지하려면 하나님의 계명의 토대 위에 서 있어야 한다.

2. 이러한 기대에 속하는 것으로서는 최소한의 건설적인 자세가

필요하다. 대안이 없는 공허한 현실 묘사는 교회의 사명에 관한 최소한의 동의 내용과 위배된다.

3. 또한 단체가 등단하는 형태도 내용과 조화를 이루어야 한다. 예를 들면 다른 사람을 비방하는 것도 이에 해당되며 토론의 형태도 마찬가지이다.

4. 교회 내에서는 공존의 규율을 인정해야만 한다. 다시 말해 교회 내에서 다른 사람의 행동과 위치에 대해 허용하는 자세가 있어야 한다.

5. 니콜라이교회 내에서 복사물과 인쇄물을 배포하는 것은 불허한다. 6번에 거론된 사람의 책임 하에 배포하는 것은 예외적으로 허용된다.

B. 순서

1. 니콜라이교회의 목회자 인사

2. 찬양

3. 성경 봉독

4. 정규 목사의 설교 및 목사의 책임 하에 각 단체 대표 발표

5. 기도

6. 소식 및 알림

7. 파송의 말씀

8. 찬양

* 6번에 대해: 소식 관련 책임은

- 인사말을 한 목사

- 니콜라이교회와 요하니스교회의 교회 대표들 중 1인

- 각 단체 회원 중 1인

- 베르거Dr. Berger 목사 또는 그의 대리인

교회 대표와 담임 목회자가 우려가 될 경우 오는 월요 모임에서 해당 소식은 전해지지 않을 수 있다.

계획 기간은 2개월 정도 소요되며 계획서는 실행 한 달 전에 교회 대표에게 제출해야 한다.

니콜라이교회와 요하니스교회는 한 달에 한 번씩 평화 기도회를 가진다.

C. 절차

지역총회위원회 회원들과 단체 대표들은 이 서신을 받게 되며 1989년 1월 6일까지 서면으로 답을 보내거나 아니면 간략하게 동의서를 교회 대표에게 보내 주시기 바란다. 이로써 평화 기도회가 가능한 한 빨리 서로 합의된 내용에 의거하여 진행될 수 있도록 하기 위함이다.

크리스치안 퓌러 목사

니콜라이교회 대표

이 서신에 대해 나는 한 통의 답신도 받지 못했다. 1989년 1월 6일까지 그리고 1월 중순까지도…. 나는 이 편지를 12월 8일 니콜라이교회 앞에 있는 우체통에 넣었다. 그러나 이 편지는 아마도 우편집배원이 가져간 것이 아니라 슈타지 요원이 가져갔을 것으로 추측된다. 나중에 되어서야 나는 나의 경솔함에 화가 났다. 특히 우체통은 단순히 정보를 빼낼 수 있는 출처가 되었던 것이었다. 나는 행동해야 했고 공격적으로 다가갔다. 다시 한 번 기본 원칙이 적힌 서신을 모든 단체들에게 보내었다. 이번에는 이 편지들을 도시의 여러 곳에 있는 우체통에 각각 흩어서 보내었다.

"여러분들이 답을 하지 않으면 동의하는 것으로 인정하겠습니다. 적어 놓은 5개의 기본 원칙에 동의하는 분들은 즉시 다시 함께 모여 평화 기도회 구성에 적극 관여할 수 있습니다."

모든 단체들이 평화 기도회에 다시 제대로 참석하기까지는 3월까지 시간이 걸렸다. 이 단체들은 1981-82년에 결정적인 역할을 했다. 이제 우리는 다시 니콜라이교회에서 함께 하나로 모이게 되었다.

1989년 5월 8일 니콜라이교회로 통하는 거리가 차단되면서 동독의 종말을 맞이하기 전 그리고 우리 평화 혁명의 마지막 단계가 시작되기 이전에 우리가 다시 합친 것에 대해 나는 단지 하나님께 감사할 뿐이다. 이 또한 적시에 내리신 하나님의 은혜였다.

Und wir sind dabei gewesen

마비가 된 것처럼 나는 창가에 서 있었다. 조금도 움직일 수가 없었다. 내 집 앞에 서 있던 사람들은 목적을 가지고 모인 것도 아니었고 계획된 시위도 아니었다. 그들은 그저 우연히 그 시간에 니콜라이교회를 지나가던 사람들이었다.

트럭은 떠나갔다. 지금 니콜라이교회 마당에는 글자 그대로 무덤의 고요함이 엄습했다. 한 사람은 잡혀가고 한 사람은 남아 있는 것을 기뻐하고 있었다. 이날, 이 축제의 날에 약 200여 명의 사람들이 체포되었다. 그들은 트럭으로 실려 가서 마구간에 갇혀 있었다고 한다. 국경일 마지막 시간에 니콜라이교회 광장은 유령이 나올 것 같은 적막함이 흐르고 있었다.

마지막 생일

긴장이 계속되던 기간에는 특별히 더 많은 사람들이 니콜라이교회에 왔다. 그 분위기는 거의 말로 표현되지 않았고 또한 감히 그렇게 하는 사람도 없었지만, 사람들은 문자 그대로 느끼고 있었다. 마지막 공기가 심상치 않았다. 어떤 마지막인가? 동독DDR이 건립된 지 40년이 지났다. 그러나 동독은 세계 무대에서 물러갈 생각을 전혀 가지고 있지 않았다. 오히려 그 반대였다. 동독은 1989년 10월 7일 건국 40주년 행사를 난리법석을 피우며 준비하고 있었다.

니콜라이교회뿐 아니라 교회 앞마당은 체제에 관해 같은 생각을 갖고 있는 사람들이 모이는 장소가 되었고 사람들은 함께 모여 서로 이야기하며 교회 게시판에 붙어 있는 광고들을 읽곤 했다. 이것은 매우 익숙한 일이 되었다. 교회에 정보 공유 게시판을 걸어 놓는 것은 매우 익숙한 일이 되었다. 우리는 다른 어느 곳에서도 읽어 볼 수 없는 글이나 광고를 준비해 놓았다. 11월 평화 혁명 이후 게반트하우스

Gewandhaus 앞에는 야외 광고 기둥이 서 있었는데, 우리 교회의 게시판과 비슷한 원칙에 입각하여 그곳에 모두가 자신의 생각을 적어 놓을 수 있게 해 놓았다.

딸 카타리나는 그 당시 베를린에서 신학을 공부하고 있었다. 1989년 여름방학에 딸아이는 내가 있는 라이프치히 집에서 지냈으며 당시 상황이 발전하는 데 큰 기여를 했다. 그녀는 니콜라이교회의 유리창에 플래카드를 붙여 놓았는데 거기에는 "수감자를 위한 자유를"이라고 쓰여 있었다. 밤이 되면 슈타지 요원들이 그것을 떼어 갔지만 카타리나는 포기하지 않았다. 그녀는 그 요구 사항을 지혜롭게 교회 담벼락에 분필로 적어 놓았다. 교회 담벼락은 사암이어서 분필로 글자를 쓰면 지우기가 어려웠다. 그러나 글자를 쓰기는 매우 쉬웠다. 그래서 그 글자는 지워지지 않고 그대로 남아 있었다.

카타리나가 학업을 위해 베를린으로 돌아간 이후 그녀는 야당 세력과 평화 운동의 기점들 중 하나인 겟세마네교회와 연락했으며 그 후 얼마 되지 않아 그녀는 대학 내 "신포럼 Neuen Forum"이라는 단체를 설립했다.

아들 세바스치안은 얼마 후에 무기를 다루지 않는 건설 군인으로 징집되어 바우첸 Bautzen 으로 가기로 되어 있었다. 그러나 그는 1989년 가을 라이프치히에서 열렸던 일들의 중심이었던 대규모 시위에도 참석할 수 있었으며, 결국 10월 9일의 결과로 그는 병역의무를 민간 서비스 근무로 전환할 수 있었다. 그는 단 한 번 군복을 입고 집에 왔었다. 그러나 그 모습은 자신에게도 또 우리에게도 매우 낯설었다. 세바스치안이 집에 와서 초인종을 눌렀을 때, 게오르그가 문을 열어 주었고 그는 즉시 돌아서서 부엌으로 뛰어가며 소리쳤다.

"엄마, 집 앞에 러시아 사람이 왔어요."

아들 마틴은 10월 7일 토마스 합창단원으로 베를린에서 개최되었던 중앙 축제 행사에서 노래를 불렀다. 그러나 11살짜리 아이의 눈에도 길거리에 서 있는 수많은 트럭과 많은 경찰들이 즉시 눈에 띄었다. 그것보다 더욱 주목할 일은 고르바초프가 행사가 채 끝나기도 전에 행사장을 떠난 것이다. 아들은 당시 그 일을 도무지 이해하지 못했다. 그러나 이러한 축하 행사에서 소련 공산당 서기장이 끝까지 참석하지 않는다는 것은 이례적인 일이었다.

막내아들 게오르그는 당시 6살이었으며 그때 일어나는 일들에 큰 관심을 보였다. 그는 시위에 꼭 가고 싶어 했고 자신의 의지를 관철시키려 노력했다. 그러나 그런 일에 아이를 데려간다는 것은 있을 수 없는 일이었기에, 10월 9일까지도 그가 함께 간다는 것은 어림없는 것으로 생각되었다. 그 나이에는 교회도 데리고 가지 않는데, 시위에는 더욱 그랬다. 당시에는 너무나 위험했기 때문이었다. 그러나 그는 물러서지 않았고 한번이라도 거리에 함께 나가보고 싶다고 고집을 부렸다. 아내는 그에게 설명하려고 애를 썼다. "시위에 나가려면 플래카드가 있어야 돼." 그녀는 아이에게 설명해 주었다. "그런데 우리는 없잖아." 그러자 그는 "그럼 지금 만들면 되잖아요."라고 약삭빠르게 대답하며 아내의 설득에 넘어가지 않았다. 모니카는 또 다른 방법으로 시도했다. "그래도 플래카드 위에 뭐라고 써야 하는데, 너는 아직 학교에 다니지 않잖니?"라고 그녀는 말했다.

"나도 쓸 수 있어요."라고 말했다. 그러고는 게오르그는 연필과 종이를 가져와서 쓰기 시작했다. 2자와 8자 그리고는 A와 X자 모두 다 색깔별로 자기가 쓸 수 있는 글자를 적었다. 게오르그는 자신의 플래카드를 만들었으며 우리는 10월 말 그것을 가지고 정말 거리로 나갔다. 슈타지 요원들은 그 암호를 해독하는 데 문제가 있었으리라.

라이프치히시의 분위기가 10월까지 얼마나 긴장되었는지는 1989년 8월 25일 검찰이 나를 소환한 것을 보면 알 수 있었다. 나는 롤프-미하엘 투렉 목사에게 동행해 줄 것을 부탁했다. 심문을 받거나 또는 이와 유사한 일이 있을 때 우리에게는 단순한 규칙이 있었는데 반드시 증인을 데리고 가는 것이었다. 기억에 근거한 조서 때문이다. 투렉 목사는 현재 병원 목회자이다. 당시 그는 마르쿠스교회의 목회자로서 몇몇 다른 사람들과 함께 교회 기도실에서 체포된 베를린 사람들을 위해 중재기도회를 주최하고 있었다. 그는 평화 기도회에 큰 역할을 감당하고 있었다.

검찰과의 대화는 부드럽게 시작되었다.

"당신은 지금 상황을 꿰뚫어 보지 못하고 있습니다. 선생님." 검찰은 이렇게 시작했다. "당신은 지금 동독 교회가 서독 첩보에 의해 조작된 수단으로 변해서 자본주의적 외국이 되어 버린 것을 깨닫지 못하고 있습니까?"

우리는 이에 대해 아무것도 대답하지 않았다.

"당신과 당신의 교회는 이용당하고 있습니다." 그는 심각한 얼굴로 말을 계속했다. "동독을 불안하게 하고, 사회주의적 평화와 사회주의를 해하기 위하여 말입니다. 그러므로 이 일을 중단해 주시기를 부탁드립니다. 평화 기도회는 이미 여러분의 뜻대로 진행되고 있지 않습니다."

우리는 일부러 이 대화에 전혀 응대하지 않았으며 검찰 사무실을 아무 말 없이 빠져 나왔다. 나오자마자 바로 보고서를 작성했고 그것을 주교인 헴펠 박사에게 전달했다.

평화 기도회는 여름휴가로 중단되었다. 왜냐하면 7, 8월은 동독에서 휴가철이기 때문에 이 기간에 기반 단체들이 모이는 숫자는 턱없이 부족했다. 따라서 우리는 7월 첫째 월요일에 마지막 모임을 갖고 휴가를 가진 다음 9월 첫째 월요일에 다시 모임을 시작했다.

1989년 9월 첫째 월요일은 9월 4일이었으며 바로 이날에 가을 미사도 시작되었다. 서방 기자들은 일반적으로 각각의 TV프로그램을 위해 허가를 받아야 했으나 교회 안에서 촬영을 하거나 교회 직원들과의 인터뷰를 위해서는 허가를 받지 않았다. 미사 주간에 기자들은 시내 전체에 대한 일괄적 촬영 허가를 받게 되었다. 그들은 즉각적으로 이것을 기회로 여기게 되었고 국가 대표들은 위험한 상황으로 간주했다.

9월 1일 금요일, 라이프치히 시청과 시장 그리고 시내 업무를 받은 부서장들은 교회 임원들 전체를 소환했다. 이 대화에서 특이할 만한 사항은 교회 임원들은 모두 다 이야기를 하는데 국가측은 단 한 사람만 이야기를 한다는 것이었다. 한 시간 반 정도 그들은 우리에게 평화 기도회를 미사 주간과 동시에 시작하지 말고 한 주 늦게 시작하라고 졸라 댔다.

이 대화를 나누는 동안 우리는 모두 시간이 없어서 마음이 불안했다. 저녁에 2차 세계대전 발발 50주년 기념 예배가 있었기 때문이었다. 우리 교회 대표들은 평화 기도회를 오는 월요일에 시작하지 않을 타당한 이유를 찾지 못했다. 그 외에 주제도 9월 1일 세계 평화의 날 행사에 맞추어 이미 준비가 되어 있었다. 모임을 인도해야 하는 단체도 정해져 있었고 다른 모든 것들이 벌써 계획되어 있었다. 그러므로 우리는 그 부탁을 거절했다.

나는 헤어지면서 앞으로는 이런 대화에는 교회 임원들 중 누구도 다시는 참석하지 않을 것이라고 말했다. 교회 대표는 교회를 위한 목적으로 임명받은 것이다.[90] 임원들 중 누가 앞에 나설 것인지, 침묵할 것인지 등에 대한 결속력은 나중까지도 내게 인상적이었다. 우리는 사전에 서로 입을 맞춘 것도 아니었지만 우리는 함께 행동했다.

---

90 BStU. *Außenstelle Leipzig*. BVfS Leipzig, Abt. XX, 00201/04, 55쪽 이하.

이렇게 여름휴가 후 9월 4일에 계획한 대로 평화 기도회를 가졌다. 노회장 마기리우스 목사가 설교를 맡았다. 우리가 평화 기도회를 마치고 교회당을 나오자 교회 앞에는 반원형으로 기자단이 서 있었다. 서독 텔레비전 방송사들이었다. 첫 눈에 나는 화가 났고 "이 기자들이 슈타지를 도와주고 있군. 우리를 모두 촬영하고 있어."라는 생각이 들었다. 그러나 바로 다음 순간 나는 언론이 있다는 것이 얼마나 중요한 것인지 깨닫게 되었다. 기초 단체들 중 몇몇 청소년들은 재빠르게 흰색 천으로 된 두루마리를 펼쳤다. 거기에는 "자유로운 인간이 있는 개방된 나라를 위하여."라고 쓰여 있었다. 그들은 10-15초 정도 높이 쳐들고 있는데 성공했다.

그러자 슈타지 요원들이 나타나 그것을 끌어내리고 청소년들을 땅에 거꾸러뜨려 넘어지게 했다. 이 모든 일들이 카메라가 촬영하고 있는 앞에서 일어난 일이었다. 그날 저녁 텔레비전 뉴스에서는 이 사건이 방송되었다. "라이프치히 니콜라이교회에서 평화 기도회를 마치고 난 후…."라고 방송은 시작되었다.

제1 공영방송인 ARD는 플래카드를 들고 있는 청소년들을 보여 주었다. 이 그림은 독일 전역과 유럽이 볼 수 있게 되었다. 처음으로 독일의 많은 사람들이 라이프치히와 니콜라이교회에서 일어나고 있는 일들을 알게 되었다.

가장 최고의 효과는 이것이었다. 동독 시민들이 정기적으로 서독 방송을 보고 있었기 때문에, 이제는 동독 시민들 전체가 전역에서 최소한 ARD는 '드레스덴을 제외한 다른 지역'이라고도 풀이 가능[91] 니콜라이교회에서 열리는 평화 기도회에서 일어난 일들을 알게 되었다. 이후부터 점점 더 많은 사람들이 독일 전역에서 우리 교회의 평화 기도회에 참석하게 되었고 기도회가 끝나면 교회 마당에서의 시위로 이어지게 되었다.

방송이 있은 그 다음 주 월요일인 1989년 9월 11일에 국가 기관은 무력 진압을 단행했고 평화 기도회에 참석한 사람들뿐 아니라 그 이후 이어진 시위대에게도 무자비하게 폭력을 행사했다. 경찰 군단이 사람들에게 폭력을 취하며 무작위로 연행해 가는 일이 발생했다. 지금 어떤 일이 벌어지고 있는지를 깨닫게 되었을 때 나는 너무도 화가 나서 목사관의 창문을 직감적으로 열어 젖혔다.

"벌을 받지 않을 거라고 생각하지는 말아라. 우리는 너희들의 얼굴을 똑똑히 기억하고 있다." 밑에 있는 경찰들에게 나는 이렇게 소리쳤다. 땀으로 범벅이 된 한 사람이 나를 올려 보며 "당신이 뭘 기억하든 그런 것 따위에 우리는 상관없어."라고 소리쳤다. 이에 적당한 답을 하려고 나는 숨을 크게 들이 쉬었다. 그 순간 걱정이 된 동료 목사가 나를 창문에서 잡아끌어 당겼다. "하지 마세요! 그들은 목사님도 체포해 가려고 기다리고 있습니다!"

---

91 원래 ARD는 Arbeitsgemeinschaft der öffentlich-rechtlichen Rundfunkanstalten der Bundesrepublik Deutschland(독일연방공화국 공영방송공사)의 약자이지만 여기서는 Außer Raum Dresden(드레스덴을 제외한 다른 지역)이라는 의미로 해석한 것임(역자 주).

이날 이후부터 매주 월요일마다 이런 일들이 벌어졌다. 니콜라이 교회는 매주 월요일마다 사람들로 넘쳐났고, 교회 마당에서도 수많은 사람들이 시위에 참여했으며 경찰은 두 겹 세 겹으로 교회와 교회 마당을 둘러싸고 대기했다. 그러나 교회 안에서 사람들은 다른 세계에 와 있는 것 같았다. 고도의 긴장 상황에서도 평안함과 안전함을 느낄 수가 있었다. 마지막에는 항상 예수님의 비폭력 메시지가 전해졌다.

"비폭력을 교회 안에서만 외치지 말고 거리로 광장으로 전하십시오. 여러분이 이 교회를 떠나면서 바로 실천할 수 있습니다. 사람들이 다치지 않도록 서로 밀치지 마십시오." 나는 모여 있는 사람들에게 집으로 돌아갈 때 행동해야 할 것을 말해 주었다. 약 2천여 명의 사람들이 교회를 빠져나가기 위해서는, 그것도 정문은 보수공사 때문에 폐쇄되어 있어 옆의 작은 문으로 나가기 위해서는 시간이 꽤 소요되었다. 그러나 투입된 경찰관들은 이렇게 오랜 시간을 기다리지 못했다. 사람들이 나가기 시작한 지 몇 분이 지나지 않아 그들은 메가폰으로 소리를 지르기 시작했다. "시민 여러분 해산하십시오." 사람들은 사태가 심각함에도 경찰의 이러한 요구가 참 우스꽝스러운 것이라고 치부했다. 사람들은 당연히 해산하지 않았고 기다리고 서서 이야기를 하면서 모든 사람이 교회에서 나올 때까지 기다렸다.

우리가 무언가를 잘못하기도 전에 사람들이 체포되었다. 아무 이유도 없이 단순히 그냥, 청소년들 몇이 내게 왔다.

"우리 사람들을 자꾸 잡아가는 것을 그대로 두고 볼 수 없습니다. 우리도 무언가를 해야 합니다."라고 그들은 화가 나서 소리쳤다.

나는 조금 당황했다. 그러나 내가 그들에게 제일 먼저 강조하며 말한 것은 "우리는 어떤 경우에라도 폭력으로 대항해서는 안 됩니다. 우리가 그렇게 하면 밖에 있는 저 사람들과 다를 바가 없고 예수님의 발자취를 벗어나는 것입니다. 그렇게 하면 우리에게 내려진 축복을 잃어버리게 됩니다."라고 말해 주었다.

평화 기도회 준비를 위한 차기 모임에서 그들은 내게 이상한 제안을 했다. "목사님, 오늘 저녁 평화 기도회에 온 사람들에게 자신들이 잡혀가게 되면 이렇게 하라고 말해 주세요. 경찰에게 잡혀서 트럭으로 들어가기 전에 큰 소리로 길거리에 대고 자기 이름을 소리치라고요. 어떤 사람이든 그 이름을 듣고 적어 놓는 것입니다. 그리고 평화 기도회가 끝난 다음 그 이름을 들은 사람은 목사관으로 와서 체포된 사람의 이름을 말하는 것입니다."

"그렇게 하지요." 나는 대답했다.

이렇게 해서 우리는 연행된 사람들의 이름을, 때로는 부정확하기도 했지만 그 이름들을 모아서 리스트를 만들었다. 프리드리히 마기리우스 노회장과 요하네스 리히터 노회장은 국가 기관과 연락을 취해 "여기 적힌 사람들이 오늘 집으로 돌아오지 않았습니다. 무슨 일인가요?"라고 문의했고 교회 게시판에도 그들의 이름이 적힌 표를 붙여 놓았다. 이를 통해 사람들은 자신들이 아는 사람이나 학교 친구, 직장 동료가 체포되었는지 알 수 있었다.

청소년들 몇 명이 전지의 반절되는 크기의 종이 위에 체포된 사람들의 이름을 적어서 교회 입구 옆에 있는 창문틀에 붙여 놓자는 생각을 해냈다. 슈타지 요원들이 밤에 와서 그 이름이 적힌 종이를 모두 떼어 갔지만 그것은 청소년들을 더욱 자극하는 결과 밖에는 되지 않았다. 그들은 체포된 사람들의 이름을 더 크게 써서 더 높이 달아 놓았고 결국 그대로 붙여 있게 되었다.

곧 사람들은 그 이름 옆에 꽃을 꽂아 두거나 창가 옆 도로에 초를 켜 두기 시작했다. 어떤 사람은 꽃을 화병에 담아 "기운 내, 마이크. 너의 동료들이." 라고 쓴 리본을 달아서 갖다 놓았다. 정말로 놀라운 광경이었고 지금까지 경험하지 못한 사건이었다. 날이면 날마다, 밤이면 밤마다 사람들이 지나갔고 꽃을 가져왔으며, 촛불을 밝혀 놓았고 같이 모여 서서 이야기를 나누었다.

국가의 당국에게 이 모든 것은 당연히 눈에 가시와 같았다. 그들은 이제 월요일을 '혼란의 날'로 나름대로 정의내리고 통제할 수 있다고 생각했었다. 그러나 매일 이러한 광경을 본다는 것은, 그것도 중앙역에서 5분 거리이고 게다가 시내 중심에서 이러한 광경이 펼쳐지고 있다는 것은 그리 가벼운 일이 아니었다. 동독 정부는 어떠한 경우에도 이러한 광경을 세계 언론에 보여 주고 싶어 하지 않았다.

시청 직원 한 사람이 내게 전화를 걸었다.

"목사님, 당신은 교회의 질서와 안전에 책임이 있는 사람입니다."

"맞습니다." 나는 이렇게 대답하며 그가 뭐라고 할지 긴장하며 기다렸다.

"그렇다면 교회 앞에 놓여 있는 꽃과 초를 모두 치우시고 보도에 남아 있는 촛농도 깨끗이 치워 주십시오. 고령자들이 미끄러져서 넘어지지 않도록 말입니다." 그는 퉁명스러운 목소리로 내게 이렇게 요구했다.

"이 나라에서 우리에게는 거의 모든 일이 금지되어 있군요." 나는 단호한 어조로 대답했다. "그러나 우리에게서 애도와 고통까지도 금할 수는 없습니다. 그 물건들은 그쪽에서 스스로 알아서 치우십시오."

전화기 저쪽에서 '뚝' 하는 소리만 들렸다.

9월 중순 어느 날 밤 시 소속 청소원들이 삽과 빗자루를 들고 다가왔다. 나는 우리 집 발코니에 서서 그들을 보고 있었다. 나는 생각하기를 '그들이 이제 너를 이겼구나.' 라고 생각했다. 나는 너무나 지쳐 있어서 "여보시오, 거기서 뭣들 하십니까?"라고 외칠 힘조차 없었다. 그들은 아주 말끔하게 자신들의 임무를 마쳤다. 시든 꽃들을 모두 치웠고 길가에 초들과 촛농을 모두 치워 버렸다. 나는 이 모든 과정을 꼼짝도 않고 서서 지켜보았다. 그때 이상한 일이 일어났다. 처음에 나는 나의 눈을 믿을 수가 없었다. 놀랍게도 일하는 사람들은 모아 놓은 초 더미에서 아직도 쓸 수 있는 초들을 골라내더니 그 끝을 깨끗이 닦아서 다시 불을 붙여서 교회 창가에 다시 세워 두는 것이었다. 정말로 나는 충격을 받았다. '이제는 이렇게 되어 가고 있구나.' 하고 생각했다. 이제 사람들은 "이렇게 해도 될까요?"라고 묻지 않았다. "누가 책임을 져야 하나?"에 대해 그들은 스스로 생각하고 스스로 결정하며 자발적으로 행동하고 있는 것이었다. 이런 것은 이 나라에서는 새로운 것이었다. 그러나 9월 11일 사람들을 연행해 가며 보여 주었던 잔인함은 오랫동안 내 안에 남아 있었다. 나는 도무지 진정이 되지 않아 한 가지 행동을 결정했다.

다음 평화 기도회, 즉 9월 18일에 나는 검정 양복에 검정 넥타이를 하고 교회로 갔다. 평화 기도회에 오는 사람들은 내가 늘 청바지와 조끼를 입고 다니는 줄 알고 있다. 그러나 그날 나는 그렇게 할 수 없었다.

"저는 검은 양복을 보통 장례식 때만 입어 왔습니다. 그리고 검정 넥타이를 마지막으로 맨 것은 저의 부모님이 돌아가셨을 때입니다. 지난 월요일 우리가 이곳에서 경험한 것은 정말로 충격적인 것이었습니다. 나는 애도하는 마음으로 이 옷을 입었습니다. 나는 경찰들의 매질이 멈추고 체포되는 사람들이 없을 때까지 이 넥타이를 풀지 않을 것입니다."

한 주가 지난 9월 25일 인권 단체는 본네베르거 목사와 함께 아주 특별한 평화 기도회를 주최했다. 약 8,000명의 사람들이 기도회 이후 니콜라이교회 마당에서 시작하여 중앙역 방향으로 "우리 승리하리we shall overcome" 노래를 부르며 행진을 한 것이다. 그들은 중간중간에 "자유", "신포럼을 허용하라." 등을 외쳤다.

정부는 즉각적으로 반응했다. 나는 1989년 9월 29일 다시 소환 명령을 받았다. 이번에는 본네베르거 목사와 함께 라이프치히 지역 검찰로 소환되었다. 주교회청은 우리에게 아우어바흐Auerbach의 주교회 대표 의원을 동행자로 지정해 주었다. 왜냐하면 우리가 체포될 수도 있었기 때문이었다. 우리가 교회에서 소환된 것을 설명하자, 사람들은 우리에게 만약을 대비해서 칫솔과 면도기를 가져가라고 조언해 주었다.

우리가 미결구치소에 도착했을 때, 우연히 한 젊은 여자를 데리고 가는 젊은 두 남자와 마주치게 되었다. 그들은 친구를 방문하려고 왔는데, 사람들이 우리 모두를 함께 들어가게 했다. 모든 것이 사람들이 생각하는 그대로였다. 여기저기 창살이 있었고 앞뒤로 철 장문을 열쇠로 잠그고 여는 소리가 들렸으며 면회실도 황량하기 그지없는 모습 그대로였다.

우리가 복도를 따라 걷고 있을 때 나는 그 여자는 몸이 좋지 않아서 있기도 어려운 상태인 것을 깨닫게 되었다. 그래서 나는 열쇠를 가지고 있는 수감원에게 "이 여자 분의 몸이 좋지 않습니다. 그렇지 않습니까?"

그는 말없이 고개를 끄덕였다.

"우리를 모두 다시 데리고 나가 주세요. 저 여자가 좀 나아질 때까지 말이에요. 문 좀 다시 열어 주세요." 라고 그에게 요청했다.

그는 나의 요청대로 따라 주었고 우리를 데리고 다시 밖으로 나왔다. 그 여자가 신선한 공기를 마실 수 있도록 우선은 의자에 앉혀 주었다. 그 여자에게 오늘이 어떤 날인지, 또 그 길이 그 여자에게 어떤 의미가 있는 것인지 누가 알겠는가? 나는 그저 그녀가 가야 하는 길이 우리보다 더 낫기를 바랄 뿐이었다. 지역 검찰이 우리를 불렀기 때문에 우리는 그녀를 혼자 두고 들어가야 했다. 그 검찰은 우리에게 10분 동안 소리를 질렀다. 그러나 그들은 이것을 '대화'라고 부른다. 그가 소리 지른 내용을 요약해 보면 다음과 같다. "당신들이 평화 기도회를 당장 중단하지 않는다면 당신들을 체포하겠소. 우리는 더 이상 선동을 참을 수 없소. 당신들은 동독의 법을 위반하고 있으니 이제는 중단하시오. 목회자라는 직업이 더 이상을 당신들을 보호해 주지 않을 것이오."

본네베르거 목사와 나는 이에 대해 아무 말도 하지 않았다. 우리가 이 말에 무슨 답을 할 수 있겠는가? 우리는 우리가 해야 할 일을 알고 있었다. 그러나 여기에서 우리는 할 말이 아무것도 없었다.

단지 아우어바흐 주교회 위원만이 두세 문장만을 언급했을 뿐이었다. 결국 우리는 9월 29일, 다시 한 번 그곳에서 무사히 나올 수 있었다.

이번 일에 대해서는 보고서를 쓸 필요가 없었다. 왜냐하면 주교회 위원이 우리와 동행했기 때문이었다. 나중에 우리가 알게 되었는데 아그라Agra 농업전시회장에서 구치소는 "긴박한 사안"으로 간주되었다.[92] 감사하게도 더 이상은 그렇게 사용되지 않았다. 왜냐하면 10월 9일까지 사건들이 연달아 발생했기 때문이었다. 이외에도 동독 건국 제40주년 기념식 준비가 한창이었다. 야당 단체 세력을 전부 구치소로 집어넣기에는 시간이 없었다.

9월 11일, 18일, 25일 시위를 막기 위해 국가 권력이 무자비하게 투입되었으나 1989년 10월 7일 토요일 상황은 더욱 심각했다. 오전을 지나면서 수많은 사람들이 니콜라이교회로 몰려왔고 창문에 달려 있는 꽃들과 플래카드를 쳐다보는 것을 나는 관찰할 수 있었다. 마치 순례지를 방불케 했다. 나는 아래층으로 내려가 교회 마당을 가로질러 건너갔다. 몇몇 사람들과 인사를 나누었다. 매일 보는 사람들이었다. 바로 이곳 대도시의 한 가운데서 나는 마치 고향에 온 것과 같은 느낌을 받았다. 상점들에서 일하는 사람들도 서로를 잘 알고 있었다. 이곳에 살고 있는 사람들도 모두 잘 아는 사이였다. 만약 교회 마당을 가로질러 가는 길에서 우연히 만난 동네 지인들과 서서 이야기를 나누며 그 길을 지나간다면 족히 한 시간은 걸릴 것이다. 이는 니콜라이교회 발코니에서 아래를 내려다 볼 수—정말 아름다운 광경이다.—있기 때문이기도 하지만, 목사관이 교회 근처에 있기 때문이기도 했다. 정말 내게는 귀한 선물이었다.

92 라이프치히 시민운동협회 문서보관소(Archiv Bürgerbewegung Leipzig e.V.), www.archiv-buergerbewegung.de

그러나 10월 7일 그날 니콜라이교회 마당에 모인 사람들 중에는 낯선 사람들이 많이 보였다. 당연했다. 저쪽 건너편 광장에서는 "라이프치히시장 축제Leipziger Markttage"가 열리고 있었기 때문이었다. 동독 40주년 기념 축제를 고조시키기 위한 부대 행사였다. 그들의 몸짓을 통해 그리고 교회 창문을 올려다보는 눈짓에서 나는 사람들이 지난 몇 주간 이곳에서 일어난 일에 대해 대화를 나누고 있다는 것을 알아볼 수 있었다. 나는 시장 광장에서 벌어지는 일들을 보고 싶지 않았다. 그래서 주일 예배를 준비하기 위해 다시 집으로 돌아왔다.

계속 비가 내리고 있었다. 그러나 니콜라이교회 광장으로 모이는 사람들의 숫자는 점점 더 늘어나고 있었다. 그들은 떼를 지어 서 있었고 마치 관광객들처럼 이곳 교회와 주변을 호기심 어린 눈으로 쳐다보았다. 마치 무언가를 기다리고 있는 사람들처럼…. 그러나 그 분위기는 놀랍게도 평화로웠다.

그때 어디선가 갑자기 군복을 입은 사람들이 나타났다. 흰색 헬멧을 쓰고…. 바로 기동 경찰이었다. 나는 위층 창가에 서 있었는데 이 모든 모습이 마치 영화를 찍는 것 같았다. 단지 촬영 카메라만 없었다 뿐이지 내 눈을 믿을 수가 없었다. 아무 이유도 없이 기동 경찰들은 사람들을 광장에서 몰아내기 시작했다. 그들은 광장에서 서서 이야기를 하며 교회를 돌아보고 있던 사람들을 몽둥이와 개를 데리고 쫓아내고 있었다. 그들은 아무 무기도 없이 맨손으로 서 있는 사람들을 향하여 달려들었다.

제복을 입은 군인들은 둘러서 있던 사람들을 두들겨 패며, 사람들을 거세게 잡아당겼다. 그들은 이미 체포된 사람들도 마구잡이로 때렸다. 그들이 저항하지 않는데도 말이다. 나는 아내를 쳐다보았다. 그녀는 내게 아무 말도 할 수 없었다. 그리고 내가 무슨 생각을 하고 있는지 그녀는 정확하게 알고 있었다.

내가 아무것도 할 수 없다는 사실에 눈물이 나왔다. 저 아래 있는 사람들 중 많은 이들이 경찰의 투입으로 인해 시위대가 된 사람들도 많이 있었다. 그들은 원래 라이프치히에서 시장 축제나 또는 교회나 친구를 방문하기 위한 것이었다.

도대체 이 나라는 건국 40주년 기념일에 무엇을 느꼈던 것일까? 이 나라는 진정한 반대파도 아닌 단순히 서 있는 사람들에 대해 얼마만한 두려움을 가지고 있는 것일까? 그냥 그 자리에 있던 사람들, 제 시간에 사라지지 못한 사람들, 무엇을 할 수 있는가? 나는 아무것도 할 수 없었다! 10월 9일, 다음 주 월요일에는 어떻게 될까?

나는 원래 어떤 형태로든 불공정한 것에 대해 참지 못한다. 폭력에 대항하여, 그냥 그 잔인함을 바라만 봐야 하는 내 상황은 육신에 고통을 가져왔다. 경찰들의 폭력은 몇 시간 동안 계속되었다. 중간중간 조용해지는 시간이 있었다. 그러나 방금 사람들이 끌려간 그곳으로 또 다시 사람들이 몰려들었다. 경찰대는 다시 거리마다 투입되었다. 우리는 이에 영향력을 미칠 수 없었다. 그러나 우리는 이날에 이어 또 새로운 날이 올 것을 알고 있었고 어떤 때보다도 지금 더욱 조국에게 이런 대접을 받는 사람들에게 피난처를 제공해 주는 것이 필요하다고 믿었다. 이날 저녁, 내가 가지고 있던 단 한 가지 희망은 너무 늦지 않게 그런 기회를 갖게 되었으면 하는 것이었다.

하루 전인 1989년 10월 6일 라이프치히 인민신문 *Leipziger Volkszeitung* 에는 "이적 행위를 더 이상 용인할 수 없다."라는 제목으로 기사가 실렸었다. 이러한 "반혁명적인 행위는 필요하다면 무기를 사용해서라도 완전히 그리고 효과적으로 척결해야만 한다."라고 적혀 있었다.[93] 나는 염려하는 마음으로 그 기사를 읽었다. 그럼에도 경찰의 투입이 사실로 드러난 지금 이 모든 상황은 나의 염려를 훨씬 넘는 수위였다. 니콜라이교회 근처의 라이프치히시장 축제는 정말로 기괴한 분위기를 연출했다.

즐겁고 여유로운 분위기, 꼬챙이에 꿰어 구운 고기, 브랜디, 맥주 등 원래 시장 축제는 이렇게 진행되는 데 말이다.

그러는 사이 저녁이 되었다. 나는 불안한 마음으로 책상과 창가를 계속 왔다 갔다 했다. 니콜라이교회 마당에는 이제 더 이상 경찰들이 보이지 않았다. 그곳에는 열댓 명 정도의 사람들이 있었고 그중에는 어린이와 청소년들이 섞여 있었다. 아마도 그들은 중앙역을 향하고 있는 것같이 보였다. 그들은 지나가면서 교회 유리창에 붙어 있던 체

---

93 정치 교육을 위한 연방중앙협회(Bundeszentrale für politische Bildung e.V.) Potsdam.

[사진 23] 1990년 9월 20일 니콜라이교회 평화 기도회
[출처] http://upload.wikimedia.org/wikipedia/commons/4/4b/
Bundesarchiv_Bild_183-1990-0921-309%2C_Leipzig%2C_
Thomaskirche%2C_Mittelschiff%2C_Altar.jpg?uselang=ko
[저작권] Grubitzsch (geb. Raphael), Waltraud

포자 명단과 초들을 발견했다. 그들은 플래카드에 있는 이름들을 읽
으며 멈춰 서서 서로들 이야기를 나눴다.

그때 트럭 한 대가 전속력으로 후진하며 달려오는 것이 보였다.
먼저 경찰 한 명이 내리더니 열댓 명의 군복을 입은 사람들이 따라 내렸다. 나는 발코니로 나갔고 "투옥시켜."라고 소리치는 것을 들었다. 그러자 다른 이들이 광장에 있던 사람들을 잡아끌어 트럭에 실어 버렸다. 그때 우연히 그 근처에 있던 모든 사람들은 잡혀가게 되었다. 나는 그저 트럭 안에서 한 사람이 "도대체 무슨 권리로? 도대체 무슨 권리로?"라고 소리치는 것을 들었을 뿐이었다.

마비가 된 것처럼 나는 창가에 서 있었다. 조금도 움직일 수가 없었다. 내 집 앞에 서 있던 사람들은 목적을 가지고 모인 것도 아니었고 계획된 시위도 아니었다. 그들은 그저 우연히 그 시간에 니콜라이 교회를 지나가던 사람들이었다.

트럭은 떠나갔다. 지금 니콜라이교회 마당에는 글자 그대로 무덤의 고요함이 엄습했다. 한 사람은 잡혀가고 한 사람은 남아 있는 것을 기뻐하고 있었다. 이날, 이 축제의 날에 약 200여 명의 사람들이 체포되었다. 그들은 트럭으로 실려 가서 마구간에 갇혀 있었다고 한다.[94] 국경일 마지막 시간에 니콜라이교회 광장은 유령이 나올 것 같은 적막함이 흐르고 있었다.

다음 날인 주일 예배 시간에는 이상하리만큼 많은 의사들이 교회에 왔다. 그들 중 한 단체는 예배가 끝나자 내게 다가왔다. 그들은 이상한 점을 설명했다. 어제 저녁 그들은 비정상적으로 많은 사람들이

---

94 디트리히/슈바브(Dietrich/Schwabe). *Freunde und Feinde*(『친구들과 적들』). Leipzig 1994, 541쪽.

쇄골 골절과 어깨뼈 부상으로 치료를 받으러 왔다는 것이었다. 그것
은 의심할 것도 없이 경찰들의 몽둥이질로 인한 것이었다. 그들이 자
세한 것을 설명하지 않았더라도 내게 중요한 힌트를 준 것이다.

제일 나를 근심하게 한 것은 병원에서 상부의 지시로 몇몇 병동이
만일에 대비하여 치워졌다는 정보였다. 돌아오는 월요일, 1989년 10
월 9일에는 총상으로 인해 수혈이 필요하기도 했다.

마치 중국식 해결책[95]이 취해지는 것 같았다. 총성 신호는 의식적
으로 내려진 것이었다. 사람들에게 공포감을 주기 위하여….

---

95 평화 혁명이 일어나기 얼마 전 중국에서 발생한 천안문 사태를 중국 공안이 무력
으로 무자비하게 탄압한 것을 동독 정권이 그대로 모방하려 한 것(역자 주).

그들은 모든 상황에
대처할 준비가 되어 있었다
촛불과 기도만 제외하고는

그 주일은 조용히 지났다. 공기는 마치 폭풍 전의 고요처럼 느껴졌다. 나는 10월 9일 월요 기도회를 준비하고 있었다. 나는 설교 본문을 **"여러분은 서로 남의 짐을 져 주십시오. 그렇게 하면 여러분이 그리스도의 법을 성취하실 것입니다."** [96]는 말씀으로 택했다.

우리는 어떤 짐을 져야 하는가?

국가의 위협에도 월요일에 많은 사람들이 평화 기도회에 몰려올 것으로 예상되었다. 교회 대표들은 지난 10월 2일 회의에서 이미 인근의 토마스교회Thomaskirche 의 에벨링 Ebeling 목사에게 처음으로 평화 기도회를 위해 교회를 개방해 줄 것을 부탁하기로 결정했다.

교회 대표 의장으로 나는 다음과 같은 편지를 적어 비밀경찰들이 보지 못하도록 직접 토마스교회 목사관에 전달했다.

---

96 갈라디아서 6장 2절.

보내는 사람: 루터 개신 교회

7010 라이프치히, 1989년10월3일

성 니콜라이-성 요하니스

니콜라이키르히호프 3, PSF 728

교회 대표 의장

전화 20-09-52

크리스치안 퓌러 목사

받는 사람: 루터 개신 교회

성 토마스-성 마태교회

에벨링 목사에게

사랑하는 형제자매 여러분!

교회 대표인 저는 이 어려운 상황에 여러분께 문안을 드립니다. 여러분도 아시다시피 9월에 들어 월요일 오후 5시 평화 기도회에 참석하기 원하는 사람들의 숫자가 계속 늘어나고 있습니다. 9월 25일에는 2,500명이 넘는 사람들이 참석하여 교회에 모두 수용하지 못했으며 이미 교회의 수용 능력을 넘게 되었습니다. 10월 2일에도 교회 자리가 모두 찬 이후에는 교회 문을 잠가야 했습니다. 개혁 교회와 협의를 통해 오후 5시 15분에 개혁 교회에서도 또 다른 평화 기도회를 가졌으며 이 기도회는 그뤼나우어 Grünauer 의 베른

하르드~Bernhard~ 가톨릭 신부가 인도했습니다. 그러나 이 교회도 비교적 짧은 시간 내에 600석의 좌석이 차 버렸고 그 이후에는 교회 문을 잠가야 했습니다.

그러므로 우리 교회 대표들은 다급한 마음에 여러분의 교회에 간절히 부탁드립니다. 거친 충돌을 피하기 위해 토마스교회도 개혁 교회와 같이 월요일 오후 5시 15분에 평화 기도회를 위하여 문을 열어 주시길 부탁드립니다. 여러분도 아시다시피 평화 기도회에 참석하는 분들은 교회 안에 어울리는 행동을 합니다.

우리는 지난 1년 반 동안 평화 기도회를 하면서 많은 숫자가 모였음에도 어느 곳이 파괴가 되었거나 파손된 곳이 없음을 알려 드립니다.

시간이 얼마 없습니다. 다음 월요일이 바로 코앞에 있습니다. 저는 언제든지 대화할 준비가 되어 있습니다. 이렇게 절박한 상황이니 제발 거절하지 말아 주시기를 바랍니다.

믿음으로 하나 된 당신의 퓌러 목사

10월 9일 이른 아침, 내 사무실의 전화가 계속 울려 대고 있었다. 보통은 사람들이 자신들의 두려움을 우리에게 전해 주려고 걸려오는 전화였다. 어떤 사람들은 우리에게 경찰의 투입 계획을 경고해 주려고 전화하기도 했다. 또 어떤 사람들은 익명으로 우리에게 협박 전화를 걸기도 했다.

"다시 한 번만 평화 기도회로 모이면 이 교회를 불을 질러 버리겠다."라고 전화에 대고 이렇게 소리를 지르고는 끊어 버리는 사람들도 있었다.

아내는 하루 종일 전화를 받았다. 그녀는 사람들과 끝도 없는 대화를 했다.

어떤 때는 평화 기도회가 진행되고 있는 저녁에도 사람들은 우리에게 전화를 걸었다. 그들 중 어떤 사람들은 완전 제 정신이 아닌 사람도 있었다. 아내는 내가 교회에서 예배를 인도하는 동안 사무실에서 전화를 건 사람을 위로하느라 애를 쓰고 있었던 것이다. 눈물을 삼키는 목소리로 사람들은 자신들의 두려움을 토로했다. 저녁에는 총성이 날지도 몰랐다. 우리는 평화 기도회에 참석한 사람들에게 경고했고, 되도록이면 기도회 후에도 교회에 남아 있을 것을 권했다.

지난 몇 주를 보내며 나는 예배 후에도 교회 직원들 중 최소한 두 명은 교회에 남아 있자고 결정했다. 왜냐하면 평화 기도회에 수반되는 심각하고 긴장된 상황에서, 우리는 사람들이 교회 밖에서 경찰들의 위협을 받아 교회로 도망쳐 들어오는 경우를 대비하여 교회 문을 열어 놓고 있기로 했던 것이다.

전화로 사람들이 전해 주는 이야기는 유용한 효과가 있었다. 그들은 전화로 우리에게 그들의 두려움만을 토로하는 것이 아니라 의식적이든 무의식적이든 아주 중요한 정보를 전해 주었다. 그들은 회사에서 오후에는 집에 있으라고 협박을 받았다는 것이었다. 또한 학교

수업도 월요일에는 보통 때보다 일찍 끝내기로 했으며 유치원은 월요일에는 일찍 문을 닫기로 결정했다는 소식을 듣게 되었다. 회사에서는 월요일 정오 이후부터는 평화 기도회로 인해 아무것도 보장해 줄 수 없으므로 아무도 시내로 들어가지 말라는 지시를 받았다고 한다. 기도회가 끝난 후 반혁명가들은 끝장이 날 것이며, 최악의 경우 총성도 있을 것이니 이런 위험에 처하지 않도록 경고한 것이다. 당지도부는 이렇게 노동자들과 사무원들에게 명확하게 경고했던 것이다.

어떤 사람은 전화로 우리에게 경찰복을 입은 한 단체가 게슈비스터-숄-하우스Geschwister-Scholl-Haus 옆 건물에서 출동 준비를 하고 있다는 정보를 전해 주었다. 그 건물의 지하에는 투쟁 단체를 위한 훈련장이 있었다. 다음 정보는 투쟁 단체에 대한 것이 아니라 국가인민군NVA에 대한 것이었다. 게오르그-슈만 병영Georg-Schumann-Kaserne으로부터 우리에게 전달된 정보에 따르면 이것이 서면으로 작성된 것은 아니지만 호네커가 구두로 라이프치히의 니콜라이교회를 폐쇄시키라는 명령을 내렸다는 것이었다. 당연히 이것을 전화로 전달한 사람은 익명으로 장교 내부 회의에서 결정된 사항이라고 우리에게 알려 왔다.

그 밖에도 호네커는 장벽 근처의 총격 명령 때에도 구두로 명령이 내려졌다. 지금까지도 호네커가 서면으로 이러한 명령을 내렸다는 기록은 존재하지 않는다. 단지 한두 건의 종이쪽지만이 그 위에 "E. H."라는 약칭을 써서 지시를 내린 것만이 보존되어 있다. 이는 정보

부장이었던 에리히 밀케Erich Mielke 와는 전혀 달랐다. 그는 1989년 10월 8일 전신을 통해 각 국가보안부 부장들에게 다음과 같은 명령을 내렸다.

국가보안부MfS: Der Minister für Staatssicherheit **는 전 요원들에게 즉각적인 출동 대기를 명령하며 도당들의 저지 및 해체를 위한 공격 방안을 세우도록 모든 지역 행정 당국에 요청한다. 국가 보안부가 정치적 인물로 의심하고 있는 사람에 대해서는 공작 활동을 펼치며 그들을 '필요한 경우 단기적으로라도' 체포할 수 있는 방안을 마련하도록 한다.**[97]

필경에는 어떤 사람이 다음과 같은 매우 중요한 소식을 전화로 우리에게 전해 주었다. 약 천여 명의 독일 사회주의통일당 당원들이 신시청과 대학에 모여 있으며 이들은 오후 니콜라이교회에서 열리는 평화 기도회에 참석하기 위해 모집된 사람들이라는 것이었다. 이 사건은 프랑크 바이어Frank Beyer 감독이 1995년 만든 **니콜라이교회**라는 영화에서 잘 재현되어 보여 주고 있다.

이 영화에서 당원들은 "당이 있는 곳에는 노동자 계급의 적이 자리를 붙일 곳이 없다!"고 논증하고 있다. 가능하면 많은 당원들이 교회에 참석하여 다른 사람들이 들어오지 못하도록 하자는 것이었다. 사람들을 그렇게 될 것이라고 믿었고 또 바랐다.

오후 2시쯤 되자 정말 첫 번째로 사람들이 니콜라이교회에 나타났

---

97 BStU, MfS, BdL/Dok 006920 Dokumentenkopf/Vermerke: VVS MfS 0008-71/89.

다. 곧 600명이 되었다. 교회 관리인은 흥분된 모습으로 교회 마당을 가로질러 목사관에 있는 내게 달려왔다. "교회가 거의 꽉 찼습니다." 그는 흥분해서 소리쳤다. 나는 이미 이런 상황을 예상하고 있었다. 교회로 모이라는 당의 부름을 많은 사람들이 따랐던 것이다. 그때는 아직 2시 30분밖에 되지 않았고 평화 기도회는 여느 때와 마찬가지로 오후 5시에 시작한다. 때로 나는 특별히 위급한 상황이 되면 나의 속 깊은 곳으로부터 평화를 느끼게 된다. 이러한 상황 가운데 내게 불안한 마음이 들 때에는 중요한 일을 위한 준비가 순조롭게 이루어지지 못할 때이다.

나는 관리인에게 받았던 전화에 대해 설명했고 지금 교회에 앉아 있는 사람들이 누구인지에 대해서도 말해 주었다.

우리는 교회로 건너갔고 그리고 관리인은 교회의 발코니 쪽 문을 잠갔다. 교회의 양측면만을 열어 놓은 것이다. 그리고 나는 당원들에게 인사했다. 그들은 내가 그들이 누구인지를 알고 있다는 것을 몰랐다. 상황이 정말 특이했다. 지금 경찰이 투입된다면 그들은 당연히 다른 사람들과 똑같이 총에 맞게 된다. 그들은 교회 방문자로 민간인 모습으로 교회에 와 있기 때문에 그들을 첩자로 볼 수는 없었다. 우리는 지금 문자 그대로 교회라는 한 배를 타고 있는 것이다.

나는 손님들에게 교회의 대표 자격으로 인사를 했다. 자유스러운 분위기로 그들을 대했고 그런 일이 내게 그리 어렵지 않게 느껴졌다.

"교회 앞의 푯말을 보셨지요?" 나는 이렇게 그들과의 대화를 시작했다. "밖의 푯말에는 '니콜라이교회는 모든 이에게 열려 있습니다.'라고 적혀 있습니다. 우리는 이것을 매우 진지하게 생각한 것입니다. 모든 사람들을 환영한다는 의미이지요."

나는 교회 역사에 대해 약간 설명했다. 그러면서 계속적으로 사람들이 교회 안으로 몰려드는 것을 관찰할 수 있었다. 나는 아주 짧은 유머로 당원들에게 다가갈 수 있었다. "평화 기도회는 오후 5시에 시작합니다. 그런데 여러분께서는 정말 놀랍게도 벌써 오셨군요. 노동자들인 프롤레타리아는 아무리 일러도 오후 2시나 되어야 올 수 있을 텐데요."

앉아 있는 사람들마다 당혹감과 놀라는 분위기였다. "도대체 무슨 일이냐?"라는 얼굴들이었다.

"나중에 신자들과 노동자들도 들어올 수 있도록 교회 정문을 잠시 잠가 놓겠으니 이해해 주시기 바랍니다."

앉아 있는 사람들 중 몇 명은 자기도 모르는 사이 미소를 짓고는 교회 의자에 편안히 기대어 앉았다. 그들은 이제 내가 자신들이 누구인지를 알고 있다는 것을 알게 되었다.

교회 내부의 계단에는 창문이 몇 개 달려 있었다. 그중 한 창문에 우리는 커다란 팻말을 붙여 놓았다. "평화 기도회를 위해 다른 교회에 가서도 됩니다." 그리고는 평화 기도회를 하는 교회들의 이름을 적어 놓았다. 미하엘리스교회, 개혁교회, 토마스교회. 지난 번 토마스교회에 긴급하게 부탁을 드린 탓에 토마스교회는 바로 다음 월요일부터 평화 기도회를 위해 문을 개방했던 것이다.

그러는 사이 오후 5시가 되었고 평화 기도회는 아무 문제없이 진행되었다. 교회는 발코니 위까지 사람이 앉아야 할 정도로 꽉 찼다. 교회 측면의 의자에도 당원들이 조밀하게 앉아 있었다. 당원들이 사람들의 자리를 뺏기 위해 신자로 위장하여 활동을 펼치고 있는 가운데에도 그들은 하나님의 말씀과 복음과 그 복음의 능력을 접하는 기회를 갖게 된 것이다.

10월 9일 평화 기도회 시간에 비밀경찰들과 당원들은 예수의 복음을 듣게 되었다. 그들은 예수를 알지 못한다. 그리고 그들은 그들이 앉아 있는 교회가 무엇인지도 모르는 상태였다. 그러나 그들은 예수에 대해 경험했다.

그는 "돈이 있는 자는 행복하다."고 말하지 않고 **"마음이 가난한 사람은 복이 있다.…"**[98]고 말했다.

그는 "적을 타도하라."고 말하지 않고 **"…네 원수를 미워하여라…"**[99]라고 말했다.

그는 "모든 것이 옛날과 같이 변하지 않는다."고 말하지 않고 **"이와 같이 꼴찌들이 첫째가 되고, 첫째들이 꼴찌가 될 것이다."**[100]고 말했

---

98 마태복음 5장 3절.
99 마태복음 5장 43~48절.
100 마태복음 20장 16절.

다. 그는 "정말 조심해라."라고 말하지 않고 **"누구든지 제 목숨을 구하려고 하는 사람은 잃을 것이요, 누구든지 나를 위하여 제 목숨을 잃는 사람은 목숨을 구할 것이다."** [101] 라고 말했다. 그는 "너희는 크림"이라고 말하지 않고 **"너희는 세상의 소금이다.···"** [102] 라고 말했다.

그날 평화 기도회는 놀랍게도 조용하고 집중하는 분위기로 진행되었다. 기도회가 끝나기 직전인 헴펠 주교의 축도가 있기 전 나는 훗날 "6인의 호소"로 역사에 기록될 호소문을 큰 소리로 낭독했다. 동시에 마주르 교수가 라이프치히 라디오 방송에서 같은 호소문을 낭독했다.

"라이프치히 시민이었던 마주르 교수, 찜머만 신학박사, 희극인 베른트-루쯔 랑에 Bernd-Lutz Lange , 독일 사회주의통일당 지역대표 서기장이었던 쿠르트 마이어 Kurt Meyer , 요흔 폼메르트 Jochen Pommert , 롤란드 뵛첼 Roland Wötzel 등이 다음의 호소문으로 라이프치히 시민들에게 호소합니다. 우리 모두가 공동으로 느끼고 있는 염려와 책임 의식이 오늘 우리를 모이게 했습니다. 우리는 우리 시에서 전개되고 있는 상황에 직면하고 있으며 그 해결책을 찾고 있습니다. 우리 모두는 우리나라 사회주의의 미래에 대해 자유로이 의견을 교환하는 것이 필요합니다. 그러므로 앞서 언급된 사람들은 전력을 다해 자신들의 권위를 다

---

101 누가복음 9장 24절.
102 마태복음 5장 13-16절.

하여 이 대화가 라이프치히 지역에서만 이루어지는 것이 아니라 정부와도 이루어질 수 있도록 최선을 다하여 노력할 것을 모든 시민들에게 약속합니다. 평화로운 대화가 이루어질 수 있도록 여러분들께 신중하게 행동해 줄 것을 간곡히 부탁드립니다. 쿠르트 마주르가 낭독했습니다." [103]

게반트하우스 수석 지휘자와 희극인 베른트 루쯔 랑에가 비폭력을 선포함으로 교회, 미술, 음악과 복음이 하나로 연합되었다.

평화 기도회는 주교의 축도로 끝나게 되었다. 그는 방문객들에게, 물론 이날 참석한 약 600여 명의 당원들에게도, 선동에 휩쓸리지 말며, 폭력에 끼어들지 말고 또 폭력적으로 대응하지 말아 줄 것을 강력하게 촉구했다.

교회 문이 열렸다. 2천여 명의 사람들이 니콜라이교회를 나섰다. 교회 마당과 주변 거리에는 만여 명의 사람들이 기다리고 있었다.

이 광경은 정말 잊을 수 없는 감동이었다!

"우리는 당신들과 함께하기 원합니다." 라고 나는 소리쳤고 문 앞에 있던 사람들에게 교회 안의 사람들이 나갈 수 있도록 자리를 비켜 달라고 부탁했다. 사람들은 기꺼이 자리를 만들어 주었다. 그들은 손에 초를 들고 있었다. 초를 들기 위해서는 두 손이 필요했다. 한 손

---

103 NEUES FORUM LEIPZIG Jetzt oder nie(라이프치히 신 포럼, 지금 아니면 영원히 되지 않음). München, 1990.

[사진 24] 라이프치히의 월요 시위 1989년 10월 23일
[출처] http://upload.wikimedia.org/wikipedia/commons/8/88/Bundesarchiv_Bild_183-1989-
1023-022%2C_Leipzig%2C_Montagsdemonstration.jpg?uselang=ko
[저작권] Gahlbeck, Friedrich

은 초를 들고 다른 한 손은 촛불이 꺼지지 않도록 바람을 막아야 했
기 때문이었다. 돌을 든다든지 몽둥이를 드는 일은 불가능했다. 초를
든다는 것은 동시에 비폭력을 의미하는 것이었다.

서서히 행렬은 시내를 관통하여 움직이고 있었다.

두려움과 희망을 가지고…. 그리고 기적이 일어났다. 폭력을 거부
한 예수의 영이 대중들의 마음을 붙잡아 주어 평화로운 '힘'을 행사
할 수 있게 되었다. 사람들은 근처에 서 있던 제복을 입은 사람들, 즉
군인들, 전투부대, 경찰관들을 모두 대화로 이끌어 들였다.

프랑크 바이어의 **니콜라이교회**라는 영화에서 아주 잘 묘사되었는

[사진 25] 라이프치히 월요 시위 1989년 11월 27일
[출처] http://upload.wikimedia.org/wikipedia/commons/4/4e/Bundesarchiv_Bild_183–
1989–1127–033%2C_Leipzig%2C_Montagsdemonstration.jpg?uselang=ko
[저작권] Gahlbeck, Friedrich

데 입증된 바는 없지만 사람들로부터 전해지는 이야기가 있다. 동독
인민회의 호르스트 진더만Horst Sindermann 의장은 1989년 10월 9일을 회
상하며 "우리는 모든 것을 계획했다. 그리고 모든 상황에 대해 준비
되어 있었다. 단지 촛불과 기도에 대해서만 제외하고 말이다."라고
말했다.

　바로 이것이 개입하지 않고 후퇴하는 군인들에게서 내가 읽은 것
이었다. 그들도 모든 것에 준비 태세가 완료되어 있었다. 소리를 지
르고, 선동하며, 서로 구타하는 시위대에 대응할 준비가 되어 있었던
것이다. 이런 사람들은 후려칠 수 있고 저격도 가능하다. 이렇게 수
많은 인파 속에 당연히 한 두 사람은 폭동을 계획한 사람이 있었다.

군복 입은 사람들이 기다리고 있는 도발이 시작되려고만 하면 사방에서 사람들이 "비폭력!"이라고 외쳤다. 이렇게 수만 명의 사람들이 손에는 초를 들고 "비폭력"이라는 구호와 함께 보호의 장벽이 생겼던 것이다.

시위 행렬은 그림마이쉔거리Grimmaischen Strasse를 시작으로 오페라하우스를 지나 중앙역으로 가는 도로를 향해 움직이고 있었고, 수년 전부터 비밀경찰의 라이프치히 지역 행정이 들어서 있는 구역을 향하고 있었다. 사람들의 말에 따르면 이곳에서부터 슈타지 비밀경찰은 자신의 사람들을 조심스럽게 퇴각시켰다고 한다. 건물 안에는 불이 모두 꺼졌다. 전국적으로 사람들은 자신들의 분노를 우선은 슈타지 중앙 본부를 향해 표출했고 나중에 라이프치히시위대는 촛불 시위를 벌였으며 바닥에 부치기도 했고 입구로 가는 계단에 부치기도 했다. 이렇게 자연스러운 벽이 생기게 되었다. 어느 누구도 그 위로 넘어가거나 이탈하려고 하지 않았다. 몇몇 시위대는 '비폭력'이라고 쓴 띠를 두르기도 했다. 이날 저녁에는 승리자도 없었고 패배자도 없었다. 어느 누구도 어떤 사람에 대해 승리를 자랑하지 않았다. 아무도 체면을 잃지 않았다. 창문 하나도 깨지지 않았다. 목숨을 잃은 사람도 없었다. 이 모든 일들은 밀케[104]의 "군중들의 저지 및 해체를 위한 공격 방안"이라는 사전 지시가 있은 이후에 발생한 일들이었다. 비폭력은

---

104 동독 비밀경찰의 총책임자(역자 주).

교회 안에서만 머무르지 않았다.

평화 기도회에서 내가 계속 말한 것은 "비폭력을 거리로, 광장으로 가지고 나가자. 저 바깥세상 그곳이 바로 비폭력이 보존되어야 하는 장소"라는 것이었다.

군중들의 세계관이 달랐고 일부는 투쟁적이고 무신론적인 교육을 받았음에도 그들은 의식적으로 폭력에 저항하겠다고 결정했다. 비폭력의 전통이 없는 이 나라에서…. 두 번이나 세계대전을 일으킨 민족에게서, 무시무시한 폭력을 이미 예수의 후손들에게 행사한 전력이 있는 민족에게서 이러한 일이 일어난 것이다.

독일 역사상 첫 번째인 무혈 평화 혁명이 우리 눈앞에서 일어난 것이다. 우리는 거기에 함께 있었다!

다음 날 당원 몇 명이 내게 전화로 감사를 표했다. 그들은 명령을 받고 평화 기도회에 왔으며 모두 선입견을 가지고 참석했다고 한다. 그들의 선입견은 로이나Leuna 지역 공장에서 발간하는 소식지인 로이나 에코Leuna Echo 에서 발표한 다수의 기삿거리 중에 하나였다.

"서독 언론을 통해 유명해진 라이프치히에 있는 교회는 어떤 곳인가? 그것은 바로 니콜라이교회이다. 누구도 종교 활동하는 것을 반대하는 사람은 없다. 이것은 심지어 헌법에서도 보장하고 있는 것이다. 그러나 성직자들은 아마 자신들의 성경 본문을 스스로 삭제한 것이 분명하다. 왜냐하면 우리나라의 몇몇 교회들은 더 이상

평화와 숙고의 피난처라고 말할 수 없게 되었기 때문이다. 그곳에
서는 사람들을 부추기고 선동하며 거친 폭도들이 활동하고 있다."

나와 연락을 취했던 당원들의 이러한 생각과 또 이와 유사한 편
견들은 니콜라이교회 성도들이 단 한 번의 평화 기도회에 참여하면
서 말끔하게 정리되었다. 동료 목회자들과 내가 그들에게 한번 준 인
상은 시간이 지난 후에도 당(黨)이 그들의 머릿속에서 없애지 못했다.
그들은 이제 당원들 중 한두 사람의 똑똑한 사람들이 추측하고 있던
사실을 이해하게 되었다. 즉 당은 우리를 속였을 뿐만 아니라 이용하
려 했다는 것을 알게 된 것이다. 그들은 그들의 인생 전반에 대해 또
그들의 가족 내에서 이런 쓰라린 사실을 깨닫게 되었다. 그들은 이제
자신들이 평화 기도회를 직접 경험했고, 스스로 분석하고 정리해야
했다. 내 마음속에는 하나님이 유머 감각이 있는 묘수를 발휘하여 당
원들을 교회로 인도한 것이라는 생각이 들었다. 그들은 명령을 받고
교회에 왔으나 이를 통하여 그들은 복음의 말씀을 듣게 되었고 말씀
의 능력을 경험하게 된 것이기 때문이다.

1989년 12월 4일, 저녁 국가공안국 본부를 평화 시위대들이 점거
했다. 당시의 슬로건은 아직도 내 머릿속에 남아 있다. "룬데 에케
Runde Ecke-건물의 정문이 둥근 모퉁이에 위치함으로 지어진 이름 ──공포의 집, 언제나 박물관
으로 변할까?" 오늘날 이 건물은 박물관으로 사용되고 있으며 이 건
물 안에는 비밀경찰들이 주민들을 감시하기 위해 사용했던 끔찍하

고도 매우 교묘한 방법과 수단들이 전시되어 있다.

우리는 교회에 남아 있었다. 그리고 그날과 평화 기도회의 여운을 되새기고 있었다. 나는 매우 고요한 밖에서는 어떤 일이 벌어지고 있을까를 끊임없이 생각하고 있었다. 이러한 고요는 사람을 속이는 것일지도 모른다고 생각했다. 그래서 우리는 교회 문을 열어 놓고 앉아 형세를 살피고 있었다. 우리 직원들과 동료 목회자들 중 몇 명은—이 중에는 본네베르거도 있었다.—자전거를 타고 시위를 순회했다. 그들은 단시간 내에 여러 곳의 분위기를 감지할 수 있었으며 우리에게 이 소식을 전해 주었다.

10월 9일 늦은 저녁까지도 우리는 마기리우스 노회장의 집에 함께 모여 있었다. 곳곳으로부터 우리에게 지금 시내에서 무슨 일이 일어나고 있는지 소식이 전해져 왔다. 우리는 최대 규모의 월요 시위대 행렬이 점차 해산하고 있다는 소식을 들었다. 그들은 대대적 규모로 힘을 가지고 있었음에도, 폭력을 사용한 우발적인 사고는 한번도 일어나지 않은 채로 해산했다는 것이다.

이날 두 명의 카메라맨은 지베어스Sievers 목사의 허락을 받아 개혁 교회 지붕에 올라가 이 모든 사건을 촬영했다. 그들은 교회 지붕 위에 올라가 배를 깔고 누워서 촬영을 했다. 왜냐하면 건너편 건물 일명 양철통Blechbüchse 이라고 불리던 백화점에는 비밀경찰들이 거점으로 삼고 이 사건을 촬영하고 있었기 때문이었다. 이날 대규모 시위대의 시종일관을 이렇게 두 팀이 촬영하고 있었던 것이다. 두 명의 카메라맨은 자신들이 촬영한 필름을 그날 바로 서베를린으로 밀반출시키는 데 성공했다. 다음 날 저녁 그 영상들은 서독 텔레비전에서 방송되었다.

동독 언론은 어쩔 수 없이 방향을 완전히 새롭게 설정해야만 했다. 결국 동독 언론은 라이프치히에서 일어난 사건에 대해 사회적으로 납득이 가능한 해석을 제시해야만 했다. 나는 **융에 벨트**_Junge Welt_지 10월 11일자에서 이 사건에 대한 기사를 동독에서는 처음으로 읽을 수 있었다.[105] 제목은 "젊은 당원, 니콜라이교회에 가다."라고 되어 있었다. 잠시 후 이 기사를 쓴 기자가 내게 말을 걸어 왔다. 그는 평화 기도회의 역동성에 매우 놀랐으며 내용면에서도 그랬다고 말했었다.

나는 당원들이 이 모든 것들에 대해 전혀 알지 못하고 있었다는 것을 다시금 확인할 수 있었다. 교회는 금지되어 있었고 구시대적이며 고리타분한 것으로 여겨졌다. 그들은 교회를 직접 경험해 보지는 못하고 선동을 통해서만 알고 있었던 것이다. 기도 모임에 직접 참석한 경험은 그들에게 완전히 새로운 것이었다.

언론도 조심스럽게 변하고 있었다. **융에 벨트** 뿐만 아니라 **노이에 짜이트**_Neue Zeit_, **트리뷰네**_Tribüne_ 같은 신문들도 독자들의 비판적인 시각을 보도하기 시작했다. **새로운 독일**만 정부 노선을 고수했다.

---

105 _Junge Welt_ 239, 1989년 10월 11일자.

1989년 10월 18일, 에리히 호네커 서기장이 실각했다. 혁명은 계속 진행되고 있었다. 정말 문자 그대로 믿을 수 없는 일이었다. 진실로 나는 이 나라에서 일어나고 있는 변화에 대해 그리고 더 많은 국민들이 그 변화에 동참하고 있는 현실을 날마다 새롭게 받아들여야만 했다. 평화 기도회는 이제 전 독일로 확산되어 토마스 퀴틀러_{Thomas Küttler} 목사가 노회장으로 있는 플라우엔에서도 진행되었다. 1989년 10월 7일 퀴틀러는 처음으로 플라우엔에서 열린 대규모 시위에 용감하게 동참하여 시위가 평화적으로 끝날 수 있도록 애를 썼다.

드레스덴은 1980년부터 1992년까지 십자가교회의 목회자이자 드레스덴 시내 지역 노회장이었던 크리스토프 지머_{Christof Ziemer}가 중점적으로 활동하던 지역이었다. 1988년부터 1989년까지 그는 동독의 정의, 평화 및 창조의 보전 에큐메니칼회의 회장단 대표를 지냈으며 "20명 단체_{Gruppe der 20}"의 자문이었다. 이 단체는 교회 대표뿐만 아니라 단체 회원들, 국가 대표들로 구성되어 있었다. 20명 단체에서 전해진 소식을 우리는 10월 9일 평화 기도회에서 낭독했다. 이렇게 여러 지역에서 일어나고 있는 각 사람들의 행동이 연합하여 하나의 커다란 역사를 만들고 있었다. 사전에 이야기도 없이 또한 전략 문서나 계획도 없이 말이다.

모든 사람들의 강력한 외침이 10월 9일 라이프치히 평화 기도회에서 하나로 모아진 것이다. 이후 일어난 시위는 체제를 근본적으로 바꾸는 것이 되어야 했다. 내가 그날 저녁을 회상해 보면 예수의 어머니 마리아의 찬양 중에 나오는 성경 말씀이 생각났다.

"그리하여 마리아가 말하였다. "내 영혼이 주님을 찬양하며 내 마음이 내 구주 하나님을 좋아함은, 그가 이 여종의 비천함을 보살펴 주셨기 때문입니다. 이제부터는 모든 세대가 나를 행복하다 할 것입니다. 힘센 분이 나에게 큰 일을 하셨기 때문입니다. 그의 이름은 거룩하고, 그의 자비하심은, 그를 두려워하는 사람들에게 대대로 있을 것입니다. 그는 그 팔로 권능을 행하시고 마음이 교만한 사람들을 흩으셨으니, 제왕들을 왕좌에서 끌어내리시고 비천한 사람을 높이셨습니다. 주린 사람들을 좋은 것으로 배부르게 하시고, 부한 사람들을 빈손으로 떠나보내셨습니다."" [106]

전에 우리는 이 구절을 연주하거나, 듣거나 찬양한 적이 없었고 또한 1989년 대강절처럼 찬양을 한 것은 그 이후에도 없었다. 디트리히 본회퍼는 1933년 대강절을 맞이해 "이 노래는 지금까지 불려 온 노래 중에 가장 정열적이고 동시에 야생적이며 또한 혁명적이라고 까지 말할 수 있는 대강절 노래였다. 여기에서 말하는 마리아는 우리가 그림에서 흔히 보는 바와 같이 온유하고 정답고 환상적인 마리아가 아니라 정열적이고, 열광적이고 자랑스러워하며 감격에 찬 마리

---

106 누가복음 1장 46-53절.

아의 모습이다."라고 말했다.[107] 나는 이 구절을 또한 성령강림절마다 전 세계 교회에서 들려지고 있는 성경 말씀과 같이 1989년 10월 9일과 연결시켜 본다.

"그가 내게 이렇게 말해 주었다. "이것은 주님께서 스룹바벨을 두고 하신 말씀이다. '힘으로도 되지 않고, 권력으로도 되지 않으며, 오직 나의 영으로만 될 것이다.' 만군의 주님께서 말씀하신다."[108]라는 말씀과 또 바울이 예수에게 받은 **"그러나 주님께서는 내게 이렇게 말씀하셨습니다. "내 은혜가 네게 족하다. 내 능력은 약한 데서 완전하게 된다." 그러므로 그리스도의 능력이 내게 머무르게 하기 위하여 나는 더욱더 기쁜 마음으로 내 약점들을 자랑하려고 합니다."**[109]는 말씀과 연결시켜 보았다.

평화 혁명 당시 이런 성경 말씀들이 갑자기 온전하게 시사성이 있는 것이 되었다. 복음이 사람들에게 전달되는 과정을 알아차릴 때마다 나는 큰 기쁨과 내적인 평화를 느끼게 되었다. 왜냐하면 우리는 부정적인 연쇄반응에만 둘러싸여 있는 것이 아니었기 때문이다. 세상에는 정치적인 영향력—돈, 군대, 경제, 언론—만이 있는 것이 아니다. 예수의 영이 사람들을 감동시키면, 파괴적인 힘이 없이도 엄청

---

107 디트리히 본회퍼의 누가복음 1장 46-55절을 본문으로 한 설교. London, 17. 12. 1933.

108 스가랴 4장 6절.

109 고린도후서 12장 9절.

난 변화가 일어나는 것이다.

어느 누구도 동독 국민들의 혁명을 제도판 위에 놓고 초안을 그리지 않았다. 바깥의 당원들 중에 어느 누구도 이것을 이해하지 못했다. 그들은 자신들의 제도에 구속되어 있었고 우리의 행동 배후에는 전략이 있을 것으로 추측했다. 그들은 정당 학교에서 배운 혁명과 반혁명에 대한 교리를 적용했다. 그들은 늘 한 가지만을 알고 싶어 했다. 계획이 무엇인가? 어떻게 하면 교회 안과 길거리 사람들의 전략 계획을 얻을 수 있을까?

당원들은 우리들의 전략을 도무지 알 수 없기에 매우 혼란스러워 했다. 여기에는 명백한 이유가 있었다. 예수는 그들을 위해서 존재하지 않았다. 그들은 모든 가능한 이유들을 찾았으나 내게 가장 중요한 분 그리고 내가 공개적으로 말하는 '예수의 뜻대로 행하는 것'에 대해서 그들은 알지 못했다.

독일 통일은 당시 우리들의 시각으로는 나라의 변화에서 시급한 목표는 아니었다. 교회는 오히려 어려움에 처한 사람들을 돕는다는 사명을 가지고 있었다. 바로 이 일을 우리는 계속했다. 국경이 열려 "출국을 원하는 자들의 희망 모임"이 필요 없게 되었다고 해서 희망을 찾는 사람들이 없어졌다는 것은 전혀 아니다. 통일이 됨으로 공화국 동쪽에는 여러 가지 문제 중 실업이 발생했다. 나는 이에 대처하기 위해 1990년 "실업자를 위한 희망 모임"을 만들었다. 이와 같은 단체들은 민주주의 체제에서는 더 이상 교회나 그들을 비호해 주는 단체를 필요로 하지 않았다. 그러나 평화 기도회는 새로운 시대에도 사람들을 찾고 있었다.

당연히 1989년 12월부터 교회, 오페라하우스, 콘서트홀이 침체기를 맞았다. 새로운 가능성들이 사람들을 사로잡았던 것이다.

동독의 체제는 사라졌다. 이제는 체포나 보복 같은 것들이 더 이상 존재하지 않았다. 사람들은 이제 자신들의 생각을 나라의 어느 곳에서나 말할 수 있었다. 위협을 당하는 일은 없었다.

사람들은 아주 서서히 추후에 우리에게 다가오게 될 딱딱한 조각들을 알게 되었다. 이전과 마찬가지로 사람들은 자신들의 어려운 상황을 말할 수 있는 기회가 주어졌다. 그것들을 놓고 우리는 함께 기도했다. 우리는 당사자들의 증언이 필요했다. 변화된 사회체제 아래에서도….

사람들이 내게 "평화 기도회가 아직도 진행되고 있는지요?" 물을 때마다 나는 이렇게 대답한다. "왜 평화 기도회가 없어져야 하나요? 세계가 이전보다 더 평화롭게 되었나요?"

정의, 평화, 창조의 보전. 이 모든 것은 오늘날 우리에게 다른 어떤 때보다도 더욱 필요하다. 완전히 새로운 가능성을 가지고 우리의 문제들을 알려야 한다.

동독 시대에는 오늘날 홍보라고 불리는 것이 허용되지 않았을 뿐만 아니라 플랜카드나 표지판을 세우는 것도 허용되지 않았고, 옷에다 슬로건을 붙이는 것도 찢겨졌으며, 국가는 우리의 활동을 지속적으로 감시하고 있었다. 이제 우리는 언제든지 어디에서나 플랜카드를 걸 수 있고 전단지를 나누어 줄 수 있다. 그러나 이러한 행동은 이제 별 효과가 없는 것이 되었다.

이것은 매우 신중해야 할 일이다.

나는 예수님이 자신을 나타낸 씨 뿌리는 사람의 비유가 생각났다. 그는 자신의 공생애 3년 동안 좋은 소식인 하나님의 말씀을 뿌렸고 부단히 자신의 길을 갔다. 모든 곳에서 싹이 튼 것은 아니었지만 일단 싹이 튼 곳은 세상을 놀라게 했다.[110]

1989년 10월 9일과 같이 '니콜라이교회는 모든 이에게 열려 있습니다.' 라는 약속은 현실이 되었다. 모든 사람을 놀라게 한 현실이 되어 버린 것이다. 이것은 결국 동독 전역에 있던 사람들을 연합시켰던 것이다. 출국을 원하는 사람들, 호기심을 가진 사람들, 정권을 비판하던 사람들, 비밀경찰들, 교회 사역자들 그리고 독일 사회주의통일당 당원들까지 그리고 그리스도인이나 비그리스도인들을 하나가 되게 해 주었다. 교회는 그들 모두를 십자가에 달린 그리고 부활하신 예수 그리스도의 넓게 벌린 팔 아래 하나로 모았던 것이다.

이것을 상상하는 것은 1949년에서 1989년까지 정치적 현실을 생각해 볼 때 판타지라고 말해도 부족하다. 하지만 그 이상 세계가 이제 현실이 된 것이다.

---

110 마태복음 13장 1~23절.

우리에게 언제 혁명이 성공한 적이 있었는가? 이전에는 전혀 없었다. 교회 안에서부터 자라나기 시작했고 교회에서 시작되어 길거리에서 비폭력적으로 실행된 혁명? 상상할 수 없는 것이다. 우리 독일의 정치적 세속사에서 유일한 사건이었다. 성경에 나오는 기적과 같은 것이었다.

또한 독일의 통일도 얼마 후 비폭력적으로 진행될 것이었다. 전쟁도 하지 않고 승리자도 없이 또 다른 민족을 굴복시키지도 않고 말이다. 함께 있었던 사람들 중에 아무도 이런 사회적 변화의 상황을 잊어버리는 사람은 없었다. 어느 누구도 그것을 잊어서는 안 된다.

10월 9일 저녁 7만 명의 시위자들이 아무런 방해 없이 라이프치히 시내 중심가를 한 바퀴 돌아왔을 때, 동독은 이미 그들이 아침에 보았던 그 동독이 더 이상 아니었다.

제3부

1990년 – 2008년

Und wir sind dabei gewesen

3개월이 지난 후 나는 그에게서 한 통의 편지를 받았다. 그는 상세하게 적은 여러 장의 편지와 함께 나에게 행간을 읽어 줄 것을 부탁했다. 그는 1989년 녹화된 방송들과 사건들을 촬영한 것들에 대해서 적었다. 그리고 그는 니콜라이교회에서 일어난 사건에 대해 이미 책을 저술하기 시작한 사람이 있는지 물었다. 내가 알기로는 아직까지 아무도 그 일을 시작한 사람은 없었다. "라이프치히에 함께 있던 사람이 항상 한쪽에 있을 수 있기에 나머지의 사실들을 보도해 주어야만 합니다. 나도 또한 이러한 역할을 할 수 있습니다. 그래서 니콜라이교회라는 제목으로 소설을 쓰려고 합니다."라고 말하며 그는 매우 기뻐하는 것처럼 보였다.

책이 영화화되다

1990년 1월 우리는 에리히 뢰스트Erich Loest와 함께 니콜라이교회에서 낭송회를 열기로 약속을 했었다. 이 낭송회는 뢰스트가 아직 서독에서 살고 있을 때, 두 달 후에 성사가 되었다. 잠시 후 뢰스트는 다시 라이프치히로 돌아왔다. 그는 라이프치히에서 1967년 그의 책 **그의 길을 간다**Es geht seinen Gang를 펴낸 후부터 이 도시에서 유명해졌다. 당연히 우리는 그의 책을 서독판으로 가지고 있었다. 이 책을 통해 저자는 모든 비판적인 견해를 피력했고 그중에는 1964년 로이쉬너 광장Leuschner-Platz에서 열린 재즈 콘서트에서 호소하던 중 경찰견에 의해 쫓김을 당했던 사건도 서술하고 있다. 또한 그는 대학 교회의 창립에도 참여했으며 사회주의 시대의 예술 작품들을 이 사회에서 없애는 일에 동참하기도 했다. 1957년 그는 스탈린 격하 운동의 일환으로 소위 "반혁명 단체를 형성했다."는 혐의를 받아 투옥되었고 7년 6개월의 옥살이를 했다. 그는 바우첸Bautzen 감옥에 수감되어 있었다. 1964

년 그가 출소하기까지 그에게는 저서를 집필하는 것이 절대 금지되었다. 이렇게까지 그는 비판적인 저자로 알려졌다.

그의 낭송회는 우리가 예상한 대로 진행되었다. 1989년 이전처럼 그렇게 많은 사람들이 모이지는 않았다. 이제는 다른 시대가 된 것이다. 그럼에도 사람들은 그에 대해 아직도 관심을 가지고 있었다. 이 행사에 이어 우리는 그와 함께—일 년 전 슈테판 하임과 그랬던 것처럼—앉아서 함께 먹고 마시는 시간을 가졌다.

나는 아주 자연스럽게 그에게 다음과 같은 질문을 했다. "혹시 동독을 잘 아시는 분으로 이곳 라이프치히에서 일어나고 있는 현상에 대해 설명해 주시겠습니까?"

그는 비교적 퉁명스럽게 대답했다. "나는 이곳에 없어서 잘 모르겠습니다."

3개월이 지난 후 나는 그에게서 한 통의 편지를 받았다. 그는 상세하게 적은 여러 장의 편지와 함께 나에게 행간을 읽어 줄 것을 부탁했다. 그는 1989년 녹화된 방송들과 사건들을 촬영한 것들에 대해서 적었다. 그리고 그는 니콜라이교회에서 일어난 사건에 대해 이미 책을 저술하기 시작한 사람이 있는지 물었다. 내가 알기로는 아직까지 아무도 그 일을 시작한 사람은 없었다. "라이프치히에 함께 있던 사람이 항상 한쪽에 있을 수 있기에 나머지의 사실들을 보도해 주어야만 합니다. 나도 또한 이러한 역할을 할 수 있습니다. 그래서 **니콜라이교회**라는 제목으로 소설을 쓰려고 합니다." 라고 말하며 그는 매우 기뻐하는 것처럼 보였다.

니콜라이교회—멋진 제목이다! 그 외에 다른 어떤 것도 올 수 없다. 라이프치히라든지 아니면 다른 설명이 필요 없었다. 우리 교회 이름만으로도 그냥 이해가 되었기 때문이다.

뢰스트는 당장 그 일에 착수했다. 그는 시대의 증인으로 저술을 도와줄 사람들을 바로 찾아내었다. 당연히 그는 마기리우스 노회장과 나를 통해 많은 것을 경험할 수 있었다. 그 노련한 작가는 내가 적어 놓은 쪽지들과 준비하면서 적었던 메모들을 가지고 일을 했다. 그는 나의 이런 쪽지들을 "퓌러의 손 도서관"이라고 불렀다. 그는 관심을 끄는 것들을 뽑아내고 마음에 드는 것들을 복사했다. 그의 마음에 꼭 맞는 것들은 원래의 것을 그대로 책에 적었다.

나는 후에도 정말 이러한 일들이—가상이라 할지라도—책이 되어서 나올 수 있다는 사실에 놀랐다. 평화 혁명을 둘러싼 전 과정들이 수록된 책이며 역사적인 측면을 다루었을 뿐만 아니라 일생 동안 일어났던 일들이 기록된 책인 것이다. 나는 당시 역사를 담은 책이 어떻게 출판이 되어 나오는지를 옆에서 직접, 그것도 유명한 작가가 쓰는 것을 경험할 수 있었다.

뢰스트가 그의 소설에서 소개한 동독 가정의 상황은 당시 동독의 전형적인 가정은 아니다. 그러나 가족 간에 금이 생기는 경우를 나는 여러 번 경험했다. 적지 않은 젊은이들이 특히 교회와는 먼 당 간부들 가정의 젊은이들이 대안을 찾기 위해 또 새로운 인생을 설계하기 위해 교회로 나오기도 했고 어떤 단체에 소속되기도 했다. 이렇듯 소설의 주인공 아스트리트 프로터Astrid Protter도 처음 평화 기도회에 빠져들게 되었다. 또한 비밀경찰인 그녀의 남동생과의 논쟁도 그렇다. 그녀는 형제를 "옹졸한 녀석Betschwester"이라고 욕했고 형제 앞에서 자신의 동지를 단순한 말로 두둔한다. "야, 너희들 모두 합친 것보다 그 사람들이 훨씬 더 용기가 있어! 그들이 한 일을 봐! 너희들? 너희들은 보고서나 쓰고 누가 중요한지를 알 뿐이지. 너희들은 생명과는 전혀 상관이 없는 사람들이야."라고 말한다. 그녀의 말은 사람들에게 깊은 감동을 준다.

이 책에 나오는 사실주의적 묘사들은 전체 상황을 잘 알고 있고, 또 자신이 동독 시민이라고 고백하는 에리히 뢰스트와 같은 사람만이 보여 줄 수 있는 것이다. 책의 저자인 뢰스트나 후일 이 책을 영화로 만든 감독인 프랑크 바이어도 그들이 지금 무슨 일에 대해 이야기하고 있는지 모른다고 말할 수 없다.

니콜라이교회가 출판되었을 때 저자는 자신의 서명이 들어 있는 책을 교회에서 판매하도록 무료로 보내 주었다. 나는 이미 그가 서독에 살고 있을 때 내 눈에 띄었는데, 그가 이곳 라이프치히에 있을 때 그는 매번 평화 기도회에 참석했기 때문이다. 그는 늘 두 번째나 세 번째 줄에 앉아 있었기 때문에 나는 늘 그를 볼 수 있었고, 같이 인사를 나누었으며, 그는 일어나는 일들에 늘 적극적인 관심을 갖고 참여했다. 그가 다시 라이프치히에 살면서 모든 중요한 행사에 참석했다. 이라크에서 납치된 라이프치히 엔지니어를 위한 일에도 그랬고 또한 매년 10월 9일에 열리는 행사에도 그는 참석했다.

그의 책이 출판되고 얼마 지나지 않아 프랑크 바이어 감독은 이 소설을 영화로 만들기 시작했다. 책과 같은 제목이 붙은 영화의 초연은 1995년에 있었다. 프랑크 바이어는 영화에서 자신만의 스타일을 구사해 내었고 유명한 배우들과 계약을 맺었다. 마기리우스 노회장과 나는 감독에게 내용적인 부분을 자문해 주었다. 가령 마지막 부분인데 바이어 감독은 완전히 다르게 계획을 했다. 원래는 마기리우스 노회장과 내가 시위대의 선두에 서서 시위하는 것으로 '영웅적인 종결'을 계획했다. 그러나 노회장과 나는 그것에 반대했다. 왜냐하면 10월 9일 저녁 우리는 시위에 참여하지 않았고 만약의 경우를 대비하여 교회 문을 열어 놓고 교회에 남아 있었기 때문이다. 아이젠슈타인식 마침Eisenstein-schluss[111]은 하지 말자는 것이 우리의 첫 번째 생각이었고, 동화같이 만들지도 말고 사회주의적도 아니요 반사회주의적도 아니어야 한다. 우리는 다만 진실을 원한다는 입장이었다. 다른 것들은 이름도 없이 용기를 낸 사람들에 대해 불공평한 것이 될 것이다. 영화의 마지막에 사람들은 모든 것, 그것을 보아야만 하는 것이다.

그 대신 **니콜라이교회** 영화는 슈타지 장군이 힘없이 넋을 놓고 앉

---

111 세르게이 미하일로비치 예이젠시테인(Сергей Михайлович Эйзенштейн, 1898-1948)은 소련의 영화감독 및 영화 이론가로 뛰어난 몽타주 수법과 혁명적 내용으로 러시아의 새로운 영화 예술을 과시했다(역자 주).

아 있고, 이마에 땀을 흐르는 상태에서 혼잣말을 하는 것으로 끝을 맺고 있다.

이 영화는 사건이 일어났던 현장에서 촬영되었다. 니콜라이교회, 교회 마당, 갈탄 거리 그리고 내 집무실에서 촬영했으며 모든 것이 사실 그대로 만들었다. 당연히 촬영을 위해 우리는 교회를 비웠으나 촬영팀은 며칠 정도만 사용했기 때문에 교회를 완전히 닫을 필요는 없었다. 그리고 예배를 멈추는 일은 더욱이 처음부터 배제되었다.

교회에서는 모든 것이 잘 진행되었으나 내 집무실에서 촬영할 때는 매우 신경이 쓰였다. 개인의 공간에 촬영팀이 함께 있다는 사실은 큰 도전이었다. 각 공간마다 일어나는 일들도 매우 혼란스러웠을 뿐만 아니라 밖에서도 지금 어떤 장면을 촬영하고 있는지 모두 들을 수 있었다. 또한 수많은 무장 트럭들을 다시 보는 것은 정말 힘든 일이었다. 게다가 경찰이 투입되고, 경찰견들이 짖는 소리가 들리고, 몽둥이를 휘두르는 것, 수많은 군중들 또 당시의 것과 똑같은 그들의 함성들을 다시 듣는 것은 쉬운 일이 아니었다. 우리 가족뿐만 아니라 그 주변에 사는 주민들도, 관리인에게도, 직원들에게도 매우 힘든 시간이었다.

영화에서 올바움_{Ohlbaum} 목사 역 크리스치안 퓌러 목사 역을 맡은 울리히 뮈에_{Ulrich Mühe} 는 영화 촬영 전 나에게 대화를 청했다. 그리고 우리는 서로에 대해 매우 호감을 갖게 되었다. 그는 그림마_{Grimma} 에서 자랐다고 했다. 나는 그 지역의 문답 교사와 아는 사이였고 그녀가 바로 울리히 뮈에의 기독교 교리 교사였던 것이다. 우리는 아무런 문제없이 서로 대화를 나누었고 무엇보다 그의 질문이 분명했던 것이 매우 인상적이었다. "어떻게 당신들은 그것을 했습니까? 정말 그렇게 했습니까? 아니면 당신들은 안전한 장소에서 사람들을 격려했고 그들을 도망가도록 했습니까?"

뮈에 씨는 니콜라이교회가 안전한 장소였다는 것은 두말할 필요가 없다는 것을 매우 빨리 알아차렸다. 어쨌든 우리는 하나님의 집을 굴욕 당한 사람들을 위한 장소로 제공했으며 동시에 보호받을 수 있는 안전한 장소로 모든 이를 위해 개방해 놓았었다. 이러한 상황을 감안해 볼 때 뮈에 씨가 이런 질문을 하는 것은 매우 중요했다. 그는 우리가 어떤 사람들이며, 우리가 어떤 원칙에 의해 행동했고, 무엇이 나를 움직이게 했는지, 산상설교는 어떤 역할을 했으며, 기도는 어떤 기능을 하는지에 대해 알기 원했다. 나를 움직이게 하는 이유는 무엇이었는지, 어떤 일은 하고 어떤 일은 하지 않았는지, 교회가 어떻게 이토록 군중들을 열광하게 할 수 있었는지…. 그는 현명하게 이것저것을 물었고, 이렇게 배운 지식들을 연기로 매우 잘 표현했다. 나중에 많은 사람들이 나에게 던진 질문 중에 하나는 "실제의 인물인 퓌러 목사를 영화배우가 연기하는 것을 보고 어떤 느낌을 받았습니까?" 하는 것이었다. 내가 어떻게 답해야 할까? 영화 속의 올바움 목사에는 본네베르거 목사의 모습도 숨어 있다고 말했다.

영화가 초연되기 전 몇 가지 염려가 나를 엄습했다. 당시 영화 초연 전 스튜디오 영화실에서 시사회가 열렸고 이 시사회에는 당시 기반 단체 회원들도 초청되어 오기로 되어 있었다. 막이 오르기 전 나는 '우리가 보게 될 것이 어떤 것일까?' 생각했다. 영화가 끝나고 나서는 갖가지 지적들이 나왔다. 영화 속에는 동독 시절에 전혀 없던 것들이 많이 들어 있었다. 가령, 여기저기 나뒹구는 콜라 깡통들이라든지 아니면 전철 표면의 광고들과 같은 것들이다. 그러나 나는 이러한 문제들은 부차적인 것들이라 생각했다. 나의 관심은 오히려 이 영화의 실질적인 주제였다. 질서정연하게 서서 보내는 박수갈채는 현실감이 떨어졌다. 실제로는 훨씬 더 생동감이 있었다. 예쁘게 정돈된 촛불들 또한 실제는 모든 것이 혼란스러운 상태였다. 이 영화의 여러 부분은 심지어 인위적인 느낌이 들었다.

또 다른 한편 1989년 10월 9일과 같은 날을 영화로 재연할 수 있을까라는 문제이다.

내가 가장 염려했던 부분은 올바움 목사가 영화에서 팔을 벌리고 눈을 들어 하늘을 처다보며 "도움은 오직 주님께로부터 옵니다!"라고 말하는 장면에서 모든 상황이 뒤집어져 모두가 웃지나 않을까 생각했다. 그러나 그런 일은 일어나지 않았다. 우리들이 그렇게 연극처럼 행동하지 않았기 때문에 사실보다 과장되게 표현된 장면들조차도 우습게 보이지 않았다. 이 외의 것들은 배우들이 연기를 잘해 주었기 때문에 현실에 매우 근접하고 신빙성 있게 표현되었다.

기반 단체 회원들은 영화를 보고 난 뒤 "음, 그런데 영화에 좀 활기가 없는 것 같군요. 실제로는 모든 것이 더 격동적인 분위기였습니다!" 라고 말했다. 내 마음이 홀가분해지는 것을 느꼈다.

나는 책뿐만 아니라 영화의 가치를 알게 되었다. 그것들로 당시 현장에 없었던 사람들도 역사의 사건을 알게 되는 계기가 된 것이다. 특히 논리적으로 배경 지식을 얻을 수 없었던 서독 국민들에게는 더욱 그랬다. 그들은 저서뿐 아니라 영화를 통해서 역사의 당시 상황의 모습을 볼 수 있게 해 주는, 결코 과소평가할 수 없는 자료이다.

초연이 올려진 후 나는 또 바이어 감독과 영화에 대해 몇 가지 이야기를 나누었다. 그는 영화에서 엑스트라를 쓸 때는 한 가지 꾀를 내었다고 한다. 그는 어떤 한 장면을 촬영할 때 엑스트라들에게 경찰이 그들을 거칠게 끌어와 트럭에 밀어 넣을 것이라고 미리 말해 주지 않았다고 했다. 경찰들의 이러한 반응에 놀란 사람들은 본능적으로 손과 발을 사용해 경찰을 저지했다고 했다. 그래서 이 장면은 영화에서도 매우 실제처럼 촬영되었다고 나에게 설명해 주었다. 그리고 엑스트라들에게는 50마르크씩 보상해 주었다고 이야기해 주었다.

영화의 가치는 무엇보다 평화 기도회가 어떻게 표현되었나 하는 것에 달려 있다. 관객들은 평화 기도회가 어떤 깊은 배경을 가지고 있는지 그리고 오늘날까지도 어떤 의미를 가지는지 분명하게 전달이 되고 있다. 이것이 바로 나를 기쁘게 하는 이유이다. 사람들이 얼마나 평화적으로 행동했는지, 평화의 기도가 얼마나 긴장된 상태에서 주목을 받고 있었는지가 가장 잘 표현되고 있다. 특히 나에게 보내온 익명의 편지와의 연속성이 잘 표현되었다. 뢰스트는 이 편지를 자신의 소설에 인용했다. 이 서신은 원래 나에게 보내는 것이었는데 이 책에도 공개했다. 그는 능숙하게 편지를 역사 속에 포함시켰다. 프랑크 바이어는 처음에 이 장면을 어떻게 처리할 것인지 이리저리 고민했다고 한다. 이 긴 편지를 다 읽는 것은 난센스라고 여겼다. 그러나 그는 이 장면을 어떻게 연출해야 될지 알지 못했다. 도대체 카메라는 어디를 비춰야 하는지, 만약 이 편지를 읽는 동안 카메라가 계속적으로 다른 장면을 보여 준다면 편지에서 주의를 환기시킬 수 있지 않을까? 그러나 그 편지의 내용이 그를 놓지 않았기 때문에 그는 "아닙니다. 여러분 어떻게든 해 보겠습니다. 이 편지를 처음부터 끝까지 읽는 것으로 하겠습니다." 바로 이 장면을 통해 실제 동독의 현실을 진실하게 묘사함으로 깊은 감동을 주었다.

감독은 10월 9일 당원들이 오후 2시부터 니콜라이교회로 와서 앉아있는 장면을 완전히 새롭게 편집했다. 올바움 목사는 슈타지 요원들이 앉아 있는 교회 의자를 지나가며 사람들에게 물었다. "제가 여러분에게 노래를 나누어 주어도 되겠습니까?" 나는 당시 이렇게 행동하지 않았었다. 바이어 감독은 이에 대한 반응으로 당원들이 자신들의 신문인 **새로운 독일**지를 읽은 것으로 묘사했다. 이것은 바로 그때와 똑같이 표현했다. 그러나 나는 당시 그들이 보온병을 옆에 놔두었거나, 음식을 준비해 온 것 또 카드놀이를 하는 것은 관찰할 수 없었던 것들이다. 또한 당원들이 당의 명령에 반하여 시간이 지난 후 감동을 받아 함께 노래하기 시작한 일도 나는 볼 수 없었던 장면이다. 이러한 것은 1989년 10월 9일 월요 시위에서는 볼 수 없었다. 어쨌든 교회는 꽉 차게 되어 당원들이 더 이상 눈에 띄지 않게 되었다.

영화는 매우 깊은 인상을 주었고 또한 비밀요원들이 앉아 있는 곳의 불이 꺼지는 것처럼 상징적으로 표현했다. 슈타지는 정말로 요원들을 철수시켰다. 게슈비스터-숄-하우스Geschwister-Scholl -Haus 바로 옆, 목사관 건너편에 있는 대학의 게스트하우스도 영화로 잘 옮겨졌다. 이곳에 슈타지들은 2층과 3층의 왼편 창문을 점거하여 진을 치고 있었다. 투입 본부의 장면 중 흑백은 정말 당시를 촬영한 것이며 컬러는 영화를 만들기 위해 촬영한 것이다.

돌이켜 보면 촬영을 하던 그 시점, 1989년에 일어난 모든 사건과 평화 기도회를 시작하던 시점, 당연히 1989년 10월 9일과도 밀접하게 나와 우리 가족의 삶은 연결되어 있었다. 그러므로 처음부터 원근 각처뿐 아니라 해외에서도 사람들의 관심이 대단했다. 나는 책뿐만 아니라 영화로 인해 이러한 관심에 대한 부담이 좀 줄어들지 않을까 은근히 기대했다. 그러나 그렇지 않았다. 사람들이 영화나 책을 통해 당시에 일어난 사건에 대해 충분히 알게 되었을 것이라고 생각했으나 정반대였다. 관심이 줄어들기는커녕 더 많은 관심들이 쏟아졌다.

아마도 그 이유는 니콜라이교회가 1989년 9월 9일 이후에도 영향력에 있어 조금도 줄어들지 않았기 때문일 것이다. 라이프치히에서 가장 대표적인 것은 라이프치히 중앙역도 아니요, 전승 기념비도 아니라 니콜라이교회에서 이전과 마찬가지로 지금도 수많은 활동들이 펼쳐지고 있다.

사람들이 니콜라이교회, 특히 근대사에 대해서 당시 함께 할 수 없었던 젊은 세대들의 관심이 클 뿐 아니라 서독과 외국 사람들의 관심도 예전과 다름없이 매우 크다.

질병, 고통 그리고 강해짐

　목회자인 나의 직업은 감정에 영향을 받는다. 나 자신의 감정뿐 아니라 나와 함께 일하는 사람들의 감정도 나에게 영향을 미친다. 여기에 또한 수년간 지속되어 온 긴장감이 더해졌다. 동독 내 교회의 목회 사역과 평화 사역의 국면이 시간이 지나면서 예측할 수 없을 정도로 정치적이 되어 버렸기 때문이었다. 이 모든 것들이 나의 건강에 흔적을 남겼다. 나는 어렸을 때부터 이미 질병을 앓은 경험이 있었다. 건초성 알레르기와 천식을 앓았으며 몇 번이나 폐렴에 걸렸다. 늘 병약했던 나는 14세가 되어서야 알레르기까지 말끔히 낫게 되었고 오늘날까지도 알레르기는 없는 상태이다.

　70년대 중반 한창 건축 사역 중 동료 두 목회자가 사망하여 나 혼자 목회하고 있을 때 질병이 다시 나를 찾아왔다. 바로 궤양성 대장염 colitis ulcerosa에 걸린 것이다. 내가 이제 막 33세가 되었을 때였다.

　나는 통증이 지속되었기 때문에 처음 의사의 진찰을 받은 후 바로 병원에 입원하게 되었으나 의사들은 이 병을 어떻게 치료해야 할 지 몰랐다. 통증이 좀 나아진 후 나는 스스로 책임을 지겠다는 조건하에 퇴원했다. 왜냐하면 병원의 분위기와 어찌할 바 몰라 하는 사람들의 얼굴을 보면 내가 더 아픈 것같이 느껴졌기 때문이었다. 사역의 폭을 대대적으로 제한할 수밖에 없었다. 결국 의사는 나를 예나Jena에 있는 정신신체의학 전문의에게 넘겼다. 그곳에서 나는 약 500개의 질문이 있는 설문지에 답해야 했고 이것저것 검사 절차에 나는 그저 못마땅하게 서 있었다.

처음부터 전부 망칠지도 모르는 위험을 무릅쓰고, 나는 그 전문의에게 다음과 같은 고백으로 대화를 시작했다.

"솔직히 말씀드리자면 의사 선생님이 처방해 주신 약은 저에게 도움이 되지 않는 것 같아 더 이상 복용하지 않았습니다."

"잘하셨습니다. 어차피 환자들에게 약을 모두 끊도록 합니다." 그 전문의는 놀랍게도 이렇게 대답하는 것이었다.

그리고 우리 두 사람은 서로 쳐다보며 웃음을 터뜨렸고 그때부터 우리는 서로를 잘 이해하는 사이가 되었다. 나는 오랜만에 한번씩 의사의 진찰을 받았는데 우리의 대화는 보통 의사와 환자의 대화와는 좀 달랐다. 그는 목회자로서 나의 직업과 신학에 지대한 관심을 가지고 있었다. 그래서 우리는 서로의 직업에 대해 오랫동안 이야기를 나누었다. 의사와 만나는 시간은 이렇게 해서 타인을 다른 방법으로 위하는 두 인간의 대화로 발전하게 되었다.

대화에서 나의 병이 관심의 중심이 되지 않았다. 그러나 그 전문의는 내가 나의 사역에 대해 이야기할 때, 시간 내에 행해야 하는 업무들, 도시와 시골에서의 날마다의 사역, 건축, 짧은 기간 동안 동료 둘을 잃었던 사건 등에 대해 주의 깊게 들어 주었다. 이미 당시에 분명해졌다. 그냥 일이 너무 많았던 것이다. 전적으로 한 사람이 결코 해낼 수 없는 분량이었던 것이다. 의사는 세 번째 진료 시간에 말을 맺으며 나에게 이렇게 말했다. "내가 살아 있는 동안 당신은 언제든지 저에게 오셔도 됩니다." 그 말은 오히려 나에게 매우 슬프게 들렸다. 어쨌든 모든 부담에도 나는 조금씩 좋아지게 되었다.

1978년 교회 노회장은 나에게 주교회의 최고 결정기관인 총회 선거에 출마하겠느냐고 문의했다. 그렇게 되면 일이 더욱 많아질 뿐 아니라 더 많은 책임을 져야 하는 것을 의미했다. 이런 건강 상태에서? 나는 이리저리 고민이 되었다. 직면한 문제들을 해결하고 추가적인 부담을 거절하는 것이 맞는 것일까? 나는 루터 식으로 "사탄에 대항한다."는 마음으로 투표에 후보로 나갔고 실제로 선출되었다. 그 직후 병은 놀랍게도 사라져 버렸다.

그럼에도 의사는 나에게 아직 안심할 수는 없다고 경고했다. 왜냐하면 그 병은 발작성이며 중간중간 회복된 것처럼 보이기도 하나 결코 완치될 수 있는 병은 아니기 때문이라는 것이다. 지금까지 본 환자들 중에 최장 잠복 기간은 13년이었다고 했다. 나는 일에 몰두했고 최선의 결과를 소망했다.

1980년 나는 또 새로운 도전인 라이프치히 니콜라이교회로 부름을 받았다. 그 전문의는 "당신이 병을 어떻게 극복하는지 우선은 기다려 봐요."라고 경고했다. 그러나 나에게 그 병은 재발되지 않았다. 다시 한 번 비정상적인 일이 일어난 것이다.

주교회의에서 나의 사역은 라이프치히에서의 삶과 니콜라이교회에서의 사역과 매끄럽게 연결되었다. 1982년 나는 친구인 여의사로부터 소중한 사람이 된 그 전문의가 자살했다는 소식을 들었다. 이 소식은 매우 충격적이었으며 그와 나누었던 대화의 시간들을 생각하며 커다란 당혹감을 느꼈다. 우리는 서로 공감할 수 있었기 때문에 관계를 지속할 수 있었고 건강과 관련해서는 호전될 수 있게 해 준 사람이었다. 나는 병으로 인해 신체가 보내는 신호를 듣고 바르게 이해하는 데 민감해졌다.

이론적으로 예수에 대해 아는 것이 이제는 나에게 실존적으로 열리게 되었다. 영과 혼과 육체는 하나를 형성하고, 고장으로서의 질병은 의미의 문제이다. 예수는 놀라운 구속 사역을 성취했다. 신체적으로 건강해지기 위해 그리고 건강하게 지내기 위해서 내가 추구한 하나 됨은 그 후 해가 지나면서 늘 방해를 받게 되었다. 마기리우스 노회장과 단체들 간의 갈등 이후 나는 늘 어떻게 하면 이 두 상대방을 다시 평화 기도회 사역으로 묶을 수 있을지를 생각했다. 단체들이 없이 평화 기도회를 진행하는 것은 지속적으로 잘될 수가 없었다. 이러한 상태가 나도 모르게 마음에 불안을 가져다 준 것이다. 이에 또 아내가 1988년 일주일 동안 친척을 방문하기 위해 서독을 방문했다. 동독 마지막 시기에 특별한 이유가 있는 사람들에게는 이러한 방문을 허용해 주었다. 아내가 없는 동안 나는 지내기가 매우 어려웠다. 우리는 당시 결혼한지 20년이 지났으며 모든 것을 함께 경험했다. 그때까지 하루 이틀 정도를 제외하고는 한 번도 이렇게 오랫동안 떨어져서 지낸 적이 없었다. 게다가 우리 사이에는 국경이 놓여 있었다. 이 국경이 갖는 의미에 대해 지속적으로 생각하게 되었다. 이외에도 비밀경찰들이 나와 니콜라이교회에서의 사역을 항상 감시하는 것이 나를 더 병들게 했다. 인생의 그 어느 때보다 가장 심하게 모든 것에 대해 자신이 없어졌고 모든 것에 의문을 품게 되었다. 이 두 번째 종합 진찰을 통해 의사는 나에게 요양을 처방해 주었다. 1988년 가을 나는 하일리겐슈타트Heiligenstadt로 가게 되었다. 이번 요양 기간에 나는 충분한 휴식을 취할 수 있었을 뿐만 아니라, 부대적인 효과를 달성하게 되었다. 나는 매일 저녁마다 다른 환자들과 함께 이야기를 나누는 시간을 가졌으며 주말에는 근교로 소풍을 나가기도 했다. 얼마 되지 않아 의사는 우리가 매우 흥미 있는 방법으로 시간을 보내고 있다는 것을 알게 되었다. 의사들은 우리 모임은 마치 자가 치료 단체와 같이 참여한 모든 사람들의 치료 과정을 가속화시키고 있다고 생각했기 때문에 매우 즐거워했다. 정말 그랬다. 우리 단체 모임은 마음을 매우 편하게 해 주었으며 특히 나는 모임 구성원들의 영적인 문제들도 돌보았다. 나는 단체 사람들과 함께 시간을 보내면서 다시 한 번 다른 사람들에게 관심을 갖고 그들을 도와줄 수 있게 되었다. 당시 나는 혼자서 소예배실에서 날마다 예배를 드리고 성찬을 행했다. 기도를 규칙적으로 집중해서 올렸고 하나님이 나를 위협하는 이 상황을 끝내 주실 것이며 암흑과 같은 골짜기에서 나를 건져 주실 것이라는 믿음을 가지고 기도했다. 요양을 마치고 집으로 돌아온 나는 일상생활과 일에 서서히 적응하게 되었다. 나는 나를 억누르는 부담감과 두려움을 극복하게 되었다. 1988년 '질병의 고통'을 통과하지 않았다면 나는 1989년의 사건을 결코 견뎌 내지 못했을 것이다.

90년대 초 나는 세 번째로 건강이 악화되는 것을 경험했다. 1993년 우리 니콜라이교회에서 오랫동안 일했던 음악 책임자가 은퇴하게 되었다. 그리고 일 년 후에는 우리 교회를 함께 섬기던 동료 목사가 떠나게 되었고 그 자리는 계속 공석으로 남아 있었다. 그 이듬해에는 마기리우스 노회장도 은퇴하게 되었던 것이다. 이로써 니콜라이교회에는 나 혼자만 남게 되었다. 이제 어떻게 해야 하는가?

평화 혁명의 결과로 1990년 이후부터는 교회 사역이 엄청나게 많아졌다. 텔레비전 방송사와 언론을 상대로 하는 대외 사역 외에도 평화 혁명과 관련한 토론, 교회 시찰단 안내 등 이전에는 경험해 보지 않았던 일들이 엄청나게 쏟아져 들어왔다. 교회 지도부는 니콜라이교회에 대외 사역을 담당하는 목사를 배치하지 않고 오히려 자리를 하나 없앤다는 결정을 하게 되었다.

"퓌러 형제가 잘 해낼 수 있을 것입니다."라는 문장으로 결론을 내린 것이 나를 괴롭게 했다. 나는 주교회 크레스Kreß 감독Landesbischof 으로부터 플뢰하Flöha 지역의 노회장 자리를 제안 받았다. 이 자리는 당시 폐지되기 직전에 있던 자리였고 이제는 더 이상 존재하지 않는 그런 자리였다. 나는 이 제안을 아무렇지도 않게 볼 수가 없었다. 나는 다른 계기를 통해 두 가지 이야기를 듣게 되었고 그것이 골수에 사무치게 되었다. 한 가지는 나 같은 사람은 무조건 그냥 감수해야 한다는 것이었고 다른 한 가지는 일이 잘 안될 경우 나는 2008년 은퇴할 때까지 니콜라이교회에서 사역을 계속해야 한다는 것이었다. 나는 교회로부터 버림받는 것 같은 느낌을 받았으며 나의 행위로 인해 니콜라이교회에서 일어난 일들에 대해 책임을 지든지 아니면 심지어 사과를 해야만 하는 그런 위치가 된 것과 같았다. 잉게보르그 바흐만Ingeborg Bachmann 이 말한 것과 같이 "친구 앞에서 용기"를 갖는 것이 원수 앞에서 용기를 갖는 것보다 훨씬 더 어렵다.[112] 바로 이것을 내가 경험했다.

1989년 봄 교회 임원들이 주교회 감독과 지역 담당자Gebietsdezernante 에게 서면으로 제출한 것은 내가 잊을 수 없는 것들 중 하나였다. "우리는 퓌러 목사님과 목사님의 선언을 지지합니다." 라는 그들의 행동이 나에게 큰 힘이 되어 주었다.[113]

---

112 Ingeborg Bachmann, *Alle Tage*.
113 1989년 3월 6일, 제48회 니콜라이교회 임원회 회의록(ABL H 54).

다른 한편으론 내가 사역하고 활동하는 방법을 통해 나는 교회지
도부와 특히 주교회 감독을 어렵게 감당했다는 것과 이로써 교회와
교회 지도위원회가 규제하지도 못하고 포기할 수도 없는 처지가 되
었다는 것을 깨닫게 되었다. 나는 진심으로 감사한 마음으로 그것을
인정했다. 왜냐하면 그것은 당연한 것이 결코 아니었기 때문이었다.
개혁은 지속되어 현재까지 계속되고 있다. 그러나 나 혼자 남겨진 상
황은 내게 큰 충격을 주어 수 주 동안 아무 일도 할 수 없는 상태가
되었다. 1994년 성탄 전야에조차도 나는 함께 할 수 없어서 아내가
나대신 인사말을 낭독했을 정도였다. 12월 28일에 나는 처음으로 다
시 아내와 함께 "찬양과 묵상"에 참여하여 회중들 앞에 나설 수 있
는 상태가 되었다. 그러나 당시 아내가 없었다면 불가능했을 것이다.

이렇게 집중적으로 기도하고 하나님의 도우심을 전적으로 의지했
던 적은 이전에는 경험해 보지 못한 시간이었다. 이렇게 이 시간은
나의 어려운 시절의 소중한 기억으로 남게 되었다.

의사는 나의 건강 악화로 요양을 권유했으나 일 년 반이나 지나서
야 갈 수 있게 되었다.

1996년 나는 베르셔베르크Werscherberg로 요양을 떠났으며 그곳에서
도 지난번 하일리겐슈타트에서와 같이 긍정적인 경험을 하게 되었
다. 나는 그 시골 교회에서도 매일 찬양과 예배를 드렸다. 저녁에는
내 방에 앞 복도에 독서를 위해 마련해 놓은 코너에 앉아 책 읽기를
즐겨했다. 날이 지날수록 함께하는 환자들이 많아졌다. 마침내 이 모

임은 아름다운 의식이 되어 버렸다. 매일 환자들이 모여 앉아 책이나, 가정, 신앙, 정치에 대해 함께 이야기를 나누게 되었다. 이곳에서도 우리는 주말이 되면 함께 소풍을 나가기도 하면서 하나의 공동체가 형성되었다. 이러한 것은 우리 모두의 치료 과정을 단축시키는 결과를 가져오게 되었다. 이러한 경험을 통해 나는 다시 다른 사람들에게 다가가 그들을 부담스럽게 하지 않으면서도 그들에게 생명과 신앙의 문제에 대해 이야기해 줄 수 있는 상태로 회복되게 되었다.

나는 건강을 회복해 집으로 돌아온 후, 결정적으로 세 번의 건강 악화에 대한 신학적 의미를 찾았고 마침내 발람과 나귀의 이야기에서 한 가지를 발견했다. 모압 왕인 발락은 이스라엘 민족을 저주해야겠다고 생각하고 사신들을 선지자 발람에게 보냈다. 그리고는 이스라엘이 너무 강력하니 와서 이스라엘을 저주해 달라고 부탁했다. 발락은 또한 발람에게 "나는 당신이 축복하는 자는 복을 받고 당신이 저주하는 자는 저주를 받는다는 것을 잘 알고 있습니다." 라고 말하며 와 줄 것을 부탁했다. 그러나 발람은 생각해 볼테니 잠시 기다려 달라고 부탁하고는 하나님께 기도를 드린 후 사신들에게 답을 했다. "나는 복 받은 민족을 저주할 수 없소." 그러나 발락은 뒤로 물러서지 않고 더 많은 선물을 보내며 부탁했다. 결국 발람은 더 이상 버티지 못하고 나귀를 준비시키고 사신들과 함께 발락 왕에게 나아가게 되었다. 이에 주의 사자가 길을 막아섰다. 발람의 길은 하나님의 눈에는 옳지 못한 길이었기 때문이었다. 발람은 보지도 못하고 이해하지 못했지만 반대로 나귀는 볼 수 있었다. 그래서 나귀는 하나님의 사자를 피했고 더 이상 앞으로 나아가지 못했다. 그러자 발람은 앞으로 나아가도록 나귀를 채찍질했다. 다시 하나님의 사자는 더욱 앞으로 다가왔음에도 발람은 그것을 계속 깨닫지 못했으나 나귀는 계속 앞으로 나아가는 것을 거부했다. 그러자 발람은 다시 나귀를 때리며 길을 계속 갈 것을 종용했다. 그러나 세 번째도 하나님의 사자는 더 이상 피할 수 없도록 길을 막아섰고 발람은 화가 나서 나귀를 심하게 때렸다.

그때 하나님께서는 나귀의 입을 여셨다. "내가 무엇을 했다고 세 번이나 나를 때리십니까?" 그때 하나님께서는 발람의 눈을 여셨고 발람은 하나님의 사자가 손에 칼을 들고 서 있는 것을 보게 되었다.[114] 그제야 발람은 자신이 한 발자국만 더 앞으로 나아갔다면 죽었을 것이라는 것을 깨닫게 되었다. 그러나 그는 그 길을 가지 말아야 한다는 것을 깨닫지 못했다. 나귀는 그의 행동을 통해 발람의 생명을 구했던 것이다.

나는 이 말씀이 비유로 이해되었다. 나귀는 나를 불평하지 않고 수년 동안 신뢰하며 나를 섬겨 준 육체라고 생각하게 되었다. 우리가 너무나 급하게 길을 가고 하나님께서 명령하신 안식과 평안을 지키지 못하면 육체는 언젠가 거부하기를 시작하는 것이다. 지성이 메

---

114 민수기 22장 1절 이하.

시지를 깨닫지 못하면 신체의 기관들은 소리를 지르기 시작하는 것이다. 그러나 우리는 보통 경고받기를 원하지 않는다. 아프지 않기만을 바랄 뿐이지! 멈추지 말아야 해! 우리가 지금 살고 있는 실력 만능주의 사회에서 중요한 것은 "계속해, 더해."이다. 그러므로 우리는 영혼과 육체를 더 이상 배려하지 않고 우리를 계속 채찍질하는 것이다. 어느 날 모든 것이 끝날 때까지…. 그리고는 더 이상 "계속해."라는 것도 끝이 나게 되는 것이다.

나는 인생에서 세 번이나 질병으로 인해 모든 것을 놓게 되는 경험을 했다. 그로 인해 나는 세 번이나 깊이 있게 신앙과 인생에 대한 경험을 얻게 되었다. 그런 일이 없었다면 얻지 못했을 것들이었다. 나는 세 번이나 나의 신앙과 능력의 새로운 국면을 맞게 되었다. 그리고 나서 마침내 내가 깨닫게 된 것은 '하나님은 신체 기관의 질병을 통해 나에게 휴식을 처방하셨던 것이었구나.' 하는 것이다. 내가 휴식을 취하지 않고는 사역을 감당하는 데 필요한 믿음을 갖지 못했을 것이고 그랬다면 나는 더 이상 살아남지 못했을 것이다.

하나님은 내 신체 기관들의 입을 여셨고 눈을 열어 주셨던 것이라는 것을 이제 이해할 수 있었다.

Und wir sind dabei gewesen

모든 사람들이 새로운 가구를 샀다. 선금, 할부, 처음
산 물건의 할부금을 아직까지도 내고 있는 사람들이
있다. 그러는 사이 사람들은 마음을 끄는 물건들을 잔
뜩 사서 창가에 늘어놓았기 때문에 이제 돈이 더 이
상 남아 있지 않게 되었다. 동독에서 사람들은 모든
것이 부족했음에도 살 만한 집으로 꾸몄다. 하지만 이
제는 갑자기, 가능한 빨리 모든 것을 교체해야만 했
다. 순식간에 모든 것이 만족스럽지 못한 것이 되어
버린 것이다.

소비 상표에서 할부 구매로

우리는 오늘날 물질적인 보상 없이 인간을 위해 자신을 희생하거나 또는 어떤 아이디어에 참여하는 것이 당연하다고 생각하지 않는 시대에 살고 있다. 나와 아내는 뜻을 같이 한 몇몇 사람들과 같이 재단을 설립하려고 노력하고 있다. 우리는 그 재단을 통하여 예수의 산상수훈의 일부인 교회의 역할, 특별히 니콜라이교회의 역할을 계속적으로 생생하게 기억하고 오늘의 행동을 위한 모토로 삼기 위함이었다. 라이프치히 니콜라이교회에 본부를 둔 "평화 혁명 1989" 재단은 2009년 설립을 앞두고 있다. 라이프치히 문화 담당 기라데트Girardet 시장은 1989년 10월 9일 사건으로부터 변화된 상황 하에서도 시는 민주주의, 비폭력과 비판의 목소리를 경청할 의무를 지고 있다고 설명하며 이 재단에 참여했다. 부르카르드 융Burkhard Jung 라이프치히 시장도 재단을 지원해 주었는데 그는 전문에서 재단은 정의와 비폭력과 시민의 용기를 위한 시민적 참여, 민주주의적 그리고 교회적 참여를 촉진시키는데 목적을 둔다고 언급했다.

나는 이미 90년대 초부터 강연이나 교회 시찰, 기사나 인터뷰에 초대를 받으면 전환Wende 이라는 단어 대신 의식적으로 "평화 혁명"이 라는 개념을 사용했다.

2008년 3월 나의 이임 예배 후 시대역사포럼Zeitgeschichtliches Forum 의 대표가 나에게 이렇게 말했다. "오늘은 여기 이 문서에서 보시는 바와 같이 10월 9일보다 더 많은 일들이 행해졌습니다. 먼저 전환이라는 말 대신 항상 평화 혁명이라고 말했으며 다음에는 항상 10월 9일을 가장 중요한 날로 언급했습니다. 그것은 맞는 말이고 앞으로도 시종 일관 그럴 것입니다."

이 두 가지의 사실은 그 자리에 참석해 있었던 언론사들—ARD, ZDF, MDR 등에 의해 널리 보도되었다. 이외에도 언론사들은 기록 영상들, 특히 시위하는 그림, 정치인들과의 만남, 침묵시위, 평화 기 도회와 예배에 대한 사진들을 보여 주었다. 당시 사건들에서 교회의 역할이 분명히 표현되었다.

2004년에 내가 헝가리 기율라 호른Gyula Horn 전 외무 장관과 시민운 동가인 베르벨 볼리Bärbel Bohley 와 공동으로 베를린 프리드리히슈타트 팔라스트Friedrichstadtpalast 에서 황금닭Goldene Henne 상을 받았을 때, 나는 베르 벨 볼리와 대화를 나누게 되었다. 나는 곧 평화 혁명에서 교회가 한 역할에 대해 그녀는 전혀 모르고 있다는 것을 알게 되었다. 교회가 한 일은 사람들의 기억 속에 남아 있지 않았다. 그러나 우리는 이러한 것을 라이프치히에서만 경험한 것이 아니었다. 특히 이곳에서는 특별했지만. 문제가 있을 때면 언제나 그것이 1989년이든 아니면 그 이후가 됐든, 사람들이 걸프전이나 이라크 전 또는 실업 문제나 파산한 업체 등에 대한 자신들의 의사를 표현할 장소를 찾을 때면 언제나 그들은 교회로 왔다. 수천 명의 사람들이. 반나치 시위를 위해 또는 하르츠 IV 실업급여를 받는 사람들과 함께 평화의 기도를 드리기 위해 내가 초청한 볼Bohl 대주교와 함께 사람들은 교회로 모여들었다.

아마도 이렇게 된 것은 어쩌면 베를린 사람들이 우리의 날을 결코 잊을 수 없기 때문인지도 모르겠다. 10월 9일, 결정적인 사건은 수도 베를린이 아니라 라이프치히에서 일어났다. 라이프치히 사건 다음으로 중요한 날은 11월 9일로 이것은 베를린의 날이다.

11월 9일 저녁 나는 교회 행사에 참석한 관계로 밤 10시 30분이나 되어서 집으로 돌아왔다. 나는 그날 저녁 더 이상 뉴스를 보지 못했다.

다음 날 새벽 6시 라우지츠Lausitz 에 사는 농가에서 전화가 왔다. 그는 채소 생산 조합장이었으며 나와 함께 지역총회 소속이었다.

"퓌러 형제!" 그는 전화에 대고 소리쳤다. "라이프치히로 축하를 보냅니다. 이 모든 것이 당신들 덕분이에요. 감사합니다."

나는 아직도 잠에서 깨어나지 못했다. "무슨 일이십니까?" 나는 당황스러워서 다시 물었다.

"아직 아무것도 듣지 못했어요? 베를린 장벽이요. 어제부터 열렸습니다. 라이프치히에서 여러분들이 기도하고 시위한 덕이라고 생각합니다."

나는 즉시 텔레비전을 틀어 보았다. 경찰들이 주변에 서 있는데도 동독 국민들은 국경을 넘어 서독 쪽으로 향하고 있었고 경찰들은 그냥 길거리에 서서 카메라를 향하여 웃고 있었다. 경찰들은 증서에 도장을 찍어 주었고 나중에는 가는 사람들을 그냥 지나가도록 신호를 보내고 있었다. 국경 수비대는 더 이상 악당 노릇을 하지 않아도 된다는 사실에 매우 즐거워하는 것같이 보였다. 11월 9일은 정말 무한한 기쁨의 날이었다.

연말을 앞두고 우리는 처음으로 서베를린에 가 보았다. 나는 서둘러서 서독을 방문하지 않았다. 왜냐하면 최근 사건으로 인해 나에게 의혹이 생겼기 때문이었다. 실천적 물질주의는 매우 매력적이며 동독에서 선전한 물질주의보다 보여 줄 수 있는 것들이 더욱 많았다. 유혹은 컸으며 위험해서 사람들을 변화시킬 가능성을 갖고 있었다. 사람들의 생각은 비어 가고 정신은 무뎌져 갈 것이다. 또한 교회와 문화에 미칠 영향을 생각해 봐도 그랬다. 이런 것들이 나는 염려가 되었던 것이다.

이 유명한 바나나[115]를 얻기 위해 지난 몇 년 동안 우리가 이토록 노력한 것인가?

---

115 서독의 자본주의적 물질문화를 암시함(역자 주).

나는 사람이 소비에 취해 흥청거리는 것은 잔치에서 만난 알코올 중독자와 같다고 생각한다. 똑똑한 사람인데 그는 자신의 탐욕에 사로잡혀 주인의 코냑 병만 찾아다니고 있는 사람이다. 이런 사람은 자신을 원래 자신의 모습보다 더 작게 만든다. 새로운 물질주의는 사람들을 종속적으로 만들었다. 자신 안에 은행과 백화점을 교회로 삼는 새로운 종교가 동독으로 왔고 사람들을 무자비하게 노예로 만들었다.

모든 사람들이 새로운 가구를 샀다. 선금, 할부, 처음 산 물건의 할부금을 아직까지도 내고 있는 사람들이 있다. 그러는 사이 사람들은 마음을 끄는 물건들을 잔뜩 사서 창가에 늘어놓았기 때문에 이제 돈이 더 이상 남아 있지 않게 되었다. 동독에서 사람들은 모든 것이 부족했음에도 살 만한 집으로 꾸몄다. 하지만 이제는 갑자기, 가능한 빨리 모든 것을 교체해야만 했다. 순식간에 모든 것이 만족스럽지 못한 것이 되어 버린 것이다.

사람들은 모두 동독의 화려한 진열장에 있는 물건들이 몇 주 내로 모두 팔려 비어 버릴 것이니 어찌했든 빨리 사야 한다고 생각했던 것이었다. 당시 운송 회사들은 호경기를 누렸다. 이제 사람들은 물건을 사려고 집밖으로 나오지 않아도 되었다. 그러면 어느 때인가 다른 물건의 할부금을 낼 날이 다가오는 것이다. 이렇게 사람들은 자동차도, 텔레비전도, 모두 할부로 구입하게 되었고 또한 새 가구들을 들여왔다. 이 속도가 얼마나 빠른지, 새로 타일을 깐 목욕탕에 접착제가 마르기도 전에 새로운 것이 들어왔다.

많은 사람들이 자신의 능력 이상의 부채를 갖게 되었다. 물건을 외상으로 구입하는 생활에 우리는 익숙하지 않았다. 그러나 나는 실망하지 않았다. 물질주의에 대해 나는 믿음으로 무장되어 있었기 때문이었다. 그것은 제쳐 놓고라도 성경적인 인간관을 보면 사람들의 모습이 어떤지 잘 알 수 있다. 그럼에도 사람들은 자신이 새롭게 얻은 이점들을 얼마나 지혜롭지 못하게 사용하며 또 자신들의 자유를 어떻게 누리는가를 경험하는 것은 나에게 고통이었다. 어느 누구도 시간을 가지고 깊이 생각해 보는 사람도 또 모든 새로운 것을 조용하게 지켜보는 사람도 없었다.

기쁨과 감사 대신 불만이 생기게 되었다. 공급이 많으면 많을수록 사람들의 불만은 커지게 되었다. 소비물질주의의 독성이 있는 첫 번째 꽃들을 이제는 더 이상 간과할 수 없었다.

1990년 7월 16일 헬무트 콜 연방 총리는 카우카수스에서 기회를 붙잡아야만 했다. 소련은 독일이 자신의 길을 갈 수 있도록 소련군을 동독에서 완전히 철수하겠다고 제안했다. 이러한 기회를 콜이 결코 그냥 지나칠 수 없었다. 콜 총리는 미하엘 고르바초프와 한스-디트리히 겐셔 독일 외무 장관과 함께 편안한 분위기에서 독일 통일의 조건을 발표했다. 그리고 10월 3일 통일이 공포되었다. 서방 정치인들은 지속적으로 독일의 통일을 위해 노력했다. 특별히 서독과 동독의 상호국빈 방문에서 그들은 자신들의 희망 사항을 마이크에 대고 이야기했다. 그럼에도 그들 중 어느 누구도 그들의 희망 사항이 현실로 이루어지리라고는, 그것도 이렇게 빠른 시일 내에 이루어지리라고는 생각지 않았던 것이다.

헬무트 콜 총리는 이미 1987년 뜻밖에 에리히 호네커를 본으로 초청하여 귀빈 대접을 했다. 금번 국빈 상호 방문을 통해서도 독일이 하나로 통일된다는 것이 얼마나 이상적인 생각인지 분명해졌다. 양쪽의 체제는 더 이상 다를 수 없었다.

이제 통일은 집안으로 들어왔을 뿐만 아니라 엄청난 시간적 압박감 아래 진행되었다. 거의 찢겨져 나갈 정도의 속도라고 말할 수 있었다. 통일의 과정이 차분히 진행되었더라면 분명히 더 나은 결과를 가져왔을 것이었다. 그랬다면 새롭게 세워지는 독일의 정체성을 위한 다른 이름을 가졌을 것이었다. 또한 새로운 이름 외에 의미가 있는 날, 즉 평화 혁명의 결정적인 날이 되었던 10월 9일을 전 독일 국민의 국경일로 정해졌을 것이다. 그리고 새로운 독일에게는 새 국가를 만들었을지도 모른다.

어쨌든 우리 독일에는 작가들, 시인들, 사상가들 그리고 작곡가들이 많이 살고 있다. 이것 또한 독일의 강점이라 할 수 있다. 새로운 국가를 짓는 것이 문제가 되지는 않았을 것이다. 이렇게 되었다면 전 독일 국민의 정체성을 새롭게 하는데 중요한 역할을 했을 것이다. 검정-빨강-금색의 국기는 그대로 놔둬도 된다고 생각한다. 왜냐하면 이 국기는 국가사회주의 시대의 산물도 아니요 왕국 시대의 것도 아니요. 1848년과 그 이전, 자유를 갈구하던 시기에 속한 것이기 때문이다.

서독은 통일과 함께 세 가지 귀중한 것을 들여왔다. 첫 번째는 헌법이다. 이는 독일 역사상 이와 관련해서 우리가 만든 것 중에 정치적으로 가장 뛰어난 것이다. 두 번째는 40년간이나 살아온 민주주의다. 이 나라에서는 지금까지 이렇게 오랫동안 민주주의가 버텨 온 적이 없었다. 세 번째는 기능을 제대로 발휘하는 경제이다. 이에 반해 동독은 단지 한 가지만 그러나 가장 중요한 것을 기여했다. 그것은 평화 혁명이다. 독재 체제 하에 있던 국민이 외부의 도움이 없이, 달러나 닥스DAX의 지원 없이, 소련군이나 미군의 개입이 없이 자신 스스로를 자유롭게 한 것이었다. 동독은 변화를 위한 의지와 이에 필요한 힘을 기여했던 것이다.

원래는 동독이나 서독이 동등한 파트너로 접근하여야 통일을 이룩할 수 있는 것이다. 그러나 동독은 단순히 서독을 따라가는 수순을 밟았다. "우리는 동독을 철저하게 개조하며 동시에 1,700만 동독 국민도 함께 개조한다."는 모토 하에 통일을 진행했던 것이다. 이것은 완전한 오산이었다. 동독을 헌법 제23조에 의거 독일연방공화국에 합류시킨다는 것은 전 독일 국민의 새로운 정체성을 마련하지 않은 상태에서 새로운 독일을 만든다는 것으로 단지 외적으로만 통일을 이룩하는 것이며 내부적인 통일과 함께 성장하는 것을 위협하는 것일 수 있다. 괜히 소란스러운 시위가 있었던 것은 아니었다. 서독에는 우편번호가 바뀌었다. L로 시작하는 서독 지역인 Lahn-Dill-Kreis 의 자동차 번호 L자는 이제 라이프치히 Leipzig 에게 주어야 했다. 서독 에게는 이것이 너무나 큰 변화라고 생각했다. 동독은 반대로 자동차 번호판이나 우편번호만 변경된 것이 아니었다. 이곳은 거의 모든 것 이 변했다. 모든 동독 주민들은 엄청나게 빠른 속도로 새로운 사회 상황에 적응해야만 했다. 이러한 모든 것들이 문제없이 진행될 수 없 었다. 이곳에도 사람들이 살고 있는 것이지 로봇이 살고 있는 것이 아니었기 때문이다.

나는 당시 양 체제의 통합을 위해 많은 시간을 할애하는 데 찬성 했다. 새로운 독일은 내적으로 하나의 독일이 되어야만 했기 때문이 다. 가장 잘되었던 것은 바로 청년들에게서였다. 그들은 무엇이 문제 인지를 제일 먼저 이해했다. 당연히 젊은이들이 사고나 능력면에서 노인들보다 융통성이 있는 것은 당연하다. 그것은 고사하고서라도 그들은 과거 특히 최근의 과거는 상관하지 않았다.

평화 혁명 이후에도 오랫동안 나는 입교 교육에서 동독의 예를 많 이 들었다. 그러나 어느 순간 나는 이러한 이야기로는 청소년들의 관 심을 끌지 못한다는 것을 알게 되었다. 그들은 이미 오래 전에 변했 고 오히려 현재의 나라에서 일어나고 있는 일들을 추구해 가고 있기 때문이다. 곧 그들 중 개척단이나 자유청년단 또는 GST Gesellschaft für Sport und Technik, 스포츠 및 기술 사회 등이 무엇인지를 아는 사람들이 없게 되었다. 나는 이런 사실에 적지 않게 놀랐지만 밖으로 말하지 않았다. 이것보다 오히려 나는 청소년들이 다른 역사적 사실들을 알지 못한다는 것이 더 우려가 되었다. 서베를린 학생들을 대상으로 설문 조사한 결과 "장벽은 미국 사람들이 만들었다. 동독은 사회 민주주의 국가였다. 그리고 헬무트 콜은 동독의 수상이었다." 등을 맞는 것으로 답했던 것이다.

그 외에도 서독의 일부 사람들은 아직까지도 동독 사람들을 반대하는 입장을 고수한다. 이와 반대로 동독에서는 많은 이들이 과거를 그리워하고 있다. "옛날에도 모든 것이 나빴던 것은 아니었다!" 이러한 말들은 나로 하여금 과거 노인들이 맥주 한잔을 놓고 모여 앉아서 전쟁담을 나누던 때를 회상시켜 주었다. 그들이 나누는 이야기를 들어 보면 그들이 전선에서 지낸 시간들이 마치 흥미진진한 외국에 체류했던 것과 같이 생각이 될 정도였다. 도대체 그들이 그곳에서 경험하지 않은 것은 무엇인가! 그들의 이야기 속에는 갑자기 사망자도 없고 전범자도 보이지 않는다. 모든 것들이 미화되어 나타나고 있는 것이다. 이런 태도로 역사를 다룰 수는 없는 것이다. 그들에게는 매우 많은 부분이 좋지는 않았으나 모든 것이 나쁘지도 않았다는 것이다!

모든 것들에 대해 일고 있는 과거에 대한 향수를 없애는 아주 간단한 방법이 있다. "당신은 정말로 장벽이 쳐져 있는 호네커 정권 시대로 돌아가기를 원합니까?"라고 사람들에게 묻는 것이다. "한번 생각해 보세요. 오븐으로 난방을 하고 천정에서는 비가 새고 화장실은 차오르고, 트라비Trabi 한 대를 받으려면 12년을 기다리던 시절을 말입니다. 캎 아르코나Kap Arkona [116]에서 시작해서 피히텔베르그Fichtelberg [117]에서 끝나는 세상을 생각해 보십시오."

"아니 그건 당연히 아니지."라고 모든 사람들은 대답한다.

사람들이 잊어서는 안 되는 것이 또 있다. 동독에서 소위 사회적 혜택이라는 것은 그렇지 않아도 재정을 충당하지 못하는 사람에게서 염치없이 돈을 떼어 가는 것 그 이상 아무것도 아니었다. 경제가 붕괴되는 것은 이미 예정되어 있던 것이다. 나는 어느 정도 원인과 결과의 정치적 사고는 최소한의 의무라고 생각한다. 당시 일자리가 있고 또 먹고 마실 것이 충분하면 정치에 관심을 가지지 않는다고 말한 사람은 오늘이나 당시나 마찬가지로 정치에 관심을 갖는 것을 원하지 않는다. 전제는 일자리와 먹을 것과 마실 것이 있는 것이다.

한 체제를 평가하기 위해 사람들에게 먹을 것과 마실 것이 충분한가를 기준으로 삼기에는 좀 부족하다고 생각한다. 동독에는 식품의 종류에도 상당히 제한적이었다. 소위 고급 식품점에서 물건을 구매하려면 시민들은 일반 식품점에서 상품을 구매하는 것보다 훨씬 더 많은 돈을 내야만 했다. 그 대신 시골의 작은 식품점 어디에서나 혼합주, 독주Schnaps는 여러 종류를 구매할 수 있었다. 술을 사는 데는 선

116 동독 제일 북쪽에 있는 지역(역자 주).
117 동독 제일 남쪽에 있는 지역(역자 주).

택의 여지가 있었다. 사실 여기에는 정치적 관심이 필요 없었다. 술은 모든 감정을 마비시켜 주기 때문이다.

1988년 한 엔지니어 가족의 초대로 나는 가족과 함께 단찌히 Danzig[118]에 다녀왔다. 이 부부는 모두 솔리다르노스크Solidarnosc 노동조합 소속이었다. 폴란드의 전쟁 상황을 알리기 위한 시위에서 이 엔지니어의 부인은 맨몸으로 두 팔을 벌리고 탱크를 가로막았다. 탱크는 정말로 멈춰 섰고 그녀는 체포되었다. 다른 수감자들이 그녀의 용기 있는 행동을 기념하기 위하여 빵 조각으로 장미 화환을 만들어 주었다. 소련이 감옥의 감독으로 있던 시절에는 먹을 것이 매우 적었다. 당시에는 허기를 쫓아 줄 담배도 없었다. 그 대신 독주를 마실 수 있었던 것이었다. 그녀는 이 시스템의 속셈을 알아차렸다. 그녀의 지능과 저항 의지를 알코올로 마비시키려고 했던 것이었다.

그 이후 이 부부는 술을 절대 마시지 않는다.

당 지도부는 국민 생활의 부족과 불안정에 대해 분배가 잘못되었기 때문이라고 간단하게 설명했다. 모든 것이 존재하고 있으나 제대로 잘 분배되지 못했기 때문이라는 것이었다. 그러나 이것은 말장난에 불과한 것이었다.

오늘날 분배라는 단어를 다시 활성화시켜 돈에 적용시켜 볼 수 있다. "돈은 충분히 있는데 적절한 곳에 분배되지 못하고 정의롭게 분

---

118 폴란드 그다니스크의 독일명(역자 주).

배되지 못한 것이 문제이다." 라고 말이다.

2008년 말 우리도 분배의 문제에 직면한 적이 있다. 심각한 은행 및 금융 위기를 겪었다.

누군가가 10년 전에 은행을 국유화하자는 입장을 표명했다면 그는 때늦은 공산주의의 유령처럼 보였을 것이다. 그러나 신자유주의적 글로벌 자본주의는 은행과 주식 시스템을 불공정하고 제한적으로 기능을 발휘할 수 있도록 한다는 서약을 스스로 지켜야만 했다.

하지만 이전까지는 모든 것이 잘 굴러갔다. 카지노 성격을 지닌 은행의 대표들은 자율적으로 위험을 감수하면서 자신의 것이 아니라 맡겨진 돈을 사용했다. 이윤이 생길 경우 그들은 당연히 그 이윤을 끌어모으고 2008년 말처럼 엄청난 손해가 발생할 경우에는 투자자와 납세자들에게 부담시키는 것이었다. 당연히 이 도박꾼들은 재정적으로 절대 손해를 보지 않게 되는 것이었다.

정말 화가 나는 일이고 국민들이 화날 일이었다. 인간을 멸시하고 신을 모독하며 무자비한 폭력을 사용한 국가 사회주의도, 무신론적이고 물질주의적인 세계관을 가진 현실 사회주의도 우리가 미래를 살 수 있는 유산을 남기지 않았다. 그것들은 인간을 속였고 유산을 사용했으며 파산에 이르게 된 것이다. 또한 세계적 약탈 자본주의는 계속되지 않을 것이며 또 우리의 미래를 위한 유산을 남기지도 않을 것이다. 그 대신 우리에게 남는 것은 기후 재해, 기아 폭발, 미래 공포, 은행과 주식 충돌, 세계적 경제 지진 등일 것이다.

이제 각 나라들은 은행의 구제를 위해 수십 억 유로를 마련해야만 한다. 은행들은 당연히 국민의 지원금인 세금의 지원을 받기를 꺼려 한다. 그러면 이것은 그들의 무책임한 탐욕과 자신들의 무능력함과 미래에 살아남을 수 없는 체제를 무조건적으로 맹신한다는 것을 고백하는 것인가? 아니면 우리는 혹시 이미 데모크라시Demokratie: 민주주의와 자본의 딕타투어Diktatur: 독재의 중간 형태인 "데모크라투어Demokratur"가 된 것은 아닌가?

이제 발생 가능한 가장 나쁜 것은 은행이 너도나도 돈을 받아 다시 회복한 이후 이전과 같은 행태를 계속한다는 것이다. 그렇게 해서는 안 된다. 이제는 지속 가능한 것을 숙고하고 절대적으로 변화해야 할 시점이 되었다. 이미 예수님도 인간을 지배하고 인간을 무시하는 돈의 폭력에 대해 경고한 바 있다. **"아무도 두 주인을 섬기지 못한다. 한쪽을 미워하고 다른 쪽을 사랑하거나, 한쪽을 중히 여기고 다른 쪽을 업신여길 것이다. 너희는 하나님과 재물을 아울러 섬길 수 없다."** [119]

무엇보다 현 상황에 비추어 숙고해 보아야 하는 것은 어떤 체제도 성스러운 것으로 정해서는 안 되는 것이다. 모든 체제는 스스로 제거할 수 없는 시스템 자체가 가지고 있는 오점이 있다. 그렇기 때문에 외부로부터 영향을 불어넣어 주어야 하는 것이다. 모든 시스템은 예수님의 뜻을 비추어 볼 때 인간화되어야 한다. 그러나 누가 그렇게

---

119 마태복음 6장 24절.

해야 하는가? **"너희는 세상의 소금이다.…"** [120]라고 예수는 말하고 있다. "여러분이 아니면 누가 하겠는가?"

1990년에 나는 이미 1990년 7월 1일 유로화의 도입으로 엄청난 도전이 우리에게 올 것임을 분명히 알고 있었다. 수많은 회사들이 문을 닫게 되었으며 대대적인 실직자가 발생하게 되었다. 또한 교회 내에도 정신적인 보살핌을 받아야 하는 사람들이 폭발적으로 증가하게 되었으며 이것은 동독 시절 출국 희망자들의 경우와 마찬가지였다. 당시 교회에 문제를 가지고 있는 사람들이 모일 수 있는 대화의 장을 마련해 줌으로 점점 더 많은 사람들이 교회에 모이게 되었다. 우리는 또한 새로운 사회에서도 굴욕스런 취급을 당하고 모욕 받는 사람들을 돌보아야 할 의무를 가지고 있다. "출국자들을 위한 희망" 모임은 1989년 말 이미 그 필요성을 상실하게 되었다. 그러나 내가 보기에 낙관적 기대감 뒤에 새로운 희망을 필요로 하는 사람들은 충분히 많았다.

화학을 전공한 한 실직한 여성이 나에게 다가왔고 나는 실직자들을 위한 희망 모임을 만들어야 하겠다는 생각을 갖게 되었다. 그러므로 나는 1990년 9월 18일 실업자를 위한 희망 모임을 창단하기 위해 몇 사람을 초청했다. 첫날은 정신이 바짝 차려지는 모임이었다. 그날에는 나를 포함해서 4명이 모였다. 그러나 한 여성은 시작하자마자

---

120 마태복음 5장 13절.

이렇게 몇 사람이 모여 무엇을 할 수 있겠냐는 말을 남기고 자리를 떠나 버렸다. 우리 나머지 세 사람은 어찌할 바를 알지 못하고 남아 있게 되었으며 우선 모임을 연기하기로 했다.

다음 날 아침 나는 전날 모임 생각으로 좌절에 빠져 있을 때 마기리우스 노회장으로부터 전화가 왔다.

"퓌러 형제, 당신이 실업자를 위한 희망 모임을 만들었다는 이야기를 들었소." 그는 단도직입적으로 말을 꺼냈다. "지금 여기에 노르트라인 베스트팔렌 주에서 대표단이 와 있어요. 그들이 당신의 그 일에 대해 관심을 가지고 있는데 지금 나에게 와 줄 수 있소?"

나는 명령을 받은 것처럼 움직였다. 나는 비교적 빨리 방문자들과 대화를 시작하게 되었고 서독에 있는 교회들이 실업 문제에 대해 어떻게 대처하고 있는지 알게 되었다. 나의 계획을 실행하기 위해 이보다 더 좋은 학교는 없었다. 우리는 빌리히스트Villigst[121]에서 만날 약속을 했다. 현지를 직접 방문하여 구체적인 방안들을 살펴보기로 했던 것이었다.

관심을 가지고 있는 사람들 여섯 명과 함께 나는 빌리히스트로 향했다. 노르트라인 베스트팔렌 지역 교회 소속 기관 사람들은 호기심을 가지고 우리를 맞이해 주었으며 우리는 여러 가지를 질문을 했다. 재교육 코스, 직업 상담 등…. 이곳에서 여러 아이디어들이 현실

---

121 베스트팔렌 개신 교회 본부가 있는 곳(역자 주).

적으로 진행되고 있는 것을 보며 머리가 어지러웠다. 되돌아왔을 때 우리 모두가 분명하게 알게 된 것은 이런 일을 진행하기 위한 능력이 갖추어질 때까지 몇 년 동안이나 기다리고만 있을 수는 없다는 것이었다. 돕기 위해서는 우리 중 누구도 자격이 필요하지 않았다. 즉시 시작해야만 한다. 양쪽 다 우리는 지난 몇 년 동안 충분히 훈련을 받았기 때문이다.

이로써 1991년 2월 18일 위의 사람들과 팀을 이루어 나는 "라이프치히 니콜라이교회 실업자 대책 모임 KEL: Kirchliche Erwerbsloseninitiative an der Nikolaikirche Leipzig"을 창단했다. 그들과 함께 오늘날까지 계속되고 있는 축복이 충만한 활동이 시작되었던 것이다. 이 일은 세상에 알려지게 되었고 작센 주 총리도 알게 되었다. **라이프치히 국민일보** Leipziger Volkszeitung는 1991년 3월 27일자에 "고용청이 과부하에 걸리자 교회가 실업자 구제에 나섬"이란 제하 기사를 게재했다.

시간이 지나면서 이 모임에는 162명의 실업자들이 채용되었으며 일부는 1유로 직업 job 인 고용창출대책 ABM: Arbeitsbeschaffungsmaßnahme 기반 위에 정식 채용되었다. 정기적인 행사와 개별 상담을 통해 거의 61,000 명의 실업자들을 돌보았으며 상담해 주었다. 그러는 사이 우리 단체에서 일하는 사람이 56명이 되었고 또 자원봉사자도 10여 명이 되었다. 그러나 이 단체는 재정이 확보되지 않아 일 년, 일 년 버텨 나갔다. 직원들은 이 활동을 하면서 날마다 새롭게 예수를 믿는다는 것이 단순한 이론이 아니며 구체적으로 삶에서 영향력을 미치는 것임을 경험하게 되었다. 니콜라이교회의 실업자 구제 사역은 다음과 같은 격려와 약속의 말씀에 기반하여 진행되고 있었다. 하나님은 말씀하셨다. **"…너와 함께하며, 너를 떠나지 아니하며, 버리지 아니하겠다."**[122]

이 기관 활동 이외에도 우리는 몇 가지 일들을 더 진행했다. 몇 주간 동안 매 금요일 12시마다 거리로 가서 "여러분, 지금은 12시 5분 전입니다."라고 모든 사람들에게 외쳤다. 그러나 아주 소수의 사람들만이 우리를 따라 주었다. 제일 많이 모였을 때가 아마 약 200여 명 정도였을 것이다. 이 200여 명의 시위자들 중 거의 95%가 일자리를 얻었다. 실업자들은 아무것도 없는 것이나 마찬가지였다. 우리가 야외 맥주 테이블을 지나갈 때면 사람들은 흔히 "그렇게 해 봤자 아무 소용이 없어요."라는 말을 듣게 되었다. 그것도 라이프치히에서 말이다! 이런 말은 나를 매우 화나게 만들었다.

평화 혁명은 길거리의 보통 사람이든지 아니면 강단 위의 사람이든지 그 사람이 움직이기만 하면 무엇인가를 움직이게 할 수 있다는 것을 증명해 주었다. 야외에 앉아 있는 사람들은 우리에게 바보 같은 말이나 소리치는 것 이상 더 나은 것을 가지고 있지 못했던 것이다. 우리 시위대는 이에 대한 반응으로 "함께 합시다. 내일은 당신이 바로 그 사람이 될 수 있습니다."로 답했다.

---

122 여호수아 1장 5절.

90년대 중반 라이프치히 지역에 등록된 실업자 수는 약 7만 5천 명이었다. 내 계산으로 그들 중 5천 명은 완전히 바닥으로 떨어져 스스로 자신을 지탱해 나갈 수 없는 사람들이었다. 또 5천 명 정도는 건강이 좋지 않거나 알코올로 지탱하며 사회 일원으로 활동하기가 부적합한 사람들이었다. 그 외에도 아직 라이프치히에는 6만 5천 명의 실업자가 더 있었다. 다들 어디에 있는 것인가?

100여 명이 시위를 하면 주최측 외에 다른 사람들은 전혀 알지 못했다. 그러나 반대로 1,000명이 시위를 하면 언론이 움직이기 시작하고 만 명이 시위를 하면 이 사건은 텔레비전에 방송되는 것이다. 만약 7만 명이 모이면 나라 안에는 무언가 변화가 일어나기 시작하는 것이다. 그러므로 약 200여 명의 시위대로 우리가 변화를 이룩할 수 있는 기회가 얼마나 되는지 모두 알고 있었다.

자기 자신의 일에 대한 것인데도 한번도 움직이지 않는다면 그 사람들은 나라의 상황에 대해 불평해도 안 되며 그냥 조용히 있어야 마땅할 것이다. 그리고 직업을 가지고 소득이 있는 우리들은 언젠가 이렇게 생각할 것이다. '아니 당사자들도 한번 나와 보지 않는데 우리가 왜 이 일을 위해 애쓰고 있지?' 라고 말이다. 그러나 목회자라는 직업 때문만으로도 나는 우리 이웃들이 소망을 가질 수 있도록 애를 써야 할 의무가 있는 것이다. 또한 동독 체제가 사람들의 머릿속에 남겨 놓은 "우리는 아무것도 변화시킬 수 없다."는 생각과 무시가 만연해 있었다.

그러나 감사하게도 하나님은 우리에게 지속적으로 하나님을 경험할 수 있는 격려의 신호를 보내 주셨다. 시위에 참석한 소수의 실업자 중 한 사람이 나에게 찾아와 말했다. "목사님, 시위를 했는데도 아직 일자리를 얻지 못했습니다. 그러나 저의 마음 상태가 한결 나아졌습니다." 이렇게 말해 주는 사람들이 생겨났다.

90년대 중반 폐쇄 위기를 맞은 두 기업이 나에게 지원을 요청했다. 이전 사회주의 대기업이었던 하르트만Hartmann 과 브라운Braun 사의 경우 크리스치안 볼프Christian Wolff 목사와 내가 무언가를 움직일 수 있었다. 우리는 회사 앞에서 파업 시위를 벌이고 있을 때 대중 앞에 나왔으며, 운영위원회와 기업 대표와의 대화를 통해 우리는 직원들이 납득할 만한 해결책을 도출해 내었다. 직원들은 고마운 마음을 표하기 위해 나에게 성탄절을 큼직한 직원 식당에서 축하할 수 있도록 해 달라고 부탁했다. 우리는 그 해 성탄절을 회사에서 수백 명의 직원들과 함께 관악기 연주자들을 초청하여 축하했다. 그때는 1989년이 지난 지 얼마 되지 않았기 때문에 구 동독 시절 전혀 불가능했던 이 일은 매우 특별한 방법으로 우리를 감동시켰다.

가장 세인의 주목을 끌었던 것은 로이드니쯔Reudnitz 양조장 구제를 위한 평화 기도회였다. 기업의 모 회사가 경제적으로 타격을 받으면서 1977년 직원 170명 규모의 양조장이 폐쇄 위기를 맞게 되었다. 경영위원회 위원들이 나를 찾아왔다.

"당신들은 니콜라이교회에서 이미 많은 영향력을 끼쳤지 않습니까? 우리를 위해서도 일해 주십시오!" 라고 나에게 부탁했다.

이 공장 직원들은 이미 2만 명으로부터 공장 폐쇄에 반대하는 서명을 모아 왔으며 정부 대표자를 지지자로 확보해 놓은 상태이고 월요일 하루를 평화 기도의 날로 정하자고 제안해 왔다. 그 당시에는 이미 장애인협회가 우리에게 평화 기도회를 열어 줄 것을 부탁해 왔고 이것은 결코 거절할 수 없는 것이었다. 게다가 우리는 목사회에서 벨그라드에서 열리고 있는 시위를 위해 연대 책임의 의미로 공중 앞에서 읽혀질 전보를 작성해야 했다. 그곳에서는 지역 선거 이후 세르비아 전역에서 날마다 시민과 학생들의 항의가 잇따르고 있었다. 여기에 맥주 양조장까지 더해진 것이다. 나는 우리가 어떻게 이 모든 일들을 처리해야 할지 전혀 알 수 없었다.

그러나 평화 기도회에 수백 명의 양조장 직원들이 니콜라이교회로 몰려들었고 수많은 휠체어를 탄 장애인들이 통로에 자리를 잡고 서 있는 것을 보았을 때 당연히 놀라움을 금치 못했다. 연대책임을 위한 전보를 읽은 후 교회 안은 엄청나게 긍정적인 분위기로 바뀌게 되었다. 양조장 직원들은 휠체어를 탄 사람들을 바라보면서 자신들을 위협하고 있는 실업이라는 문제 외에 신체적인 고통을 당하는 사람들도 있다는 것을 발견하게 되었으며 또한 반대로 휠체어를 탄 장애인들은 건강한 사람들에게 실업의 문제는 매우 고통스러운 것이라는 것을 경험하게 되었다. 벨그라드의 전쟁 발발 상황을 생각하며 우리는 이 행사가 끝나고 돌아가면 멀쩡한 집이 우리를 기다리고 있

고 수류탄으로 모든 것이 파괴된 상황도 아니라는 것에 감사하기로
했다. 공장경영위원회 대표와 정부 대표가 말을 이어갔다. 나는 다른
때와 마찬가지로 처음 인사말을 맡았다. "양조장은 흑자를 기록하고
있음에도 공장 문을 닫으려 하고 있습니다. 우리는 이러한 불공평을
그냥 받아들일 수 없습니다. 니콜라이교회는 오늘 이 신호를 보냅니
다. 양조장은 일을 계속합니다!" 그러나 이것은 있을 수 없을 것 같
은 일이기에 모든 신문이 이를 보도했다.

　평화의 기도는 상황의 심각성에도 매우 긍정적인 분위기에서 끝
났다. 며칠 후 도르트문트에 있는 모 회사로부터 우리에게 소식이 전
달되었다. 대표가 사퇴했다는 소식이었다. 더 이상은 우리에게 알리
지 않았다. 약 3개월 후 도르트문트에서 두 번째 소식이 전달되었다.
"로이드니쯔 양조장은 더 이상 정리 대상이 아닙니다." 구제된 것이
었다.

　교회는 다시 한 번 양조장 직원들도 가득 차게 되었다. 그들은 우
리에게 감사를 표하기 위해 교회를 찾아 주었다.

제단과 거리

    내가 잊을 수 없는 것 중 하나는 1990년 1월 30일 "유럽 내 독일 통일에 관하여"라는 제하 투칭 Tutzing 에서 열린 기독 아카데미 회의 이다. 각양 각층의 구 동독 사람들이 모인 회의로 뮌헨 근처에서 모였으며 참석자들 중에는 빌리 브란트 Willy Brandt 와 리하르트 폰 바이체 커 Richard von Weizsäcker 연방 대통령과 그의 형 칼 프리드리히 바이체커 Carl Friedrich von Weizsäcker 외 당시 외무 장관이던 한스 디트리히 겐셔 Hans-Dietrich Genscher 와 요시카 피셔 Joschka Fischer 가 있었다. 동독측의 참석자를 누가 선발했는지에 대해서 나는 아는 바가 없다. 나 외에 유르겐 쿡쩐스키 Jürgen Kuczynski , 귄터 드 브륀 Günter de Bruyn , 콘라드 바이스 Konrad Weiß 가 참석했다.

    이 모임에 참석하게 된 것에 대해 모두들 기뻐하는 모습이 얼굴에 역력했다. 우리 동독 사람들은 지금이야말로 동독이 민주주의를 실천할 수 있구나 하는 느낌을 받았다. 그러면 이제는 통일에 대해 이야기 할 수 있을 것이다.

그러나 빌리 브란트는 놀랍게도 다음과 같이 말했다. "통일은 이미 이루어졌습니다. 이제는 형태가 문제입니다."

한스-디트리히 겐셔는 노란색 조끼를 입은 채 옆에 서 있었다. "우리는 서독 국민들에게 통일은 거저되는 것이 아니라고 말해야만 합니다."라고 덧붙였다.

우리 동독 사람들은 매우 진지하게 우선 동독을 변화시켜야 하며 그 후 양 독일이 동등한 기반 위에서 동독은 서독과의 통일을 이루어나가야 한다고 생각했었던 것이다!

내가 앉아 있던 테이블에는 울리케 포페Ulrike Poppe , 안네타 카하네 Anetta Kahane 가 있었다. 갑자기 하인리히 알베르쯔Heinrich Albertz 가 나에게 다가왔다. 전 베를린 시장이었던 그는 여기서 나를 만나게 돼서 기쁘다고 했다.

80년대 초 평화 기도 주간 행사 때 라이프치히에서 그가 연설한 것을 계기로 우리는 서로 알게 되었다.

귄터 그라스Günter Grass 는 나에게 다가왔다.

"나는 곧 라이프치히를 방문하게 될 것입니다. 사민당 전당대회가 있어요."라고 말하며 미소를 지었다. "그런데 난 호텔에서 지내는 것을 좋아하지 않습니다."

"사실은 저도 여행을 해 보면 그렇습니다."라고 나는 대답했다.

"그럼 제가 단도직입적으로 묻겠습니다. 혹시 제가 목사님 집에서 묵어도 될까요? 제가 묵을 자리가 있습니까?"

"자리는 있습니다만." 우리 집에는 자주 손님들이 드나들곤 했다. 그러나 이 사람은 유명한 사람이지 않은가. 나는 우려를 표시했다. "우리 집 화장실은 수세식 변기이긴 하지만 다른 것들은 모두 동독식 입니다."

"그건 문제가 되지 않습니다."

정말 그는 얼마 지나지 않아 우리 집에 왔고 일주일을 우리 첫째 아들 방에서 지냈다. 우리는 함께 아침식사를 했다. 나는 식탁에서 기도했고 말씀을 읽었다. 단 한 번을 제외하고는 말이다. 그러나 그는 바로 그것을 알아차렸다.

"오늘 아침에는 예수에 대해서 전혀 이야기하지 않았어요." 그는 나의 열심에 대해 이 같은 애정 어린 지적을 해 주었다. 그러고 나서 그는 나의 서재로 다가가 책들을 살펴보며 서서히 걸어갔다. 그는 조심스럽게 책꽂이에서 책 한 권을 꺼내 들었다. 그것은 『양철북』 *Die Blechtrommel*[123]이었다. 1960년 초판이었다. 파란색, 빨간색, 검정, 흰색으로 장식되어 있었다. 그는 마음에 감동을 받은 것 같았고 그 책을 다시 조심스럽게 서고에 꽂아 놓았다. 나는 그에게 1828년 괴테의 서적을 보여 주었다. 내가 그를 바라보았을 때 이러한 순간이 작가에게는 얼마나 좋은 것인지 알 수 있었다.

---

123 귄터 그라스의 소설, 나중에 영화화되었다(역자 주).

권터 그라스는 우리에게 숙박비를 내지는 않았지만 그는 손수 서명한 책을 선별하여 선물했다. 이것은 그가 우리에게 할 수 있는 가장 좋은 것이었다.

마지막 날 나는 그를 역으로 데려다 주었다. 그의 기차는 연착되었다. 그러므로 우리는 역에서 2시간을 보내야 했다. 나는 그 시간을 이용하여 그에게 다른 작가들에 대해 물어보았다. 나는 오래 전부터 하인리히 뷜Heinrich Böll[124]을 좋아하고 있었다. 뷜은 오늘날까지도 내가 가장 좋아하는 작가이다. 나는 학생 때 그에게 서신을 한번 보낼까 생각한 적이 있었다.

"그냥 '하인리히 뷜' 쾰른 이렇게만 편지 봉투에 써서 보내 보라고. 그러면 편지가 그에게 도착할 수 있을 거야."라고 나의 친구가 나를 격려해 주었다. 몇 년이 지난 후 내가 그에게 정말로 편지를 쓸 수 있게 되었을 때 하인리히 뷜은 애석하게도 사망했다.

1985년이었다. 그때도 나는 권터 그라스와 함께 라이프치히 중앙역으로 가면서 그에게 하인리히 뷜에 대해 물었다. 그라스는 뷜을 매우 잘 알고 있었기 때문에 그에 대해 상세하게 이야기해 주었다. 그라스는 전쟁과 군비 확장 반대 및 쾰른에서 정치를 위해 개최된 심야 기도 모임에서 뷜의 활동에 대해 또한 뷜의 생애에 대해 설명해 주었다. 권터 그라스가 우리 집에 머물렀던 시간들을 되돌아보면 나

---

124 독일 쾰른 출신의 작가로 1972년 노벨 문학상을 받았다(역자 주).

는 살아 있는 문학을 경험했다고 할 수 있다.

투칭 Tutzing 회의에서 돌아와 나는 아내와 함께 오스트리아의 그라쯔 Graz 로 갔다.

이 여행은 우리의 첫 번째 서방 외국 여행이었다. 그라쯔 구원교회 Heilandskirche 오트마 괴링 Othmar Göhring 목사는 1985년부터 개신교 교육사업과 협력하여 그라쯔시 토론회에서 최근 인종 문제를 이슈화하는 데 성공했다. 매년 개최되고 있는 "개신교 아카데미"에서 이러한 주제들이 기독교적인 관점에서 조명되고 있었다.

이미 1989년 9월 괴링 목사는 나에게 전화를 걸어 그라쯔로 초대한다는 의사를 밝힌 바 있다.

"우리가 지금 살고 있는 곳이 어디인지는 아십니까? 저를 그라쯔로 초대하신다고요? 저는 이곳에서 나갈 수 없는 상황입니다." 라고 전화로 대답했었다.

"이제 가능해질 것입니다. 제가 그라쯔에서 목사님이 계신 곳의 정부에 청원서를 낼 것입니다." 라고 그는 간결하게 말했다.

그러나 이제 우리가 그를 방문하기 위해 청원서를 낼 필요가 없었다. 왜냐하면 그 사이 국경은 이미 열렸기 때문이다.

1990년 2월 1일 나와 모니카는 그라쯔에 도착했다.

교회 옆 "니콜라이교회 크리스치안 퓌러 목사 강연" 이라고 적힌 커다란 현수막이 우리를 반겨 주었다. 그러나 그 글을 보는 순간 나는 속이 매우 거북해졌다. 내가 무슨 말을 해야 할지, 무엇에 대해 설명해 주어야 할지는 알고 있었지만, 많은 대중 앞에 내 이름이 커다랗게 적혀 있는 현수막을 보는 것은 매우 익숙지 않은 일이었기 때문이다. 게다가 오스트리아 텔레비전인 ORF 방송이 인터뷰를 준비하며 이미 대기하고 있었다. 나는 이제 새로운 시대를 맞이한 것이다.

이후 주지사와의 만남에 이어 시청에서 시장과의 면담이 계획되어 있었고 저녁 토론회도 개최했는데 여기서도 당연히 여러 명의 기자들과 인터뷰가 계속되었다. 이외에도 텔레비전 방송토론회도 계획되어 있었다. 이 모든 것들이 나에게는 완전히 새로운 일들이었다. 나는 내가 전혀 알지 못하던 공적 사회를 경험했다. 이 후 나는 공공사회에서 더 이상 자유로울 수가 없었고 초기에는 늘 떨리는 마음으로 설 수밖에 없었다.

성안의 홀에서 식사할 때 우리는 제후의 식탁과 같은 식탁을 받았다. 한 사람이 나에게 "목사님은 어떤 와인을 드시겠습니까?"라고 물었을 때 나는 "쉴혀 Schilcher 와인을 주세요."라고 잠시 와인 메뉴를 쳐다본 후 대답했다. 아마도 내가 선택을 잘한 것이 틀림없었다. 나에게 어떻게 이런 일이 일어났는지 도무지 모르겠다. 나는 그 지역에서 나는 와인의 종류에 대해 전혀 아는 바가 없었기 때문이었다.

"목사님께서 쉴혀 와인을 원하십니다. 바로 가져오겠습니다."

잘 생각해 보면 옛날에는 밀렵꾼들이 이 와인을 마셨다. 어쨌든 쉴혀 Schilcher 를 같이 마실 수 있으면 차가운 분위기가 부드러워졌다.

라이프치히 집에서도 니콜라이교회에서 1989년부터 일어난 일에 대해서뿐만 아니라 내 자신에 대한 일반의 관심은 지속되었다. 나는 이러한 상황에 적응하기까지 물론 시간이 필요했다. 나는 기자들이나 방송팀으로부터 인터뷰 요청이 들어올 때마다 우선은 드레스덴 주교회 감독에게로 넘겼다.

그러나 기자들은 교회의 공식적인 의견을 듣고 싶은 것이 아니었다. 그들은 니콜라이교회를 촬영하고 싶어 했고 니콜라이교회의 목사에게 모든 과정에 대해 듣고 싶어 했다. 사람들은 우리를 기본적으로 교회로 인식하고 있는 것이지 상부 구조에 속해 있는 것으로 보지 않는다는 것을 조금씩 알아가게 되었다. 우리는 니콜라이교회의 직원이었던 것이다. 그러나 동독 정부는 늘 우리가 복음은 전하지 않고 순전히 정치적인 선동만 일삼고 있다고 주장해 왔다. 그러므로 우리는 징계 처분을 받았고 되도록이면 빠른 시일 내에 교회는 문을 닫아야 한다고 그들은 주장했다.

이러한 이유 때문에 우리는 더욱 언론의 관심을 받게 되었다. 사람들마다 내게 물어보는 것은 "당시 어떻게 그런 일들을 했나요?"라는 질문이었다. 우리가 세간에 어떤 역할을 했는지 또 일반 사람들은 우리에게 어떤 관심을 가지고 있는지에 대해 이해하기까지는 2-3년 이상 소요되었다. 놀라운 것은 현 역사적 사건에 대한 언론의 관심이 단순히 성공을 노리는 행위가 아니었다는 것이다. 이러한 관심은 오늘날까지도 지속되고 있기 때문이다.

갑자기 나는 스스로 일을 계속하지 않아도 엄청난 주목을 받게 되었고 또한 종종 사회 분야 교회 사역을 위한 지원을 받게 되었다. 그러나 지원을 해 주는 사람들은 당연히 카메라를 들이대거나 마이크를 대는 그런 사람들이 아니었다. 언론은 분명 교회의 이런 모습을 경험하는 것이 새로웠고 또 교회 장소를 지금까지와는 다른 모습을 보여 주는 곳으로 이해하는 것이 새로웠던 것 같았다. 그들은 항상 "교회는 어떤 곳이어야 하는가?"라는 질문에 대한 답을 찾았다. 분명한 신학적 대답은 "교회는 예수 그리스도에게 속해 있어야 한다."는 것이다.

여기까지는 모두가 나에게 동의할 것이다. 그러나 "예수는 어디에 있는가?"라는 질문은 좀 더 복잡하게 된다. 대답은 사람들이 자신들의 인생을 살려고 애쓰는 바깥 거리이며 광장이고 집안이다. 또한 억눌린 자와 모욕당하는 자와 함께하며 창녀들과 세리들과 함께 있는 것이다. 실패한 자들과 약자들과 함께 있는 것이다. 구석으로 몰린 자들과 함께 있는 것이다. 그곳에 교회도 있어야 한다. 우리가 이런 방향을 향해 출발하게 되면 우리를 따르는 사람들이 훨씬 줄어들게 된다. 그러나 감사하게도 지금까지 지속적으로 예수가 있었던 곳 또 행했던 곳을 향해 나아오는, 예수를 따르는 사람들이 충분하게 교회로 모이고 있다. 과거 교회의 대다수가 아주 오랜 시간 동안 "보좌와 제단"이라는 모토 하에 교회가 힘과 권력을 연합해 왔으므로 예수를 놓쳐 버렸던 것이다. 실제적으로 예수가 뜻하는 것은 제단과 거리는 하나라는 것인데 말이다.

그 당시 나는 새로 통일된 독일에서 교회의 역할이 어떠해야 하는지 생각하는데 나의 모든 힘과 시간을 보냈다. 나는 교회가 배움의 과정을 밟을 수 있도록 노력했다. 교회들끼리의 존속을 대변하기 위해서만 교회가 존재하는 것이 아니다. 교회는 사회 속에서 일해야 하며 복음을 가지고 사람들을 돌보아야 하는 것이다. 교회는 세인의 주목을 얻었다. 이것은 열린 문과 같은 것이었다. 본회퍼가 가졌던 비전의 대부분이 평화 혁명에서 현실화된 것이라고 말할 수 있다. "교회가 다른 사람들을 위해 존재할 때 교회는 교회가 되는 것이다."[125] 바로 루터의 말과 같이 *"Tua res agitur"*, 즉 너 자신의 문제부터 신경을 써야 하는 것이다.

그러나 유감스럽게도 이러한 변화를 심각하게 생각한 사람은 아무도 없었다. 그 대신 서독의 개신교 체제를 동독의 모든 교회에 적용시켰던 것이다. 이것은 당연히 임금 인상과 다른 몇몇의 변화를 가져왔다. 우리는 새로운 양상의 개혁을 경험한 것이다! 40년간의 훈련 장소였던 동독을 지나온 것이다. 이러한 새로운 경험은 교회 사역에 속했고 아마도 독일 전역이 모두 마찬가지였을 것이다. 그러나 독일이 통일되기 이전에도 동서독 교회들은 이구동성으로 다시 연합하

---

125 Gremmels/E.Bethge/R.Bethge(Hrsg.). *Dietrich Bonhoeffer Werke*. Gütersloh, 1998, 제8권, 560쪽.

는 것이 좋다는 의견의 일치를 보았다.

당연히 우리 같은 동독 목회자들의 봉급이 인상된다는 것은 반가운 소식이었다. 그러나 우리 중 어느 누구도 동독 시절 우리가 어떤 위치를 차지하고 있었는가를 잊어버린 사람은 없었다. 15년 근무를 한 목사도 손에 떨어지는 봉급이 850 동독 마르크였었다. 이것은 한 달에 약 1,000 동독 마르크 정도를 받는 숙련공의 월급보다도 적은 수준이었다. 그러므로 사람들이 나에게 "당신은 이상주의를 가져야 한다."고 말해도 이것은 놀랄 만한 일이 아니었다.

이러한 말 속에는 두 가지의 의미가 들어 있었다. 하나는 정상적으로 생각하는 사람이 이렇게 바보 같을 수가 없다는 뜻이다. 그렇게 오래 공부해서 이런 수준의 봉급을 받고 또 정부와 마찰을 일으키는 일만 하기 때문이다. 두 번째는 감탄의 의미가 들어 있다. 국가의 억압을 견디고 이에 굴하지 않을 힘이 어디서 생기는지에 대한 찬사의 뜻이 담겨 있는 것이다.

이 자리에서 독일 개신교의 연합이 가져다 준 엄청난 유익을 결코 잊어서는 안 된다는 것을 말하고 싶다. 동독 주교회는 물질적으로 상당히 큰 지원을 받았다. 이 자금을 가지고 많은 허물어진 교회를 수리할 수 있었다. 이외에도 목사관과 교회의 건물들이 수리되어 괜찮은 건물들이 되어 갔고 때로는 매우 양호한 건물들로 변모했다. 개신교 봉사회Das Diakonische Werk도 또한 재정적으로 지원을 받았다. 왜냐하면 독재 정권의 격정적인 경험을 가진 이들에게 더욱 확실히 개신교를 전하기 위해 특히 이 사업은 더 중요했다. 이것은 안정화가 되었고 동독 주교회들이 엄청난 지원을 받았으나 큰 대가를 치러야 했다. 그것은 세속적인 국민들과 만남을 통해 새로운 시작을 할 수 있는 기회의 상실, 즉 거리와 제단이라는 모토를 가진 니콜라이교회의 경험들과 같은 것들이 별로 필요하지 않게 된 것이다.

또한 교회가 마치 사회체제와 같이 되는 것은 매우 위험하다고 생각했다. 책임자들은 돈을 절약하려고 했고 자리를 없애서라도 임금을 높은 수준으로 유지하기를 원했다. 2004년 봄 라이프치히에서 새로운 목회자 자리를 없앴다고 했을 때 나는 이미 소그룹으로 교회 실업자 지원 프로그램에서 실천하고 있던 방법을 제안했다. 그것은 바로 라이프치히에서 52명의 목회자들이 자신들의 봉급 중 17%를 포기한다면, 목사직 아홉 자리를 그대로 유지할 수 있다는 것이다.

우리부터 예수의 나눔의 정신을 실천해야 했다. 결국 교회가 믿음을 주고 있는가가 문제인 것이다. 구조적인 것이 아닌 내용면으로 말이다. 2004년 3월 18일 **라이프치히 국민일보**에는 "퓌러 목사, 목회자들에게 감봉을 촉구하다. 니콜라이교회 목사, 목사직 9개 폐지를 저지하려 함"이라는 제하 기사가 실렸다. 이후 길거리의 많은 사람들은 나에게 말을 걸어 왔다. 그러나 일반적인 반응은 "이러한 일은 사회에서도 본받아야 한다!" 또는 "미래를 보여 주는 제안이다!"라는 것이었다. 왜냐하면 사람들은 자신들의 봉급 일부를 거절하는 것은 사회적 약자와 실업자들과 연대적인 책임을 지고 있다는 표현으로 이해했기 때문이다. 그러나 이렇게 하게 되면 연금이 보장되지 못한다는 우려도 있었다. 목사는 지금까지 평생직이었다. 그러므로 지원금을 기반으로 하는 목사는 우려되는 점이 많다고 여겨졌기에 충분하지 못했던 나의 제안은 주교회청에서 전혀 고려되지 않았다. 이로써 라이프치히에서는 목사직 아홉 자리가 완전히 폐지되었다. 나의 제안이 현실화되는 시간은 분명 아직 오지 않은 것이다. 여기에 이미 몇 년 전부터 나를 신경 쓰게 해오던 "**아직도** 교회에 계십니까?"와 같은 체념적인 말들을 통해 사람들은 공식적으로 떠날 시기가 온 것을 알아차리게 되는 것이다.

"저는 **이미** 교회에 있는데요. 당신은 **아직** 아니십니까?" 나는 이렇게 간단히 대답하곤 했다. **라이프치히 국민일보** 주말 칼럼에 나는 글을 기고할 기회를 얻게 되었다. 1999년 2월 나는 "이미 교회에"라는 제목으로 기고했다.

> **동독 시절 사람들은 모든 곳에 소속이 되어 있어야 했으며 같이 해야만 했다. 개척단, 10월 7일, 성년식, 자유독일청년단**FDJ**, 동독자유노총**FDGB **등. 선거에는 손 움직임으로 표시해야 했다. 깊이 생각하거나 자신 스스로 무언가를 결정한다는 것은 상상할 수 없는 시절이었다.**
>
> **이 점에 있어서 이곳 사람들은 시간이 지나면서 여러 종류의 소속감 속에서 세계관적으로 더욱 피해를 받고 있으며 조심스럽게 되**

었다는 것을 쉽게 이해할 수 있다. 우리가 한번만 더 자세히 반추해 본다면 우리는 사람들이 모든 곳에 속하지 않아도 되었다는 것, 예를 들면 교회에 속하지 않아도 된다는 것을 확인할 수 있을 것이다! 사람들은 자신의 아이들을 세례를 받게 하거나 입교 공부를 시키지 않아도 되었다. 사람들은 성탄 전야에 성탄절 음악 예배에 참석하지 않아도 되었고 평화 기도회에 참석하지 않아도 되었다. 이 모든 것들은 심지어 달가워하지 않는 행동이었다.

또한 젊은이들이 군대에서 이러한 것들을 스스로 이해하지 못했을 때에도 그들은 단체로 공중인 앞에서 비공개적으로 교회에서 탈퇴하도록 했다.

이제 우리는 더 이상 단체로 행진하고 성년식에 참여하며 강제적으로 선거에 가거나 교회를 탈퇴해야 하는 처지가 아니다. 우리는 자유롭게 스스로 사고할 수 있으며 스스로 결정하고 자기 책임 하에 행동할 수 있게 되었다. 모든 정당의 당원들은 독일 국민의 4%를 차지한다! 우리 교회에 속한 사람들은 18%로 현 시대에 쓸모 있는 사람들이다.

자기만족?

이것은 바로 예수가 행한 것과 완전히 반대되는 것일 것이다. 예수는 자신의 인생을 가지고 수고하며 그 자리를 놓지 못하는 인간들을 바라보며 한 사람, 한 사람 개인들에게 직접 말했다. "나를 따라 오너라!" 그리고 그들을 있는 모습 그대로 받아 주었다.

그러므로 나는 과거 "모든 이들을 위해 열려 있는 니콜라이교회"
에 이제 나는 "교회 가입을 위한 상담소"를 설치하려고 생각하고
있다. 우리는 여러분을 당연히 단체로가 아닌 개개인으로 기다린
다.

여러분은 이미 교회에 속해 있는가?

이 칼럼은 놀랍게도 직접적인 효과가 있었다. 월요일 아침 내가
기도하러 가기도 전에 전화가 걸려 와서는 교회 회원으로 가입하기
위한 상담 관련된 질문을 했다. 나의 칼럼은 여론의 의견 타진 정도
였기 때문에 이러한 반응에 나는 매우 놀랐다. 그러나 나는 전혀 내
색하지 않고 재빨리 생각한 후 "금요일 오후 5시입니다." 라고 대답
했다.

이후부터 니콜라이교회에서는 매주 금요일 오후 5시에 "교회 등
록 상담"이 진행되고 있다. 이 상담은 지금까지도 청년 예배당에서
진행되고 있으며 모든 지역으로 확대되어 당시 놀랄 만큼 사람들이
많이 몰려들었다. 나는 사람들의 세례식과 결혼식을 인도해 주었고
다른 교회 사람들에게도 상담해 주었다. 그리고 추가로 새로 발생하
는 현실에 대해서도 약간 경험하게 되었다.

한번 시작한 것은 그 형태가 지속적으로 변하고 또 새로운 상황에
적응되어야만 하는 것이다. 나는 봉직하는 동안 이런 경우를 이미 여
러 곳에서 경험했다. 어떤 사람은 부부가 모두 불신자이거나 한 명만

교인으로 등록되어 있음에도 자신의 아이를 세례를 받게 하고 싶다면 말이다. 1974년부터는 부부 중 한 명만 교인으로 등록되어 있는 경우에도 혼인 서약 예배를 드리는 것이 허용되었다. 80년대에는 사망자가 교인이 아니거나 그 파트너가 교인이 아니라도 교회장으로 치러 주는 "특수 교회장" 제도가 도입되었다.

교회의 이런 개방적 태도는 국민의 일부만이 기독교적 교육을 받고 자랐던 시대에 매우 중요한 진보라 할 수 있다. 비기독교적이거나 또는 무신론적 가정 안에서 자란 사람들이 점점 더 믿음으로 나아가는 길을 찾고 있는 사람이 많아지고 있는 시대에는 더욱 그러한 것이다.

어느 날 학생 두 명이 나에게 상담을 위해 찾아왔다. 그리고는 "우리는 서로 사랑하는 사이입니다. 그리고 언젠가는 결혼할 것이지만 그러나 아직은 그렇게 깊은 사이는 아닙니다. 때때로 우리는 싸우기도 하는데 그러면 결혼한다는 생각이 멀어집니다. 우리를 약혼하기까지 동행해 주는 일종의 축복을 해 주실 수 있습니까?"

나에게 이런 부탁을 한 사람은 지금까지 한 사람도 없었다. 나중에 그중 젊은 남학생의 형이 더 오게 되었고 나는 이렇게 세 사람을 앞에 놓고 북측 예배당에서 관계와 공존에 대해 설교를 한 후 이어서 함께 중보하며 축복하는 시간을 가졌다. 이 일은 우리 모두에게 기쁨을 주었고 우리를 더욱 강건하게 해 주었다.

이러한 활동으로 인해 나는 점점 더 새로운 현실을 경험하게 되었고 특히 교회 등록 상담에 적합한 주제를 접하게 되었다. 사람들은 아무런 거리낌 없이 우리를 찾아오게 되었다. 목사에게 황당한 질문, 예를 들면 "교회 등록을 취소하려면 어떻게 해야 하나요?"또는 "우리 둘은 무신론자입니다. 그러나 교회식으로 결혼식을 올리고 싶은데요." 등과 같은 질문들을 가지고 부담 없이 우리를 찾게 되었다.

1990년 3월 사람들은 처음으로 민주주의 선거에 참여하게 되었다. 이 선거로 기민당CDU 은 압도적인 승리를 거두게 되었다. 동독 사람들이 어떻게 갑자기 기독교적으로 변했는지 우리도 놀랄 정도였다! 어쩌면 사람들은 당시 콜 총리의 번영에 대한 약속을 선택한 것인지도 모른다.

마지막이 어떻게 될 것인가? 우리의 자리는 사람들의 옆이다. 우리는 사람들을 감시하려는 것이 아니라 그들과 대화를 해야만 한다.

1990년 10월 3일 독일의 통일이 공식적으로 발표 공포된 날, 나는 마인츠 소재 ZDF 방송국에 초대되었다. 정확하게 말하면 2일 저녁에서 3일로 넘어가는 밤에…. 작가들, 목사들, 정치인들과 역사가들이 그곳 텔레비전 대담 프로에 초대되어 같이 앉아 있었다. 이 프로그램에서는 지속적으로 베를린의 광경을 보여 주면서 우리에게 논평을 부탁하는 형식으로 진행되었다. 전체 프로그램이 새벽 2시까지 계속되었다.

다음날 아침 11시경에 눈을 떠서 호텔 방의 텔레비전을 켰다. 이날은 10월 3일 주일이었다. 연방국회에서의 기념식이 방송되고 있었

[사진 26] 1990년 10월 3일 베를린 마리엔교회(Marienkirche)에서 드려진 통독 감사 예배

[출처] http://upload.wikimedia.org/wikipedia/commons/8/83/Bundesarchiv_ Bild_183-1990-1003-022%2C_Berlin%2C_Marienkirche%2C_%C3%B6kumenischer_ Gottesdienst.jpg?uselang=ko

[저작권] Settnik, Bernd

고 바하의 칸타타가 연주되고 있었다. "감사드립니다. 하나님! 당신께 감사드립니다."

이 순간은 나에게 깊은 감명을 주었다. 내가 한번도 경험해 보지 못한 바로 하나의 통일된 독일이 된 것이라고 생각했다. 완전한 독일, 민족 그리고 정부와 같은 단어들이 요한 세바스찬 바하의 아름다운 곡에서 들려왔다. "하나님, 당신께 감사를 드립니다. …당신의 기사를 선포합니다. …우리와 같이 하나님 당신과 가까이 있고 은혜를 입은 민족이 어디에 있습니까?"

그리고는 마지막으로 웅장한 합창이 들려온다.

영광과 함께 찬양을 받으소서.

하나님 아버지, 성자, 성령님

그는 우리 안에 약속하신 것을 더하시기 원하시네.

그를 온전히 신뢰하세. 전심으로 그 위에 세움을 받고 우리 마음과

용기와 생각을 그에게 의지하세.

우리는 찬양하네. 아멘. 마음 깊은 곳으로부터 우리는 믿네.[126]

당시 나는 매순간 큰 감격을 느낄 수 있었다. 이 모든 것이 평화의
혁명 덕분이었다.

---

126 요한 세바스치안 바흐 Kantate zum Ratswechsel 1731.

제단 옆의 축구 우승컵

2006년 1월 두 명의 라이프치히 출신 엔지니어, 르네 브로인리히 Rene Bräunlich 와 토마스 니취케 Thomas Nitzschke 가 Bennewitz 벤네비쯔 소재 크리 오텍 Cryotec 사의 위탁으로 이라크에서 일하던 중 피랍되었다. 납치를 당한 두 남자의 가족과 동료들, 회사 사장인 피터 비네르트 Peter Bienert 와 대표인 카린 베른트 Karin Berndt 는 2006년 1월 29일 예배에서 이 두 사람을 위해 중재기도를 부탁했다. 1월 30일 평화 기도회는 피랍을 주제로 모였으며 참석한 사람 모두는 니콜라이교회 앞에서 침묵시 위를 거행하자는 데 의견을 모았다. 그러나 다음 월요일 평화 기도회 까지는 시간적으로 너무 멀다고 느껴졌기 때문에 우리는 매주 목요 일마다 따로 침묵시위를 하기로 정했다. 이 모임은 처음에는 200여 명으로 시작되어 300-400명까지 모이게 되었으며 이 중에는 아랍계 학생들과 아랍어학과 소속 독일 학생들도 참석했다. 그들은 교회 앞 에서 촛불을 켜 놓고, "우리의 마음은 당신들과 함께 있습니다!" 라고 적은 플래카드를 세워 두었다. 청년 예배실 주변으로는 아랍어로 피랍자들의 석방을 촉구하는 글을 적은 커다란 띠를 걸어 놓았다. 언론은 이 사건을 지속적으로 보도했다. 두 명의 젊은이들은 다른 나라에 사로잡혀 있다.—인질에서 살아 돌아오는 대신 살해된 사람들의 그림을 우리 모두는 아직까지 기억하고 있었다. 기자들 몇 명은 나의 희망적인 태도를 걱정하면서 만약 납치범들이 인질의 목을 자르면 어떻게 하겠냐고 나에게 물었다.

"그것에 대해서는 걱정할 필요가 없습니다."라고 나는 대답했다. "니콜라이교회에서 감사의 예배를 준비할 수 있을 것입니다."

그들은 인생의 시작점에 서 있었다. 그들의 가족, 그들의 부모님은 이곳에서 기다리고 있었다. 그들은 그들의 동년배들이 이 나라에서 일자리를 찾고 있는 동안 저 멀리 전쟁터에서 일하고 있었다. 일자리를 얻는 대가가 너무나 큰 것이 아닌가하는 의문이 드는 것은 당연했다. 그러나 이러한 의문점에 대답하는 것은 뒷전으로 밀려나게 되었다. 왜냐하면 점점 더 많은 사람들이 그들이 무사히 집으로 돌아오기를 희망하며 마음을 모았기 때문이다.

월요 평화 기도회 이후와 목요일 18시에 사람들은 침묵시위를 위해 모였다. 교회 앞에는 밤낮으로 매시간 초를 켜 놓았으며, 사람들은 꽃과 선물과 피랍자들의 석방을 기원하는 표시가 되는 것들을 교회 앞에 놓았다. 사람들은 교회로 모여들었다. 그들 중에는 라이프치히를 하루 정도 방문하는 사람들도 끼어 있었으며, 텔레비전을 통하여 이 사건을 아는 사람들도 교회를 방문했다. 사람들은 교회의 활동에 관심을 보였으며 동감을 표현해 주었다. 그리고 국내뿐 아니라 해외에서까지도 침묵시위에 정기적으로 참석하는 사람들이 생겨나게되었다. 언론은 이 주제를 추적했다. 단시간 내에 이것은 예배 의식으로 발전했고, 사람들이 18시에 모이게 되면 나는 조용히 제스처를 사용함으로 사람들에게 조용히 해 줄 것을 부탁했다. 그러면 카메라맨들도 카메라를 내리고 침묵하게 되었고 어느 곳에서도 찰칵거리는 소리는 들리지 않았다. 이 침묵의 시간에는 모두가 기도를 하든지아니면 묵념을 하면 되었다. 그리고 그 후 무슨 이야기를 또 할 수있을까? 거의 없는 것이나 다름없다. 여기에는 침묵이 도움이며 용기와 힘을 얻게 되는 것이다. 정기적으로 나는 기도회가 끝난 후 인질들의 상황에 대해 약간의 정보를 전해 주곤 했다. 그러나 나는 짧은 보고 동안에도 지속적으로 인질들의 석방을 위해 기도해야 하는사실을 상기시켜 주었다. 그리고 보고의 마지막은 항상 시편의 말씀으로 마무리했다.

"주님, 네겝의 시내들에 다시 물이 흐르듯이 포로로 잡혀간 자들을 돌려 보내 주십시오. 눈물을 흘리며 씨를 뿌리는 사람은 기쁨으로 거둔다." [127]

127 시편 126편 4-5절.

[사진 27] 당시 인질 석방을 위한 니콜라이교회의 중재기도회
[출처] http://upload.wikimedia.org/wikipedia/commons/f/fb/Mahnwache-
Nikolaikirche.jpg?uselang=ko
[저작권] Bettenburg at 독일어 위키백과

　이 말씀은 지금의 상황을 위해 쓰인 것이었다. 몇 주가 지난 후—
총 99일 후—우리 모두는 물론 언론들도 다 함께 이 말씀이 바로 우
리의 것이 되었으며 인질들의 석방이 우리 마음속 깊이 자리 잡게
되었다. 물론 비난의 목소리도 있었다. "저 위에 모습을 한번 보여
주시지!"라고들 말했다. "저 위"를 요구하는 목소리가 상달된 것 같
았다. 어느 일요일 오후 프랑크 발터 슈타인마이어 Frank Walter Steinmeier 연
방 외무 장관이 나에게 전화해서 니콜라이교회를 중심으로 진행되
고 있는 인질 석방을 위한 연대 운동에 감사의 마음을 전달했다. 이
외 그는 또 정부 관계자들 중에서는 한 사람도 침묵시위에 참석하지
못한 것에 대해 이해를 구했다. 침묵시위는 이라크측에서 볼 때 국가

적으로 조정한 행사라고 등급을 정했기 때문이라고 했다. 상황이 산등을 타고 있다고 했다. 나는 이해한다고 말했고 전화해 주어서 감사하다고 이야기하면서 한 가지 질문을 했다. 만약 인질들이 석방된 이후에는 니콜라이교회에서 감사예배를 드릴 수 있겠냐고 장관에게 물었고 그는 서슴지 않고 그렇게 하라고 답했다.

날은 차갑고, 비가 흩날리며 불쾌감을 일으키는 날씨였다. 그럼에도 사람들은 끝까지 본 주제에서 벗어나지 않았다. 사장이 기독교인인 전기회사가 가스 난방 천막을 지원해 주었을 뿐 아니라 빵과 따뜻한 음료를 무료로 나눠 주었다. 어려운 상황에 처한 사람을 위해 무언가를 한다는 것이 얼마나 좋은 일인지 모두 느낄 수 있었다. 보너스 점수나 공짜 홍보 물품, 값싼 물건을 얻으려고 애쓰는 그런 생활 태도에서 벗어나는 것이다. 사람들은 아직까지는 물질적인 것만을 추구하는 단순함에 빠져 버리지 않았던 것이다. 이것은 침묵시위를 통하여 우리는 간접적으로 이웃을 위해 책임을 함께 지는 것을 경험하는 좋은 기회였다. 특별히 인상 깊었던 것은 피랍된 두 사람의 동료들과 회사 지도부의 태도였다. 그들은 항상 함께해 주었다. 평화기도회로 모일 때마다, 침묵시위 때마다 그들은 늘 함께 했으며 이것이 피랍된 사람들의 식구들에게 얼마나 큰 도움이 되었는지는 말로 다 할 수 없다.

이라크에서도 이런 상황을 알고 있었을까? 나는 라이프치히에서 유학하는 아이만 무바락_{Aiman Mubarak} 아랍 학생 대표를 알고 있었는데 그에게 아랍 알자지라 방송국에 연락해서 한번 이곳 라이프치히에 와서 피랍자들을 위해 어떤 일을 하고 있는지 취재해 줄 것을 부탁했다. 그는 최선을 다해 보겠다고 약속했고 정말로 어느 목요일 방송국 텔레비전 취재팀이 베를린에서 이곳을 방문했다. 보통 목요일마다 최대 400여 명이 모였었는데 그 목요일에는 훨씬 더 많은 사람들이 시위를 위해 교회로 모여들었다. 그러나 길거리는 눈으로 질퍽거렸고 날씨는 매우 험악했다. 텔레비전 촬영팀은 몇몇 사람들과 인터뷰를 했으며 침묵시위의 전 과정을 촬영했다. 바로 다음날, 무슬림들이 휴일로 지키는 금요일, 아랍 국가에는 아침 10시부터 3시간마다 3분 동안 라이프치히에서 일어나고 있는 사건의 영상을 방송했다. 이렇게 해서 이라크에도 독일 작센 주의 한 도시에서 독일 사람들과 아랍 사람들이 같이, 기독교 목사와 무슬림이 나란히 서서 침묵시위를 벌이고 있다는 것을 알리게 되었다. 우리는 기도했고, 침묵했고, 이야기하고, 시편을 경청했다. 우리는 복면을 하고 서 있었던 것이 아니고 우리의 얼굴을 내어 놓고 서 있었다. 손에 총기가 아닌 촛불을 들고 있었다. 납치범들을 욕하지 않았고 예수의 가르침대로 원수를 미워하지 않으려고 노력했던 것이다. 인질들의 석방을 구했다.

　나중에 알게 되었지만 이 방송은 이라크에서 깊은 인상을 남겼다고 전해 들었다. 백인 기독교인들의 사진은 반드시 부시 대통령이 폭탄과 미사일을 들고 있는 모습을 연상시켰다. 그러나 이제 이라크 국민들은 진정한 기독교인의 모습이 어떤 것인지 보게 되었던 것이다.

피랍된 사람 중 한 명은 축구 선수였다. 그랬기 때문에 많은 운동 선수들도 침묵시위에 동참했으며 경기가 시작하기 전에는 플래카드를 이용해 동료의 석방을 촉구했다. 어떤 목요일에는 어린 축구 선수들이 트레이너와 함께 침묵시위에 참석했다. 그들은 자신들의 우승컵을 꺼내서는 "피랍된 사람들이 다시 석방될 때까지 이 우승컵을 니콜라이교회에 두고 싶습니다."라고 말하며 우승컵을 나에게 건네주었다. 감동과 기쁨이었다.

"우리 교회는 1165년부터 있었습니다. 그러나 축구 우승컵을 교회당 제단 옆에 세워 둔 적은 지금까지 한번도 없었습니다."라고 나는 감격하여 답했다. 우리는 그 우승컵을 제단 옆 유리 받침대에 세워 두었다. 인질들이 잡힌 후 99일 되는 날인 5월 2일까지…. 그날 드디어 인질들이 석방되었다는 소식이 우리에게 전해졌다.

내가 볼Bohl 주교에게 전화로 이 소식을 알리자 그가 처음으로 한 말은 "할렐루야!"였다.

그날은 침묵시위가 열리는 목요일이 아니었는데도 내가 발코니로 나가서 직접 보기도 전에 얼마나 많은 사람들이 니콜라이교회로 몰려오고 있는지 벌써 들을 수 있었다. 나는 너무 기뻐서 제일 먼저 무엇을 해야 할지 알지 못했다. 아래로 내려가야 하나, 전화를 해야 하나, 조용히 앉아 있어야 하나, 뉴스를 봐야 하나 아니면 이것들을 모두 한꺼번에 해야 하나?

아내는 "그냥 그렇게 나가면 어떻게 해요, 어떤 표시판이라도 교

회에 달아 놓아야 하지 않겠어요?"라고 말했다. 그렇다. 간단히 뭐라
고 쓰지? "인질 석방"이라고 쓰면 어떻겠냐고 아내가 말했다. "하나
님 감사합니다."라고 내가 말했다. 우리는 이 표시들을 대량으로 인
쇄했다. 심지어 나는 이 글을 쓴 끈으로 목걸이를 만들어 걸었다. 기
쁨이 정말로 컸던 것이다. 80년대 동독 정부를 비난하는 태도와 신
앙 때문에 나와 알게 된 그래픽 디자이너인 마티아스 클렘Matthias Klemm
은 내가 매우 귀중하게 여기는 사람으로 위의 글을 플래카드에 멋지
게 디자인해 주어서 교회에 잘 보이는 곳에 걸어 놓았다. 니콜라이교
회 마당에서 사람들은 서로를 얼싸안았다. 나도 또한 사람들이 와서
계속 안아 주었다. 시간이 지나면서 사람들 속에 생겨났던 억누름과
의혹이 모두 떨어져 나가는 것과 같은 해방감을 느끼게 해 주었다.
기자들은 인터뷰를 했고 카메라로 교회의 구석구석을 사진에 담았
다. 마지막 인터뷰까지 마친 후 교회 사람들은 크리오텍 회사 직원들
과 사장과 함께 그리고 지금까지 계속 끈질기게 침묵시위에 동참해
온 사람들과 함께 침묵시위의 마지막을 즐기며 "옛 니콜라이학교"
라는 집에 앉아 한잔의 와인을 마시고 있었다. 그때 주인이 식탁으로
다가오더니 갑자기 "경찰이 퓌러 목사님을 찾고 있습니다."라고 하
는 것이었다. 모두가 답으로 호탕하게 웃었다. 손에 모바일 전화기를
든 경찰이 나에게 다가올 때 나는 일어섰다. 슈타인마이어 외무 장관
의 사무실장은 내가 핸드폰을 가지고 있지 않다는 것을 믿을 수 없
어 했고 그래서 경찰에게 나를 찾아 달라고 부탁했던 것이었다. 당시

남아메리카를 방문 중이던 슈타인마이어 장관은 나에게 개인적으로 메시지를 전하고 싶어 했다. 경찰은 나에게 핸드폰을 건네주었다. 정말 그것은 프랑크 발터 슈타인마이어 장관의 전화였고, 그는 진심으로 우리에게 축하를 전했으며, 인질들이 석방된 것에 대해 안도감을 감추지 못했다. 그는 감사예배에 대해 물었고 "나는 이번 주일에만 예배에 참석할 수 있습니다. 월요일부터는 미국을 방문하게 됩니다." 라고 일정을 말해 주었다.

당시 우리는 매 주일마다 네 번 예배를 드리고 있었다. 언제 이 예배를 드리면 좋을까? "월요일 오후 5시에 드리는 평화 기도회가 가장 적당한 시간이 될 것 같습니다. 유감스럽지만 그 전에는 곤란합니다."라고 대답했다.

"유감이군요." 그는 이렇게 대답하고는 "그럼 바그다드 대사를 보내겠습니다. 그는 인질들을 맞이한 사람입니다."

이렇게 해서 우리는 2006년 5월 8일, 27번의 평화 기도회와 침묵 시위 후에 정말 아름다운 감사예배를 드릴 수 있었다. 성가대 지휘자인 볼프wolf 씨는 이 예배를 위하여 메일을 돌려서 합창단을 만들었다. 방문객들과 언론사 사람들이 엄청나게 몰려들었다. 석방된 르네 브로인리히와 토마스 니취케 씨의 가족들은 맨 앞자리에 자리 잡고 앉았다. 그러나 석방된 사람들은 건강이 여의치 않아 집에 머물렀다. 예배가 헨델의 메시아 중 할렐루야로 시작하여 나중에 "하나님께 감사하자"[128]를 찬송할 때 예배에 참석한 2천여 명의 사람들은 모두 감동했다. 그리고 어린 청소년 축구팀들이 유니폼을 입고 트레이너와 함께 나왔을 때 사람들은 모두 다시 한 번 감동을 받았다. 내가 어린 축구선수들에게 그들의 우승컵을 돌려주었을 때 그들은 "우리 우승컵을 다시 받을 수 있게 되어서 매우 기쁩니다. 이제 이 우승컵은 더욱 가치 있는 것이 되었습니다."라고 말했다.

다시 한 번 많은 사람이 니콜라이교회로, 예수님의 넓게 벌린 팔 아래에서 하나의 특별한 공동체가 된 것이었다. "무슬림도, 비기독교인도, 무신론자들도, 그리스도인들도 모두 함께 한 공동체." 모든 감사와 기쁨으로 나는 교회 오르간 앞에 쓰여진 글을 바라보았다.

"Te decet hymnus deus—하나님, 찬양을 받으소서."

이에 더할 말이 없었다.

---

128 개신교 합창단 지휘자 마틴 린카르트(Martin Rinckart)가 1630년에 "아우구스부르그 신앙고백" 100주년을 기념하는 축하 행사를 위해 작곡함.

거짓말 그리고 전쟁

미국의 국무장관이 장관직에서 물러난 후 콜린 파웰Colin Powell은 놀라운 소식을 세상에 알렸다. 그는 부쉬 정부의 위임을 받아 독립위원회와 미 정보부가 어떠한 정보를 얻어내지도 못한 상황에서 유엔 앞에서 이라크가 대량 살상 무기를 가지고 있다고 주장했던 것에 대해 사과했다. 그의 임기 마지막에는 부쉬 대통령도 전쟁 전에 그리고 이라크를 침공하여 점령한 기간 동안에 대량살상무기는 발견되지 않았다는 것을 시인했다.

우리 모두는 많으나 적으나 언론에 의존하고 있어서 우리에게 소식으로 전해지는 것들을 그저 받을 뿐이었다. 우리는 2002년 이 전쟁에 대해서도 자막 뉴스를 통해서 라이브로 전달받았다. 이라크 전쟁에 대한 합법성에 대한 정치적 논쟁이 벌어지고 있는 가운데서도 미국과 영국은 이라크 침공을 준비하고 있었다. 2002년 말 그들은 대규모의 군대를 걸프 지역으로 보냈으며 이로써 이라크의 침공 가능성이 더욱 커져갔다.

2002년 성탄 전야에—내가 바로 성탄절 전야 예배를 드리기 바로 직전 의학을 공부하는 여학생 한 명이 나에게 왔다.

"이라크 전쟁을 막기 위해 무엇인가를 해야 하지 않겠습니까, 침묵시위든 뭐든지요." 나는 "오늘은 성탄 전야입니다. 그리고 그 다음은 성탄절 연휴가 시작되는데 누가 교회 앞에 모일까요?"

그러나 그녀는 매우 심각했으며 결심한 듯이 보여서 나는 주저하면서도 허락했다.

"좋아요. 니콜라이교회에서 침묵시위를 하기로 합시다. 매일 오후 6시입니다. 성탄 전야 예배에서 광고하도록 하겠습니다."

성탄 전야에 차갑고 커다란 눈송이가 내렸다. 나는 속으로 다시 한 번 질문했다. '누가 오겠는가?' 첫 번째 침묵시위에 18명의 사람들이 이라크 전쟁을 반대하기 위해 모였다. 초를 태웠다. 지나가던 사람들은 놀라는 눈으로 바라보았다. 매일 조금씩 더 많은 사람들이 모이기 시작했다. 2003년 1월 초에는 100명을 약간 넘게 되었다. 시위대가 시내를 돌자는 의견이 나왔다. 다행히도 당시에는 동료가 있어 주어서 시위를 시에 등록하고 시위대를 사려 깊게 지도해 주었다.

매일 침묵시위는 더욱 많은 사람들로 붐비게 되었고 마침내는 이라크 전쟁을 반대하는 시위로 이어지게 되었다. 또한 월요일에는 평화 기도회를 마친 후 이어 침묵시위를 가졌다. 여러 종류의 표지판들은 만들었고 어떤 사람들은 그림으로 표현하기도 했다.

"전쟁 반대."*no war*

2003년 3월 20일, 이라크 침공으로 실제 전쟁이 시작되었을 때 우리는 매주 목요일 오후 5시에 평화의 기도를 드렸다. 교회는 사람들로 완전히 들어찼고 이어서 행해진 시위에는 수천 명의 사람들이 모이게 되었다. 4월까지 우리는 침묵시위와 시위 행진을 계속했다. 3월말이 절정을 이루어 45,000명이 모이게 되었다. 그러나 여느 때처럼 폭력은 일어나지 않았다.

이 축복은 우리에게 계속되었다. 니콜라이교회에서 시작된 시위는 어떠한 종류의 폭력도 사용하지 않았다.

내가 마지막으로 드렸던 2008년 3월 31일 평화 기도회까지 이라크 전쟁과 그 결과는 항상 주제로 다뤄졌다. 너무나도 답을 알 수 없는 질문들이 많았다. 석유 때문에 이라크를 상대로 전쟁을 계획하고 일으킨 것에 대해 세계 앞에서 의도적인 거짓말을 앞세워 정당화하려는 부쉬 대통령과 같은 사람들은 어떻게 되는 것인가? 이런 전쟁 범죄자에게 책임을 물을 수 있는 사람은 누구인가?

해리 벨라폰테Harry Belafonte는 시민운동가 겸 가수였로 뉴욕의 연설에서 부쉬 대통령을 오늘날 "가장 심각한 테러리스트"라고 명했다.

나는 이러한 미국의 소리로 끝내고자 한다. 미국의 전쟁 정책이 점점 더 많은 사람들의 거부감을 유발하고 사고의 변화를 불러일으키고 있다는 것을 명심해야 한다. 그것은 마틴 루터 킹이 그것을 위해 싸웠던 것이며 또한 그의 시대에는 불가능하다고 여겨졌던 것이었다. 흑인이 서비스를 받을 수 없던 그 땅에서 60년이 지난 2009년 1월 20일 미국의 버락 오바마가 미국의 대통령으로 선출된 것이다.

20페니히와 카드 한 장

목회자의 사역 중 한 가지는 눈에 보이지 않는 것이 있다. 그것은 영적인 돌봄$_{Seelsorge}$ 이다. 이 사역은 목회자의 중요한 사명이며 개인을 대상으로 하는 것이다. 목사로서 내가 할 수 있는 일은 개인의 생활에 구체적으로 도움을 주는 것에서 시작하여 관청을 방문할 때 같이 동행해 주거나 보조금을 신청하는 것도 포함한다. 많은 일들이 우선은 당사자와의 만남에서 발전하게 되며 점점 당사자의 문제 속으로 깊이 들어가게 되는 것이다.

라이프치히 사역 초기에 사람들은 나를 찾아와 시급한 일에는 목사님을 찾아야 한다고 규정을 정했다. 나는 실행할 수 있는 법칙을 만들었고 사람들에게 단도직입적으로 물었다. "돈을 원하시면 나에게 말하십시오. 그러면 얼마를 드리겠습니다." 나는 사람들이 단돈 얼마 때문에 거짓말을 지어내도록 하고 싶지 않았다. 또한 나 자신도 사람들에게 속고 싶지 않았다. "그러나 당신이 중요한 일로 나와 이야기 나누고 싶다면 당신의 일이 먼저 입니다." 종종 상담은 이로써 이미 해결되기도 했다. 구하는 사람은 자기가 원하는 것을 받아 갔다. 이렇게 해서 나는 시간도 절약하고 거짓말을 듣지 않아도 되었던 것이었다.

1989년 아내와 나는 음식 쿠폰제를 시행했다. 노란색 쪽지 위에 나의 스탬프가 있는 노란색 쪽지를 가지면 에큐메니칼 기관에서 운영하는 "오아시스" 식당에서 고기가 든 식사를 한 끼를 할 수 있는 쿠폰을 발행했다. 매 분기마다 아내는 그 쿠폰 값을 식당에 지불했다. 좋은 점은 노란색 종이는 술로 바꿀 수 없었고 식사만 할 수 있는 것이었다. 특히 술보다는 식사를 회피하고 싶어 하는 알코올 중독자들에게는 직접 도움이 되었다. 이 소문은 퍼지게 되었고 사람들은 우리 집 벨을 그냥 이유 없이 누르는 법이 없었고 원칙적으로 항상 무엇인가가 있었다.

나는 또한 매우 어려운 경우, 80년대 동독에서 자살 위험이 있는 사람들과 관계하기도 했다. 사람들은 영적인 측면을 돌보는 사람인 나를 많이 찾았다. 이러한 사람들을 돌보아서 자기 자신을 파괴하려는 길에서 떠날 수 있도록 도와주어야 했다.

영적인 돌봄에서 가장 큰 부분을 차지하는 것은 주의 깊게 경청해 주고 관심을 가져 주는 것이다. 때때로 아주 어려운 상황을 만나면 파울 게르하르트Paul Gerhardt가 쓴 수난곡에서 표현된 것처럼 내가 할

수 있는 일이라고는 그저 "나는 여기 당신 곁에 서 있습니다…" [129]
라고 말하는 것이었다.

그러나 감사하게도 어떤 시점이 되면 다시 용기를 찾게 되는 것을
보게 되었고 또 희망의 불꽃이 그 안에서 일어나게 되면 그가 어려
움에서 나올 수 있도록 그를 도울 수 있게 되었다. 그렇게 되면 일단
은 대화를 마칠 수 있었고 다음 시간 약속을 잡았다. 영적인 돌봄에
서는 다음 만날 약속을 잡아 놓는 것이 중요하다. 당사자가 다시 집
으로 가서 지내면서 다시 어두운 생각들이 그를 엄습하게 될 때 그
사람은 최소한 다음 약속을 기억하고 견디기 때문이다. 또한 내가 적
절한 상담을 해 줄 수 없을 때에는 교회 실업자 지원 프로그램이나
개신교 생활 상담소로 연결시켜 주기도 했다. 두 기관은 의도적으로
시내 중심에 위치해 있었고 니콜라이교회 건물 내에 소재하고 있었
다. 오랜 기간 동안 어려움을 당한 사람들을 돌보면서 내 사역 가운
데 다음과 같은 것이 입증되었다. 동독에는 전화 요금이 20센트였다.
나는 필요한 사람들에게 나의 명함과 20센트를 손에 쥐어 주며 "밤
이고 낮이고 필요할 때 언제든지 저에게 전화하세요." 라고 말했다.

어려움을 당한 사람들은 이 말을 너무나 중요하게 여긴다. 나중에
내가 들은 바에 따르면 사람들은 자주 나에게 전화하려고 했지만 새
벽 2시같이 너무 늦은 시간이라 하지 못한 것이 아니라 '더 힘들어지

---

129 Paul Gerhardt(1606-1676): *O Haupt voll Blut und Wunden*.

면 전화하면 되지.' 하는 생각으로 편안한 밤을 넘겼노라고 말해 주었다. 이와 같이 영혼 돌봄의 사역에서는 시간을 내주고 함께해 줄 수 있다는 것이 매우 중요한 점이라 생각한다.

영혼 돌봄 사역은 은밀하게 행해야 하는 일이다.

목회자는 개인들과의 대화 내용에 대해 100퍼센트 비밀을 보장해야 하며 법률적으로도 의사의 경우와 마찬가지로 직무상 묵비권의 의무에서 자유로울 수 없다. 사람들에게 언제든지 우리 집 초인종을 누를 수 있도록 한 것과 늘 전화해도 된다고 말함으로 우리 가정생활은 당연히 그에 영향을 받았다. 아내도 나와 마찬가지로 늘 사람들에게 노출되어 있었다. 아내는 나를 위하여 간간히 선을 그어 놓으려고 애썼다. 항상 사람들에게 도움을 주는 나 자신에게도 피난처가 필요했다. 나에게는 바로 우리 집이 피난처였다. 밖에서 모든 사람들을 위해 있어주기 위해서 사람들은 집에서라도 나 자신과 가족만을 위한 공간이 필요한 것이다.

나의 첫 번째 교회인 라슈타우교회에서 정신과 환자 한 사람이 한 동안 매주 주일 오후에 게임 Damespiel 을 위해 우리 집을 찾았었다. 이 일은 우리 모두에게 그렇게 간단한 일이 아니었다. 아이들은 아직 어릴 때였고 주일 오후와 저녁은 우리 가족에게는 일주일 중 유일한 휴식 시간이었기 때문이었다. 그러나 그런 사람들에게는 일요일이 가장 외로운 날이었다. 이날은 친구도, 가족도, 아이들도, 파트너도 보고 싶은 날이었던 것이다. 우리는 때때로 이렇게 주일을 보내고 나면 속으로 탄식을 할 때도 있었으나, 누군가가 우리에게 도움을 요청할 때 우리는 그것을 정상적인 것으로 여겼고 그 일도 우리의 사명에 속한 것이라고 여기게 되었다. 그러나 내가 이미 이야기한 대로 많은 일들은 나에게 그렇게 쉽지 않았다. 때때로 나는 저녁이 되면 기진맥진해져서 다시 청년부 모임에 가서 저녁 모임을 인도해야 한다는 것은 생각하기도 싫어했다. 그럴 때면 대부분 누군가가 우리 집 초인종을 누리고 목사를 급하게 찾곤 했다. 그러면 나는 "오늘은 이제 그만입니다!"라고 말하고 침대로 가서 눕고 싶은 생각이 굴뚝 같았다. 그러나 나는 이 모든 것을 도전으로 받아들이고 내가 얼마나 피곤한지 상관하지 않고 이 사역을 행하고 나면 나는 다시 채워지고, 상쾌해지며 모든 피로가 가시는 것을 느꼈다.

영혼을 돌보는 사역에 대해서는 내가 그들의 사적인 내용을 말할 수도 없고, 말해서도 안 되기 때문에, 내가 경험한 많은 경우 대신 예수의 구원 사역을 이야기하겠다. 예수가 어떤 과정을 통해 사람들을 구원으로 이끌었는지가 내게는 모범이 되었으며 이 방법을 통해 나는 도움이 필요한 많은 사람들을 도와주게 되었다. 작가인 리카르다 후흐_{Ricarda Huch}가 "성경은 옛날의 역사를 담고 있으나 오늘날 매일 새롭게 역사하고 있다."라고 말한 것이 정말 맞다고 생각한다. 여기 아주 많은 사람들 가운데서도 "나에게는 사람이 없다!"고 입증한 바로 그분의 옛 역사와 최근의 역사를 요한복음을 바탕으로 이전에 내가 설교한 내용을 적어 본다.

"그 뒤에 유대 사람의 명절이 되어서, 예수께서 예루살렘으로 올라가셨다. 예루살렘에 있는 '양의 문' 곁에, 히브리 말로 베드자다라는 못이 있는데, 거기에는 주랑이 다섯 있었다."[130]

우리도 수많은 명절이 있습니다. 사람들은 여기저기로 흩어지고 주위를 환기시키게 되며 그 순간만큼은 걱정 근심을 잊어버리고 즐거움을 추구합니다. 너무나도 이해가 갑니다. 그렇다고해서 예수님은 사람들의 흥을 깨뜨리는 분은 아닙니다. 예수님도 명절에 예루살렘으로 올라갔습니다. 그러나 그는 흥에 겨워 즐거운 소리를 내는 사람들만 쳐다본 것이 아니라 삶의 잔치의 소리 저편에 있는 양문 곁 베데스다 연못가에 앉아 있던 사람에게 관심을 가졌던 것입니다. 그는 다른 사람들이 즐겁게 잔치를 벌이고 있을 때면 더욱 힘들어 하는 어려운 상황에 처한 사람을 바라본 것입니다. 우리도 이와 같이 은밀한 것을 바라보는 예수님의 눈을 가지고 있습니까? 우리도 우리와 아주 친한 사람들에 대해서는 때때로 그렇습니다.

…예수님은 우리에게 상황 뒤에 있는 것을 더욱 주의 깊게 바라보게 해 줍니다. 건강하고 즐겁고 흥에 겨운 것들 이면에는 정신적으로 병들고 비참하게 살아가는 무리들이 배척당하고 소외 당했다고 느끼며 살아가는 사람들이 있습니다. 그들은 스스로 일어설 힘

---

130 요한복음 5장 1-2절(역자 주).

도 없이 힘겹게 겨우 인생을 살아가고 있는 사람들입니다. 무엇을 더 할 수 있겠습니까? 예수님은 수많은 병자들과 눈먼 자들과 불구자들과 약자들을 대면하여 체념하지 않습니다. 그는 불평하거나 애달파하지 않았고 상황이나 인간성이 없다고 불평하지 않았습니다. 그는 어려운 경우를 붙들고 직접 달려듭니다!

소외 당한 사람들에게 아무 일도 하지 않는 것이 아닙니다. 그곳은 치료의 능력이 있는 연못이었습니다. 치료의 효과가 있는 온천과 같은 것 말입니다. 그 연못은 "베데스다", "긍휼의 집"이라는 좋은 뜻의 이름을 가지고 있었습니다. 그 연못가에 행각을 다섯 개 지어서 병자들이 해와 비를 피할 수 있게 해 주었고 그곳에서 물이 움직일 때까지 기다릴 수 있게 해 놓았던 것입니다. 오늘날 우리도 고통 받는 사람들을 보호하며 수용해 주고 고통을 완화시켜 줄 수 있는 행각과 같은 것들을 가지고 있습니다. 최신 병원 건물이나 양로원 그리고 좋은 훈련을 받은 의사, 간호사, 간병인, 최신 의료기기, 행정 업무나 간병 업무 같은 것들이 바로 그것입니다. 국가와 개인과 교회가 어려운 사람들을 돌보고 있습니다. 그러나 우리가 간과해서는 안 되는 것은 이 모든 것들이 돈에 종속되어 있다는 것입니다. 비용 때문에 의사들은 엄청나게 많은 시간의 초과 근무를 해야 하며 또 비용 때문에 간병인의 숫자를 제한해야 합니다. 과중한 업무에 시달리는 직원들은 비용이 최소한으로 드는 일만 해야 하고 가장 필요한 일만 할 수 있는 결과를 낳게 됩니다. 그래서 오늘날 최신 국민 보건 제도에서는 다음과 같은 외침이 커지게 된 것이다. "나에게는 사람이 없어요. 옛날 베데스다 연못에서와 같이 나에게 시간을 내어 주는 사람이 없습니다."

물이 돌면 연못의 근원에서 샘이 솟기 시작했습니다. 사람들은 그때 처음으로 물에 들어가는 사람은 건강하게 된다고 생각했습니다. 그러면 어떤 일이 벌어지는지 우리는 충분히 상상할 수 있습니다. 사람들은 서로를 제치고 제일 먼저 물에 들어가려고 했을 것입니다. 여기서는 모두 자기 자신만을 생각했을 것입니다. 이미 38년 동안 그곳에서 병든 채 자리에 누워 삶을 근근히 이어가고 있던 그 사람에게는 당연히 기회가 돌아오지 않았을 것입니다. 이것저것을 시도해 보았으나 아무것도 도움이 되지 않았습니다. 그저 누워 있는 것만이 그가 할 수 있는 일이었습니다. 예수님은 이렇게 누워 있는 그 사람을 보았습니다. 다른 사람들이 서로를 제치고, 절뚝거리며, 밀치고 기어서 다시 연못으로 향할 때 예수님은 그에게 다가왔습니다. 그리고는 그에게 말을 걸고 "건강하게 되기를 원하느냐?"고 물으셨습니다.

이것이 무슨 질문일까요? 아니 당연한 것 아닙니까?

그렇지 않습니다. 38년이란 세월 동안 부정적인 것만 경험한 사람에게 이것은 당연한 것이 아닙니다! 그에게 어떤 도움이 또 있을 수 있을까요? 그는 모든 것을 시도해 보았으나 모두 허사였던 것입니다.

예수님의 질문은 매우 결정적인 문제를 지적하고 있습니다.

"원하느냐?"

정말 원하고 있습니까? 당신은 정말로 넘쳐나는 먹을 것과 마실 것, 흡연 또는 어떠한 부담이라도 포기하기를 원하고 있습니까? 아니면 여러분의 깊은 속에서는 원래 원하지 않고 있는 것입니까? 정말 당신은 두려움에서 우울증에서 벗어나기를 원하고 있습니까, 아니면 이 원하는 것 조차도 모두 포기한 상태입니까? 당신은 당신의 파트너, 당신의 자녀들, 동료들, 교회 성도들과의 관계를 진정으로 새롭게 하기를 원하고 있습니까 아니면 사실은 그렇지 않습니까?

오히려 모든 것을 지금대로 굴러가도록 내버려 두고 싶습니까?— 아니면 지금까지와 같이 몰래 도망치기를 원합니까?

당신은 진정으로 하나님을 신뢰하기를 원합니까? 예수님의 손을 잡기 원하십니까? 아니면 오히려 다른 것들을 의지하기 원합니까?

병자에게서는 매우 이상한 답이 나왔습니다. 그는 "그렇다." 혹은 "아니다."라고 하지 않았어요. "그렇게 되면 얼마나 좋겠어요, 그렇지만…."이라는 답을 하지 않았습니다. 그는 "나는 사람이 없습니다." 이 말은 그의 고통을 전부 표현해 주는 말이었습니다. 하지만 예수님은 "정말 힘들겠군요!" 또는 "어떻게든 되지 않겠어요!" 이런 말을 하지 않았습니다. 예수님은 그에게 스스로 연민에 빠지는 틈을 주지 않았습니다. 예수님은 병자를 향하여, 고통에 대항하여, 그 속박된 모습을 향하여 노여운 항변을 하는 태도로 의로운 분을 내시며 직접적으로 말했습니다. "네가 네 병석에 누워 곯아가는 것은 하나님의 뜻이 아니다. 일어나 네 자리를 들고 걸어가라!" 예수님은 손을 폈습니다. 불꽃이 튀었을까요? 병자는 그 손을 잡았을까요? 아니면 예전처럼 누워서 아무 일도 일어나지 않았을까요? 그것이 가능할지 아닐지 생각할 시간이 없었습니다. 예수님은 강력히 재촉하고 있습니다. 예수님은 그가 원하는지 아닌지를 가지고 그를 움직였습니다. 그는 원하고! 믿었습니다! 그리고 그는 일어섭니다!

관심을 통해서 치료가 이루어집니다. 왜냐하면 관심은 영혼 깊은 곳까지 뚫고 들어가기 때문입니다.

그때와 마찬가지로 지금도 그렇습니다! 예수님의 말씀을 전적으로 신뢰하고 의혹의 가시덤불에 매달려 있지 않는 사람은 하나님에게는 불가능한 것이 없다는 것과 예수님에 대해 아는 사람, 그는 원하고! 그는 믿고! 그는 일어섭니다!

예수님이 행하는 것은 역동적입니다. 그때와 마찬가지로 지금도 그렇습니다. 이것을 경험한 사람은 종속적인 옛 모습으로 떨어지지 않도록 조심합니다.

예수께서 병이 나아 자신의 자리를 들고 가던 사람을 성전에서 다시 만났을 때, 그에게 말했습니다. "그 뒤에 예수께서 성전에서 그 사람을 만나서 말씀하셨다. "보아라. 네가 말끔히 나았다. 다시는 죄를 짓지 말아라. 그리하여 더 나쁜 일이 너에게 생기지 않도록 하여라."" [131]

나은 사람은 하나님께 감사드리기 위해 성전에 왔습니다. 모든 것이 회복되었습니다. 그러나 이 새로운 삶의 문턱에 위험이 숨어 있었습니다! 다시 넘어지지 않도록 조심하십시오! 은혜를 잊지 말며, 건강을 과신하여 다시 삶을 망치지 마십시오. 당신은 지금 무엇이 도움이 되는지 뼈저리게 배웠습니다. 다시는 이 사실을 잊지 마십시오.…"

목회적 돌봄에서 내가 이러한 희망의 이야기를 나누는 이유는 오늘날 사람들에게 실제적으로 도움이 되길 바라기 때문이다. 그리고 우리 안에 계신 그분께서 원하시는 뜻을 온전히 이루실 것이다. 그러므로 목회자는 예수님의 방법으로 사람들을 도와주어야 한다! 그리할 때 사람들은 다시 회복되어 삶을 이어나갈 수 있을 것이다.

여기에 또 하나의 특별한 만남이 있었다.

80년대의 어느 토요일 아침, 교회의 직원 한 분이 내게 와서 어떤 사람이 나를 만나고 싶어한다고 말했다. 이 남자는 언뜻 느낌에 조금 위험하게 보였다. 그는 교회당에서 나를 만나고 싶어 하지 않았

---

131 요한복음 5장 14절.

다. 때는 이른 아침이었다. 교회당은 여전히 잠겨 있었다. 나는 그에게 인사를 하고 그를 목양실로 안내했다. 그는 매우 공격적이었으며 권투 선수같이 보였다.

"오늘 이른 아침에 사람을 죽였어요. 이제 어떻게 해야 합니까?"

이 말을 듣고 나는 더욱 조심스럽게 대하지 않을 수 없었다. 그는 진실을 말하고 있음을 알 수 있었다. 그는 매우 불안한 모습이었다. 나도 그와 함께 있는 단둘이 있는 것이 매우 불편했다. 그는 다른 것을 마시고 싶어 했지만 나는 그에게 물 한 잔을 제공했다.

"여기는 물밖에 없어요." 이렇게 말하고 나는 그를 응시했다.

그는 짧게, 그가 때린 한 남자가 그만 죽었다는 것을 두려움으로 고백했다. 그는 실제로 권투 선수였다. 따라서 상대방이 받은 충격은 심각했을 것이다.

우리는 한 시간 동안 대화를 나누었고 나는 마침내 그를 설득했다.

"이제 함께 경찰서에 갑시다. 그렇지 않으면 당신의 삶은 더 불행해질 것입니다. 하지만 당신이 자수한다면 재판에서 더 유리한 선고를 받을 것입니다."

우리는 목사관에 얼마 떨어져 있지 않은 리터 거리_{Ritterstrasse}에 있는 중앙 파출소에 갔다. 하지만 그와 함께 그 몇 미터를 함께 가는 것도 쉽지 않았다. 그는 "내가 사람을 죽였어. 사람을 죽였단 말이야!"라고 외쳤다. 그러자 지나가던 사람들은 놀라며 큰 충격을 받았다.

대기실에서 그는 다시 소리를 질렀다. "나는 사람을 죽였어요!"

한 사람씩 대기실에서 없어졌고 마침내 우리 두 명만 거기에 앉아 있었다. 우리와 함께 한 방에 있고 싶은 사람은 아무도 없었다.

나는 다시 신고실에 갔다. "당신은 지금 무조건 경찰관을 보내 주어야 합니다. 내가 여기에 이 사람을 더 이상 잡아 둘 수 있을지 모르겠어요. 이것은 심각한 상황입니다!"

한 경찰 심리학자가 우리에게 와서 그 사람과 대화하기 시작했다. 권투 선수, 아하! 그도 한때 권투 선수였던 것이다. 이 심리학자가 그를 신중하게 대하는 것을 알자 그는 조용해졌다. 나는 그에게 명함을 주면서 내가 필요하면 연락하라고 말했다. 내가 집에 도착했을 때, 그 심리학자는 내게 전화를 걸어 이 권투 선수는 사람을 죽이지 않았다고 했다. 시신도 발견되지 않았으며 따라서 기소할 필요도 없다는 것이었다.

교회와 전혀 상관없는 한 권투 선수가 어떤 이유로 이렇게 했을까? 20대 중반의 혈기왕성한 청년이 어떻게 니콜라이교회 목회자에게 올 생각을 했을까?

어려운 상황에 있는 사람들은 니콜라이교회에 왔다. 심지어 교회와 아무 상관도 없는 사람들이라 할지라도, 전혀 다른 배경을 가진 사람들도 왔다. 그는 개인적으로 나를 알지 못했다. 하지만 그는 니콜라이교회를 알았고 그 명성을 인식했던 것이다.

1989년에 또 한 사람이 초인종을 눌렀다. 그는 "저를 들여보내 주

세요. 저는 경찰에 의해 집단 구타를 당했습니다." 내가 문을 열자
그는 들어와 셔츠를 벗었다. 그의 온몸은 구타를 당해서 엉망이었다.
곤봉으로 맞은 상처가 분명했다. 그는 경찰에 의해 구타를 당했다고
주장했다. 물론 이것은 매우 예민한 논란거리였다. 그는 군대의 "깃
발 부대"에서 축출되었고 나중에 다른 곳으로 이송되었다. 하지만
그는 우선 의사의 치료를 받아야만 했다.

"의사에게는 죽어도 가지 않겠어요!" 그는 나의 제안을 거절하며
외쳤다. "그는 나를 다시 깃발 부대로 보낼 것이고 그럼 저는 다시
구타당합니다!"

내가 전화했던 여자 의사는 문제의 심각성을 설명했다. 군대에서
축출된 사람은 일반적으로 교도소 병원에 가야 한다. 우리는 보고서
를 만들었고 그녀는 밤낮으로 그를 병원에서 치료했다. 그 의사는 이
사람이 알코올 중독자라고 진단했다. 그렇게 하면 당국에서도 가장
문제가 적어지기 때문이었다.

이 사람은 나중에 다른 사건으로 감옥에 들어오게 되었다. 우리는
지난 몇 년 동안 그와 서신을 교환했다. 아내는 그의 생일에 꽃을 보
냈다.

언젠가 교회당 관리인이 우리에게 놀라운 소식을 전해 주었다. 교
회 오르간 의자에 한 여성이 잠옷을 입고 앉아 있다는 것이다. 나는
어떻게 그녀가 그 높은 곳으로 올라갔는지 전혀 설명할 수 없었다.
올라가는 입구는 보통 잠겨 있었다. 그녀는 잠시 기다렸다가 관리를

위해 잠시 열렸을 때 올라갔을 것이다. 그녀는 약 18세였다. 여자는 거기 웅크리고 있었으며 어떤 순간에도 아래로 떨어질 수 있었다.

나는 갤러리로 가서 그녀를 향해 올라갔다.

"안녕하세요. 무슨 일로 여기에 오셨나요?" 내가 말했다.

"오늘 밤에 일어날 거예요. 밤 12시에 그들이 여기 옵니다. 그러니 나는 여기에 있어야 합니다."

"누가 오늘 밤에 여기에 오나요? 나는 그것에 대해 아무것도 모릅니다. 오늘 밤 교회에서 무슨 일이 일어나는지 알고 싶군요."

그녀는 확고하게 말했다. "예, 오늘 밤에 와요. 그리고 나는 여기에 있어야 합니다. 그래서 나는 결코 놓치지 않으려 이미 여기에 와 있어요."

나는 매우 침착하게 말했다. "좋습니다. 그럼 오늘 밤 무슨 일이 일어나는지 봅시다. 하지만 당신은 이 오르겔 의자에 자정까지 앉아 있을 수 없어요. 여기는 나중에 매우 추워요. 당신은 뭔가 좀 먹고 마실 필요가 있어요. 나와 함께 청소년 예배실에 갑시다. 거기서 함께 커피 한 잔 합시다. 그 다음에 내게 모든 자초지종을 말해 주면 됩니다."

그러자 드디어 그녀는 오르겔 의자에서 천천히 내려와 나를 따라왔다. 그녀는 나를 신뢰하는 것 같았다. 마침내 나는 묻지 않을 수 없었다. "당신은 어디에서 왔나요?"

내가 우려했던 바대로 그녀는 되젠Dösen 병원에서 왔는데 폐쇄된 병동에서 도망한 것이다. 그녀는 약을 먹어야 했지만 더 이상 가지고 있지 않았다. 그래서 나는 그녀에게 말했다. 약을 구하기 위해 그 병원에 전화를 하겠지만 그녀는 우리와 함께 안전하게 있을 수 있다고 말이다. 하지만 나는 그것을 보증해야 했다. 나는 되젠병원에서 온 여자 의사를 예배실 밖에서 만나 약만 가지고 들어왔는데 왜냐하면 흰색 가운을 입은 사람을 보면 그 젊은 여성은 매우 공격적으로 반응할 것 같은 염려가 있었기 때문이다. 여자 의사는 흰 가운을 벗고 나를 따라왔다. 조용히 예배실로 들어왔다. 우리는 여러 말로 이 젊은 여성을 설득하여 다시 병원에 들어가 치료를 받은 후 건강한 모습으로 퇴원하도록 조치했다.

1989년 초에 한 남자가 교회당의 제단에 칼을 들고 올라와 자기 말을 듣지 않으면, 성화를 파손하겠다고 위협했다. 사람들은 놀라 교회 밖으로 도망쳤다. 나는 신중하게, 칼을 격렬하게 휘두르는 사람에게 접근했다. 그리고 청소년 예배실로 가자고 부탁했다.

그것은 정말 위험한 상황임에 틀림없었다. 나는 앞서 갔으며, 그는 내 뒤에 칼을 들고 따라왔다.

사람들은 불안한 모습으로 우리를 바라보았다. 나는 문을 잠근 후 그와 거의 두 시간을 함께 이야기했다. 마침내 나의 요청을 받아들인 그는 칼을 다시 넣었다.

나는 그가 찢어 버리려 했던 그 그림에 대해 설명해 주었다. "가나 혼인 잔치에서의 예수", 아담 프리드리히 외저 Adam Friedrich Oeser 가 18세기에 그린 것이다. 그 그림의 손상은 치명적이었을 것이다. 그 남자는 분명하게 자신의 주장을 표현할 수 없었다. 종종 이런 경우가 있었는데 사람이 흥분한 상태로 다소간 부적절한 방법으로 문제를 해결하려 할 때 자주 그랬다.

그가 진정되자, 나는 그를 밖으로 함께 데리고 나가 전차를 태워 주었다. 그는 나에게 손을 흔들었다.

사람들에게 가서 그들을 진지하게 대하는 것, 그것이 가장 중요했다. 그들을 두려워하거나 폄하하지 않고 그들과 대화하는 것이다. 그 사람에게 집중하고 그의 고난을 이해하면 그 깨어진 삶의 배후에 얼마나 힘든 경험이 있는지 알게 된다. 또한 여기에서도 직접 채우시는 기적을 체험했다! 분명히 하나님은 나에게 아이들과 "부랑자들"—나는 결코 모욕으로 이 단어를 사용하지 않는다.—에 대한 은사를 주셨다. 나는 그들과 잘 지냈다. 그들과 나는 아주 잘 통했다. "부랑자"와 목회적 대화는 전혀 두려움이 없이 진행된다. 그리고 보통은 내가 생각했던 것보다 더 성공적으로 마무리되었다.

1989년 가을의 사건이 있은 후에도 니콜라이교회에서 가끔 이상하고 비극적인 사건들이 계속 발생했다.

어느 금요일 오후 5시, 교회를 방문한 약 사십여 명의 손님들에게 나는 1989년 가을에 일어난 일에 대해 설명해 달라는 요청을 받았다. 나는 비폭력 시위에 대해 설명하고 있었다. 그때 갑자기 30대로 보이는 중년 남성이 총을 꺼내 나에게 조준했다. 그러면서 나에게 "빌어

먹을 돼지" 그리고 "공산주의자"라고 외쳤다.

나는 손에 교회의 열쇠를 가지고 있었는데, 이것을 무기를 가진 그 남자에게 주었다.

"우리 얘기합시다!"

그는 나에게 다가왔고 총을 치웠다. 사람들은 안전한 거리에 남아 있었다. 하지만 아무도 움직이지 않았다.

그는 "돼지"가 그를 아파트에서 던져 버렸다고 불평했다. 그는 이제 어디로 가야 할지 몰랐다. 돈도 없고, 직업도 없어 이제 어찌해야 할지 몰랐던 것이다. 우리가 말하는 동안, 방문자들은 뭔가 하고 있었다. 나는 그가 아직도 총을 가지고 있었기에 곁눈으로 이것을 알아차렸다.

"여기 40마르크가 있습니다." 한 사람이 그 남자의 손에 지폐와 동전을 쥐어 주며 말했다. "오늘 밤 숙박비는 될 것입니다." 그들은 급히 그를 위해 모금했던 것이다.

그러자 이 남성은 감정이 북받쳐 울기 시작했다. 그는 발스도르프 Baalsdorf의 한 목사를 알고 있었고 지금 그에게 가기 원했다.

나는 그를 태워 주었다.

"당신은 나와 함께 차를 타고 가니 꽤 용감하시군요."

나는 이렇게 답했다. "맞습니다. 그러나 저는 당신에 교회 앞에 서 있는 것을 그냥 둘 수는 없지요." 그래서 나는 그가 정말 이 돈으로 술을 마시거나 그의 무기로 더 비극적인 일을 저지르지 않도록 해야만 했다. 그는 자신의 비극적인 인생을 빠르게 설명했다. 그는 거의 30년 동안 감옥에서 지냈다.

갑자기 그는 나에게 물었다. "당신은 내가 교회 문을 열고 들어와 총을 들고 사람들에게 이야기할 때 어떤 느낌이었나요?"

"그 방문객들 모두 너무나 두려워했으며, 당신은 언제든지 방아쇠를 당길 수 있었지요."라고 나는 동의했다.

그는 여전히 총을 가지고 있었다. 그리고 그때 그가 이스라엘제 기관단총인 우지를 가지고 자기 이야기를 할 때 나는 이 사람이 얼마나 불쌍한지 알 수 있었다. 그는 교회당 문을 열고 들어와 사람들을 이 총으로 협박하려 한 것이다. 결국 그는 기차를 탔다. 우리 주님은 삶과 죽음을 초월한다.

이 발스도르프의 목사는 은퇴한 동료로서 감사한 마음을 가지고 있다. 그는 이 사람이 항상 와서 묵을 수 있도록 목사관의 한 방을 준비해 두었다. 목사관에서 비밀리에 발생하는 매우 인간적인 모습이었다.

교회에는 이러한 무장 괴한의 침입과 같은 사건이 계속 있었다. 교회 문 앞에서는 돈을 구걸하는 사람들이 다시 생겨났다. 그리고 거지가 도시에서는 아무것도 구할 것이 없다고 느끼는 사람들이 있었다. 이것이 새로운 90년대에 빛나는 라이프치히에서 일어나고 있던 수치이다. 시내 중심은 늘 그랬다. 그리고 유명한 니콜라이교회 앞에서는 이러한 구걸도 허용된다. 나는 그들이 이곳에서 이렇게 해야 한

다고 생각한다. 예수님 또한 성전에서 자선을 요청하는 사람을 쫓아
내지 않으셨다.

나는 구걸하는 사람이 교회당 옆 인도에서 어느 정도의 거리를 두
고 구걸하는 것에 동의하는데 그것은 모든 사람들이 방해받지 않고
교회당을 출입할 수 있어야 한다고 생각하기 때문이다. 더 어려운 사
람들과의 만남—사회적 의미가 아니라 관계적 의미—을 통해 나는
그들을 돕기 위해 예수님의 영구적인 힘을 필요로 했다. 내가 가진
장점은 정말 어려운 사람들과 공감한다는 것이었다.

"지하 세계의 왕" 또한 마찬가지다. 그는 걸인이 교회 문 앞에서
구걸하도록 '명령' 할 권위를 가지고 있다. 나는 그와 자주 대화했다.
한번은 그가 교회 직원에게 전해 달라며 장미 한 송이를 주었다. 어
떨 때는 20마르크를 준 적도 있다. 그 돈은 '체첸 출신' 의 여성을 위
한 것이었는데 그녀를 착취하는 것은 그를 화나게 만들었다. 그가 많
이 마신 경우에는 정말 어려웠다. 어떤 때는 한 교회 방문자를 끝까
지 추격하면서 이렇게까지 말했다. "당신이 돈을 주지 않으면 나는
에이즈 바늘을 당신의 팔에 꽂을 것이오!"

나는 동료와 함께 자주 그 사람에게 개입했다.

어느 비 오는 아침에, 그 사람은 내가 보는데 교회 앞에 도착한 택
시에서 내려 요금을 지불하며 "맞지요!" 라고 말했다.

그리고 그는 나에게 다가왔다.

"내가 환각 상태인가요? 아니면 정말 당신이 택시에서 내린 것이

사실인가요?" 내가 물었다.

그는 웃으며 말했다. "맞습니다. 목사님. 비가 너무 심하게 와서요." 그리고 우리는 함께 웃어 버렸다. 이렇듯 교회 문 앞 '장사'는 그렇게 나쁘지 않았던 것이다.

마침내 나는 그가 없어졌음을 알아차렸다. 수소문하여 알아보니 그는 성탄절 시장에서 사고를 당해 병원에 입원했던 것이다. 매우 염려가 되어 그가 있는 병원으로 갔다. 내가 병실로 들어서자, 그의 모습은 전혀 달랐다. 그는 거의 알아볼 수 없을 정도로 변해 있었다. 면도도 말끔히 하고 목욕도 했으며 깨끗한 잠옷을 입고 있었다. 나는 무슨 일이 일어났는지 그에게 묻지 않을 수 없었다.

"아, 목사님. 저는 단지 성탄절 시장에서 돌아선 것 같은데 그 다음부터는 아무것도 기억나지 않아요." 의사를 통해 나는 그가 과음으로 인해 정맥류가 고장 났지만 이렇게 살아남았다는 것이다. "그리고 나서 깨어나 보니 저는 이런 깨끗하고 부드러운 불빛이 있는 방에 누워 있더군요." 그는 말했다. "저는 무슨 일이 있었는지 전혀 알 수 없어요. 갑자기 내 침대 위에 수염이 있는 백발의 노인이 내 머리 위에 웃는 얼굴로 묻고 있는 것이지요. 도대체 우리는 지금 어디에 있나요? 내 생각에는 완전히 천국에 온 것 같은데요." 그러면서 그는 하늘로 손가락을 가리켰다. 우리는 함께 웃지 않을 수 없었다. 집으로 돌아가는 길에 나는 생각했다. 그는 이미 밑바닥 생활을 체험했다. 이제 그는 하나님에 대해 많이 알고 그분이 그를 위해 천

국에 한 자리를 준비하실 만큼 큰마음을 가지고 있는 분임을 믿는
것이다.

그는 때가 되면 자신의 장례를 집전해 달라고 부탁했다. 그것은
내가 생각했던 것보다 더 빨리왔다. 병원에서 사람들이 주의를 기울
이고 있었으며 그 사실을 나에게 통지했다. 나는 장례식장에 연락했
고 내가 예식을 집전하고 싶다고 말했다. 거리에서 살면서 그를 알던
모든 사람들은 장례식에 오길 원했다. 예식은 오전 9시에 예정되었
다. 하지만 아직 준비가 되지 않았다. 장례식장에서 두 남자가 왔고
나의 가운도 정시에 도착했다. 그리고 교회에서 두 여성도가 왔다.
우리는 설교, 성경 봉독, 기도로 온전한 영결 예배를 드렸다. 이렇게
우리는 '지하 세계의 왕'을 하나님의 축복 가운데 보내드렸다.

나는 목회 사역을 통해 많은 사람을 알게 되었다. 어느 더운 여름
날 니콜라이교회 마당 분수 주위와 레스토랑의 무료 좌석에 사람들
이 앉아 있었다. 나는 교회로 와 달라는 부탁을 받았는데 한 술 취한
남자가 교회당 제일 앞자리에 앉아 아코디언을 연주하고 있었기 때
문이다. 니콜라이교회의 두 직원이 그에게 모든 친절한 노력으로 부
탁했지만 그는 연주를 단념하지 않았다.

나는 그에게 가서 "친구여, 당신의 소리가 교회당에 있는 다른 사
람들에게 방해가 됩니다. 우리 밖에 나가 분수 옆에 앉아서 서로 얘
기 좀 합시다."

우리는 분수 가장자리에 앉았다. 그는 자신과 같은 알코올 중독자

한 사람에 대해 내게 말했다. 그와 함께 살고 있으며 그를 돌보아 주었다. 바보 같은 범죄로 인해 그는—이 아코디언 연주자—감옥에서 일주일을 보내야만 했다. 그 후 다시 집에 와 보니 그 친구는 바닥에 죽은 채로 누워 있었던 것이다. 그는 친구를 돌볼 기회가 없었던 것이다.

"지금 저는 니콜라이교회에서 친구를 위해 뭔가 노래하고 연주하고 싶습니다. 실제 합창단처럼 하고 싶습니다. '위대한 하나님, 우리가 당신을 찬양합니다.' 이렇게요."

나는 이것이 적절한 합창인지 신중하게 생각했다. "하지만 난 단하나의 찬송만 알고 있어요." 이것이 나의 간단한 대답이었다.

다른 날 내 동료들보다 덜 세심한 주의를 기울이는 사람들에 둘러싸인 이 아코디언 연주자는 비참한 문어처럼 술에 취해 밖으로 내보내졌다. 하나님께 감사하게도 우리는 대화를 나눌 수 있었다. 그는 나를 안으며 말했다. "이제 우리는 내 친구를 위해 주기도문을 할 수 있겠군요."

그는 자신의 아코디언을 내려놓았다. 그리고 우리는 니콜라이교회 마당에서 사람들 가운데 큰 소리로 함께 주기도문을 드렸다. 그도 전체 기도문을 따라했다. 나는 십자가 성호를 그어 그에게 축복했다. 그러자 그는 일어서서 "감사합니다. 이제 다시 갈 수 있겠어요."라고 말하고는 자신의 아코디언을 들고 떠났다.

이러한 모든 사람과 더 많은 사람들이 나의 영적 돌봄을 받았다.

Und wir sind dabei gewesen

"잔뜩 사 놓은 이 색종이들은 어떡하지? 어떻게든 이
것을 사용해야 할 텐데." 나는 물었다.

세바스치안은 미소를 지었다. "신나치들이 지나가는
길에다가 뿌리면 되지요."라고 그는 대답했다.

말하자마자 우리는 행동으로 옮겼다. 우리는 경찰에
게 신나치의 행렬이 지나가는 루트를 물었고 색종이
조각이 담긴 자루를 둘러맨 후 길을 나섰다. 경찰들은
우리가 무슨 일을 하려고 하는지 알지 못한 채 우리를
바라보고 있었다. 우리와 함께 서 있던 사람들은 우
리를 따라 나섰다. 우리가 무언가를 계획하고 있다고
생각한 사람들도 우리를 따라 왔다. 곧 우리 주변에는
거의 300여 명 정도가 순식간에 모여들게 되었고 마
침내 경찰의 의혹을 사게 되었다.

신나치주의자들과
색종이 조각 150그램

동독 지역에도 신나치주의자들이 있었다. 물론 국가적으로는 동독에 신나치주의자가 없다고 선전했지만—있으면 안 되기 때문에 그렇게 말했지만—실제로는 존재하고 있었다.

그러나 한 남자가 이 금기 사항을 용기 있게 공개했다. 그는 바로 콘라드 바이스Konrad Weiß 이다. 그는 저널리스트로 훗날 "민주주의 지금"이라는 시민운동의 창시자이자 대변인이었으며, 1988년 "새롭고 오래된 위험"[132]이라는 제하의 기사를 썼다. 그 기사에서 그는 베를린의 신나치주의가 행한 다양한 위협들에 관해 썼다. 나는 그의 글에 전적으로 동감이 되었으며 그의 글을 교회 주변 사람들에게 반드시 알려야겠다고 생각했다. 그래서 나는 그의 글을—약 13페이지 분량—알림판에 붙여 놓았으나 사실 이것은 말도 안 되는 것이었다. 사

---

132 www. bln.de/k.weiss/gefahr.pdf 참조.

람들은 읽고 또 읽었으나 그 기사는 사라져 버리기 일쑤였다. 다른 측면에서 보면 사람들이 그 주제에 많은 관심을 가지고 있다는 뜻이 되기도 하지만 나는 그래도 모든 사람들이 그의 글을 읽는 것을 원했다. 나는 두꺼운 종이에 그의 글을 떼어 가지 말라고 써서 붙여 놓았다. 당시에는 복사기가 없었기 때문에 나는 매번 그의 글을 타이프로 쳐야 했다.

어느 날 고등학교 교사가 나에게 와서는 그의 글이 매우 훌륭하기 때문에 수업 시간에 그의 글을 인용하고 싶다고 말했다. 그때 나는 이 기회를 이용하기로 했다. "저는 기꺼이 당신께 이 글을 드릴 수 있습니다. 그러나 그 대신 이 글을 베껴 쓰시고 나중에 저에게 네 부 정도 다시 보내 주시면 감사하겠습니다."라고 부탁했다.

"예. 그렇게 하겠습니다." 그녀는 상냥하게 대답했다.

나는 주저하며 이야기를 계속했다. "다른 한 가지 부탁이 있는데요. …이 종이 말입니다. 이 종이는 설교에 사용하는 것인데 이제는 저에게 더 이상 이 종이가 없어요."라고 설명했다. 얼마 전부터 종이가 다 떨어진 것이다. 사서 쓰는 종이는 너무 얇아 설교에 사용하기에는 부적합했던 것이다. "혹시 저를 위해 종이를 좀 구해 주실 수 있는지요?"라고 물었다.

"물론이지요. 아무 문제가 없습니다." 그녀는 즉시 대답했다. 그녀는 교사였기 때문에 다른 방법으로 질 좋은 종이를 구할 수 있었던 것이 분명했다. 그러나 나에게 더 중요했던 것은 이제 더 이상 글을 베껴 쓰지 않아도 되었다는 것이다.

그 이후 그의 글은 다시 제자리에 걸리게 되었다. 놀라운 점은 내가 지나칠 때마다 누군가가 그 글을 읽고 있는 것이었다. 당연히 슈타지들이 그의 글을 떼어 갈 수도 있었지만 교회 안에서는 어느 누구도 13페이지나 되는 글을 떼어 가지는 못했던 것이다. 그러나 사람들 중에는 그의 글에 정말 지대한 관심을 보이는 사람도 있었다. "이글은 정말 엄청나군요, 이 글을 떼어 간다고 나쁘게 생각하지 마십시오. 이 글이 나에게 반드시 필요합니다." 이런 사람에게는 글을 가져가도록 허락해 주었다. 사람들이 영적인 빈곤으로부터 오는 갈망과 진정한 토론을 원하는 것을 알게 되었다.

기본적으로 당시 대도시들에는 "파쇼Faschos"라고 불리는 단체들이 있었다는 것은 다 알려진 사실이다. 당시 정치적으로 야당 색을 띠고 있는 것은 어떠한 것이든 상관없이 국가의 노선과 일치하지 않는 활동들이 조사 및 기록되어 있는 슈타지 문서에는 후일 이와 관계된 것들이 언급되어 있다. 즉 놀라울 정도로 많은 신나치들의 침해 활동들이 기록되어 있다. 유대인에 대한 공격, 좌차당에 대한 공격, 단순한 인종주의적 공격 이외에 다양한 이유에서 출발한, 즉 지적인 이유에서건 아니면 단순히 바보 같은 생각에서건 말이다.

콘라드 바이스는 급소를 건드린 것이다. 그와 같은 사람들은 자신의 출신지 외의 지역에까지도 매우 유명해졌다. 시대적 상황이 우리와 같은 사람들을 하나로 뭉치게 해 주었다. 서로의 관계가 직접적이거나 개인적이거나 친밀한 관계가 아니어도 같은 생각을 가지고 있다는 것만으로도 충분히 뭉칠 수 있는 계기가 되었다. 나는 그를 매우 높이 평가했고 진심으로 감사하게 생각했다. 왜냐하면 극우주의는 평화 혁명에서 해결되지 못한 문제였기 때문이다.

청년들이 모이는 시간에 우리는 우익과 좌익에 대해 늘 토론을 해왔다. "파쇼"당 우익 들은 로이드니쯔 Reudniz 에 그리고 "쩨케 Zecken: 좌익 "당들은 주로 코네비쯔 Connewitz 에 진을 치고 있었다. 양 단체의 위협적인 비언어적 소통 방법들은 서로 막상막하했다. 나는 두 단체의 용기를 시험해 봐야겠다는 생각에 이르렀다. 청년들 중 대부분은 좌익 단체의 사람들 중 누군가는 알고 있었다. 그리고 학교를 통해 우익 세력과의 연락을 취하는 것이 또한 가능했다. 나는 어느 날 저녁 청년 모임에 좌익 단체와 우익 단체 사람들을 초청하여 서로 토론하는 시간을 가지려고 계획했다. 준비하는 동안 양 단체들에서는 많은 말들이 오갔으나 만남을 위한 계획이 구체화되어 가면서 나는 양측으로부터 어떠한 말도 듣지 못했다.

그리고 정작 그날 저녁에는 좌익 단체 쪽에서 대표자 6명, 우익 단체 쪽에서 3명만이 니콜라이교회에 왔다. 우리는 모두 합쳐서 기껏해야 약 20명 남짓 되었다. 좌파 참석자 중 몇 명은 강경파 사람들로 붉은 별이 달린 소련군 모자를 쓰고 나타났다. 반면 우익 단체 사람들은 눈에 잘 띄지 않는 옷차림으로 참석했다. 양측이 즉시 첨예하게 각을 세우는 것을 막기 위해 나는 들어가는 말을 몇 마디 했다.

"우리는 항상 시작하기 전에 서로 돌아가며 간단하게 자기소개를 합니다. 우리가 토론에 들어가기에 앞서 서로를 알기 위해 먼저 자신이 무엇을 하고 있는지 소개하는 시간을 갖겠습니다."

신중을 기하기 위해 나는 우리 교회 청년들부터 소개를 시작하게 했다. 나의 생각은 맞아 떨어졌다. 자기소개 시간에는 조용한 가운데 자신과 자신의 문제를 설명할 수 있도록 아무도 중간에 방해하지 않기로 했다.

놀랍게도 양 단체들의 문제는 매우 비슷했다. 우익 단체들은 라이프치히의 주유소 근처에 있는 집에서 모임을 갖고 있는데 그 주변에 사는 사람들과 경찰의 협박으로 늘 쫓겨 다니는 신세라고 했다. 또한 좌익 사람들도 인근 사람들로부터 마찬가지 대접을 받고 있다는 것이다. 주민들은 그들의 주거 방식과 생활 방식에 대해 불만을 갖고 시위를 벌이고 있었다. 곧 양 단체들은 자신들이 처한 어려움에 대해 서로 허심탄회하게 토론을 벌였다. 우리 교회 청년들은 학교 또는 성인들과 부딪히게 되는 자신들의 어려운 문제들을 설명했다.

토론의 밤 주제는 저절로 정해진 셈이었다. 양 단체가 충돌하는 일은 없었다. 교회측 사람들과 좌익, 우익 단체 사람들은 서로 자기들끼리만 고립되지 않았고 우리라는 의식 속에 평화의 분위기가 조성되었다.

나는 마지막으로 도전적인 질문을 던졌다. "만약 오늘 참석한 3명의 우익파 사람 중 한 사람이 좌익 진영에 나타난다면 어떻게 하겠습니까? 반대로 오늘 참석한 6명의 좌익파 사람 중 한 사람이 우익 진영에 나타난다면 어떻게 될까요?"

그들은 잠시 생각하더니 양측 모두 "아마도 우리가 아는 사람이니 그냥 두라고 할 것 같습니다."라고 답했다.

우리는 모두 같이 주기도문과 축도 이후 개별적으로 이야기를 나누는 시간을 가졌다. 맨 마지막으로 청년 목회실 문을 잠그고 집으로 향하면서 나는 하나님께 진심으로 감사를 드렸으며 많은 것들을 생각하게 하는 소재를 얻은 밤이라고 생각했다.

90년 말에 신나치들이 독일 전역 중 라이프치히를 자신들의 활동 본거지로 삼기로 했다는 것을 간과할 수 없었다. 그들은 라이프치히에서 일어난 평화 혁명에 대해 두 가지 이유에서 관심을 가지고 있었다. 자신들 덕택으로 '공산주의가 극복'되었고, 다른 한편 우익을 위한 혁명은 '더 강한 상대를 넘어뜨리기 위한 성공적인 전략'이었다고 생각하는 것이다. 평화 기도, 비폭력 산상수훈의 정신과 같은 것들은 그들에게 아무 상관이 없었다. 그들의 관심은 오직 성공뿐이었다. 그들은 라이프치히시내를 행진하면서 다음과 같이 시위하기 원했다. "당신들이 하나로 만든 독일을 우리가 크게 만들겠다."

함부르크 출신의 신나치주의자인 크리스치안 보르히 Christian Worch 는 2014년까지 매년 5월 1일과 10월 3일 자유전우회 Freie Kameradschaften 시위를 할 것을 신고했다. 라이프치히시는 이 시위를 모든 법적인 수단을 동원하여 막고자 했으나 실패했다. 이외에도 그때부터 시에서는 신나치 시위가 있을 때마다 항상 반대 시위가 벌어지곤 한다. 노조, 반 파쇼 활동가들, 사민당의 젊은 그룹JuSos, 여러 다른 민주주의 정당들 그리고 우리를 포함한 교회측 사람들, 자치단체들은 우리의 반대 의 사를 표현하는 것이다.

당시 라이프치히시 노조위원장이었던 에다 묄러Edda Möller의 지휘 하에 토마스교회 대표인 크리스치안 볼프 목사, 빈프리드 헬비히 Winfried Helbig, 이자 크레프트Isa Kreft 박사 그리고 나는 "용기 있는 연맹 Buendnis Courage"을 결성했다. 우리는 처음부터 시와 긴밀한 관계를 가지 고 활동하려고 노력했다. 우리는 우리의 활동 방법을 상의하기 위해 수차례 볼프강 티펜제Wolfgang Tiefensee 시장을 우리 연맹에 초청했으며 대부분 경찰도 참석했다.

또한 신나치들에게도 우리가 어디서 모이는지, 어떤 계획을 갖고 있는지 알게 했다. 우리는 상황이 확대되는 것을 원치 않았기 때문이 었다. 2001년 9월 1일 독일 전역에 있는 우익세력들이 라이프치히로 모였다. 이에 맞서기 위해 시장과 "용기 연맹"은 아우구스투스 광장 에서 대규모 반대 시위를 계획했다. 이에 라이프치히와 인근 지역에 서 약 2만 명의 사람들이 모여들었으며 독일 전역에서 모인 신나치 는 약 2,300명이었다. 엄청난 숫자의 차이였다.

1988년과 1989년 평화 기도회에서 알게 된 티펜제 시장은 이번 행 사에서 나에게 공동으로 연설을 하자고 부탁했다. 나는 차례가 될 때 까지 연단 뒤편 계단에 앉아 있었는데 그때 검은 옷을 입은 젊은이들 한 떼가 손에는 적포도주 병을 들고 모퉁이를 돌아오고 있었다. 그들은 이미 약간 술에 취해 있었는데 왠지 불길한 예감이 들었다. 행사는 시작되었고 먼저 보르나_{Borna}에서 온 오케스트라가 나와 연주를 하고 있었다.

순식간에 그 청년들은 복면을 쓰고 연단에 있는 장식을 모두 망가뜨리며 그것을 연주자들에게 던지기 시작했다. 연주자들은 무장한 패거리들을 보자마자 무대에서 도망을 쳤다. 외국인 지휘자는 심하게 다쳐서 병원으로 옮겨야만 했었다. 패거리 중 몇 명은 스탠드를 들어서 집어던졌고 자신들 지도자의 얼굴을 내리쳤다. 이들은 자신들이 누구를 대항해 싸우는지 자기들도 모르고 있었던 것이다.

그들은 차후 자신들이 나치와 외국인 혐오를 싫어한다고 진술했다. 그들의 행동으로 연단 위 외국인을 병원으로 보내게 되었고 나치를 반대하는 행사를 망쳤다. 그들은 좌파도 아니요, 우파도 아닌 언더그라운드 소속이었던 것이었다.

나는 내가 앉아있던 곳에서 이 청년들 중 하나가 연단 아래로 숨어들어 가는 것을 보았는데 그 청년은 그곳에서 미친 사람처럼 호루라기를 불며 선전 구호를 외쳤다. 나 외에도 그를 본 사람이 한 사람 더 있었다. 모자를 쓴 할머니 한 분이었는데 그녀는 이 광경을 지켜보다가 곧바로 그에게로 다가갔다. 그리고 마치 어린 아이 입에 물려 있는 가짜 젖꼭지를 빼내는 것처럼 그의 입에서 호루라기를 빼내고는 그에게 "당장 꺼져."라고 단호하게 말했다.

그 젊은이는 놀라서 입을 벌린 채 서 있었다. 그리고 그는 사라졌다. 그 순간 나는 할머니가 이상적인 갈등 해결법을 보여 줬다고 생각했다.

그 순간 티펜제 시장은 연단으로 올라가 연설을 시작하려고 했다. 그가 연단의 마이크 앞에 서자마자 고막을 찢을 것 같은 소음이 들려왔다. 자치단체들이 호루라기를 불고 여기저기서 소리를 질러 시장이 말하는 것을 방해했던 것이다. 그들은 결국 코드를 찾아내 뽑아 버렸다. 마이크는 작동이 되지 않았고 행사장은 아수라장이 되어 버렸다.

티펜제 시장은 낙심한 마음으로 연단을 내려왔다. 그는 내 옆을 지나가며 "크리스치안, 이것을 보게 여기서 무엇을 할 수 있겠나."라고 말했다.

찢어질 듯한 호루라기 소리와 외침이 계속되고 있을 때 나는 연단으로 올라갔다. 그리고는 복면을 쓴 청년들이 저질러 놓은 일들을 바라보았다. 의자들과 여기저기 넘어져 있고 악보들이 널려져 있었다. 여기저기 깨진 화분들도 보였다. 나는 우선 내 연설문을 놓을 보면대 하나를 세워 두었고 그 자리에 서서 사람들을 쳐다보았다. 난리를 친 사람들을 제외하면 약 2만 명의 사람들이 모여 있었고 그들은 비폭력적인 방법으로 신나치 반대 시위를 하려 했던 것이다.

내가 연단으로 올라올 때 한 여성이 나에게 대놓고 "형편없이 쬐끄만 목사 아냐!"라는 소리를 들었다. 나는 그저 웃을 수밖에 없었다. 그러는 사이 다시 스위치를 꽂아서 마이크가 작동이 되는 것 같았다. 나는 잠시 기다렸고 조금씩 조용해졌다. 복면을 한 사람 중 몇은 사라져 없었고 나머지는 조용해졌다. 그 상황은 마치 예수님이 바다를 잠잠케 한 것과 비슷했다. 사람들이 조용해졌기에 나는 연설을 시작할 수 있었다. 나는 우선 시의 고등행정법원이 어떻게 신나치가 이 시에서 시위를 할 수 있도록 허락했는지 이해할 수 없다는 말로 시작했다. 민주주의를 없애고자 하는 사람들은 민주주의적 수단을 이용해 민주주의를 없애려고 하고 있으며, 경찰이 이러한 시위대들의 안전을 보장해 주어야 한다니! 나는 고등행정법원 사람 중 누군가가 그곳에 와 있기를 바랐고 그들의 결정으로 지금 어떤 일이 벌어졌는지 그들이 보길 원했다. 경찰들도 출동해 있었고 도시 전체가 도발을 당한 것이다.

나는 조용히 서론을 마치고 높은 목소리로 계속했다. "이제 제 생각에 여러분이 맘에 들지 않을 것 같은 시간이 왔다고 생각합니다. 그러나 신나치가 자기 자신에게 빠지도록 놔둬서는 안 되겠습니다. 우리는 그들을 이해시켜 우리와 함께 대화의 자리에 나오도록 해야겠습니다. 예수님은 "사람들이 동과 서에서, 또 남과 북에서 와서, 하나님 나라 잔치 자리에 앉을 것이다."[133]라고 하셨습니다. 이것은 미래에 대한 약속의 말씀입니다. 예수님의 말씀에 따르면 '그때

133 누가복음 13장 29절.

는 온다.'고 했습니다. 행진하는 것이 아닙니다. 미래는 군대의 행진으로 오는 것이 아닙니다. '동서남북에서'라고 말합니다. 종교, 정치, 세계관적 제한 또는 국가적 제한이 없이 말입니다. 그리고 '식탁에 앉을 것'이라고 말했습니다. 서로가 말이나 주먹 또는 몽둥이로 대립하는 것이 아닙니다. 미래를 향한 약속의 식탁에는 오늘날 사회 변두리에서 떠도는 사람들도 포함되어 있는 것입니다. 왜냐하면 그들도 한 어머니의 아들이기도 하고, 한 여인의 남편일 수도 있으며 아버지일 수도 있기 때문이며, 그들 또한 우리의 형제요 자매이기에 우리가 포기할 수 없고 떨어져 나가게 놔두어서도 안 되기 때문입니다."

이렇게 나는 강연을 마쳤다. 결코 그럴 수 없었는데 나의 연설이 끝나자 사람들은 박수를 치기 시작했고 행사장은 평화로운 분위기가 되었다. 이 순간 나는 1989년 가을, 평화와 안도의 기분을 연상하게 되었다. 결국 우리와 함께 사는 사람들에게 책임감을 갖자는 것이었다. 앞서 할머니가 젊은이에게 했던 것과 같이 내 옆에 서 있는 사람들에게 관심을 기울이자는 것이 요지였다.

이런 종류의 행사를 통해 나는 기반 단체 사람들뿐 아니라 그들이 맡은 역할 때문에 언론의 초점이 되고 있는 사람들을 알게 되었다. 볼프강 티펜제 시장 외에도 그의 후임으로 라이프치히시장이 된 부르카르트 융Burkhard Jung과도 협력을 했는데 그는 신나치 반대를 위해 부단한 노력을 기울였다. 나는 그와 함께 많은 의미 있는 행사를 계획하고 실행했다. 시간이 지나면서 신나치 반대 시위 사전에는 니콜라이교회에서 기도와 말씀으로 준비하는 예배를 드리게 되었고 이것은 오늘까지도 계속되고 있다. 한번은 우리들이 니콜라이교회에서 나와 신나치들이 도착한다는 중앙역으로 달려갔다. 어떠한 일이 있어도 나치들이 라이프치히의 민족전쟁 기념탑으로 달려가게 놔둬서는 안 된다고 생각했다. 나치들은 제3 제국 시대에도 이 장소를 자신들의 행진을 시작하는 장소로 종종 이용해 왔던 것이다. 우리는 아우구스투스 광장에서 그들의 길을 막아섰고 경찰들도 우리의 편에 서 주었다. 역에서 경찰은 신나치들의 신분증을 검사했고 모든 시위 규정이 그렇듯 책임자의 이름을 조사했다. 그리고 경찰은 그들의 이름을 조서에 기입했다. 중간에 한 사람이, 당시 그들이 맥주를 많이 마셔 그런 경우가 자주 있듯이, 화장실을 다녀오게 되면 그 사람은 또다시 줄을 서야 했고 다시 조사를 받아야 했다. 경찰은 모든 가능한 방법을 동원하여 그들의 시위를 막았던 것이었다. 신나치들은 일정한 시간에만 시위를 하는 것으로 신청했기 때문에 이런 조사로 인해 그들의 귀중한 시간을 잃어버리고 있었던 것이다. 이렇게 해서 그들이 원래 계획했던 것만큼 멀리 나아가지 못하게 하려는 것이었다. 마침내 마지막 신나치까지 검열이 끝나고 그들은 마침내 행진을 시작했다. 이렇듯 우리는 모든 방법을 동원하여 그들의 행진을 막으려고 노력했다. 한번은 우리가 중앙역에 모래주머니를 쌓아 놓고 건너편 광장에서 우리는 사람으로 숫자 89를 만들어 서 있었던 적도 있다.

평화 혁명도 유머스럽게 진행되었던 것처럼 나는 신나치 시위에서 늘 생겨나는 폭력과 그 폭력을 막으려는 폭력을 어떻게 하면 없 앨 수 있을까를 늘 생각했다. 극우파 시위대들은 분명한 거절이 필요했으나 복면한 사람들의 폭력을 통해서는 아니었다. 결국 우리는 우리의 계획을 관철시키기 위해 여러 명의 유명인들을 알게 되었다. 그 중에는 토마스교회 음악 담당인 게오르그 크리스토프 빌러 Georg Christoph Biller , 희극인 베른트 루쯔 랑에 Bernd-Lutz Lange , 군터 뵌케 Gunter Bohnke , 나토 naTo 의 팔크 엘스터만 Falk Elstermann , '왕자들'이라는 밴드 소속인 세바스치안 크룸비겔 Sebastian Krumbiegel 외 여럿이 있었다. 우리 시위에 항상 함께 했던 세바스치안 크룸비겔은 우리와 아주 기발한 아이디어를 내었다. '브라운 카니발'을 꾸며 보자는 것이었다. 즉 너희 신나치들이 하는 일은 너무나 서글프고 괴상망측해서 카니발이나 재의 수요일에나 볼 수 있을 만한 것이라는 메시지를 전하자는 것이었다.

우리는 심사숙고한 끝에 형형색색 종이 조각 장식을 구입하고 헬리콥터를 한 대 빌리기로 했다. 그리고는 그 색종이들을 신나치들 위에서 배포하려는 계획을 세웠다. 우리는 단조로운 브라운 색 나치 상징 대신 형형색색의 다양성을 인정하자는 메시지를 전하고자 했던 것이다. 우리는 즉시 색종이는 구입할 수 있었지만 헬리콥터가 없었다. 나는 이 일로 일생에 처음 연방항공부처와 관계를 맺게 되었다. 해당 부처 직원이 우리에게 전화를 걸어서는 우리의 계획을 현실화시키기가 어렵겠다고 설명했다. 왜냐하면 종이 조각이 헬리콥터의 통풍

관으로 들어갈 가능성이 있고 그렇게 될 경우 헬리콥터는 돌처럼 땅바닥으로 내동댕이쳐진다는 것이다. 이렇게 되는 것은 우리가 의도한 것이 아니었다. 우리는 무거운 마음으로 이 계획을 포기하기로 결정했다.

다른 예로 우리는 웃음보따리Lachsack[134]를 사자고 생각했다. 수천 개 정도. 그러나 우리는 짧은 시간 내에 이렇게 많은 웃음보따리를 구하는 것은 불가능하다는 것을 알게 되었다. 결국 우리는 쉽게 많은 양을 구입할 수 있는 어린이용 나팔을 구입하기로 결정했다.

나치 시위대 조직 담당인 크리스치안 보르히는 우리의 계획에 대해 듣고는 나에게 편지를 써서 나팔 몇 개를 자신에게 줄 수 있는지 물었다. 이외에도 그는 나에게 자신들의 시위에서도 연설을 해 줄 수 있는지도 물었다. 나의 안전에 대해서는 자신이 보장해 줄 것을 약속했다. 서로 돌을 던지며 싸우는 것보다 서로가 대화를 나누는 것이 중요하지 않겠느냐는 것이었다. 그는 당연히 나의 말을 인용하여 부탁한 것이었다. 기본적으로 나는 모든 사람들과 대화했다. 이 제안을 받아들여야 할지에 대해 깊이 생각해 보았다. 내가 신뢰하는 사람들은 모두 이구동성으로 이 제안을 받아들여서는 안 된다는 입장이었다. 볼프강 티펜제도, 베를린의 친구들인 저널리스트 베티나Bettina 와 한스-위르겐 뢰더Hans-Jürgen Röder 도 모두 같은 생각이었다. 즉 그 시위

---

134 보따리 모양에 웃는 얼굴이 그려 있고 누르면 웃음소리가 나는 소품(역자 주).

에서 내가 원하는 것을 말할 수는 있지만 그 이후 어떤 일이 벌어지는가가 더 문제라는 것이었다. 그들의 말은 만약 내가 신나치들과 함께 있는 사진이 나중에라도 나오는 날에는 사람들은 내가 그들과 한 패라고 생각할 수도 있다는 것이었다. 나는 그 생각도 일리가 있다고 생각하여 거절하기로 결정했다.

그러나 나는 크리스치안 보르히에게 개인적으로 만나 대화를 나눌 것을 제안했다. 그는 나의 제안을 받아들였고 시위를 마치고 몇 주가 지난 후 나에게 연락을 해 왔다. 우리는 언론에 알리지 않고 만날 것을 합의했고 나는 우리의 대화에 나의 아내도 참석하게 해 줄 것을 부탁했다. 우리는 목사관에서 만나기로 했고 그는 혼자 나를 찾아왔다. 정말 불가능할 것 같았던 만남이 이루어졌고 나는 내가 하고 싶은 모든 말을 그에게 할 수 있었다.

나는 크리스치안 보르히와 만나고 난 이후 신나치를 반대하는 시위를 벌일 때마다 내 마음이 이전보다 무거워지는 것을 느꼈다. 그가 어떤 사람인지를 이제 내가 알기 때문이었다. 내가 '적'의 모습을 알게 되었던 것이다. '그 대화가 적대감을 없애 주고 예수님의 뜻대로 상대방의 마음과 생각을 보게 된 것일까?' 라고 나는 생각했다. "그러나 내 말을 듣고 있는 너희에게 내가 말한다. 너희의 원수를 사랑하여라. 너희를 미워하는 사람들에게 잘 해 주고."[135] 처음에는 그렇

---

135 누가복음 6장 27절.

게 되었다.

보르히와 이야기를 나누기 한참 전 나치가 시위 행진을 한다고 계획된 날이었고 우리는 그날에 반대 시위인 '브라운 카니발'을 준비하고 있던 때였다. 우리들은 어린이 나팔을 들고 스피커가 달린 자동차의 뒤를 따라 역으로 달려갔다. 신나치들이 역에 도착하자마자 귀를 찢을 것 같은 큰 소리로 나팔 연주가 시작되었다. 모여 있던 아이들은 매우 신나는 것 같았다. 내가 돌아보니 군중 속에는 토마스교회의 지휘자도 있었고 군터 뷘케Gunter Böhnke도 있었다. 내 옆에는 세바스치안 크룸비겔이 서 있었다.

"잔뜩 사 놓은 이 색종이들은 어떡하지? 어떻게든 이것을 사용해야 할 텐데." 나는 물었다.

세바스치안은 미소를 지었다. "신나치들이 지나가는 길에다가 뿌리면 되지요."라고 그는 대답했다.

말하자마자 우리는 행동으로 옮겼다. 우리는 경찰에게 신나치의 행렬이 지나가는 루트를 물었고 색종이 조각이 담긴 자루를 둘러맨 후 길을 나섰다. 경찰들은 우리가 무슨 일을 하려고 하는지 알지 못한 채 우리를 바라보고 있었다. 우리와 함께 서 있던 사람들은 우리를 따라 나섰다. 우리가 무언가를 계획하고 있다고 생각한 사람들도 우리를 따라 왔다. 곧 우리 주변에는 거의 300여 명 정도가 순식간에 모여들게 되었고 마침내 경찰의 의혹을 사게 되었다.

경찰 몇 명이 우리를 가로막았다. "더 이상은 갈 수 없습니다." 경찰이 단호하게 말했다.

"왜 안 됩니까?" 우리 쪽에서 한 사람이 질문했다.

"우리는 절대 평화적으로 뭔가를 할 것입니다." 다른 한 사람이 말했다.

우리는 경찰에게 색종이를 뿌릴 것이라는 계획을 설명해 주었다. 그러나 경찰은 일단 의혹을 버리지 못하고 본부와 급히 전화를 나누었다. 마침내 우리에게는 지나가도 된다는 허가가 떨어졌다. 그리고 길가에서 신나치들에게 몽둥이 세례를 주려고 기다리던 자치단체들도 우리와 합세했다. 그것을 경찰이 보더니 경찰서장이 나에게 다가와 물었다.

"이 일이 잘 될 것이라고 생각하십니까?"

또 그 자리에 우연히 나와 있던 치안 담당 부시장도 염려가 되어 나에게 다시 물었다. "이 많은 사람들을 통제할 수 있습니까?"

"걱정하지 마세요."라고 대답하고 우리는 정말 평화적인 목적으로 이 일을 하고 있는 것이라고 강조했다.

프라하 거리Pragerstrasse에 도달했을 때 우리의 행렬은 처음보다 배나 커져 있었는데 이는 폭력을 행사하려고 준비했던 청년들 때문만은 아니었다. 거사를 치르려 했던 곳에 다다랐을 때쯤에 우리는 거의 천 명 정도가 되었다. 길거리는 이미 차단되어 있었고 거리는 경찰들, 경찰차, 물 대포, 스피커를 단 자동차들로 가득했다.

나는 내 뒤를 이어 서 있는 시위대에게 쳐다보며 말했다. "여기서 기다리고 계시오. 먼저 이들에게 우리의 계획을 설명해야 하겠습니다."

세바스치안 크룸비겔과 다른 두 사람과 함께 나는 경찰에게 다가 갔고 그들에게 신나치들이 지나가는 길을 유머스러운 방법으로 표시하려고 한다는 것을 설명했다.

"우리를 지나가게 해 주세요. 우리 행렬에는 유감스럽게도 폭력 청소년들도 섞여 있고 그들이 폭동을 일으키면 당신들에게 문제가 될 것입니다." 라고 나는 강조했다.

"목사님은 만약 충돌이 심화되면 어떻게 하시려고 그럽니까?"

"나에게 경찰들이 우리를 지나갈 수 있도록 해 주었다는 것을 스피커로 말할 수 있게 해 주십시오." 라고 나는 재빨리 대답했다.

경찰들은 그럼 최소한 색종이 자루를 가지고 있는 사람들만 지나가게 해 주겠다고 제안했고 그러는 동안 나는 스피커가 달려 있는 자동차로 다가갔다. 사람들은 목사가 군용 자동차에 있는 모습이 낯설게 느껴진 모양이었다. 나는 짧지만 분명하게 우리는 비폭력으로 행사에 참여해야 한다고 말했고 또한 우리를 막아선 경찰들을 이해하고 머물러 서 있을 것을 당부했다.

몇 분이 지나서 세바스치안 크룸비겔과 토마스교회 지휘자가 다시 돌아왔다. 그들은 색종이 조각들을 거리 위에 뿌려 놓았다. 그 모습은 길거리 위에 양탄자를 깔아 놓은 것처럼 참 아름다워 보였다. 경찰들도 잠시나마 그 모습을 보고 즐거워했다. 하지만 그들은 다시 심각해졌다.

"이제 어떻게 하실 겁니까?" 경찰 중 한 사람이 나에게 물었다.

"이제 우리는 돌아갈 것입니다." 나는 그에게 확실하게 말해 주었다.

그러나 경찰들은 위험 부담을 지기 원하지 않았기 때문에 나에게 말했다. "당신은 여기 머물러 있어 주십시오. 아무 일도 일어나지 않는다는 보증으로 말입니다."

"저는 여기 머물러 있을 수 없습니다. 다른 이들과 함께 돌아가야 합니다. 만약 내가 이곳에 남는다면 다른 모든 사람들도 가지 않을 것입니다." 나는 걱정스럽게 말했다.

내가 경찰과 이야기를 나누고 있는 동안 우리 시위 행렬에서 웅성거리는 소리가 들리기 시작했고 폭력 청소년들은 우리 행렬에서 다시 떨어져 나왔다.

나는 무리 쪽을 바라보며 외쳤다. "여러분 나와 함께 되돌아갑시다. 우리에게는 분명한 목표가 있습니다. 우리 도시에 신나치가 존재하지 못하도록 하는 것입니다. 이를 상징적으로 표시하기 위해 우리는 형형색색의 아름다운 종이로 방패막이를 만들어 놓았습니다. 이제 다시 돌아갑시다."

나는 먼저 좋은 본을 보여 주는 것이 얼마나 중요한지 알고 있었기 때문에 앞장서서 걷기 시작했다. 자치단체들을 제외한 나머지 사람들은 정말로 나를 따르기 시작했다. 그러나 자치단체는 목소리를 모아 외쳤다. "우리는 이곳에 머무를 것입니다."

이에 나는 다시 한 번 청소년들에게 간청했다. "충돌을 일으켜서는 안 됩니다. 이곳에서 신나치를 만날 수 없을 것입니다. 여러분들은 결국 경찰과 서로 몽둥이를 휘두르게 될 것입니다."

우리는 계속 앞으로 나아갔다. 이번에는 남은 이십여 명 남짓 되는 강경파 단체를 제외하고는 모든 사람들이 우리를 따라 왔다. 우리가 약 100미터 정도를 행진했을 때 다행히 그 강경 단체도 우리를 따라오기 시작했다.

우리가 이날 유머가 섞인 행동을 통해 이룩한 것들 때문에 나는 마음이 매우 흡족했다. 그리고 더욱 중요한 것은 신나치가 이번에 자신들의 목적을 달성하지 못했다는 것이었다.

지난 몇 년 동안은 유감스럽게도 신나치 반대 시위에 점점 더 사람들이 적게 모이고 있다. 그러나 다행스럽게 신나치 시위자 숫자도 적어지고 있는 추세이다.

2007년 5월 1일 부르카르트 융 시장은 나에게 시위에서 자신과 공동으로 연설을 하자고 제안했다. 신나치들이 다시 전쟁기념탑으로 행진하려고 계획을 세우고 가까운 기차역을 집합 장소로 광고했던 것이었다. 우리는 자전거를 이용한 행렬을 조직해 보려고 했었다. 그러나 참석하는 사람들이 없었다. 결국 우리는 부르하르크 융 시장과 안드레아스 뮐러 Andreas Müller 부시장 외 몇몇 소수의 시민들과 함께 조촐하게 축제를 벌였다. 시위를 준비하기 위한 예배는 시간이 너무 촉박했던 관계로 기념탑 앞에서 간단히 드렸다. 나의 연설 주제는 "외면하지 말고 침묵하지 말자. 우리의 발을 평화의 길로 내딛자."[136]였다. 우리는 전부 해봐야 라이프치히에서 모인 300명 정도 밖에 없었다. 그러나 전국에서 모인 신나치의 숫자는 36명 정도였다.

일주일 후 크리스치안 보르히는 이미 2014년까지 등록해 놓았던 시위 신청을 모두 취소해 버렸다.

---

136 누가복음 1장 79절.

Und wir sind dabei gewesen

내가 목사로서 독일노총이 주는 상을 받게 되면 그들의
끄나풀이 되는 것은 아닌지에 대해 당연히 생각해
보아야 했다. 이런 일에 대해 자꾸 생각하게 된다
면 이 사람은 곧 사회에서 전혀 옴짝달싹 못하게 된
다고 생각했다. 나는 오히려 노총이 노동계에서 주는
최고의 상인 이 상을 월급도 받지 않는 목사에게 주었
다는 사실이 매우 비범하고 고무적인 일이라고 생각
하기로 했다. 그래서 더 이상 염려하지 않았다.

무신론자들과의 연합

오늘날에는 분야별로 자신의 분야에서 뛰어난 업적을 이룩한 사람들에게 주는 상이 있다. 텔레비전을 켜면 어떤 종류이든지 표창 받는 장면을 쉽게 볼 수 있다. 어떤 상은 간단히 받아가지고 들어가는 것이 있는가 하면 어떤 상은 눈물을 흘리며 받는 상이 있다. 나는 최근 어떤 사람이 카메라 앞에서 자신의 상을 거절하는 것을 본 적이 있다. 상과 훈장은 항상 문제를 동반한다. 그래서 나는 나 혼자 어떤 상을 받는 것을 매우 주의해 왔다. 그리고 내가 받는 상은 나와 함께 동역해 준 사람들을 대표해서 내가 받는 것이다. 나는 공로 십자훈장에서 시작하여 "뜨거운 감자" 상까지 받았다.

내가 처음 받은 상은 1991년 테오도르-호이스 메달 Theodor-Heuss-Medaille 이었다. 나에게는 매우 놀라운 일이었다. 이 상을 받은 사람은 나를 포함해 6명이었다. 다비스 길 Davis Gill, 요아킴 가욱 Joachim Gauck, 아네타 카네 Anetta Kahane, 울리케 포페 Ulrike Poppe, 옌스 라이히 Jens Reich 그리고 나였다. 우리 여섯 명은 "1989년 가을 당시 동독에서 있었던 평화적 시위"에 대해 대표로 상을 받은 것이었다.

한번은 내가 시상에 직접적으로 영향을 미치기도 했다. 연방공로 십자훈장 수여식 날짜를 로만 헤르쪽Roman Herzog은 당시 매우 신경을 써서 정해 놓았었다. 연방 대통령은 보통 십자훈장을 위해 어떤 날을 정해 놓지는 않는 것이 상례였다. 본에서건 베를린에서건 그랬다.

그러나 이번에는 시상식을 반드시 라이프치히에서 거행해야 한다고 했던 것이다. 1995년 10월 9일, 당시 총 26명의 구 동독 인사들이 상을 받기로 되어 있었다. "민족과 국가를 위한 공로를 치하하여 나는 독일연방공화국의 제1 공로 십자훈장을 수여한다. 연방대통령"이라고 쓰여 있다.

1989년의 역사적 사실로 수상하게 된 사람들 중 게지네 올트만스 Gesine Oltmanns, 우베 슈바베Uwe Schwabe 그리고 나만 라이프치히 출신이었다. 우리는 그러나 크리스토프 본네베르거가 어떻게 같이 수상하지 못하는지 알 수 없었다. 이제 와서 우리가 위원회에 상을 받아야 할 사람이 또 있다고 말한다는 것은 매우 이례적인 일이었다. 그러나 우리는 1989년 우리와 함께 있었던 사람에게 상처를 줄 수는 없다는 것을 설득력 있게 전할 수 있었다.

1989년 10월 그는 중풍이 온 후 목사직을 더 이상 수행할 수 없었다. 그가 첫째 줄에 서 있을 수 없게 되자 사회적으로 동료들 사이에서도 얼마나 빨리 잊혀졌는지 놀라울 따름이었다. 슈바베와 나는 본네베르거가 없이는 상을 받을 수 없다고 주장했다. 이에 위원회는 결정을 번복하여 26명이 아닌 27명에게 상을 내리게 되었다.

수상자들은 행사가 시작되기 전 행사의 진행 순서에 대해 서로 맞춰 보았다. 마리안네 비르틀러Marianne Birthler가 처음으로 연설을 하기로 했고 내가 그 다음에 그리고 울리케 포페Ulrike Poppe가 마지막 순서를 맡기로 했다. 내가 지난 구 동독이 본보기적으로 1989년 10월 9일 니콜라이교회나 아니면 시내 다른 교회에서 십자가 아래 어떤 상황이었는지를 생각해 볼 때 오늘 옛 시청 사옥에서의 분위기는 특별했다. 나는 우리 니콜라이교회를 방문하는 사람들에게 가이드를 해 줄 때 늘 10월 9일에 대해 말해 준다. 그러나 사람들이 나에게 인터뷰를 요청해서 그날 오후 있었던 일을 설명할 때마다 소름이 돋는 것을 느낀다. 아마도 내가 사는 날 동안은 늘 그럴 것 같다.

늘 그래왔듯이 시상식에도 맨 첫 줄에 나는 홀로 서 있지 않고 다른 수상자들과 함께 서 있었다. 이들은 바로 동독 시민을 대표하는 사람들이다. 동독 시민 전체가 지금 바로 이 앞에 서 있는 것이다. 나는 상장에 찍혀 있는 표식을 보았다. 그것은 모든 종류의 삐뚤어짐에 대항하는 격려의 표시였다.

"독일 내에 일하기를 원하고, 일을 할 수 있음에도 일자리를 찾지 못하는 견습생이나, 40대 중반 또는 50대 중반이 존재하는 한, 주택 보수 공사를 마친 후 비싼 가격으로 내놓아 빈 집으로 서 있음에도 아직도 자신들이 부담할 수 있을 만한 집을 찾고 있는 사람들이 있는 한, 평화 혁명의 2부는 끝난 것이 아닙니다. 2부는 1부 때보다 쉽지 않을 것입니다."라고 나는 연설을 맺었다.

상을 받아서가 아니라 사람들은 이를 통해 시대적 역사를 배우게 된다. 또 나에게는 의사 표현과 언론의 자유를 위한 요한-필립-종려상 Johann-Philipp-Palm-Preis 이 주어졌다. 약사 부부였던 요한 필립 팔름과 마리아의 기부로 시작된 상으로 이 부부의 조상 중 한 분이 나폴레옹 당시 지배자에게 반대하는 글을 작성하여 전단지를 만들어 뿌렸다고 한다. 이에 나폴레옹은 분노하며 쇼른도르프 Schorndorf 출신의 서적상인이었던 그를 잡아들이라는 명령을 내렸고 그는 처형당했다.

그를 기념하며 2년마다 한번씩 이 상을 수여하고 있는 것이며 내가 그 상을 슈투트가르크 근처인 쇼른도르프에서 지헴 벤세드리네 Sihem Bensedrine 와 함께 수상하게 되었다. 그녀는 튀니지 기자로 자신의 기사와 보도 때문에 고국에서 박해를 받고 죽음의 위협을 받고 있었다. 내 옆에 서 있는 이 여성의 인생이 내 인생에 위협이 찾아왔을 때보다 훨씬 더 위협을 받고 있었다. 이것은 나로 하여금 많은 생각을 하게 했다.

2004년에는 베를린에서 내가 여태껏 한번도 들어 본 적이 없는 황금닭 상을 수상했다. 베를린의 프리드리히 슈타트 팔라스트 Friedrichstadtpalast 에도 나는 가본적이 없었다. 일생에 단 한 번 밖에 없는 기회였다. **수퍼릴루** SUPERillu 잡지사가 이 상의 기부자였다. 이날 저녁 나는 당시 헝가리에서 국경선을 열어 준 베르벨 볼리 Bärbel Bohley 와 기

올라 호른Gyula Horn과 함께 수상했다. 우리 세 사람은 나란히 한 줄로 서서 황금닭 상을 수상했다. 메르켈 총리가 당시에는 아직 총리가 되지 않았을 때였지만 축사를 해 주었다. 이어 우리는 각자 한마디씩 소감을 말하는 순서가 있었다. 나는 다시 말했다. "저는 지금까지 한 번도 상을 받지 않은 국민 전체를 대표해서 이 자리에 서 있습니다."

10월 9일 평화 기도회에서 나는 그 정치적—닭을 라이프치히시 대포럼에 넘겨주었다.

아내는 기본적으로 상이나 표창 같은 것에 대해 매우 비판적이다. 나는 표창 받는 것을 통해 언어로 사람들을 움직이고 침체되는 것을 막으며 희망을 심는 기회로 삼았다. 그러나 반대로 아내는 고집스럽게 예수님께 눈길을 고정시키고 질문한다. "당신은 누구의 상에 앉아 있나요? 누구에게 존경을 받기 원해요? 표창 받는 것의 의미는 무엇인가요?"

예수님도 초대를 받으셨다. 예를 들면, 바리새인이었던 시몬에게 초대를 받으셨다.[137] 높이 존경을 받고 있던 시몬도 예수님을 초대하면 놀라운 일이 생긴다는 것을 모르고 있었다. 예수님은 한번도 초대를 거절하지 않았고 "나는 그곳에 가지 않겠다."고 말하지 않았다. 그는 열린 자세였다. 그러나 도시 전체가 다 알고 있는 창녀가 그에게 왔고 모든 사람들이 놀랐다. 그녀는 예수님의 발에 기름을 바르기

---

137 누가복음 7장 36절 이하.

[사진 28] 크리스치안 퓌러 목사의 입교 50주년 기념 사진으로 퓌러 목사는 맨 뒷줄 오른쪽에서 두 번째에 있다.
[저작권] Christian Führer

시작했고 발을 눈물로 적시고는 자신의 머리로 그의 발을 닦았다. 그 것을 보고 있던 바리새인은 그 사건에 끼어들지는 않았지만 마음속 으로 생각했다. "만약 이 예수가 선지자라면 저 여자가 누구인지 알 거야."

예수님은 시몬의 생각을 알고 말했다. "시몬, 내가 이 말을 하고 싶은 마음은 없지만 그래도 말해야겠다. 주인이 손님을 초대했으면 그 발을 씻어 주는 것이 보통이지만 너는 그렇게 하지 않았다. 그 일 을 이 여인이 대신 해 준 것을 아느냐?"

그 의식은 단지 청결을 위한 것이 아니라 마음을 유쾌하게 하는 사치스러운 것이었다. 발을 씻기 위해 물을 사용하거나 또는 발에 기름을 바르는 것은 노예나 종을 소유하고 있는 부유한 사람들이나 할 수 있는 일이었다.

이어 예수님은 무리를 향해 말했다. **"당신이 사랑을 증명했기 때문에 당신의 많은 죄가 용서함을 받았다."** 그리고 예수님은 그 여인을 향해 말했다. **"너의 믿음이 너를 구원했으니 평안히 가라."** [138]

예수님은 낯선 장소에서 불가능한 상황 가운데 일반적인 사고를 다시 한 번 생각해 보게 했고 미심쩍어 하는 사람들이 다시 새롭게 시작할 수 있도록 도와주었다. 낯선 장소에서 예를 들면 수상식과 같은 때 이와 비슷한 일이 일어난다면 좋은 것이 아니겠는가.

한참 뒤였지만 내가 가장 영광스럽게 생각했던 일은 2005년 10월 미하엘 고르바초프와 함께 받았던 아우구스부르거 Augsburger 평화상이었다. 2005년 초 아우구스부르크 Augsburg 외프너 Öffner 지역 주교가 나를 방문하여 정말 믿을 수 없는 소식을 전해 주었다. 나와 미하엘 고르바초프라니, 나는 전혀 조합이 불가능한 결정이라고 생각했다. 그는 적어도 1985년부터 국제 정치에서 비중 있는 역할을 감당해 온 인물이었고 더군다나 동서독 모두 인정하고 존경하는 독일의 외무 장관 한스-디트리히 겐셔 장관이 인정하는 그 사람 그리고 나였다. 작은

---

138 누가복음 7장 47-49절.

마을의 목사인 내가 이러한 조합에 어울리기나 하는가?

에른스트 외프너 주교는 나에게 설명해 주었다. 이러한 조합에 대해 사람들이 이미 생각하지 않은 바가 아니라고 했다. 세계에서 정치권력을 가지고 있는 지도자 반열의 사람과 또 완전히 반대로 기반을 대표하는 사람 그리고 수상자인 미하엘 고르바초프 옆에 내가 서 있게 된다는 생각에 미쳤을 때 나는 일 초도 더 이상 생각할 필요가 없었다. 고르바초프가 소련공산당 서기장으로서 공산주의 지도자라는 것을 생각하더라도 말이다. 그는 매우 인내심이 있고 마음이 넓은 사람이었다. 그는 '개방글라스노스트, 개혁페레스트로이카' 등으로 사회주의의 경직된 체제에 완전히 새로운 접근 방법을 제시한 사람이다. '새로운 사고'가 바로 이번 변화를 대표하는 말이 되었다.

'새로운 사고'라는 개념은 내용적으로 예수님의 촉구에서 그 예를 찾을 수 있다. '생각을 변화시켜라.' 또는 '돌이켜라.' '새로운 방향으로 향해라.' 이것을 기독교적 언어로 표현한다면 '회개하라.'와 '회심'이라 할 수 있다.[139] 이것은 '무신론자들과의 연합'이라는 말로 좀 더 도전적으로 들릴 수도 있다. 원래 이 생각은 나의 아내로부터 출발한 것으로 진정으로 필요한 것이 무엇인지를 요약해 주고 있다. 교회는 무신론자들과 함께 세계에 대한 책임을 져야 한다는 것이며 동시에 모든 이들에게 좋은 소식을 전해야 할 책임이 있다는 뜻

---

139 마가복음 1장 15절.

이다. **"보라, 내가 모든 것을 새롭게 할 것이다!"**[140] 교회는 온 세상을 향해 복음과 소망에 빚진 자들이다.

아우구스부르거 평화상과 관련된 복잡한 일들이 다 지나고 나서 나는 옛날 라슈타우 시절을 회상하게 되었다. '내가 만약 작은 마을 라슈타우에서 계속 목회를 하고 있었다면 내가 이런 상을 받을 수 있었겠는가? 그리고 고르바초프를 만나게 되는 기회가 있었겠는가?' 생각해 보았다.

이와 마찬가지로 내가 이 상을 받은 지 1년 후 하필 나의 첫 사역지인 라슈타우에서 1,025주년 기념식에서 설교를 할 수 있게 되었을 때 그 감격은 이루 말할 수 없었다. 교회는 빈자리 하나 없이 가득 찼으며 방문객 중 대부분이 내가 처음 목회를 했을 때 알고 지내던 친숙한 얼굴들이었다. 수십 년이 지난 후 나는 옛 성도들 앞에 다시 서게 되었다. 나는 그동안 아우구스부르거 평화상을 고르바초프와 함께 받았고 그 이후 그와 친분을 맺게 되었다. 동독 시절에는 소련 제국의 서기장과 작은 마을의 목사가 동시에 이름이 거론된다는 것은 상상도 할 수 없었다. 지금 2006년에는 동독도 없어졌고 소련도 없어졌으나 그러나 교회는 성도들과 함께 변함없이 존재하고 있다. 바로 이러한 조합 속에서 아우구스부르거 평화상이 수여된 것이다.

나는 점점 언론에 노출되기 시작했다. 내가 어느 누구에게 연락하

---

140 요한계시록 21장 5절.

지 않아도 사람들은 나를 찾아내었다. 라이프치히 관광 담당자는 어느 날 회의석상에서 말했다. "퓌러 목사님은 언론 전문가입니다. 그가 공부하지 않았는데도 말입니다."

이 말에 내가 어떻게 답해야 할지 모르겠다. 언론은 영향을 받지도 않고 조정을 당하지도 않으며 자신만의 법칙을 가지고 있다. 언론은 나를 찾아와 주었다. 그러므로 모든 일이 지금과 같이 일어나게 된 것이다. 그러나 결국 내용과 관련해서는 내가 결정한 것이다.

2008년 1월에 아우구스부르크의 외프너 주교는 다시 나를 찾아왔다. 이번에는 손에 금으로 된 평화의 비둘기를 가져와 나에게 전해 주었다. 이 비둘기는 상과 같은 것으로 예술가인 리햐르드 힐링어 Richard Hillinger 가 로만 헤르쪽 Roman Herzog 전 대통령의 지원을 받아 유엔인권선언 60주년을 기념하여 30마리의 비둘기 형상을 조각했다고 한다. 30마리의 비둘기는 세계인권선언의 30개 조항을 의미한다. 입에 평화의 상징인 감람나무 잎을 물고 있는 30마리의 비둘기는 세계적으로 인권수호를 위해 기여한 사람들에게 '날아갔다.' 바클라브 하벨 Vaclav Havel , 미하엘 고르바초프 Michail Gorbatschow , 기울라 호른 Gyula Horn , 쉬린 에바디 Shirin Ebadi , 데스몬드 투투 Desmond Tutu , 무하마드 유누스 Muhammad Yunus 외 여러 사람이 대상이 되었다. 이 상도 나에게는 특별한 의미를 갖는다. 내 비둘기는 인권선언 제 19조 "의사 표현의 자유"를 의미했다. 나는 다시 적절한 사람을 추천할 수 있었다. 나는 이 상을 프리드리히 쇼를렘머 Friedrich Schorlemmer 에게 추천했다.

2008년 5월 나는 또 독일 노조연합에서 주는 한스-뵈클러 메달 Hans-Böckler Medaille 을 받았다. 이 상은 내가 사회의 저변에 있는 사람들에게 최저임금을 보장해 주려고 노력한 대가로 받게 되었다. 전체적으로 보자면 고용자들에게 주의를 기울이자는 노력을 치하한 것이라고 할 수 있다.

내가 목사로서 독일노총이 주는 상을 받게 되면 그들의 끄나풀이 되는 것은 아닌지에 대해 당연히 생각해 보아야 했다. 이런 일에 대해 자꾸 생각하게 된다면 이 사람은 곧 사회에서 전혀 옴짝달싹 못하게 된다고 생각했다. 나는 오히려 노총이 노동계에서 주는 최고의 상인 이 상을 월급도 받지 않는 목사에게 주었다는 사실이 매우 비범하고 고무적인 일이라고 생각하기로 했다. 그래서 더 이상 염려하지 않았다.

내가 처음 독일노총을 알게 된 것은 1992년이었다. 당시 독일노총의 작센 지역 대표였던 한조 루카센 Hanjo Lucassen 이 라이프치히 5월 축제에서 나에게 축사를 맡아 달라고 부탁을 해 왔다. 5월 축제에서 목사가 축사를 한다는 것을 사람들은 생각이나 했을까! 나는 처음에는 고사했으나 노조 대표는 물러서지 않았다.

"한 번 해 주십시오. 사람들은 당신을 신뢰하고 있습니다."

내가 어떤 말을 해야 하는지에 대해서는 미리 정해 주지 않았기 때문에 나는 매우 주의를 기울여 준비했다. "당신도 아시다시피 나를 초청하시면 마지막에는 설교 밖에 나올 것이 없습니다."라고 나는 말했다.

그들은 이에 동의했다.

나는 그럼 좋다고 생각했다. 관중들에게 어떻게 전달이 될 지는 이제 더 이상 나의 책임이 아니며 행사 주최자들의 책임이 될 것이다. 이렇게 나는 5월 1일 라이프치히 독일노총 행사에 축사 발표자로 무대에 올랐다. 독일노총의 플래카드를 보는 것만으로도 나는 감동이 되었다. 주로 초록색으로 되어 있고 아래와 위에 빨간색이 조금 보였으며 가운데 위쪽에는 흑백으로 벌어져 있는 손이 그려져 있었다. 나에게는 성공적으로 잘 어울린 연합을 표현하는 것으로 보였다.

사람들에게 꽉 움켜진 주먹이 아니라 펼쳐진 손으로 표현된 이 그림은 미래 공존을 위한 임명장을 상징하는 것으로 느껴졌을 것이다. 이로써 이제 무엇인가를 시작할 수 있게 만들어 주었다. 당시 유행하던 구호는 "나누는 것이 연합을 이룬다." 였다. 여기에서 나는 바로 성경의 말씀이 생각났다. **"서로 나눠 주기를 잊지 말아라.…이 같은 제사를 하나님께서 기뻐하신다."** [141]

처음 행사장의 상황은 매우 번잡스러웠다. 모든 행사가 클라라-젯킨-파르케스Clara Zetkin Parkes 의 천막에서 이루어졌고 오전 11시에 시작되었다. 내가 약간 늦게 그곳에 도착했을 때는 이미 소란이 일고 있었다. 민사당PDS 사람들 몇몇과 실업자들은 큰 소리로 자신들의 불

---

141 히브리서 13장 16절.

만을 말하고 있었고 당시 시장에게 빨간색 물감 주머니를 던지기 시작했다. 그러나 다행히도 그 물감 주머니들은 모두 빗나가 천막의 벽을 붉은 색으로 물들이고 있었다. 쿠르트 비덴콥프Kurt Biedenkopf 주 총리가 연설을 하는 동안 사람들은 여기저기서 호루라기를 불며 연설을 방해했기 때문에 그는 서둘러 자신의 연설을 마무리했다.

그러는 동안 나는 정신을 놓고 천막 가에 서 있었다. 나는 지금 어디에 와 있는 것인지 자문해 보았다. 이 순간 소동을 피우던 사람들이 나를 발견했다. 그들 중 몇 명이 나에게 손을 흔들어 주었다. 한조 루카센Hanjo Lucassen은 나를 보고 마지막으로 연설을 해 달라고 부탁했다. 목사로서 이 행사에서 나의 임무는 단 한 가지 이 땅에서 아무 힘도 없는 사람들을 대신해서 앞에 서는 것이었다. 실업자들을 위해, 조기퇴직자들을 위해, 해고된 사람들을 위해, 단축 조업 노동자들을 위해, 또 앞으로 어떻게 해야 할지 모르는 사람들을 대신해 서는 것이다.

그렇게 나는 앞으로 나아갔다. 마지막으로 나는 참석한 모든 사람들에게 5월 1일을 맞이하여 "건설적인 분노, 끈질긴 인내, 우리를 결코 부끄럽게 하지 않을 불멸의 소망"이 있기를 희망하며 연설을 마무리 했다. 박수가 터져 나왔다.

이어서 비덴콥프Biedekopf 총리가 나에게 다가와서는 나에게 말하기를 "사람들의 마음을 움직였던 분은 당신 한 사람뿐이었습니다."

3일이 지난 후 나는 쿠르트 비덴콥프 총리에게 편지 한 장을 받았

[사진 29] 니콜라이교회 앞에 있는 평화 혁명을 상징하는 기념물.
이것은 독일의 통일 후에 세운 것으로 교회 내부 기둥 장식과 마
찬가지로 종려나무 가지 모양이다.([사진 19] 참고)
[저작권] 역자

다. 그 편지에는 나의 연설에 한 가지 부족한 점이 있었다면 사람들
이 별로 많지 않았던 것이라고 말해 주었다.

90년대 초 당시 노총 대표였던 하인쯔 베르너 마이어 Heinz Werner Meyer
는 도르트문트에서 열린 전 독일노총 회의에 나를 초대해 주었다.

"저 말고 또 참석하는 목회자가 있습니까?" 나는 물었다.

"없습니다. 목사님 한 분만 오십니다." 라고 그는 대답했다.

독일 개신 교회 내에서 독일 전체 실업 문제를 담당하는 목사 자리는 딱 한 자리 배정되어 있었다는 것을 나는 믿을 수가 없었다. 당시 에두아르드 뵈르만Eduard Wörmann 목사가 그 자리를 맡고 있었는데 그 목사님조차도 초대되지 않았다는 것을 알게 되었고 나는 실망이 되었다.

행사일에 나는 당시 노총의 부대표였던 우르줄라 엥겔렌 케퍼Ursula Engelen Kefer 씨 옆에 앉아 있었다. 그러나 나는 끊임없이 생각하게 되었고 휴식 시간에 나는 뵈르만 목사에게 전화를 걸었다. "당신이 이 자리에 없다는 것은 있을 수 없는 일입니다. 그냥 오십시오." 라고 나는 그에게 요구했으나 그는 초대받지 않았다는 사실에 두려워했다. 그러나 나는 그의 염려를 쫓아 버렸다.

잠시 후 나는 문에서 그를 맞이했다. 케퍼 부대표와 나의 사이에 나는 의자를 하나 더 끼워 넣었다. 이제 올 사람은 다 왔다고 나는 생각했다. 그러나 이 순간 나는 서독은 어떻게 돌아가는지 이해하게 되었다. 사람들은 각자 자신의 영역이 정해져 있고 그 안에서 움직일 때는 그가 무슨 일을 하는지 누구도 신경 쓰지 않는다. 그러나 그 영역을 벗어나 다른 곳에 참견을 하게 될 때 그것은 안 된다는 것을 알게 된 것이다.

하필이면 동독에서 온 목사를 전 독일노총 회의에 초대하면서, 정작 실업자 문제를 위해 애쓰는 전담 목사인 뵈르만 목사를 초대하지 않았다는 것은 책임자들이 어떤 생각을 했겠는가? 독일노총과 서독

교회는 분명 서로 긴밀한 관계가 아니라 그저 나란히 서 있는 정도라는 것을 보여 주는 것이다.

하인쯔 베르너 마이어와 나는 다시 한 번 만나게 되었다. 1992년 10월 9일 니콜라이교회에서 열린 대규모 토론 집회에 그를 초대했고 이 토론은 실업자 증가 문제를 다루는 것이었다. 연단에는 고용자 대표였던 클라우스 무르만Klaus Murmann 과 막데부르그 주교 크리스토프 뎀케Christoph Demke , 독일노총 대표 하인쯔 베르너 마이어 그리고 에두아르드 뵈르만 목사, 레기네 힐데브란트Regine Hildebrandt 박사와 내가 있었다. 우리는 제단 앞의 둥근 의자에 앉아 있었고 참석한 많은 사람들과 열린 대화를 나눌 수 있었다.

레기네 힐데브란트 박사는 내 옆에 자리했다. 우리는 오래 전부터 알고 지내던 사이며 그녀는 매우 능력이 있는 정직한 사람이었다. 그녀는 "절대 포기하지 마세요." 라고 말하곤 했다. 그녀의 믿음은 확실했으며 그녀의 지식은 놀라웠고 그녀의 언어는 늘 유머가 있었지만 정확했다.

그날 저녁에도 그녀는 사람들의 마음을 사로잡았다. 고용자 대표에 대해서는 무슨 말을 할 수가 없었다. 그가 레기네 힐데브란트를 향해 던지는 질책들을 그녀는 지혜롭고 신중하게 받아내었다. 마침내 그의 적대감은 듣는 사람들의 비난으로 가라앉게 되었으나 그의 차가운 공격적인 언어들로 그녀가 얼마나 상처를 입었는지는 행사가 끝나고 알게 되었다.

모든 연설자들이 가고 난 뒤 나는 레기네 힐데브란트의 자동차까지 동행했다. 그녀의 운전사는 잠을 자고 있었다.

"좀 자게 놔둡시다. 우리 한 바퀴 돕시다." 그녀는 나에게 말했다. 우리는 니콜라이교회를 한 바퀴 돌면서 서로 대화를 나누었다. 나는 그녀가 노동, 사회 보건, 여성 담당 부처에서 일하면서 날마다 부딪치는 모욕감과 상처를 받는다는 것을 알게 되었다. 우리는 밤거리에서 매우 개인적이고 깊은 대화를 나눌 수 있었다. 나는 그녀가 동독 시민을 얼마나 용감하게 옹호하고 있는지 결코 잊을 수 없을 것이다. 한 예를 들면 그녀는 "팔을 걷어 부치고, 제대로 힘을 합쳐 일을 해 보자고 동독 시민들을 향해 활기하게 외치는 것은 이러한 상황에서는 아무 생각 없이 하는 말들일 뿐입니다."라고 말하는 것을 보면 알 수 있다.

나의 공적인 삶 가운데 지평을 넓힐 수 있었던 것은 레기네 힐데브란트와 같이 보이지 않는 사람들을 위해 자신을 희생한 사람들과의 만남을 통해서이다.

90년대 말 연방 행정재판소 앞에서 작센 주와 튀링엔 주의 노총과 베르디_{ver.di} [142]의 대규모 시위가 있었다. 프랑크 브지르스케_{Frank Bsirske}, 미하엘 좀머_{Michael Sommer} 그리고 다른 이름 있는 사람들 외 1만 명이

---

142 독일에서 1,000가지의 직업을 가진 약 2백만 명으로 구성된 노동단체임. www.verdi.de 참고(역자 주).

시위에 가담했다. 이 행사에서 나는 연설자로 초대받았는데 그것은 교회의 실업자 지원 프로그램과 작센 주의 교회적 실업자 프로그램을 성공적으로 조정한 것이 초대의 근거가 되었다.

실업 문제와 관련해 우리의 역할이 비록 뜨거운 바위에 떨어지는 한 방울의 물방울 같을지라도 이후 사람들에게 교회의 역할이 중요하다는 인식을 심어 주게 되었다. 노총과 교회—어떤 경우에는 매우 강력한 연합이 이루어질 수 있는 것이다.

나의 연설이 끝나자마자 노동자 한 사람이 나에게 다가와 "목사님, 제가 당신의 말씀을 들으니 무신론적인 믿음 때문에 내가 미칠 수도 있겠군요."라고 질문하는 것이었다.

이 질문에 대해 내가 어떻게 대답해야 할 것인가?

에필로그: 지구에 평화를,
성탄절에만 제한되지 않은 묵상

로마제국 시대에, 예수님은 아우구스투스 황제B.C. 30 - A.D. 14 재위 기간에 태어났는데 그 당시에는 비교적 평화가 지배하고 있었다. 트라야누스 황제의 동전A.D. 98-117에서 이것을 볼 수 있다. 평화의 여신은 피정복자의 목을 그녀의 오른쪽 발로 밟고 있다. 이렇게 적을 정복하고 대적을 제거한 다음에는 **팍스 로마나**pax romana, 즉 로마의 평화가 있었다. 하지만 이것은 그 다음에 다른 반역이 일어나, 전쟁을 할 때까지의 일시적 '평화' 이다.

이러한 역할의 패턴, 즉, 이런 "평화"에 대한 이해는 한 세기 동안 계속되었다. 그리고 이 시대가 끝났다는 사실은 최근 미국의 부시 대통령이 통치하던 시대인 지난 수십 년에 특히 분명하게 나타났다.

예수는 말했다. "나는 내 평화를 너희에게 준다. 내가 너희에게 주는 평화는 세상이 주는 것과 같지 않다. 너희는 마음에 근심하지

말고, 두려워하지도 말아라." [143]

이것은 뭔가 완전히 다른 '평화'를 의미한다. 디트리히 본회퍼는 이러한 예수님의 평화를 추구했고 마침내 다음과 같은 답변에 부딪혔다. "어떻게 평화가 이루어지는가? 정치적 합의 시스템을 통해? 여러 나라의 대형 은행을 통해 국제적인 자본을 투자함으로써? 아니면 평화를 보장하기 위한 목적으로 모든 면에서 평화를 지킴으로? 아니다. 왜냐하면 이런 방법들에 의해서는 평화가 안전과 혼돈되기 때문이다. 이러한 안전의 길을 따라갈 때 진정한 평화는 없다.

전 세계 그리스도의 거룩한 교회협의회는 이렇게 말할 수 있다. 즉 전 세계는 마지못해서라도 이 평화의 말씀을 들어야 하며 그렇기 때문에 그리스도의 교회는 그리스도께서 무기를 제거하시고 이 광란적인 세상에서 전쟁을 중단하셔서 그리스도의 평화를 가져오신다." [144]

"이 광란적인 세상에서 무기를 제거하고, 전쟁을 금지하며, 평화를 선포함."은 디트리히 본회퍼가 예수님께서 보여 주셨고 그 길을 직접 가신 것을 명확히 보여 주고 있다.

---

143 요한복음 14장 27절.

144 Dietrich Bonhoeffer(디트리히 본회퍼), *Kirche und Völkerwelt*(교회와 민족의 세계). Auf der Ökumenischen Konferenz am 28. 8. 1934 in Fanö/Dänemark(덴마크 파노에서 1934년 8월 28일에 개최된 에큐메니칼 컨퍼런스에서).

구유에 있는 아기와 함께 하나님의 평화가 시작되었다. 예수님은 이 모순과 잔인한 충돌의 세계 중심에 살았다. 이 폭력이 난무하는 오늘의 세계에 평화는 예수님의 성육신과 관계가 없어 보인다. 하지만 당신이 예수님의 산상수훈을 심각하게 받아들이는 순간 평화는 현실이 된다!

대부분의 교회는 너무나 오랫동안 '보좌와 제단'이 권위 및 힘과 연결되어 예수님에 대해서는 눈이 멀었다. 교회는 산상수훈을 잊어버리고 이 세상에서 실현 불가능한 것으로 만들었던 것이다.

하나님께서는 비그리스도인의 눈도 기독교적 진리로 열어 주셨다. 힌두교도인 마하트마 간디는 이렇게 말했다. "당신이 우리에게 당신의 스승인 예수의 영으로 온다면, 우리는 당신을 저항할 수 없다." 그는 비폭력과 원수 사랑이라는 예수의 메시지를 일관성 있게 실천하여 전쟁이나 수백만 명의 희생 없이 영국 식민 통치에서 인도를 해방했다. 다만 그는 예수처럼 자신의 생명만 지불했다. 1948년, 그는 거리에서 총격에 의해 피살된 것이다.

두 번째로 폭력적이고 인종 갈등이 심한 나라에서 한 그리스도인이 있었다. 그는 예수의 산상수훈을 문자 그대로 실천하여 비폭력으로 저항했다. 그는 바로 미국의 흑인 목사 마틴 루터 킹이다. 그는 1963년 워싱턴에 모인 이십오만 명의 군중들에게 말했다. "나는 나의 네 자녀들이 언젠가 그들의 피부 색깔이 아니라 그들의 성품에 의해 판단 받는 나라에 살게 되는 꿈을 가지고 있습니다."[145]

2008년, 남북 전쟁이 없는 이 꿈은 유색 인종인 버락 오바마가 미국의 대통령으로 선출됨으로 성취되었지만 아쉽게도 마틴 루터 킹 목사는 이 기쁨을 함께 누리지 못했다. 그도 예수처럼 자신의 생명을 대가로 지불했다. 1968년에 그는 발코니에서 피살당했던 것이다. 하지만 그의 네 자녀들과 미국의 모든 국민들은 예수님의 산상수훈이 현실화된 것을 40년 후에 경험했던 것이다!

기독교인 넬슨 만델라와 데스몬드 투투 주교 또한 이런 문맥에서 언급할 가치가 있다. 그들은 모두 지속적인 비폭력적 저항을 통해 남아공의 아파르트헤이트를 종결시켰다.

1989년 10월 9일 라이프치히에서 일어난 평화 혁명도 이러한 산상수훈의 가르침인 비폭력의 힘을 경험한 시리즈의 하나이다.

그것은 '비폭력'의 강력한 외침에 있었다! 그것은 외칠 뿐만 아니라 일관성 있게 실행되었다. 결국 이것은 전쟁이나 승리자 없이 독일의 통일을 낳았던 것이다!

예수께서 말씀하시고 실행하셨던 것처럼 평화는 위험을 무릅쓰고 원수를 넘어섰다.

이렇게 분명하게 친구-적이라는 이원적 틀을 넘은 예수의 평화

---

145 Dr. Martin Luther King(마틴 루터 킹 박사). *I Have A Dream*. Washington, D. C., 8. 8. 1963

정신은 강박 관념에 사로잡힌 두려움과 안전에 대한 우려, 마음과 혀와 주먹의 폭력을 넘어선 것이다.

"너희 원수를 사랑하라."[146]고 예수는 말씀하셨다. "반대자를 끌어내려라!"고 하지 않는다. 이것을 한 번이라도 시도해 본 사람은—적어도 단 한 번이라도 시도한 경우에—가정과 이웃, 직장과 학교 또는 공공장소에서 친절과 열린 마음으로 시도한다면 놀라운 기적을 체험할 수 있다.

위험을 각오하고 평화를 이루며 상상력을 개발하여 예수님의 말씀을 그대로 실행해 보라!

그러면 우리는 그분의 평화를 맛보고 느끼게 될 것이다.

"너희는 마음에 근심하지 말고, 두려워하지도 말아라."[147]

---

146 누가복음 6장 27절.
147 요한복음 14장 27절.

Und wir sind dabei gewesen

그리고 매일 밤 10시에서 12시 사이에는 무슨 일이
있어도 나는 아내와 함께 앉아 좋은 음료를 마시며 하
루의 모든 기쁨과 문제들을 나누었다. 때로는 피곤해서
텔레비전만 본 적도 있다. 하지만 하루 종일 우리는
분주한 사역들과 긴장 속에 지냈다. 우리는 항상 그
랬다. 따라서 이 밤 시간에 서로 함께하며 하나님
의 보호를 체험하는 것은 정말 좋았다.

맺는 말: 감사를 전하며

아직도 할 말은 많이 있다. 이제 매우 중요한 몇 분을 언급하려고 한다. 그것은 내가 섬긴 교회와 성도들이다.

라슈타우 및 콜디츠교회에서 12년간 사역했다. 라이프치히 성 니콜라이교회와 최근 몇 년간 섬긴 노이쉐느펠트Neuschönefeld에 있는 성 십자가교회에서는 28년을 사역했다.

많은 일들과 큰 사건들 가운데 동역한 많은 분들은 일일이 거명할 가치가 있는 분들이다. 그러나 훨씬 더 많은 사역들, 교회의 모든 사역들, 즉 예배, 성탄 전야 예배, 교회기념일, 세례, 입교, 결혼, 장례식, 축복, 유치원에서 양로원 사역까지, 청소년들과의 입교 과정 및 청년들과의 신앙 세미나, 성경공부, 찬양 사역, 예배와 평화 기도회 때 경험한 놀라운 오르간 음악, "음악과 묵상," 이 모든 것들은 내 인생의 모든 주요 부분과 목적이다. 이 사역들은 나에게는 호흡과 같이 당연하면서도 중요했다. 1968-2008년 동안 전임 사역자 및 자원봉사

[사진 30] 크리스치안 퓌러 목사의 가족
[저작권] Christian Führer

자로 교회에서 동역한 모든 분들에게 이 자리를 빌어서 진심으로 감사드린다.

사역에서 가장 중심에 있던 두 가지는 성도들 및 손님들과 함께 성례식이 동반된 주일 예배와 월요일 오후 5시에 다양한 단체들과 주제들을 가지고 개최된 평화 기도회였다.

한 주의 최고의 순간은 예배를 통해 은혜를 받은 후 집에 왔을 때였다. 아내가 주일 저녁 식사를 준비하는 동안 와인 한 잔과 함께 부엌에 앉아 있던 시간이었다. 우리는 예배에 대해 이야기했으며 자녀와 손자들이 있을 때는 더 좋았다.

큰 감사와 행복이 내 마음을 채웠다. 사십여 년간 나는 이것을 체

[사진 31] 크리스치안 퓌러 목사 내외와 친구들
[저작권] Christian Führer

험했다!

그리고 매일 밤 10시에서 12시 사이에는 무슨 일이 있어도 나는 아내와 함께 앉아 좋은 음료를 마시며 하루의 모든 기쁨과 문제들을 나누었다. 때로는 피곤해서 텔레비전만 본 적도 있다. 하지만 하루 종일 우리는 분주한 사역들과 긴장 속에 지냈다. 우리는 항상 그랬다. 따라서 이 밤 시간에 서로 함께하며 하나님의 보호를 체험하는 것은 정말 좋았다.

그리고 이른 새벽의 빛과 어둠 사이, 여러 사역들, 긴장들, 해결되지 않은 문제들과 두려움이 있으나, 새벽 경건의 시간에 자신을 위해 그리고 중보 기도를 드린 후 시편 103편 1-5절 및 8절로 마무리했다.

그리고 새 하루를 시작했다.

성경은 매일 아침 식사 전에 한 시간 읽었는데 혼자 묵상하며 읽었다. 그동안 커피와 식사가 준비되었다.

그날 주시는 말씀[148]과 감사 기도 그리고 주기도문으로 우리는 새 날을 맞이했다.

이 책에 대한 연구에 도움을 주신 분들에게 감사드린다.

수잔 아놀드 Susann Arnold : 작센 주 개신 교회 종교청

바바라 플라이셔 Babara Fleischer : 베를린 구 동독 국가안전부 문서 담당국

헤너 그룬트호프 Henner Grundhoff : 베를린 개신교 중앙 문서보관소

요하네스 헴펠 Johannes Hempel 박사: 은퇴한 주교.

루스 팝스트 Ruth Pabst : 베를린 개신교 중앙 문서보관소

마리온 쇠넬 Marion Söhnel : 라이프치히 바흐 문서보관소

수잔 카이저 Susanne Kaiser : 베를린 연방문서보관소

---

148 '로중(Losung)'이라고 불리는 매일 성경 묵상집은 1731년부터 헤른후트 형제 교회가 기도하면서 여러 말씀들을 바구니에 넣고 제비뽑아 매일, 매달, 매년 주시는 하나님의 말씀으로 받고 기도하는 경건서이다. 보다 자세한 내용은 www.losungen.de 참조(역자 주).

역자 후기

본서는 독일의 통일에 결정적으로 기여한 라이프치히 니콜라이교회의 크리스치안 퓌러 목사의 자서전이다. 역자가 이 책을 한국어로 번역하게 된 것은 전적으로 하나님의 인도하심이었다.

역자가 교수로 섬기는 한동대학교에서 '북한을 생각하며 살리는 모임'인 "북생모"를 섬기는 중에 이 사역이 확대되면서 교내에 평화통일연구소가 설립되었고 이 연구소에서 개최한 학술대회에서 "독일의 통일과 교회의 역할"에 대해 발표하면서 점점 더 본서의 중요성을 깨닫게 되었다. 그리하여 예영커뮤니케이션과 협의한 결과 번역하여 출판하기로 결정했고, 2014년 1월 30일 역자는 직접 퓌러 목사를 방문하여 이러한 뜻을 전하면서 한국어판을 위한 인사말을 부탁드리자 기꺼이 허락해 주셨다. 비록 짧은 시간이었지만 귀한 교제를 나누었다. 그분은 진정 믿음으로 세상을 바꾼 peace maker요 history maker였기에 역자는 한동의 모토_{why not change the world?}가 새겨진

[사진 32] 크리스치안 퓌러 목사와 번역자 최용준 교수
[저작권] 역자

머그컵을 선물로 드렸다[사진 32] 참조.

그러면서 2014년 2월부터 시작된 한동대학교의 10대 프로젝트 중 '통일을 준비하는 대학'의 일환으로 이 번역 사업이 채택되었고 여름방학 기간 동안 번역 작업을 진행했다.

여기서 한 가지 언급하지 않을 수 없는 것은 초벌 번역에 독일 쾰른에 계시는 주숙영 선생님께서 헌신적으로 도와주셨다. 이분의 도움이 없었다면 훨씬 더 많은 시간이 걸렸을 것이므로 진심으로 감사드린다. 또한 이 번역 작업을 통일 프로젝트로 채택해 준 한동대학교에도 감사드리며 아울러 본서의 출판을 기꺼이 허락해 주신 예영커

뮤니케이션과 편집으로 수고하신 김지혜 자매님에게도 깊은 감사를
드린다.

본서가 한반도의 통일을 준비하고 있는 한국 사회와 특히 한국 교
회에 귀감이 되며 귀한 도전이 되길 바란다.

2015년 6월 21일 주일 한동대학교 연구실에서

최용준 교수